徳間文庫

安倍晋三の真実

安倍家三代

大下英治

徳間書店

目次

改訂版まえがき～安倍晋三を想う

安倍晋三は、平成十八年九月二十六日、ついに総理大臣に就任した。五十二歳の若さで戦後最年少であった。

が、それから一年後の平成十九年九月十二日の午前十一時四十数分、ＴＢＳテレビで突然「安倍総理辞任」とのテロップが流れた。

昭恵夫人から聞いたところによると、その瞬間に彼女の携帯電話が震えた。

出ると、友人からの電話であった。

「昭恵さん、どうなってるの?!　総理、突然の辞任なんて…」

「え？　嘘！」

「嘘じゃないわよ。ＴＢＳテレビをつけてごらんよ」

昭恵夫人は、慌ててテレビをつけた。

嘘ではなかった。しかし、到底信じられなかった。その日の朝、夫は辞任するなど、口にもしていなかったのだ。

昭恵夫人は、あまりの衝撃にそれから二日間の記憶は消えているという。

三日目、昭恵夫人は、総理公邸の荷物を渋谷区富ヶ谷の自宅へ自ら運転して運んでいた。その時、車窓から見える街行く人たちが、みんな幸せに映り、思ったという。

〈わたしたち夫婦ほど惨めな存在はない……〉

つい三日前まで、世界の要人たちが総理官邸を訪れてきて、華やかなパーティーも催し、自らも楽しい日々であったのに……。

昭恵夫人によれば、夫に言ったという。

「もしこれ以上政治家を続けるのが苦しいようでしたら、お辞めになってもいいですよ。わたしは、政治家の妻であることに固執はしていませんから」

すると、安倍はきっぱりと言った。

「おれは政治家を辞めない。まだまだやらなければいけないことが残っている」

わたしは、辞任直後、安倍にインタビューをおこなった。安倍は突然の辞任について語った。

「中学生の後半時に発症したのですが、わたしには潰瘍性大腸炎という持病があります。自己免疫疾患のひとつなのですが、大腸に次々と潰瘍ができて、そこから出血をする難病なんですね。総理に就任した後、激務もあって少しずつ症状が悪化してしまいました。平成十九年七月の参院選に負けて、八月にインドに外遊した際、ウイルス性腸炎にかかりました。これで、病気が一気に悪化しました。

ただ、日によっては、薬が効いて病状が少し良くなった時もあったので、わたし自身、やり残したことはたくさんありましたから、内閣改造をおこない、所信表明演説に臨んだのです。

でも、実は、所信表明演説の数日前から、症状が急激に悪化してきました。下痢がひどくて、一日に二十～三十回もトイレに行かなければいけない状態になってしまったんです。その状態では、長丁場の国会に出席し、答弁することもできません。そもそも、外交などもできません。総理大臣は、国民の命を預かる重要な仕事です。一ヵ月休養してみて、『体調が戻らなかったので、やっぱりできません』と辞めるわけにはいきません。そういう状況の中で、突発的に辞任をするという判断をせざるを得ませんでした」

安倍は、再起に向け、なんと、原点に返り、一年生議員さながらに一軒一軒戸別訪問を始めた。別の議員のポスターが貼ってあっても、その家を訪問するほどの執念を見せた。

平成二十一年、アサコールという薬が日本でようやく認可され、それが劇的に効いた。四十年間、炎症反応が無くなることはなかったが、ゼロになったという。

安倍は、第一次安倍政権はなぜ失敗に終わったのか、思いつくたびにノートに書き続けた。

その後、安倍は、平成二十四年の自民党総裁選にいよいよ出馬を決めた。

わたしは、安倍が、もし岸信介元総理の孫でなかったら、第一次内閣でのあれほどの挫折を味わいながら、再チャレンジすることはなかったろうと思う。わたしの想像だが、安倍は、おそらく寝ていても祖父・岸信介の叱咤《しった》に悩まされていたのではあるまいか。

「晋三！　単なる永田町の員数として存在し続けるだけなら、とっとと政界を去れ！　ワシの悲願を忘れたのか！　ワシの念願だった憲法改正は、どうした！」

総裁選に再びチャレンジしようとした時、母親の洋子は止めた。

「晋三、まだ身体が十分とはいえないのだから、今度チャレンジすると、身体を壊すわよ。やめておきなさい」

かつて、わたしが昭恵夫人に訊いたところによると、二度目の総裁選に出馬する前、昭恵夫人は安倍に次のように話したという。

「森先生も、今回の出馬はやめておけと言っていますが……」

清和会のかつての会長であり、安倍の兄貴分的存在の森喜朗元総理は、安倍に忠告していた。

「もし今回失敗すると、二度と総裁の目はないぞ。もし待っておけば、からなず総裁への待望論が起こる」

しかし、安倍は昭恵夫人に敢然と言った。

「いま、日本は、国家として溶けつつある。尖閣諸島問題にしても、北方領土問題にしても、政治家としてこのまま黙って見過ごしておくわけにはいかない。おれは、出るよ。もし今回失敗しても、おれはまた次の総裁選に出馬するよ。また負ければ、また次に挑戦するよ。おれは、自分の名誉や身体のことなんてかまっていられない。国のために、おれは戦いつづけるよ」

昭恵夫人は、そんな安倍を励ましたという。

安倍は、平成二十四年九月、ふたたび自民党総裁の座を摑み、十二月の衆議院議員選挙で勝利し、総理となった。

「第一次の安倍総理と、第二次の安倍総理は、まったく別人である」

こういう声すらある。

安倍晋三の母親の洋子によれば、「晋三は、政策は祖父の岸信介似、性格は父親の晋太郎似」という。

第一次安倍政権と第二次安倍政権の違いを一言でいえば、それは「したたかさ」にあるといえよう。

第一次安倍政権でのふるまいは、安倍の父親・晋太郎の「政界一の善人」といわれるような人柄の良さそのままのようであったといえよう。

第二次内閣がスタートしてから、安倍は安倍の父親・晋太郎の人柄の良さに加えて、祖父・岸信介の「政界一したたかな妖怪」といわれるほどの政治的したたかさも備え、父と祖父の両方の面を匂わせるようになった。意識的に近づけているわけではないだろうが、結果的には、もともとの人徳ある人間性に加えて、岸信介的な抜かりのなさを感じさせるようになったのだ。

第二次安倍政権では、第一次安倍政権で支えた面々が、いっそうの情熱を持って支えた。

第一次安倍内閣で経産省から事務の総理秘書官として派遣されていた今井尚哉は、第二次安倍政権では政務の総理秘書官を引き受けた。

「第一次安倍内閣で、安倍総理を支えきれなかった。今度の政権ではかならず支え抜く」

第一次安倍内閣で総務大臣を務めた菅義偉《すがよしひで》も官房長官として支えた。

小泉純一郎内閣で政務の総理秘書官を務め、第二次安倍内閣でも内閣官房参与を務めた飯島勲は、安倍総理について言う。

「小泉総理はカリスマ性においては抜群であったが、命がけで支える政治家、官僚は少なかった。ところが、安倍総理にはそういう人がたくさんいる。総理を支え続けたいという人たちを惹きつける能力においては、はるかに安倍総理が優れている」

その「結束力」こそ、第二次安倍内閣を七年八ヵ月もの史上最長の政権にしたといえよう。

本来ならば、さらに長期に政権を運営できたが、再び病に襲われた。治療薬であるアサコールが効かなくなってしまったのだ。

残念ながら、第一次安倍政権同様、自ら辞任せざるを得なかった。

政権は安倍総理を官房長官として最後まで支え続けた菅義偉が受け継いだ。

その総裁選で、安倍は、表立って活動したわけではないが、最終的に菅を推した。

「任期途中での辞任というかたちになりましたので、菅さんには安心して任せられるという気持ちがありました」

そこで昭恵夫人の名が出た。彼女は、菅のことをよく評価するという。

「わたしの妻も、菅さんの仕事ぶりを見て、『あんなに一生懸命に仕事をしているんだから、あなたはもっと菅さんに感謝しなければダメよ』なんてよく言われました」

森友問題が火を吹き、もしかして昭恵夫人と仲が悪くなっているのでは、との声すらあるなかでの答えである。いかに昭恵夫人が攻撃されようとも、妻をかばい、さらに政治的決断においても妻の意見を聞くほどに深く愛していたのだ。

いっぽう、わたしは昭恵夫人に、夫である安倍晋三の魅力について訊くと、興味深いことを口にした。

「人間、何年か接していると、どこか嫌なところが眼につくじゃない。ウチの人って、嫌なところが一点もないの」

「政界は一寸先は闇」というが、結構長く持つと思っていた菅政権は、わずか一年余りで幕を閉じたのだ。菅自らが総裁選に出馬しないと表明したのだった。

ポスト菅の総裁選で、安倍はイデオロギー的に近い高市早苗を強く推し、議員票で一一四票を獲得し、議員票では河野太郎を超えさせた。

結果的には決選投票で岸田文雄が新総裁に決定した。

安倍は、令和三年十一月に九十人以上を擁する党内第一派閥の清和会の会長に就任。最大派閥の長として、岸田政権に「防衛費を五年以内にGDPの二%を超えるようにするべき」など活発に発言しつづけた。

さらに、二回とも病気で政権を投げたが、なんと、今度の新薬で順調な回復を見せているという。今回の参院選でも、ものすごいスケジュールで応援演説に走り回っていた。

安倍は六十七歳。わたしは、この調子でいくと、他の政界の長老たちが五、六年もすれば、永田町からは去るであろうから、最大の実力者として今後十五年間は政界に君臨し続けるであろうと思っていた。

総理退任後も力を誇りつづけた田中角栄はロッキード事件の裁判を抱えたために「闇将軍」といわれたが、安倍は闇ならぬ「昼将軍」として力を誇り続けると思っていた。祖父の岸信介は「昭和の妖怪」と言われたが、安倍は爽やかで、一見妖怪風でないのにしたたかな「令和の妖怪」として力を振るい続けると信じていた。

だが、安倍は、七月八日午前十一時半頃、奈良で参院選の応援演説中、凶弾に倒れてしまった。

安倍の実弟である岸信夫防衛大臣の後援会関係者は語っている。

「現在は息子の信千世さん（元フジテレビ記者）が岸信夫防衛大臣の秘書官を務めており、次の衆院選では岸さんの代わりに信千世さんが継ぐともっぱらです。安倍さんは我がことのように心配し、信千世さんともよく連絡を取って、後継への準備を進めていたと聞きます」

岸信介の娘であり、安倍元総理と岸防衛大臣の母である洋子夫人も、岸家の後継には重大な関心を寄せている。それだけに、まさか、という思いだろう。関係者が明かす。

「安倍さんが亡くなったとの一報が流れた後、後援会幹部の一人に洋子さんから電話があったそうです。『もう晋三はいないんですよ。明日から信千世の選挙戦が始まると思ってやりなさい』と声をしぼりだし、『もう晋三は……』と、最後は涙声で聞き取れなかったそうです」

洋子夫人にとっては、総理の座を目前にがんで亡くなった夫の晋太郎に続き、その夢を叶えた息子の晋三が凶弾に倒れた。奇《く》しくも、ともに享年六十七。その心痛は察するに余りある。

　七月十二日午後一時から東京都港区の増上寺でおこなわれた安倍晋三元総理の葬儀で、昭恵夫人は紙を読むことなく、喪主の挨拶をした。

「あまりに突然なことで、まだ夢の中にいるようです。あの日は、朝八時にご飯を一緒に食べてお見送りをしました。そうしたら、十一時過ぎに撃たれたと連絡があって、母の洋子さんには言わないでと言われたのですが、『えっ』と声を上げてしまいました。平静を装っていましたが、テレビが流れ始めてしまって。事件後に駆けつけて、主人と対面したとき、手を握ったら、握り返してくれたような気がした。主人のおかげで、経験できない色々なことを経験できました。すごく感謝しています。いつも自分をかばって助けてくれた。主人は家では優しい人で、人を喜ばせるのが本当に好きな人、人のためにするのが好きな人なので、こんなにたくさんの人が葬儀に参列してくれたことを喜んでいることでしょう。安倍晋三を支えてくれて、本当にありがとうございました。吉田松陰の文章に、『十歳には十歳の春夏秋冬があり、二十歳には二十歳の春夏秋冬、五十歳には五十歳の春夏秋冬がある』とあります。父・晋太郎さんは、総理目前に倒れましたが、六十七歳の春夏秋冬があったと思います。主人も、政治家としてやり残したことはたくさんあったと思いますが、本人なりの春夏秋冬を過ごして、最後、冬を迎えた。種をいっぱいまいているので、それが芽吹くことでしょう」

出棺は午後二時半過ぎ、昭恵夫人は棺に花を手向《たむ》けた後、夫に頬ずりし、別れを惜しんだ……。

二〇二二年七月

大下英治

私が考える「この国のかたち」（インタビュー）

日本を「品格ある国家」にするためには、戦後六十年、われわれ日本国民がどのように歩んできたかということから、まず見直してみないといけないと思います。

昨年、自民党は結党五十年を迎えました。五十年前の一九五五年十一月、自民党は大きく二つの目的を持って、自由党と日本民主党が保守合同をしました。自民党のファウンダー（創設者）であった、吉田茂や鳩山一郎、私の祖父の岸信介、大野伴睦などといった政治家たちは、そのとき何を目的にしていたのか。

彼らは二つの目的を持って、大同団結したんだと思います。一つ目は、豊かさの追求です。結党した時はちょうど敗戦から十年目、サンフランシスコ平和条約発効から三年目でした。日本は独立を回復したとはいえ、まだまだ貧しかった。この国を何とか豊かにしていかなければならない。そうなるためには、一貫した産業政策や経済政策を持つ必要がありました。そのためには、まず政局を安定させる。保守党同士がいがみ合ってはいけない。ファウンダーたちにはそういう意識があったはずです。

二つ目の目的は、自主憲法制定です。サンフランシスコ平和条約によって、わが国は独立回復を果たしたといわれますが、本当にそうだったのか。じつはそうではないのではないか。というのは、国家の基本法である現在の憲法も、教育の根幹を成す教育基本法も、占領下でつくられたものだったからです。

ファウンダーたちは、そのことをよく理解していた。憲法についていえば、ほとんどGHQ（連合国軍総司令部）の若い連中によって、短期間で書かれたものでした。ですから、日本人の手で一から書き直さなければいけないという、至極当たり前かつ素朴な気持ちが、彼らのなかにあったはずです。

ですが、戦後六十年、われわれは一番目の目的、すなわち「豊かさの追求」をまず重視してきたんです。やはり人間は、食べなければ生きてはいけません。「武士は食わねど高楊枝」というわけにはいかない。一番目の目的を追求しつづけた結果が、現在では世界でも最高水準にあるGDP（国内総生産）として結実しているわけです。

豊かさ追求で失ったもの

そうやって経済的な豊かさを求めるために、二つ目の目的を後回しにしてきた。そのことによって、いま様々な弊害があちこちにあらわれてきているのではないか。私はそれを見落としてはならないと思っています。

経済的な豊かさを追求するというのは、幸福を追求することの大切な一部ではあると思いますが、それを偏重するあまり、損得勘定で様々な価値を計るという風潮が、この国に定着してきてしまった。いかなる価値の基準をも損得勘定におくようになってしまったんです。戦後というのは、そういう六十年ではなかったのではないでしょうか。

かつて日本や日本人が長らく大切にしてきた、美しい佇《たたず》まいとか誇りとか、他人のために汗を流すとか、家族のために命を賭けるとか、地域のために悩み考えるとか、あるいは国のために戦うなどといったことは、損得勘定でソロバンを弾けば、みんな損するものばかりです。ですから戦後の価値判断のなかでは、マイナス要素として敬遠されてきてしまった。

さいきん、ライブドア騒動を小泉改革の所為《せい》だと指差す人がいますが、それはとんでもない間違いです。私にいわせれば、損得勘定で六十年やってきた結果の顕著な一例ではないでしょうか。

数学者の藤原正彦さんが『国家の品格』のなかでお書きになっていますが、かつての日本人は貧しかったけれども高貴だった、豊かになっても下品になってはいけないと。かつての日本人が身に付けていた美しい所作、佇まいというものを、われわれはもう一度取り戻さなければならないと、私自身感じています。

そのためには、まず教育が大切です。時間がかかっても、そこから始めるべきです。そのためには、教育基本法を書き換えていく必要がある。

国を愛する心を涵養《かんよう》するということは、単純に国家統治機構を愛するということではなくて、民主国家においては至極当然のことです。われわれ日本人の、文化や長い歴史、家族、郷土、景色、価値観などにたいして、愛《いと》おしさを抱くということだと考えています。それは、自分が関わっている利害関係等とは無縁の、あるいはそれを超えた価値というものを認めることではないでしょうか。

憲法は白地から書くべし

昨年、自民党憲法改正草案が提出されました。私が幹事長になるまえには、自民党の中にも護憲派と呼ばれる人たちがかなりいたんです。第九条は除いてそれ以外の条文に手を加えようという加憲論もありましたし、九条だけを改めようという声もありました。

私は、最初から白地《しらじ》から書くべきだとずっと主張していました。それには三つの理由があります。

一つ目は、その正統性の問題です。現憲法は当時のGHQの若いニューディーラーと呼ばれる人たちが書いたものです。憲法というのは国家の基本法ですから、まずもって自分たちできちんと作成し制定すべきです。

二つ目は、時代にそぐわなくなってきたと感じられる条文が、第九条をはじめとして多くなってきたからです。

三つ目は、自ら憲法を制定していくのだという精神こそが、わが国を革新していく大きな原動力になるという思いがあるからです、以上の理由から、私はどうしても白地から書き起こしていきたいと思っているんです。

もちろんそれは私個人の思いではありますが、幹事長として、結党五十年を奇貨として、それまでに憲法草案を書き上げますという宣言をしたところ、意外と党内でそれを批判する人はあまりいませんでした。

自民党新憲法制定推進本部の新憲法起草委員会は、事務総長の与謝野馨さんが中心になって、委員長は森喜朗先生に引き受けてもらいました。委員会には、護憲派と呼ばれた、例えば宮沢喜一さんにも「天皇」小委員会の委員長をつとめていただいたんです。

委員会では多くの議員の方に活発に議論してもらったんですが、まさに憲法というのは、日本をどうしたいか、どういう国にしたいのか、日本の理想は何か、日本の守るべきは何なのか、日本はどこを目指すべきなのかといったような、政治家が本来議論していかなければならない〝足腰〟なんです。その足腰を充分に議論できたことは本当によかったと思います。

そういう意味では、いまの自民党には保守党らしい精神が漲《みなぎ》っています。「前文に関する小委員会」の委員長をつとめていただいた、中曽根康弘さんもそのせいか、ずいぶん若返った感じでした（笑）。

あとは、国民の皆さんとともに憲法を議論していくことがとても大切なことであって、われわれの草案がベストだと決して思ってはいませんし、草案通りでなければいけないといった傲慢な考えも毛頭ありません。要は、与党内できちんと議論を積み重ね、さらに国民の皆さんのあいだできちんと議論をするということです。

昨年九月、ソウル大学に招かれて、学生や教授のみなさんと討論したんですが、そのときに、「安倍さんは例えば防衛庁を省に格上げしようとしたり、集団的自衛権を行使できる云々という発言をしたりして、タカ派と呼ばれていることにたいしてどう思われますか」という質問がありました。

私は、「韓国には、日本でいうなら防衛〝省〟にあたる防衛部があり、国家として集団的自衛権を行使できますね。ということは、みなさんは全員タカ派なんですか」と逆に訊《き》いてみたんです。そうしたら、みなさん笑っておられましたけれど（笑）。

静かに中国を説得しつづける

靖国問題については、インドネシアのユドヨノ大統領とお目にかかったときに、小泉総理が靖国参拝について、「二度と戦争を引き起こさないと誓い、日本のために戦って命をなげうった人たちの冥福を祈るために参拝している」とそのお気持ちについて説明しましたところ、大統領は一国の指導者がその国のために戦った兵士のために祈るのは当然だとおっしゃいました。

総理がいわれているように、われわれが日本のために命を賭けて戦った人たちの冥福を祈り、彼らに尊崇の念を表し手を合わせるのは、当然のことではないでしょうか。そういうスピリチュアルな行為に対して批判しないことは、信仰の自由が保障されている国にとっては、当たり前のことだと思います。

さらにいうならば、そういう行為を、ある政治目的を達するために「(あなたの国の首脳とは)会わない」という手段をとるための、外交の道具に使っていいのかと大いに疑問に思います。

こういうことを認めるのは、「会ってください」と「会ってあげます」という国同士の関係の上にのみ成立すると思いますが、そういう関係をわれわれは受け入れることはできませんし、それはお互いにとって不幸なことだと思います。そういう外交をやらないことが、成熟した国のとるべき対応だと思う。

いまは静かに、中国にたいしてわれわれの気持ちを説得しつづけるしかありません。私がそのために、総理以上に中国に接触することはありません。中国側が、むしろこのままの対応をしていていいのかということを考えてもらうように努力する。相手の変化を待つということになりますが、国際社会の常識で考えれば、先ほど述べたような外交は通じないはずなんです。そのことを中国に気付いてもらうように努力していかなくてはならないと思います。

一刻も早い帰国を目指す

北朝鮮の問題については、われわれは「対話と圧力」という、私が官房副長官のときに決めた外交方針を引き続き守っていきます。北朝鮮には、拉致問題を解決せずにはいまの危機的な経済状況を克服することはできない、誠意ある対応をしなければ、いまよりももっと悪くなるということを理解させる、そういう状況にもっていかなければならないと思います。

このことはアメリカにも伝えてありますし、アメリカもその通りだといっている。私も官房長官としていろんなことを考えていますし、いろんなことをやっています。小泉総理のやっていることに関してはいろいろと苛立ちが聞こえてきますが、二〇〇二年九月の訪朝が実現できたからこそ、北朝鮮という国の実体を知ることができたのであり、まずそれを成果と見なくてはなりません。

それまでは、北朝鮮による拉致なんてあるのかと疑っている新聞もありました。小泉総理訪朝が決まってからでも、例えば朝日新聞の紙面は、北朝鮮の善意を信じるみたいなニュアンスの記事を、まだ載せていたくらいです。

私は、帰国した拉致被害者の方たちからお話を聞いたんですが、想像を絶する生活をしていらした。精神的にも大変なご苦労をされていたわけで、残された人たちを一刻も早く取り返さなければなりません。

経済制裁については、アメリカはすでにやっています。北朝鮮の資金洗浄に協力したとして、マカオの匯業銀行（バンコ・デルタ・アジア）にたいして、米国内の金融機関との取引を禁じる制裁措置を発動しましたが、それは北朝鮮が違法なことをしたからで、いわゆる「ソフトサンクション（柔軟な制裁）」の範疇《はんちゅう》だと思います。

日本も、私が官房長官となったからには、きちんと対処していきたいと思っています。

敗者復活可能な社会

消費税を論じるさいに大切なことは、まずできる限り歳出の改革をおこなっていくことです。平成十八年度の予算についていえば、一般会計において八年ぶりに八十兆円をきりました。これは、消費税率を現時点では五％から上げないと明言しているから、ここまで抑えられたんです。

経済状態は依然としてデフレを克服しているわけではありませんから、できることをまずしっかり実行していく。その上で、社会保障費などの将来にわたって伸びていく支出もあれば、思い切った子育て対策などを施策していかなければならないかもしれませんから、そのときに、ではどうしましょうかと国民の皆さんと論議していかなければなりません。でもそれはまだ先の話です。

よく小泉政権の経済政策を批判して、勝ち組・負け組とか、これからの日本を弱肉強食の社会にしていくのかという人がいます。ですが、日本にはすでに、例えば生活保護という機能がありますし、また医療制度においても「高額療養費」という制度があります。

高額療養費についていえば、一ヵ月の入院で百万円かかったとしても、自己負担は約八万円で済みますし、所得の低いお年寄りであればどんなに外来でかかっても、八千円を支払うだけで済みます。そういう制度がすでにわが国にはあるのです。

それは、弱肉強食の社会ではないから存在するんです。アメリカには、政府の援助する医療制度はメディケード (Medicaid) とメディケア (Medicare) というものしかありません。メディケードは低所得者と身体障害者に入院看護と医療保険を与える医療扶助制度で、メディケアは六十五歳以上の高齢者や身体障害者などにたいする政府の医療保険です。

それに比べても、日本の医療制度はかなりしっかりしていて、これは後世にもしっかりと守っていきたいと思っていますし、もちろん小泉さんもそう考えておられます。総理自身はあまりそういうことを声を大にしていわないいんですが。

大切なことは、まず頑張った人や知恵を出した人が報われるということです。その人たちがフェアな競争をしていくことで生まれる活力によって、成長していく社会をつくっていく。

そういう社会では、時には勝つこともあれば負けることもあるでしょう。しかし負けたからといって、谷底には落ちないというのが重要です。さらに、もう一回チャレンジできるようにする。そういう社会というのは、勝ち組・負け組で固定化されない社会です。

政治家はあくまでも結果

勝つことも負けることもないという社会はあり得ない。それは活力のない社会主義の国です。やがては全員揃って谷底に落ちていってしまう。

そうではなく、たとえば不幸にして失職した人が、やる気があれば職業訓練を受けて、また就職できる、再起業できる。受験に失敗したから、あるいは出自によって人生が決まるわけではない、チャンスのある社会というのが、われわれが目指す社会であるべきです。そこでは、頑張ればまた認められる可能性が充分にあるのです。

政治家は、人気を得ることを目的とするわけではありません。あくまでも結果を残さなければならない。マックス・ヴェーバーの言う「責任倫理」というものを追究していかなくてはならないと思っています。

総理総裁は天命がなければその地位に就けないと思っていますが、そもそもその地位に就くことが目的ではなくて、何をやりたいかということが政治家にとって大事だと考えています。

官房長官になってから、あまり時間がない中で、三位一体や医療制度の改革、政府系金融機関といったような大きな課題が押し寄せてきましたから、正直大変ではありましたが、何とかまとめることができました。今後も油断することなく気を引き締めていきます。

第一章　仰天の幹事長人事

平成十五年九月の自民党総裁選を前に、森派会長の森喜朗前首相は、自分の派の若手である安倍晋三官房副長官の処遇について考えた。安倍は、森が第二次森内閣のときの平成十二年七月、官房副長官に起用され、小泉内閣でも引きつづき再任した。すでに、その任期は、平成十五年七月で三年となる。

森は思っていた。

〈そろそろ、党に帰さないといけない〉

森は、東京都千代田区永田町一丁目の自民党本部四階の総裁室で、小泉純一郎首相の考えを訊くことにした。森は、小泉首相にズバリと訊いた。

「純ちゃん、官房長官は、そのままでいいんだろう」

「そうだ。（福田）康夫さんには、いてもらわないと困る」

「ところで、康夫さんは留任という前提で、官房副長官はどうする？」

「なんか意見があるの」

「うん。上野（公成《こうせい》参議院議員）君は、来年、参議院選もあるし、安倍君もいっぺん党に返してくれないか。官房には、福田さん一人を残せばいいんだから」

「で、安倍君は、どうするんだ」

「党の副幹事長にしたい。これまでは官邸の立場からモノを見てきたが、今度は党の立場でやってもらおうかと思っている。それに、彼の人気は選挙でも使えるし、人集めに有効なんじゃないかな」

「そうか」

さらに、森は、ここ数ヵ月、助言しつづけてきたことを確認した。

「ところで、幹事長は替えるんだろうね。これは、党のためだ」

山崎拓幹事長は、「週刊文春」に女性スキャンダルを暴かれ、逆風のさなかにいた。

森はつづけた。

「山崎さんは、あなたの親友だし、どうしようと自由だけど、幹事長のポストだけは絶対に駄目だ。幹事長は、選挙の看板だよ。全国を遊説しなければいけない。でも、山崎さんでは無理だ。現に、知事選や県議選でも、地方県連から『幹事長は応援に来させないでくれ』といわれるんだから」

小泉首相は、否定はしなかった。

九月二十日の自民党総裁選で再選を果たした小泉首相は、内閣改造・党人事に着手した。

事前の予想では、安倍は、副幹事長に就任すると伝えられていた。

経済財政諮問会議のメンバーであるウシオ電機会長の牛尾治朗は、首相官邸で福田官房長官と打ち合わせをすることが多かった。その際、官房副長官の安倍晋三も同席する。牛尾の長女の幸子は、安倍晋三の兄の寛信の妻である。牛尾と安倍晋三は、なんだかんだいながらも、月に二回くらいはかならず顔を合わせていた。

牛尾は思った。

〈晋三君は、官房副長官として着実に実績をあげた。どうせなら、幹事長代理くらいになったほうがいい〉

ただし、選挙を担当する幹事長代理は、たいてい閣僚経験者クラスが就任する。当選三回で大臣の経験もない安倍が幹事長代理になることは、これまでの慣例ではありえないことであった。

内閣改造・自民党人事を前に、衛藤晟一《えとうせいいち》は、地元大分県の事務所で秘書に冗談半分でいった。

「このままじゃ、自民党も大変だ。どうなんだろう、思い切って安倍ちゃんのような若手を幹事長にバンと据えたら、相当流れが変わるかもしれない。でも、まぁ、そんなことはありえるはずがないけどな」

平成十二年六月の総選挙で苦杯を喫した衛藤は、捲土重来《けんどちょうらい》を期し、選挙区の大分一区で選挙活動に励んでいた。民主党と自由党の合併による、いわゆる合併効果なのか、自民党に風は吹いていなかった。自民党が総選挙に向けて勢いをつけるためにも、国民があッとおどろくような思い切った人事も必要だ。

そこで、北朝鮮の拉致問題を機に国民的人気を得た安倍の名前がふと浮かんだのである。

なにしろ、この年の五月の読売新聞の世論調査によると、「首相に最もふさわしい人」として、安倍は小泉首相の二五％に次ぐ一二％で、菅直人民主党代表の八％を上回った。「小泉首相に代わる自民党総裁にふさわしい人」を聞いた八月末の調査でも、亀井静香の四・六％に対し、安倍は一五・四％でトップであった。

だが、自民党には、総裁と幹事長は別派閥から起用するという、いわゆる総幹分離の暗黙のルールがある。小泉首相と安倍は、おなじ森派だ。それに、安倍は、まだ当選三回生と期が若い。衛藤は、溜息まじりに思った。

〈常識的に考えると、安倍幹事長はありえまい〉

安倍は、九月二十一日の内閣改造、党人事の数日前、森前首相から電話でいわれた。

「安倍君、次は副幹事長だ」

「わかりました」

安倍の地元の下関市にいた妻の昭恵は、安倍から、電話で副幹事長の件を聞き、安倍にいった。

「これで少しは、楽になるかしらね。とにかく、あなたの体が心配だから、少し休んでもらいたいわ。ふたりで、旅行にでも行きたいわね」

官房副長官の仕事が忙しすぎて、昭恵は夫の体のことを心配していた。

安倍の母親の洋子も、安倍家は代々肺が弱く、夫の安倍晋太郎も若い時代に喀血《かっけつ》し、膵臓癌《すいぞうがん》で亡くなっていたことから、息子の健康をいつも気にかけていた。

同期生の荒井広幸と安倍晋三は、永田町では知る人ぞ知る盟友であり、無二の親友だ。自民党役員人事の数日前、二人はマスコミの目を逃れ、意見交換をおこなった。

荒井は、安倍に忠告した。

「仮に外務大臣の要請があっても、受けないほうがいいよ」

平成三月五月十五日に亡くなった安倍の父親の安倍晋太郎は、中曽根内閣時代、四期三年八ヵ月にわたって過酷な日程の外務大臣をつとめた。それが、命を縮める結果になったと旧安倍派に所属した荒井は思っている。

安倍は、しんみりした口調で答えた。

「そうだな……。でも、おれは副幹事長になると思うよ。森さんにもいわれたから」


「ええっ！　安倍だって？」

平成十五年九月二十日夜、夕方から降りはじめた雨の中を森派幹部の町村信孝らは森前首相の事務所に集まった。森は、安倍に声をかけた。

「安倍ちゃん、今度は、副幹事長として党務をしっかり頼むよ」

森は、まわりの者にも、安倍が次は副幹事長だということをあきらかにしたのである。

安倍はその夜、渋谷区富ヶ谷一丁目の自宅に帰り、眠りに就こうとした。二十一日になろうとしたとき、安倍の携帯電話が鳴った。電話に出ると、なんと小泉首相からだった。

「きみに重要な役職をやってもらおうと思うから、逃げないように」

小泉首相は、それだけ短くいうと、携帯電話はぶちっと切れた。

安倍は、森会長から「今度は副幹事長として党務で汗をかけ」といわれ、すっかりその気でいた。各派からまんべんなく選ばれる副幹事長は、副大臣、政務官人事を担当する。森派の推薦リストをもらった安倍は、ここ数日、だれをどのポストに押し込むか、いろいろと考えていた。そこへ、小泉首相からの電話である。

安倍は、ぼんやりと考えた。

〈重要な役職って、いったい何だろう。ひょっとすると、大臣かな……〉

山崎幹事長は、九月二十一日の日曜日朝十時から始まるテレビ朝日の田原総一朗司会の報道番組「サンデープロジェクト」の出演を終えた。まるで今後起こるであろうことを暗示するかのような豪雨の中を、東五反田の首相仮公邸に向かった。

午前十時五十七分に首相仮公邸に入り、小泉首相と会った。

小泉首相は、盟友の山崎に告げた。

「副総裁をお願いしたい」

山崎は、受け入れた。

「虚心坦懐《きょしんたんかい》で、総裁の判断に任せます」

そのうえで、山崎は訊いた。

「後任の幹事長は？」

「安倍だ」

小泉は、その場から、世田谷区瀬田の森前首相の家に電話を入れた。

小泉は、森にいった。

「幹事長を替える」

森は、ホッとした。

ところが、次の瞬間、小泉は、おどろくべき言葉を口にした。

「幹事長は、安倍君にしたい」

森は、びっくりした。

「ええっ！　安倍だって……」

なにしろ、安倍は、当選三回生だ。まだ閣僚経験もない。

小泉はつづけた。

「あと十分したら安倍に電話するから、あなたからも口説いておいてくれ。ただし、絶対に断らせないようにしてほしい」

森は、すぐさま安倍の自宅に連絡を入れた。

「晋ちゃん、きみは、幹事長だ」

副幹事長だと思いこんでいた安倍は、電話の向こうで絶句した。

「えッ……」

しばらくしたあと、言葉を継いだ。

「会長、本当ですか……」

「本当だとも」

「どうすれば、いいんですか」

「おれも、それはいいと思うから、受けなさい。こんなものは、そのときの政治の流れだ。受けなければいけない。きみは、あくまでも選挙の顔として幹事長に招かれるのだから、選挙に専念すればいい。近くおこなわれる総選挙で自民党が負けたら、その責任を取ってさっさと辞めてしまう。勝てば、そのまま来年夏の参院選まで続けろ。そして、参院選が終わったら、勝っても負けても、サッと下がったらいい」

これは、森の親心であった。

森は、つづけた。

「まもなく純ちゃんから電話がかかってくるから『受ける』といってくれよ。きみが断ったら、これまた人事を一からやり直さないといけないから」

「はい」

森は、その後すぐさま小泉首相に電話を入れた。

「安倍に伝えた。受けると思う」

「そう、ありがとう」

森は思った。

〈純ちゃんは、とにかく変わっているし、あまり深く物事を考えない。選ばれた人は迷惑だし、大変だろうと思うが、がんばってもらうしかない〉

森は、安倍に電話を入れたあと、すぐに森派幹部の中川秀直の携帯電話に連絡を入れた。

「さっき、純ちゃんから電話があった。幹事長は、安倍にするそうだ」

「えッ、安倍ちゃんですか！」

中川は、ふと思った。

〈安倍ちゃんの幹事長起用は、あのときからすでに秘中の秘として考えていたのかもしれない〉

中川は、九月八日の総裁選の告示日ぎりぎりまで小泉の推薦人名簿に載せる二十人について調整していた。中川は、小泉陣営の幹部たちにいった。

「小泉さんを支援していただくグループからバランスよく出ていただこう。われわれのグループは、衆議院から二人、参議院から二人の四人だけでいい」

森派は推薦人の衆議院議員の一人に、森前首相を選んだ。森前首相は「おまえ（中川）が代理になるなら」という理由で小泉陣営の選対本部長にもなった。選対本部長である以上、推薦人代表にならないのはおかしい。

もう一人の推薦人には、森派事務総長の尾身幸次を予定していた。森派は、これまで派閥の事務総長が選挙責任者となり、推薦人になるのが慣例であった。

そうしたところ、官邸からなんとはなしに伝わってきた。

「安倍君はどうかな、選挙責任者に」

中川は、推測した。

〈これは、おそらく小泉さんの意向だろう〉

中川は、以前から小泉首相に進言してきた。

「安倍さんは、いまや小泉さんに次いで国民的人気があります。この人気を何らかのかたちで活かしたほうがいい。自民党は、国民の党であり、改革の党ということをアピールするためにも、そのシンボルとして安倍さんをうまく登用すべきです」

小泉首相は、その意を汲《く》み、若い安倍を選挙責任者にしたいのではないか。そう理解した中川は、陣営の幹部に主張した。

「いいじゃないか、安倍ちゃんになってもらおうよ」

こうして、安倍は、選挙責任者となり、推薦人に名を連ねた。中川が思うに、小泉首相は、このときすでに選挙責任者として安倍に実績を積ませたうえで幹事長に抜擢するつもりだったのかもしれない。

まさに驚天動地ではあるが、小泉首相の優れた感性をうかがわせる人事だと思った。

中川は、森にいった。

「それじゃ、わたしも安倍ちゃんに電話をして、絶対に引き受けろといいます」

「頼む」

中川は、ただちに安倍に電話を入れた。

「われわれも全面的に支えるから、安倍ちゃん、絶対に引き受けろ」

安倍は、困惑していた。

「いや、まさかと思いましてね。選挙があるからでしょうが、当選回数からいって、無理ですよ」

中川は説得にかかった。

「そんなことをいわずに、これは天命だと思って引き受けなさい。改革なんて一朝一夕にできるものではない。なかには、十年も、十五年もかかるものもある。サッチャー（イギリス元首相）の改革だって、レーガン（アメリカ元大統領）の改革だって、七、八年はかかったじゃないか。小泉さんが首相の立場で改革を断行できるのは、どんなに長くても総裁の任期が切れる三年後の平成十八年九月までだ。それから後は、次の世代が改革を引き継がないといけない。小泉さんは、そういう意味でも、安倍ちゃんを幹事長に、と考えたと思う。われわれは、どんなことをしてもきみを支える。だから、絶対に断るな」

中川は、当選回数では安倍の四期先輩であり、年齢も十歳上だ。その意味では、安倍に先を越されることになる。が、中川は、不思議と清々しい気持ちであった。

昭和三十年五月十五日、政敵同士であった民主党の三木武吉と自由党の大野伴睦が保守合同を目指して極秘会談した。そのとき、三木はこう迫ったという。

「今や政敵の関係を離れて、国家の現状に心を砕くべき時期だ。日本は、放っておいたら赤化の危機にさらされること、自明の理だ。天地神明に誓って私利私欲を去り、この大業を成就させる決心だ」

中川は、まさにそのような心境であった。

〈日本のために、小泉改革を成功させないといけない。それには、この方法しかない〉

それからまもなく、小泉首相から安倍の携帯電話にかかってきた。

「幹事長になってもらいたい」

「わたしのような若輩者で、いいのでしょうか」

「だからこそ、できることもある。党にとっても、国にとっても、大変な時なので、ぜひ頑張ってほしい」

「お受けいたします」

安倍は、正直いって気が重かった。官房副長官に指名されたときは、心からうれしかった。が、幹事長に抜擢されても、手放しでよろこべなかった。むしろ醒《さ》めてさえいた。

〈これは、ろくなことにならないな〉

たとえば、大臣であれば、なってしまえば役人たちが動いてくれる。しかし、幹事長は、党全体を動かさなければいけない。自民党は、政権与党であり、四百人近い国会議員を抱える大政党だ。それなりに国会議員にも認めさせないといけない。

しかも、永田町は、国会議員だけでなく、マスコミもふくめて嫉妬の海だ。安倍は、当選わずか三回で、四十九歳と若い。大臣経験もない。マスコミは、安倍の実力や実績を冷静に分析するまでもなく、「指導力が問われる」「調整力が問われる」などと書き立てるだろう。

が、安倍は腹を決めた。

〈これも、天命だ〉

安倍は、それから三階に上がった。同じ邸宅の二階が晋三夫婦の住まいで、三階に母親の洋子が住んでいる。その日は、晋三の妻昭恵が選挙区の山口に帰っていたので、晋三は「出かける前に、ジュースと果物でも食べたいんだけど」と上がったのである。

洋子は、果物を食べている晋三に、今回の人事について訊いた。

「どういうふうになるの？」

晋三の携帯電話には、次々と電話がかかってくる。

洋子は、副幹事長に就くのではないかと思っていた。このころ、晋三がよく話すようになっていたからである。

「今度は、少し党のほうの勉強をしなくちゃ」

洋子は、息子がまさか幹事長になるなどとは思いもよらなかった。

そのうち、洋子の家政婦が、おどろいた声を上げていった。

「奥様、晋三さまは、幹事長ですって！」

「まさか、なにかの間違いじゃないの？」

「いま、テロップに流れています」

テレビに、臨時ニュースのテロップが流れているというのだ。

携帯電話を終えた安倍が、いった。

「もう、テレビで報じられている？」

晋三に落ち着く暇はなかった。携帯電話がさらに鳴り響いた。晋三は、あわただしく洋子の部屋から出ていった。

洋子は思った。

〈これほど大胆な人事起用をするのは、小泉総理総裁ならではであって、他の人だったら、とてもできたものではなかったろう〉

洋子の父親の岸信介は、自民党初代幹事長である。洋子の夫の安倍晋太郎は、竹下内閣時に幹事長をつとめた。洋子は、図らずも、幹事長の娘であり、妻であり、母であるということになった。

だが、洋子に、よろこぶ余裕などはなかった。父親の岸信介、夫の安倍晋太郎と二人の政治家の生き様を見てきた洋子である。幹事長というポストは、華やかな反面、いかに厳しいポストであるかわかっていた。

〈まだ政治の経験が少ない晋三で、はたして幹事長がつとまるのかしら〉

母親としてなによりも心配したのは、体調である。いくら成長するにしたがって鍛えられたとはいえ、神戸製鋼所時代も、政治家になってからも、入院したことがある。幹事長という激務に、耐えられるかどうか。

〈ただ、かつてのように、幹事長が裏で寝技を仕掛けることはない。夫とおなじように、立ち技で党内をまとめる時代になっている。いや、晋三は率先して、立ち技でまとめていかなくてはならない〉

たちまち支持率アップの絶妙人事

いっぽう携帯電話で安倍から直接幹事長就任を聞かされた荒井広幸も、おどろかされた。

〈まさか……〉

そのうち、うれしさが込み上げてきた。

〈やった！　新鮮な新自民党の誕生だ。小泉さんの郵政民営化反対の急先鋒のおれだが、これだけは、小泉さんを評価できる〉

この九月二十六日には、民主党と自由党が合併し、新民主党が誕生する。これが、安倍を幹事長に起用した理由の一つかもしれない。

また、小泉首相は、森喜朗前首相、青木幹雄参議院幹事長らに山崎幹事長の交代を強く迫られていた。今回、小泉首相にとって最大のあつかい難い相手は、森でも、青木でもなく、盟友の山崎拓その人であったと荒井は予想していた。

小泉首相は、山崎に「おれを外す理由は何だ。おれを信用していないのか」と詰め寄られたとき、うまく説得する理由が必要であった。それが、安倍の起用となる。

「自他ともに格下だけど、安倍は、副長官をやっているし、拉致問題で国民的な人気がある。それに、拓さんと同じくらいに信用しているんだよ」

安倍ならば、山崎も納得せざるをえない。

荒井は思う。

〈劇場型政治家・小泉純一郎の面目躍如といえる。みんながおどろく姿を見て、シェークスピアでもこんなシナリオは作れまいと一人悦にいっているにちがいない。ヘッドホンで聴く曲は、「英雄」あたりであろうか〉

安倍幹事長の誕生は、みんながおどろいている。これまでは内閣の支持率が高く、党の支持率は低かった。が、安倍幹事長によって、党の支持率はまちがいなく上がるだろう。

民主党二回生のある議員は、荒井に溜息を漏らした。

「これまで、われわれは、若くて清新な民主党をアピールしてきた。しかし、安倍幹事長の誕生で、自民党も世代交代に入ってきた。民主党の売りがなくなった。自民党はたいしたところだ。やりづらい」

荒井は思った。

〈これで、少なくとも九月二十六日の民由の合併効果は、ほぼなくなる〉

安倍幹事長の誕生は、抵抗勢力も、安倍よりも年上でおもしろくないと思っている人たちも、選挙では有利に働くと判断している。まずは、選挙に勝つことが最大の目的だ。

山崎派幹部で、筆頭副幹事長の甘利明は、安倍が幹事長に指名されたときは、さすがにびっくりした。が、よく考えてみると小泉方程式で浮かび上がってくる人だな、と納得した。

小泉首相は、信頼する山崎幹事長を留任させる気でいた。しかし、森や青木幹雄に迫られ、どうしても、山崎を動かすしかないと思った。

あのまま幹事長に留まれば、山崎自身が集中砲火を浴び、もたなくなっていたであろう。総選挙を目前に控えて幹事長としての機能麻痺に陥る状況だった。選挙が近づいてくると、議員心理として応援カードを何枚か持ちたいという気持ちが強くなってくる。山崎の政治手腕を評価しても、人気という面では選挙区での受けやアピールが弱い。〝替えろコール〟に対して、平時であれば「そんな必要はない」という声は出てしかるべきだ。が、総選挙という戦時に向かっていた。しだいに、そのような声が後退していった。

小泉は、最後まで「拓さん、おれに任せろ」といっていた。が、やはり、最後は山崎の面子も立て、党内の不満を解消するには、副総裁にするしかなかったのではないかと甘利は思う。

かといって、後任の幹事長に、山崎と同じようなタイプの実力者を持っていったら解決にならない。総選挙に向けてアッとおどろく人気ナンバー1の安倍を、年次に関係なくボンと幹事長に据えたことで、選挙に対する不安がみんなきれいに消えた。山崎は、上にあがって党内ナンバー2の副総裁になったわけであるから、山崎の面子《メンツ》も守られた。甘利は思った。

〈これ以上の解決策はなかった〉

甘利はそう思うと同時に、苦笑いした。

〈本当なら、安倍さんは副幹事長として、筆頭副幹事長のわたしの下にくる予定だったが、上になってしまった〉

森派の先輩であり、選挙を担当する総務局長の町村信孝は、安倍幹事長について思った。

〈選挙の顔として、これ以上の人はない〉

総裁選で亀井静香を立て、小泉首相に対抗した江藤・亀井派の江藤隆美会長ですら、安倍幹事長就任を賞賛した。

「素晴らしい。大変いい人事だ」

「安倍幹事長」の一報は、野党四党の幹事長・書記局長が「サンデープロジェクト」番組出演中に飛びこんできた。安倍より一歳年上の民主党の岡田克也幹事長は、番組後、記者団を前に、「実質的に『影の森幹事長』が仕切ることにならないように頑張ってほしい」とひとまずエールを送ったのち、皮肉をこめていった。

「民主党への危機感から、驚く人事をした。田中眞紀子さんが驚く形で外相になったが、結局、期待はずれだった」

が、安倍と同期初当選で、安倍より三歳若い民主党の野田佳彦国対委員長は、自民党が、小泉、安倍の二枚看板になったことに素直に反応した。

「選挙の顔としては、脅威だ。総選挙は、必死の思いでやらないと」

小泉首相は、安倍の幹事長抜擢について、記者団にしてやったりといわんばかりの表情で語った。

「これだけ当選回数の少ない若手が幹事長ってのは、想像しなかったでしょう。自民党は若手を育成する必要がある。（党内に）刺激を与えるんじゃないですか」

安倍は、就任後の記者会見で、抱負を語った。

「新しい時代に、改革する政党としてふさわしい党に脱皮するために全力を尽くす」

それから、内閣改造人事などで多忙な小泉首相に代わり、千秋楽でにぎわう両国国技館へ向かった。安倍は、優勝した横綱朝青龍に内閣総理大臣杯を手渡すため土俵に上がった。

「満員御礼」のかかった観客席から、声がかかった。

「がんばって！」

いっせいに大きな拍手が沸き起こった。人気絶頂だった小泉首相が、平成十三年五月、貴乃花の優勝に「感動した」と叫んだ、同じ土俵の上であった。

安倍は、それから民放局の生放送などに出演。さっそく「もう一人の党の顔」として多忙な日々が始まった。

いっぽう、安倍の妻の昭恵は、この日の正午前、山口県下関市の地元後援者の自宅でおしゃべりをしながらテレビを眺めていた。すると、テレビの画面に「自民党幹事長に安倍晋三官房副長官が内定」と書かれたテロップが流れたではないか。

昭恵はテロップを見て、飛び上がった。

「ええッ！　晋ちゃんが、幹事長！」

安倍は、昭恵のことを「昭恵」と呼ぶ。昭恵は、安倍のことを「晋ちゃん」と呼ぶ。安倍は年上であったが、昭恵は安倍の性格から、友達夫婦のような、自分に身近な感じを抱いていた。

昭恵は、すぐに夫の携帯へ電話を入れた。

「いま、テレビを見ていたんですけど、幹事長って、本当なんですか？」

「本当だよ。そういうことになったから」

昭恵が訊いた。

「東京に帰ったほうが、いいですか？」

「いや、下関に用事があるだろう。それが終わってからで、大丈夫だよ」

「じゃあ、わたしは、こっちにいますから」

昭恵は、波打つ胸を押さえながら、自分のなすべきことを必死になって考えた。

〈事務所に、お祝いが届くかもしれないわ〉

昭恵は、すぐに事務所へ向かった。事務所も、大騒ぎであった。忙しく立ち働いているところへ、義母の洋子から電話が入った。

やはり、東京へ帰るべきであった。昭恵は、地元での予定はすべてキャンセルし、急遽飛行機で東京へ戻った。

安倍は、その日夜十一時ごろ自宅に帰ってきて、まず三階の母親の部屋にある父晋太郎の仏前に座って手を合わせた。

この日は、偶然にも安倍の四十九回目の誕生日でもあった。安倍と昭恵、洋子の三人は、安倍の幹事長就任と誕生日のお祝いをおこなった。いただきもののケーキを前に、ワインで乾杯した。

昭恵は、安倍に訊いた。

「それにしても、大変なことになったわね。大丈夫なの？」

安倍は、静かに答えた。

「森先生に、『周りの人間がきみを助けるから、頑張ってやってくれ』といわれた。ぼくは、できる限りのことはするよ」

昭恵は、それでも不安だった。安倍の上には、多くの大物政治家たちがいる。

平成十五年九月二十二日、小泉首相は、内閣を改造した。最大の焦点は、竹中平蔵経済財政・金融担当相の処遇であった。竹中を交代させるのか、それとも兼務を解くのか、注目を集めたが、結局、小泉首相は、そのまま竹中を留任させた。安倍ショックにつづく、竹中ショックが永田町を揺さぶった。

山崎幹事長と竹中の交代を小泉首相に強くもとめていた森前首相は、渋い表情で記者団に感想をもらした。

「手品に引っ掛かったような気がする。安倍幹事長という見事な仕掛け花火をパーンと打ち上げている隙に、内閣改造のほうでさあっとやったような感じだ」

自民党三役は、安倍幹事長、堀内光雄総務会長、額賀《ぬかが》福志郎政調会長体制となった。

安倍幹事長を支える幹事長代理には、橋本派の久間章生《きゅうまふみお》、総務局長には、森派の町村信孝、国対委員長には、やはり森派の中川秀直と、執行部のメンバーはみな安倍幹事長よりも年上ばかりである。

森前首相は思った。

〈これはいかん。安倍が遠慮することも多く、フラストレーションも溜まるだろう。怒鳴られ役を、一人置いておく必要がある〉

森派衆議院議員の副幹事長の枠は、二人であった。

森は、まず四回生の中山成彬《なりあき》を副幹事長に送り込むことを決めた。大蔵省出身の中山には、安倍の智恵袋的存在になることを期待した。

いま一人の副幹事長は、下村博文に決めた。下村は、安倍より一期下の二回生で安倍と同じ歳である。下村の役割は、安倍がいつでも不満をぶつけることのできるサンドバッグ的存在であった。

九月二十二日、下村のもとに森派代表幹事の尾身幸次から電話がかかってきた。

尾身は、いきなりいってきた。

「いますぐ、幹事長室に行け！」

下村は、慌てた。

「いったい、何ですか？」

「きみは、副幹事長だ。幹事長室は、人事をしないといけない。副大臣の人事もある。安倍幹事長のすぐそばにいて、フォローしろ」

下村は、ただちに自民党本部四階の幹事長室に出向いた。そこで、安倍幹事長から、正式に要請された。

「副幹事長を頼みます」

下村は、快諾した。

「わかりました」

この日、小泉首相は、内閣を改造した。閣僚については、小泉首相がだれにも相談せずに一人で決めていた。が、副大臣人事については各派の意向が反映される。その調整の場が、各派から副幹事長が送り込まれる党の幹事長室であった。安倍幹事長とすれば、出身派閥の森派が希望するポストを死守したい。が、幹事長室の幹部は、橋本派の久間章生幹事長代理、山崎派の甘利明筆頭副幹事長など、すでに大臣を経験したベテランばかりだ。年下で、しかも、幹事長という行司役の安倍は、彼らの意見を無視できない。森派が希望したポストが飛ばされ、他派の議員がそのポストに就いてしまうかもしれない。そうならないためにも、安倍幹事長のそばでガードし、森派の意向を押し切れ、という意味だと下村は理解していた。

その後、下村は、森派会長の森前首相に呼ばれた。

森は、下村に副幹事長としての心得を伝授した。

「役員会でも、安倍が『コラッ』と怒ることができるのは、きみだけだ。『おい、下村』と呼び捨てにできるのも、きみしかいない。あとは、みんな『さん』づけだ。だから、そういう意味で、きみを副幹事長につけるんだよ。補佐官のつもりでやってくれ。きみは、できるだけ幹事長の代わりに汚れ役をやれ。とにかく、幹事長を支えて、支えて、支えつづけるんだ」

ところが、下村は、たびたび党本部の幹事長室から姿を消してしまう。選挙区が東京十一区と近いので、後援会の会合などがあるとすぐに選挙区に戻ってしまうのだ。

当の下村は、安倍を支えると同時に自分の選挙のことも考えなければいけない。安倍が総理になったとき、議員バッジをつけていなければ支えられない。そのため、時間があれば選挙区にもどることも多い。

しかし、森は、それが面白くないらしい。森は、下村を呼び叱りつけた。

「当分、総選挙はないのだから、選挙区を忘れろ。幹事長室に、いつもいろ。きみは、幹事長の門番だ。そういうつもりでやらないと、駄目だよ」

「でも、幹事長室にいても、何にも用がないときがあるんですよ」

森は諭した。

「極端なことをいえば、安倍幹事長が自分の家を出たとき、外で待っておって車にいっしょに乗り、党本部に向かう。一日の仕事を終えたら、幹事長の自宅まで送り届けてから、自分の家にもどるというくらい徹底してやれ」

森の言葉を借りれば、そのくらい滅私奉公をするのが副幹事長のつとめだ、ということなのであろう。下村には、理屈的には、半分わかる。が、半分わからないところもある。が、それくらい徹しなければ、本当の意味での支えるということにならないということは理解できる。

森は、安倍にも助言した。

「どこに行くときでも、できるだけ下村を連れて歩け」

下村が見るところ、安倍には、父親の安倍晋太郎の秘書として政治の現実をつぶさに見ていたことも影響しているのか、きめの細かさがある。下村への電話連絡も、直接、安倍から下村の携帯電話にかかってくる。いまだかつて秘書が間に入り、「幹事長でございます」などということは一度もない。それだけマメで、フットワークも軽い。

驚天動地の安倍の幹事長人事から四日が経過して一段落した夜、ウシオ電機会長の牛尾治朗は、安倍を食事に誘った。

「寛信君が帰ってきたから、いっしょに飯でも食うか」

このとき、牛尾の娘の幸子の夫である安倍寛信は、勤務している英国三菱商事から日本に短期出張で一時帰国したばかりであった。

安倍寛信は、弟の将来を考えると、今回の幹事長抜擢を手放しでよろこべなかった。

〈大臣なら、政策と己れの手腕を発揮できる。が、幹事長となると、周囲に育ててもらえる立場ではない。能力よりも、年季と老獪《ろうかい》さが必要な仕事だ。下手をすると、晋三の持っている能力を発揮できずに、海千山千の連中に潰されてしまうのではないか〉

食事の席で、安倍晋三は、淡々とした口調で語った。

「ぼくには、根回しなどできません。自分のやれることしかできない。でも、総裁の気持ちは一番よくわかっているつもりです。だから、総裁の考えを国民にきちんと伝え、その反応をまた総裁に伝える。この役に徹したいんです」

牛尾はうなずいた。

「それで、いいんだよ」

根回し役は、幹事長代理として安倍を支えるベテランの久間章生に任せればいい。牛尾もよく知る橋本派七回生の久間は、農林省出身の切れ者であり、考え方に筋が通っている。だれが考えた人事なのかは知る由もないが、安倍幹事長—久間幹事長代理体制は、なかなかの組み合わせであった。

読売新聞社がインターネット利用者千人を対象に実施した「衆院選ネットモニター」の第二回調査（九月末実施）結果が十月二日、まとまった。前回調査（八月末）と比較すると、総裁選、内閣改造を経た自民党の支持率は、前回の三〇％から七ポイント上昇。前回調査で「支持政党なし」とした人の二二％が自民支持に回った。さらに、民主支持の一〇％、自由支持の八％も、今回調査では自民を支持している。その要因の一つが、安倍晋三の幹事長起用だ。この人事を「評価する」は、全体の八二％にのぼった。自民支持層の九五％、公明支持層の八八％のほか、支持政党なし層の八三％も安倍の幹事長起用を評価。民主支持の六八％、共産支持の六一％、社民支持の五七％が「評価する」と答えている。

安倍の幹事長就任を評価する理由を二つ以内で選んでもらったところ、「北朝鮮の拉致問題などへの対応が評価できるから」六二％、「若いから」四九％、「イメージが良いから」二八％、「実力があるから」一三％……の順だった。

「小泉・安倍」二枚看板の劇的効果

平成十五年十月九日、参議院埼玉選挙区の補欠選挙が告示され、民主党公認の嶋田智哉子、自民党公認の関口昌一、共産党公認の阿部幸代が立候補した。この補選は、総選挙前の唯一の国政選挙として全国的に注目を集めた。

告示前、安倍は、埼玉県の上田清司知事のもとに、電話をかけた。

安倍と民主党時代の上田とは、北朝鮮による日本人拉致事件の解決を目指す超党派の「北朝鮮に拉致された日本人を早期に救出するために行動する議員連盟」（拉致議連）を通じて親しい関係を築いていた。

上田は、民主党時代、衆議院議院運営委員会の理事をつとめていた。政府提出の法案説明には、福田官房長官か、安倍官房副長官がやってくる。そこでも、安倍と接する機会が多かった。

また、ある経済人がスポンサーになっている三回生以下の若手議員の会でも顔を合わせた。官房副長官の安倍は、若手議員の出世頭的存在である。自然、安倍を立てるという雰囲気の会合となっていた。

国会側と政府側の議員は、質疑席と答弁席に分かれる委員会以外、あまり会うことはない。が、上田と安倍は、拉致議連、議運、若手の会などを通して目線を合わせることが多かった。党は違っても保守派として同じベクトルでものを考え、行動する同志としておたがいに親近感を抱く間柄となっていた。

上田は、この年の八月末の埼玉県知事選で自民党候補に圧勝していた。そういういきさつから、今回は民主党公認の嶋田の支援に動きはじめていた。

安倍は、上田に電話でいった。

「埼玉補選は、わたしが幹事長として初陣の選挙ですから、上田さん、あんまり動かないでくださいよ」

つまり、あまり嶋田の応援をしないでほしいということである。

上田は、微妙な答え方をした。

「いや、最小限度は、やりますよ」

上田は、安倍からの電話のあった夜、嶋田の演説会に出席し、訴えた。

「補選で、嶋田さんを勝たせてください」

が、その後つけ加えている。

「自民でも無所属でも、役立つと思う方を応援していきます」

自民党公認の関口陣営の幹部は、上田のこの言葉にほくそ笑んだ。

安倍は、告示前と合わせて埼玉入りは五回。小泉首相も、二回現地入り。無党派層の掘り起こしに努めた。自民党埼玉県連の一人は、「小泉・安倍」の二枚看板のすさまじい効果に驚いた。

「まるで爆撃機が通った後のようだ」

二人が訪れた地区は、関口の支持率が跳ね上がった。

いっぽう上田知事当選に続く〝風〟の再来を狙い、民主党も「二枚看板」の菅直人代表が、四回。小沢一郎旧自由党党首が、二回現地入り、総力戦を展開した。

が、肝心の上田知事は、実際は、この選挙期間中、二回しか選挙応援ができなかった。十月二十五日に国民体育大会の秋季大会が静岡県で開会する。上田は、次年度開催県の知事として参加しなければならない。そのため、ほんらい休日であるはずの土曜日、日曜日は、静岡出張で時間を取られてしまったといっている。

十月二十六日の投・開票の結果、自民党公認の関口が大接戦の末、民主党の嶋田に辛勝した。安倍は、幹事長としての初陣を勝利で飾ることができた。

参議院自民党のドンである参議院幹事長の青木幹雄は、この夜、自民党本部でよろこんだ。

「安倍効果はあった、と思う」

この日、総選挙のため広島に遊説に入っていた安倍は、この勝利について語った。

「小泉首相やわたしが足を運び、改革の成果を訴えてきたことが、埼玉県民に理解されたのではないか。衆議院選でも愚直に成果を訴えていけば、決して負けることはない」

衆院選を前に、四十九歳の若さで自民党幹事長に起用された安倍幹事長の顔写真を「政党ポスター」に取り入れる自民党の立候補予定者が増えた。各陣営とも「(安倍幹事長とは)旧来からのつながりがあるので」と説明するが、選挙にはイメージ戦略も重要なだけに、「安倍人気」を追い風としようという作戦のようであった。

神奈川一区から立候補予定の松本純のポスターは、自身と安倍幹事長の顔写真を並べたツーショット。印刷前には、小泉首相や河野太郎らも候補として上がっていたが、「議員活動の中でいっしょになったこともあり、フレッシュマンで知名度もある」として安倍幹事長に決めたという。

神奈川三区の小此木八郎のポスターも、安倍幹事長と、自民党の参院議員の計三人が入っている。

安倍の幹事長就任前からすべて刷り上がっていたという神奈川二区の菅義偉《すがよしひで》の陣営も、「人気に便乗して作ったと思われると悔しいが、さらに後押ししてくれるのは間違いない」と語った。

いっぽう、安倍幹事長と小泉首相と二種類のポスターを用意したのは、神奈川七区で戦う鈴木恒夫。二人のポスターを使い分けた。

「有権者の年代層が比較的若い都筑区では安倍幹事長、昔からの住民が多い港北区では小泉首相が入ったもの」

陣営幹部は、打ち明けた。

「若い人には安倍幹事長のほうが親近感が湧き、無党派層の取り込みも期待できるから」

十月二十八日、いよいよ総選挙が公示された。総選挙は、小泉政権の発足後初めてである。自民党を軸にした現在の与党三体制の継続を選ぶのか、旧自由党と合併した民主党を軸とした政権に新たに委ねるのか、「政権選択」を有権者に問う選挙となる。各党がマニフェスト（政権公約）を競い合う初の選挙でもあり、年金改革のあり方や高速道路の建設問題、自衛隊派遣をふくめたイラク支援策などが争点となった。

小泉首相は、強気で語っていた。

「与党が過半数（二百四十一議席）を取れなければ下野する」

民主党の岡田克也幹事長は、期待を込めて語っていた。

「政権交代を実現するために、なんとか二百議席を超えたい」

安倍幹事長は、幹事長に就任した直後から候補者の応援のため全国各地をフル稼働していた。衆議院が解散され、いざ総選挙に突入すると、選挙を仕切る自民党の町村信孝総務局長のもとには、応援要請が殺到した。

「安倍幹事長に、ぜひ応援に来ていただきたい」

小泉首相もさることながら、幹事長となった安倍への要請も小泉首相を上回るほどだった。町村は思った。

〈二枚看板というのは、まさにこういうことをいうのだろう〉

安倍幹事長の第一声は、大阪市北区であった。大阪四区の三十三歳と若い中山泰秀の応援である。

安倍は、大雨の中、街宣車に上り、街頭演説をおこなった。横なぐりの雨のため、傘を差していても意味がない。そこで、安倍は、傘を手放した。ずぶ濡れになりながらも、安倍は声を張りあげた。

「大都市・大阪で勝てなければ、新しい自民として脱皮もできない」

安倍は、こうつづけた。

「わたしも、四十九歳、国会議員十年で幹事長になった。就任最年少記録を作ってほしい」

隣で、中山がのけぞった。

雨の中を懸命に演説する安倍の姿が、繰り返しテレビで放映された。その必死さが、テレビを見た多くの国民の心をとらえた。

安倍は、演説終了後、昭恵の持ってきたスーツに着替えた。

のちに安倍が四階の総裁室に顔を出すと、小泉首相が褒めちぎったという。

「あれは、大成功だ！」

ウシオ電機会長の牛尾治朗は、あとで安倍からそのことを聞いて思った。

〈そういった雰囲気づくりは、父親の安倍晋太郎に似ている。茫洋《ぼうよう》とした人柄の安倍晋太郎は、どこか人を魅きつける魅力があった〉

町村総務局長らは、連日選対会議を開き、小泉首相や安倍幹事長の遊説日程を調整した。

「××日は、大阪方面にしよう」

が多かった。

町村は、自分が所属する森派の候補に偏《かたよ》ったスケジュールにしたと批判が起きないように慎重に配慮した。森派の候補者の選挙区を少なくして、よその派の選挙区に入れたほうが多かった。

公平に組むために、選対会議において候補者を、ABCDにランクづけをして、Cランクの候補者に重点的に投入した。

もっとも悩ましいのは、当選確実の選挙区とボーダーラインぎりぎりの選挙区がならんでいるケースであった。たとえば、ある県の一区と三区の候補者がボーダーラインにいるとする。その場合、当選確実の二区を素通りできるのかどうか。

あるいは、一区と二区は厳しい情勢にあるが、三区は当選確実だ。その場合、一区と二区に入るのに、三区まで足を延ばさなくてもいいのかどうか。選対本部の分析では、当選確実だと思っていても、戦っている候補者本人は情勢が厳しいと思っている。その候補者に対し、「あなたは、大丈夫だから」ともいえない。

候補者からは、町村総務局長に矢の催促がくる。

「安倍幹事長は、隣の選挙区に来るのに、なんでおれの選挙区を飛ばすんだ」

その要望を聞いて、ついでに隣に向かわせれば、その隣、そのまた隣とまわることになる。ついには、小泉首相も、安倍幹事長も、全国のすべての選挙区を練り歩くことになってしまう。

日程の都合上、どうしても組み込めないときは、町村は心を鬼にして断りの電話を入れた。

「本当に、申し訳ない」

町村は、受話器の向こうでずいぶん怒鳴られた。

「冗談じゃない！」

しかし、悪役を演じるのも、安倍幹事長を支える町村らの役目であった。

町村は、小泉首相と安倍幹事長のスケジュールを組む立場から見ても、こんなに過酷でいいのかというほど、過密な日程を組んでしまった。ヘリコプターで移動することは、さすがに一度や二度であったが、まさに分刻みでぎっしりと詰まっていた。

小泉首相も、安倍幹事長も、早いときは朝四時起き、五時起きという日程で全国を飛び回った。町村は、内心、こんなに酷使して申し訳ない、という気持ちで一杯であった。

小泉首相には、選挙期間中も公務が入っている。「××日の午前中は使えない」「××日は、まるまる駄目だ」という日もある。それでも、最大限、公務を削ってもらった。

安倍幹事長も、疲れを見せなかった。

「ぼくは、選挙に勝つ顔として幹事長に指名されたので、これは、自らの使命だと思っていますから」

ウシオ電機会長の牛尾治朗が、のちに安倍に聞いたところ、それまでは街頭演説に集まる聴衆は、二百人から三百人だったのに、その十倍以上の四千人から五千人が集まったという。しかも、ワーという地鳴りのような声援で演説の声がかき消されてしまう。そのようなときは、安倍は、自分自身の判断で演説を十分で切り上げ、街宣車から降りた。一人でも多くの聴衆と握手する作戦に切り替えたという。

どの選挙区の街頭演説でも、多くの聴衆が安倍見たさに集まってきた。が、当の安倍には、まるで他人事《ひとごと》のように思えた。

〈こんなに人気が出ちゃって、いったいどうしたんだろう〉

しかし、多くの聴衆に集まってもらえるのはありがたいことだ。それだけ、自民党候補をアピールできる。

若き政界のプリンスに、女性からの支持率が急増した。

安倍は、冗談混じりで妻の昭恵にいった。

「若い女性から握手を求められると、それが元気のもとになるね」

昭恵も、それがうれしかった。政治に無関心な若い女性が、安倍を通じて政治に少しでも興味を持ってくれたらいいと願う。

昭恵自身、安倍の仕事の細部までを把握しているわけではなかった。政治は、深く入り組んでいる。安倍もまた、そこまで妻に語ることはしない。が、昭恵は、安倍が信念を持って正しいことを主張していると信じている。多くの人々にその声が届くことは、昭恵にとってもうれしいことであった。

安倍幹事長の遊説日程を組んでいた町村総務局長は、安倍幹事長に助言した。

「幹事長、××選挙区の候補は、とても届きそうにないから飛ばしましょう」

とても受かりそうにない候補の応援にはなかなか行きづらいものだ。が、安倍幹事長は、きっぱりといい切った。

「いや、総務局長、彼はぼくのことをものすごく信頼してくれている。無理をしてでもいいから、日程に入れてください」

結局、その候補は落選するが、町村は思った。

〈安倍さんは、信義に厚い人だ〉

幹事長職の〝複雑〟

平成十五年十一月四日、安倍幹事長が大接戦の荒井広幸の選挙応援のため福島県入りすることが決まった。この日程は、おそらく総選挙になるだろうということを見越し、三ヵ月前に決めていたものであった。安倍が九月の党人事で幹事長に就任し、安倍指名で、盟友の荒井は副幹事長になっていた。爆発的な国民的人気を得たので急遽決めたというものではなかった。安倍は、苦戦の荒井を何とか助けたいと考えたのだ。

ところが、安倍の福島入りに町村信孝総務局長が待ったをかけた。

「総理を郵政で批判するようなところには、行くべきではない」

荒井は、小泉首相のもっとも力を入れている郵政三事業民営化路線反対の急先鋒であった。小泉首相は、テレビで、荒井が「まだ郵政の民営化は決まったわけではない」と発言したことに対して、いささかムキになって答えていた。

「荒井さんは、嘘つきですね。損をしますよ」

この「嘘つき」発言が、連日、テレビで報道され、話題になっていた。

荒井が反論して騒げば、マスコミは「内部分裂だ」「自民党のマニフェストはまやかしだ」と書き立てる。そうすれば、全国的に自民党の票は減ってしまう。

荒井は、無二の親友である安倍幹事長の立場を心配してもいた。

「安倍ちゃんに迷惑をかけるので、反論の記者会見も、何もやらないから」

しかし、安倍は揺るがなかった。荒井に電話をかけてきた。

「そんなことは、関係ないから。応援にはかならず行くよ」

演説会場となった福島県須賀川市の須賀川アリーナのキャパシティーは、六千人から七千人である。草の根の力による「荒井軍団」といわれる荒井の後援会は団結力があり、常に満杯の状態になる。しかし、この日は立ち見をふくめて八千人ほどが集まった。つまり、一千人は安倍人気といえるものであった。

ふたりは、事前に連絡を取りあっていた。安倍には、郵政民営化論には触れず、一般論を話してもらうことを頼んだ。幹事長までが郵政民営化論を話せば、荒井の立場がなくなってしまい、結果、自民党にマイナスになる恐れもあったからだ。

荒井も自民党を愛している。それ以上に荒井は、盟友の安倍を騒ぎに巻き込みたくなかった。

安倍は、八千人もの聴衆を前に語った。

「十年間、荒井さんとは付き合ってきて、一度も嘘をつかれたことはない。自民党は幅の広い政党だ。一つや二つ意見の違うものはあっても、当然のことだ。荒井さんは、嘘をつく人間ではない！」

その模様を報じる全国放送のテレビを見ると、安倍幹事長は涙ぐんでさえいた。

荒井陣営は、安倍幹事長の擁護に人間としての温かさを感じ、恩を胸に刻んだ。

ところが、どちらにしようかと迷っている保守系の票と無党派の票には、安倍幹事長の訴えも思いも届かなかった……。

安倍晋三は、この総選挙では、地元山口県にほとんど帰ることができなかった。妻の昭恵は、代理として選挙カーに乗り、地元を回った。安倍本人が選挙カーに乗る場合は、後援者に「何時ごろにここを通ります」と伝えておく。が、代理の昭恵だけでは、みんなにわざわざ御足労をかけるのもはばかられる。本人が出席できない個人演説会も、開催するかどうするか、大いに悩んだ。電話一本ですら自分でかける安倍にとって、代理人を立てての個人演説会は堪えられないはずだ。

「候補者は自分なんだし、ぼくのいうことを、みんなに聞いてもらいたいのに……」

つらそうにいう夫を、昭恵は優しくたしなめた。

「そんなことをいっても、晋ちゃんは地元に入れないんだから、しょうがないわ」

結局、安倍の弟で、次の参議院選に山口県から出馬する岸信夫にずっとついてもらい、本人不在のまま、個人演説会を何度か開いた。後援者も、別の会場にいてここに来れないのではないということは、テレビを見てわかってくれている。昭恵は、事務所の人間と相談し、候補者がいないからといって、会場がガラガラにならないよう、必死になって動いた。その甲斐あって、会場は、今まで以上に人で埋め尽くされた。

安倍は個人演説会がうまくいったかどうかが気になり、あちこちに電話をかけて結果を訊いた。

「どうでしたか」

「いやあ、すごかったですよ。前回よりも、集まりましたよ」

「そうですか……」

安倍は、自分が出席したときより、不在時の今回のほうが人が集まったと聞いて、少しばかり複雑な気持ちになったようだった。

自民党森派の山本一太参議院議員は、候補者から相次いで応援依頼を受け、全国各地を飛び回った。どの選挙区に行っても、自民党の小泉・安倍の二枚看板の人気は高かった。民由合併による新生民主党の菅・小沢の二枚看板の人気よりも、はるかに勝っていた。ただし、小泉・安倍人気が、そのまま一〇〇%、総選挙の結果に結びつくことはないという感じもしていた。選挙というものは、やはり候補者個人の資質も重要となる。

総選挙の投・開票日を一週間後にひかえた十一月二日と三日、新聞各紙はいっせいに世論調査の結果を発表した。各紙とも、おおむね「自民党は単独過半数の二百四十一議席を確保する勢い」と報じた。

安倍は、この報道に内心思った。

〈そんなに勝てないだろう。でも、過半数はいくのではないか〉

最終日の十一月八日、安倍は、千葉県流山市内で「最後の訴え」に声を振り絞った。

「菅さんの目標議席は、二百。過半数に四十一足りない。共産、社民に応援してもらうというが、政策が全然違う。民主党のいうことは絵空事、絵に描いた餅だ。共産党と連立を組んだら、日米同盟は一日で終わる」

「安倍・小泉」の二枚看板はこの日、手分けして首都圏の二十一ヵ所を回った。政権を賭けた戦いの焦点は、最後は都市部の無党派層だという一心からである。

結局、安倍は、この総選挙では、なんと延べにすると百九十選挙区も遊説で回った。

投票日の十一月九日、荒井広幸は、安倍の携帯電話に連絡を入れ、東北地方の情勢を報告した。

「小泉人気はあるかもしれないけど、民主党も強いよ。民主党候補は、たとえ小選挙区で負けても、敗者復活があるから、そういう勢いがある」

一通り報告を終えると、安倍が、しきりに訊いてきた。

「それで、荒井ちゃんは、大丈夫なのか」

「首相の嘘つき発言が、ボディブローで効いてますよ」

荒井は、結局、落選の憂き目をみることになる。

その日、安倍のもとに出口調査の情報が次々と寄せられた。自民党は、過半数の二百四十一議席に届かず、前回獲得した二百三十議席も獲得できないと予測された。

安倍は、さすがに重苦しい気持ちにとらわれた。

〈これは、大変なことになってしまったな……〉

小泉首相は、午後十時二十分に自民党本部に姿を見せ、党幹部らと握手した。テレビのインタビューを受けていた安倍幹事長の肩を叩いて、「よう」とおどけてみせた。

小泉首相は、選挙の応援で日焼けした顔に笑みを浮かべていたが、開票速報を見守るうち、他の党幹部と同様にやや硬い表情になった。インタビューで「与党が過半数を取れなければ下野する」という選挙前の強気の発言に質問がおよぶと、「過半数になれば、（わたしの）責任問題は出ない」と色をなす一幕もあった。

「選挙の顔」として起用され、全国を駆け巡った安倍幹事長に、記者の質問が飛んだ。民主党の躍進について訊かれ、険しい顔つきで答えた。

「自由党と合併した効果はあったと思う」

自民党は苦戦しており、二百議席を切ると予想したテレビ局すらあった。安倍幹事長は、そのことを指摘され、めずらしく顔を引きつらせていた。その様子をテレビで見ていた国土交通大臣の石原伸晃は、安倍が気の毒になった。

〈メディアの予想は、まちがっている。そんなに顔を引きつらせなくてもいいのに〉

石原も、選挙期間中、多くの候補者から応援要請を受け、全国各地を飛び回った。それだけに、自民党はそれほど負けない、という感触を得ていた。

民主党の菅直人代表は、出口調査の数字に気をよくして、強気に自民党を攻め立てた。

「二百三十三議席を超えなかったら、小泉首相の責任問題ですよ」

ところが、出口調査の結果には、不在者投票分が加わっていないことが判明した。そのとたん、菅代表は、小泉首相の責任問題についてはいっさい口にしなくなった。

午後十一時半前、「与党三党での安定多数確保が確定的」との速報が流れた。自民党は、前回総選挙の二百三十三を上回る二百三十七議席を獲得した。が、目標の単独過半数二百四十一議席には届かなかった。民主党は、目標の二百議席には届かなかったものの、百七十七議席は獲得した。与党三党としては、公明党が三十一議席から三十四議席に、保守新党が九議席から四議席に減らしたものの、合わせて三十八議席で全常任委員長を独占したうえで過半数を確保できる絶対安定多数の二百六十九議席を超え、二百七十五議席を獲得した。

安倍は、十日午前一時からの記者会見で、ようやくホッとした表情で語った。

「絶対安定多数が取れたということは、小泉内閣の信任を得ることができたということだ」

この夜のうちに自民党は、無所属で当選した宮崎二区の江藤拓、宮崎三区の古川禎久の追加公認を決定。翌日には、小泉、山崎とYKKのメンバーの一人である加藤紘一元幹事長の復党も決定。保守新党の衆参七名も自民党に合流し、単独過半数の二百四十一議席を超えた。

次は、夏の参議院選挙だ!

自民党は、小泉首相と安倍晋三幹事長の二枚看板で平成十五年十一月の総選挙を戦った。一部には「小泉・安倍効果は思ったほどなかった」という声もあった。が、それは間違いだと中川秀直国対委員長は苛立った。

〈小泉・安倍効果があったからこそ、絶対安定多数を確保できたのではないか。もし、小

泉・安倍効果がなければ、政権交代が起こったかもしれない〉

総選挙の結果、自民党の派閥の明暗が大きく分かれた。主流派の森派が十二議席も増やし五十一議席、山崎派が二議席増やし二十四議席、旧加藤派が一議席増やし十一議席と堅調だった。それに対し、橋本派は八議席も減らし五十一議席、亀井派も八議席も減らし二十九議席と振るわなかった。

総選挙後、志帥会（亀井派）の会長に就任した亀井静香は、森派会長で、小泉首相の後見人である森喜朗前首相に冗談めかしていった。

「解散せんでもいいときに解散して生首を切っておいて、それが自分の派閥を増やすためにやったとなれば、これはひどい話だよ」

候補者には、小泉首相、安倍幹事長の人気に乗じて当選したい候補者、小泉首相の改革路線に賛成する候補者、安倍幹事長の将来性に期待をする候補者と、さまざまな候補者がいた。森派幹部で総務局長の町村信孝によると、それらの人たちが、ぜひとも……と森派に集まってきたという。

森派参議院議員の山本一太は、森派が増えるのは自然の流れだと思う。

〈森派には、小泉首相はもちろんのこと、世代交代のシンボルであり、次世代総理候補の大本命の一人となった安倍さんがいる。他派には、安倍さんほどの存在はいない。政界は、小泉さんと安倍さんを中心にまとまってくるのではないかという求心力が働いたからだろ

う〉

安倍幹事長には、総選挙の結果に胸を撫で下ろしている暇はなかった。すでに、次の戦いが待っていた。

〈さぁ、次は、来年夏の参議院選挙だ……〉

第二章　安倍晋三に受け継がれた岸信介のＤＮＡ

安倍晋三は、昭和二十九年九月二十一日、安倍晋太郎、洋子夫婦の次男として生まれた。

安倍晋太郎は、次男にもかかわらず、名前に「三」の字を入れ、あたかも三男のようなイメージをあたえかねない名前をつけた。洋子は、「次男なのに、どうして？」とよく訊かれる。

晋太郎は、洋子にいった。

「字画や、字の座りを考えると、『晋二』よりも『晋三』のほうがいい」

晋三の「晋」の字は、父親の晋太郎の「晋」である。もともとは、長州が生んだ偉大なる維新の志士である高杉晋作にちなんで名づけられた。晋太郎は、幕末の志士高杉晋作を敬愛していた。晋三にも、高杉晋作の魂を受け継いでほしい、との願いが込められていた。

高杉は、安政四年（一八五七）、吉田松陰の松下村塾に入門。

文久三年（一八六三）五月十日、長州藩は外国船を攻撃した。米、仏艦の反撃で情勢は緊迫した。高杉はそれを機に、藩主から急遽、下関の防御を委任された。高杉はこのとき、身分にかかわらない有志による奇兵隊を結成した。この新軍事力は、以後長州倒幕派の軍事的基盤として諸隊の中心的存在となった。

高杉は、元治元年（一八六四）十二月に下関で挙兵、対立していた俗論派から藩政を奪取し、討幕派に主導権を握らせた。慶応二年（一八六六）には、幕府の差し向けた第二次征長軍に対して、海軍総督として海軍を率いた。小倉領を攻撃、占領した。だが、慶応三年四月十四日に、二十八歳の若さで志半ばで病死した。

ちなみに、晋三より二歳年上の長男の寛信の名は、安倍晋太郎の父親で政治家であった安倍寛の「寛」と、洋子の父親である岸信介の「信」からとった。

孫と接する祖父・岸信介の意外な素顔

安倍洋子の父親で晋三にとっては祖父にあたる岸信介は、昭和三十一年十二月二十三日に発足した石橋湛三《たんざん》内閣の外務大臣に就任した。

洋子は、二歳になったばかりの晋三、四歳の寛信を連れて、当時港区目白台にあった外務大臣公邸に出かけた。還暦を迎えた岸は、目を細め、ふたりの孫とじゃれあった。そのときの様子が八ミリビデオにおさめられ、NHKで保存され、のちにNHKからもらって見ることができた。

岸は、石橋内閣の後を継いで昭和三十二年二月二十五日に首相に就任した。多忙の合間を縫いながら、箱根にある旅館奈良屋で週末を過ごした。洋子に、しばしば連絡を寄こした。

「すぐに、孫を連れてこい」

岸にとっては、孫と遊ぶことがなによりのストレス解消だった。

あるとき、寛信が旅館の庭の池を見て、だだをこねた。

「あれが、釣りたい」

池には、鯉が泳いでいたのである。

岸は、眼を細めた。

「そうか、そうか」

いそいそと番頭に掛け合いに行き、池の鯉を釣らせてもらった。岸は、後に幼い寛信のために熱海から釣り舟を出した。晋三も付き合ったものの、晋三は、釣りがそれほど好きではないらしく、すぐに飽きてしまった。寛信は、それ以来、釣りが好きになる。

ある正月、洋子は、岸の妻で、洋子の母親である良子、洋子の兄嫁の仲子、岸の仕事を手伝っていた久保ウメの三人とともに麻雀をしていた。そのそばで、寛信、晋三が遊んでいた。ふたりの面倒を見ていたのは、なんと岸信介であった。孫ふたりのために、火鉢の上で餅を焼いていた。

晋三と兄の寛信は、幼いころ、しばしば渋谷区南平台に住む祖父岸信介の家に遊びに行った。

祖母の良子は、躾《しつ》けに厳しかった。それとは対照的に、祖父は、孫に甘く、優しいおじいちゃんであった。晋三は祖父の家に泊まるときは、兄の寛信といっしょに祖父の布団にもぐり込んだ。

座談の名手といわれた祖父は、じつに話がうまかった。昔話も得意で「浦島太郎」や「桃太郎」を晋三らに聞かせてくれた。晋三らのお気に入りは、寺の小僧の昔話「フウフウとカンカン」であった。

晋三らは、祖父にせがんだ。

「ねぇ、おじいちゃん、『フウフウとカンカン』の話をしてよ」

寺の和尚は、毎晩、大好物の餅を焼いて食べていた。が、けして二人の小僧には分け与えなかった。そこで、小僧たちは餅にありつくため智恵を絞り、和尚に申し出た。

「わたしの名前を、フウフウとしてください」

「わたしの名前を、カンカンとしてください」

その晩、和尚は、いつものように七輪でこっそりと餅を焼いた。焼き立てで熱い餅を冷ますため「フウフウ」と息を吹きかけた。和尚から「フウフウ」と名乗ることを許された小僧は、そのタイミングを逃さず、和尚の襖《ふすま》を開けた。

「お呼びですか」

突然のことで餅を隠すことのできなかった和尚は、仕方なく「フウフウ」に餅を分け与えた。

さらに、和尚は、餅を食べる時、お茶を飲むため囲炉裏で水を沸かした。やがて、沸騰したお湯が鉄瓶の蓋《ふた》を勢いよく「カンカン」と撥《は》ね上げた。「カンカン」と名乗ることを許されたいま一人の小僧が、すかさず和尚の部屋に顔を出した。

「お呼びですか」

こうして二人の小僧は、餅にありつくことができた、という昔話である。

晋三は、うまそうに餅を頬張る二人の小僧の姿を思い浮かべながら、いつのまにか眠りについた。

晋三ら兄弟は、岸信介から吉田松陰や高杉晋作ら長州の偉人についての話を寝物語に聞かされた。

「吉田松陰先生は、立派な人だった。勉強中に蚊が腕を刺しても、それを叩き潰すというのは、公の時間を私事に費やすということだから、という理由で、そのままにして勉強をした人なんだよ」

晋三は、素朴に思った。

〈そんなこと、本当にできるのかな……〉

ただし、吉田松陰や高杉晋作は立派な人物だったということだけは、子供心になんとなく理解できた。そのためか、安倍晋三は、政治の転換期において自分の血が騒ぐのは、長州人の気質なのかな、と思うことがある。

昭和三十五年一月、岸信介首相は、アメリカ政府と、新安保条約、新行政協定（地位協定）、さらに事前協議に関する交換公文などをワシントンで調印した。岸信介は、不平等な安保条約を改正することが、日本の国益にかなうと信じていたのであった。だが、社会党をはじめとする野党勢力は、安保改定作業は、日本の対米従属を恒久化するものとして、院内外で反対闘争を巻き起こした。

安倍洋子らにとっても心の休まる間がなかった。緊張の連続だった。洋子は、晋三らを連れて、夫の安倍晋太郎が昭和三十三年五月の総選挙で初当選して以来住んでいた世田谷区代沢の家から、二日とあけず南平台の岸邸に出かけた。

家の周囲は、連日デモ隊に取り巻かれ、そのまま数日泊まりこむこともしばしばだった。デモ隊は大声でシュプレヒコールを繰り返すだけでなく、石や板切れ、ゴミまでも門の中に投げ込んだ。新聞紙に石ころを包み、それをねじって火をつけて放りこんでくることもあった。南平台の家は、「ウナギの寝床」よろしく、細長い敷地で、わりあい奥のほうに建物が建っていた。さすがにそこまでは届かなかった。

ところが、岸邸の左右両隣のよその家も、外から見るとちょうど一軒の大きな屋敷に見えるようで、デモの学生たちは誤って隣家にも投石した。よほど困ったらしく、「ここは岸邸ではありません」と、塀の外に看板を吊り下げていた。

まだ小学校にも上がらない幼い晋三は、テレビで見た安保反対闘争のデモも、お祭と同じなのか、シュプレヒコールを真似して叫んだ。

「アンポ、ハンターイ！　アンポ、ハンターイ！」

洋子は叱った。

「晋三、アンポ、サンセーイ！　といいなさい」

岸は、ただ愉快そうにその光景を笑って見ていた。

あるとき、晋三は、岸に訊いた。

「アンポって、何？」

祖父は、ニコニコしながら優しく教えてくれた。

「日本がアメリカに守ってもらうための条約なんだよ。なんでみんな反対するのか、わからないね」

しかし、「孫たちの安全は保証しない」と書かれた脅迫状まがいのものまで届くようになった。そのため、寛信と晋三が学校へ通うときは、送り迎えの人間が必ずついた。

小学校二年生の寛信は、幼いながらも、祖父が世間から反発を受けていることを感じ取っていた。それがなぜなのかも、うっすらと理解していた。

寛信と晋三が、ともに岸邸にいたとき、デモ隊がやってきた。

外の騒ぎは、幼い兄弟の耳にも届いていた。寛信は、鼻息も荒くいった。

「悪いやつが、いっぱい来たぞ。おい、晋三、えっちゃんの家へ行くぞ！」

えっちゃんの家とは、岸家と道路をはさんだ反対側の家のことだった。そこは、メーカーの社長宅で、寛信は、自分より一歳年上の息子と遊び友達だった。

「晋三、武器を忘れるなよ！」

「うん！」

寛信と晋三は、プラスチックの水鉄砲を握り締め、岸家の裏門から出た。デモ隊をかきわけ、えっちゃんの家の裏門から入った。

寛信は、えっちゃんの家の一階の風呂場の窓から外を見た。道路に、デモ隊が大勢いるのがよく見渡せた。みんな、寛信たちのほうに背を向け、岸家のほうを睨《にら》みつけている。

「ようし。やつらを、やっつけてやる！」

寛信と晋三は、狙いを定め、水鉄砲を発射した。水が勢いよく飛び出て、デモ隊の背中や首筋に当たった。

「やった！　当たったぞ！」

が、デモ隊は、攻撃に夢中なのか、水をひっかけられたことに気づく人は、ほとんどいない。

「もっと、撃ってやれ！」

寛信と晋三は、幼いなりに本気になって、祖父を守るため、デモ隊と戦おうとしたのだった。

家族のみんなは、寛信と晋三にいいきかせていた。

「デモ隊は、良くない人たちの集まりです。あなたたちのお爺さんは、いつも日本のことを考えていらっしゃるのですよ」

ふたりは、祖父が日本のために働いていることを心から信じた。寛信は、「共産主義者」は、「泥棒」と同義語の「悪党」であるとさえ思った。

当選三回にして首相の座に

母親の洋子によれば、晋三は「政策は祖父の岸信介似、性格は父親の晋太郎似」という。

岸信介は、明治二十九年（一八九六）、山口県山口市に生まれた。のちにやはり首相となる佐藤栄作は、岸の実弟である。

岸は、郷土の先輩である吉田松陰と門下生である高杉晋作たちへの熱い思いを抱いて青春期を送った。大正六年、東大法学部に入学。天皇主権説をとなえる憲法学の大家で、国粋主義者の上杉慎吉博士主宰の木曜会に入る。

上杉から大学に残って後継者になるようすすめられたが、大正九年、東大法学部卒業後、農商務省に入省し、工務局長をつとめた。「革新官僚」と呼ばれる。

二・二六事件の起こった昭和十一年、満州（現中国東北地区）国実業部次長として満州に渡った。満州では、資源開発にあたった。昭和十二年からは、満州産業開発五ヵ年計画を推進し、東条英機、星野直樹、松岡洋右《ようすけ》、鮎川義介《よしすけ》とともに「二キ三スケ」と呼ばれる満州国支配の実力者となった。

岸は、昭和十四年帰国途中、大連港で豪語した。

「満州国の産業開発は、わたしの描いた作品である」

昭和十六年に、東条内閣の商工大臣として入閣。東条内閣の閣僚として「開戦」の宣戦布告に署名。

昭和十七年に、山口県二区から衆議院議員に当選した。昭和十八年には、軍需大臣東条のもとで、軍需次官兼国務大臣となり、軍需生産行政を推進した。が、戦局悪化にともない「反東条」に転じ、東条内閣総辞職のきっかけをつくった。

敗戦後の昭和二十年九月、A級戦犯容疑で逮捕される。巣鴨プリズン（刑務所）で、右翼の大物、笹川良一、児玉誉士夫らと知り合う。

岸は晩年に、巣鴨プリズンに収容されていた時代のことを、久保ウメに語って聞かせている。

「朝、四時になると、係の人の足音が、コツコツと聞こえてくる。その足音が、自分の部屋の前で止まったら、絞首刑になるんだ。巣鴨プリズンでの午前四時は、なんともいえないほど空気が張っていてね。わたしは、いまでも、四時になるとつい目が覚めてしまうくらいだ。もし普通の人間だったり、自分の罪が確定的だという自覚があったりしたら、頭がおかしくなってしまうよ」

岸は、昭和二十三年十二月二十四日に、早々と未起訴のまま釈放されて不思議がられていた。

〝塩爺〟こと塩川正十郎は、昭和四十二年一月の総選挙で初当選を果たすが、岸信介は、ひどく当選をよろこんでくれた。塩川も同席した場である若手議員が、岸に訊いた。

「先生は、なぜ巣鴨プリズンから、あんなに早く出てくることができたのですか？」

岸は、にやりとした。

「吉田内閣時代（の昭和二十二年）に２・１ゼネストを、マッカーサー（ＧＨＱ総司令部総司令官）が止めただろう。マッカーサーは、理想主義者だったから、２・１ゼネストは労働問題くらいにしか考えていない。『こんなものは止めたらしまいだ』という認識だった。でも、アメリカの共和党を中心とした国会議員のなかでは、大変な問題だった。これをほっといたら、日本は大変な内乱になるという危機感を抱いていた。吉田茂で、はたして日本を平和国家として独立させてやっていけるのかどうかというのが、アメリカの国会で問題になった。そのとき、おれは巣鴨プリズンにおったんだ。吉田の後をだれにやらすかということだが、鳩山一郎や河野一郎は優秀だけども、方向性が頼りない。どっちに向くかわからない。政治家としての判断はいいけども、行政的統治能力は薄い。そこで、おれに目をつけたんだろう。アメリカは、おれをジッと見ていた。おれは、極東裁判で一つも尋問されてない。おれ自身、『なんで、ほかの戦犯のようにやられないんだろう』という疑問は、多少持っていた。そこへ、だんだんとアメリカでも吉田に対する批判が高まってきた。いまは進駐軍がいるからいいけども、やがて進駐軍が引き揚げたとき、左右の対決のバランスが崩れるかもわからない。そこで、保守のリーダーとしておれに白羽の矢が立てられ、早々と釈放されたんだ」

これが事実かどうかは歴史の謎であるが、おおいにありうることである。

岸は、巣鴨プリズンからは出たものの、すぐには政界に復帰できなかった。公職追放になったのだ。

昭和二十七年、講和条約発効とともに、公職追放解除。ついに政界への復帰が可能となった。昭和二十八年四月の総選挙で、山口二区から衆議院議員に当選し、自由党に加わった。

岸は、それ以後、冷戦構造下の親米派、保守党内のタカ派として政界で着々と地歩を固めていく。

昭和二十九年には、鳩山一郎を総裁とする日本民主党を結成。幹事長に就任。

岸は昭和三十年十一月十五日、日本民主党と自由党の「保守合同」を推進し、自由民主党（自民党）を結成する。

昭和三十一年には、石橋内閣の外務大臣に就任。そして昭和三十二年二月、ついに首相に就任した。政界復帰わずか四年にして、最高権力の座に就いたのである。当選三回生にして、六十歳であった。

岸は、首相に就任するや、自分にいいきかせた。

〈安保改定を実現することが岸内閣の使命である。それこそが、政治家として、国民に対して責任を果たすことになる〉

が、岸の脳裏には二年前の昭和三十年八月二十九日に民主党幹事長として重光葵《まもる》外務大臣らと訪米したさいの苦い光景が生々しく焼きついて離れない。国務省で安保改定に触れたところ、ダレス国務長官から、ケンもホロロにいわれた。

「海外派兵のできない日本は、共同防衛の責任を負えないのに、改定とは何か」

岸は、昭和三十二年五月十四日夜、兼任している外務大臣として外務省記者クラブで会見に応じた。核兵器の問題について次のように発言した。

「原水爆のような大量殺傷兵器が憲法違反であることはもちろんであり、政府としてもこれを保有する考えはない。米国の原子力部隊駐留の申し出があれば断るし、原子弾頭を持ち込むことも今は考えていない」

「しかし核兵器そのものも今や発達の途上にある。原水爆もきわめて小型化し、死の灰の放射能も無視できる程度になるかもしれぬ。また広義に解釈すれば、原子力を動力とする潜水艦も核兵器といえるし、あるいは兵器の発射用に原子力を使う場合も考えられる。といってこれらのすべてを憲法違反というわけにはいかない。この見方からすれば、現憲法下でも自衛のための核兵器保有は許される」

「実力のない自衛は、無意味である。兵器は現在も技術的、科学的に進歩しているが、日本も近代戦に対処しうる有効な自衛力を持たなければならない。将来通常の兵器は役に立たなくなる場合も考えなければならない」

「日本が原水爆実験に反対しているのは死の灰など全人類に影響をおよぼすおそれのある大量殺傷兵器だからである。したがって自衛の範囲の核兵器を保有してもよいということは、実験反対の立場と矛盾しない」

「現憲法下でも自衛のためなら核兵器の保有は可能である」という岸の発言は、大きな反響を呼んだ。翌日の参議院本会議では、社会党の田畑金光がさっそく岸に噛みついた。

これに対し、岸は次のように答弁した。

「単に核兵器という言葉がついているだけで、そのような武器を持つことは憲法違反だとはいえないと思っている。しかし、今日核兵器を持とうとは思っていないし、自衛隊を核装備しようとは考えていない」

これによって「現憲法下でも核兵器の保有は可能」という岸の発言は、日本国政府の見解として公式記録にとどめられることになった。

岸は考えていた。

〈憲法解釈と政策論の二つの立場を区別し、それぞれを明確にしておくことが日本の将来にとって望ましい〉

この憲法論は、後になお有効に作用することになる。

岸は、訪米前におこなう東南アジア諸国への外遊を控え考えた。

〈これらの国には、戦争中いろいろと迷惑をかけたり、被害をあたえた。それに対し、遺憾の意をあらわすとともに、アジアの日本としてこれらの国々の実情を各国首脳と親しく語り合い、その要望を十分に把握したうえで、アメリカに入ろう〉

つまり、東南アジア諸国歴訪は、対米交渉のためにアジアの代表としての地位を確立することが最大の目的であった。さらに、アジア諸国を海外市場として開拓する目的もあった。アメリカの後援によるアジア反共経済圏の建設も、目的のひとつであった。

岸首相は、五月二十日夜から、ビルマ（現ミャンマー）、インド、パキスタン、セイロン（現スリランカ）、タイ、中華民国（現台湾）の東南アジア六ヵ国歴訪の旅に飛び発った。

見事な外交手腕

国際政治・文明評論家で、安倍晋三との対談集『この国を守る決意』を出版している岡崎久彦は、安倍晋三の祖父である岸信介元首相の外交的手順はじつに見事なものであったと高く評価している。

岸信介は、首相就任直後の昭和三十二年五月、東南アジア諸国を歴訪した。現在、総理大臣の東南アジア訪問は、アメリカに次いで最優先の日本外交の課題である。だが、明治以来、東南アジアを訪問したのは、岸が初めてであった。しかも、まずインド、パキスタン、セイロンなどの南アジア諸国、それから東南アジアでもあえてビルマとタイの二国を選び先に入った。戦後、東南アジア諸国は米英に遠慮し、表向きは敗戦国の日本と親しくすることを避けていた。が、ビルマとタイは、内心、好意的であった。岸には、それがわかっていた。

この当時の日本人の感覚では、歴史はすべて戦争と敗戦で断絶してしまっていた。が、岸にとっては、歴史というものは脈々と継続していた。このインド、パキスタン、セイロンの南アジア三国の国民は、日露戦争以来、日本をアジアの希望の星と仰ぎ、大東亜戦争の直接の影響で独立を達成した。

インドのネール首相は、日露戦争の日本の勝利で独立運動に目覚めた人物であった。ネ

ール首相は、野外大集会で数万人のインドの民衆に、

「これが日露戦争で勝ってアジアの人に希望を与えてくれた日本という国の総理大臣だ」

と紹介し、岸は、熱狂的な喝采を受けた。

岸は、この南アジアと東南アジア諸国歴訪でアジアにも日本を支持する国があることを世界に示した。日本は、けしてアジアから孤立しているわけではない、日本の友人もたくさんいるのだ、という背景をつくってから訪米し、アイゼンハワー大統領との間に信頼関係をつくって安保改定に道を開いたのだ。

岡崎は、岸の凄さは、それだけではないという。東南アジア諸国歴訪の旅に出発する昭和三十二年五月二十日の朝の閣議で、いまに残る「国防の基本方針」を決定していた。そして、六月十四日、陸十八万人、海十二万トン、航空機千五百機の第一次防衛力整備計画を決定した。万全の準備をして訪米に臨んだのである。

岸は、六月十六日午後九時四十分、いよいよ米国に向かって羽田空港を飛び立った。

訪米に当たって岸は、「日米新時代」という標語を用いた。この意味は、日米は恒久的に友好親善をつづけ、協力関係を深めていかなければならない。これは日本のみならず米国にも必要で、そのことがアジアの安定、ひいては世界の平和につながる。日本と米国とは国が違っていても双方平等の立場でたがいに理解し、尊敬し、信頼し合わなければならない。岸は意気込んでいた。

〈日米間には敗戦につづく占領期間があり、日本は米国の経済的その他いろいろの援助を受けて立ち直ってはきた。が、内心には一種の劣等感があり、いっぽう米国は、優越感をもっている。これらは占領時代の残り滓《かす》であり、それを払いのけることによって真の平等の立場が生まれてくる。そういう日米関係を築きたい。すなわち日米新時代の幕開けとしたい〉

六月十九日、ホワイトハウスで十二時半からアイゼンハワー大統領主催の昼食会がおこなわれた。同席していたダレス国務長官が、岸にいった。

「日本は国連の経済社会委員会の理事国に立候補する気はないか」

国連には安保理事会のほか総会、経済社会理事会、信託統治理事会、国際司法裁判所、事務局の六つの主要機関がある。じつは、岸は、日本を発つ前に、理事国になりたいという希望は持っていた。が、米国が支持するかどうかわからなかったので、正式な意思表示は伏せていた。今度の訪米では、そのへんの意向を探るのも目的のひとつになっていた。そこに、ダレスの話である。文字通り渡りに舟だった。

岸はただちに応じた。

「日本は、立候補の意思がある」

ダレスは、約束してくれた。

「そういうことなら、米国は全力を挙げて応援しよう」

岸は、すぐに日本に電報を打ち、立候補を決めた。

その後、米国は中南米諸国を中心に各国に働きかけ、日本の理事国当選に力を貸してくれることになる。日本は、さらに昭和三十二年十月一日に開かれた国連総会で、国連に加盟して一年にも満たないのに、安全保障理事会の非常任理事国にも選ばれる。

さて、岸は、六月二十日の会談で、日米新時代の意味を率直に述べた。アイゼンハワー大統領は、全面的に賛成した。

「あなたのおっしゃるとおりだ。真の協力は、相互の理解と信頼の上に可能なのだ」

最終日の六月二十一日、共同声明の作成作業が終わりかけたころ、アイゼンハワー大統領といっしょにダレス国務長官も同席した。

岸は、ダレスにいった。

「これで日米間は対等の立場になったが、ひとつだけ対等でないものがある。これを直さなければならない。安保条約だ」

ダレスは、二年前に重光外務大臣が安保条約の話を持ち出したときは、嚙んで吐き出すように、一言のもとに拒否した。が、今度は苦笑いをした。

「これは、あなたに一本取られた。確かに安保改定に取り組まなくてはならない」

岸は、岡崎の指摘したように、安保条約改定を要請するために、出発前の六月十四日には、国防会議を招集し、第一次防衛力整備三ヵ年計画も決定していた。これが活きた。

日本では、岸の意気込み通りには安保改定の話は進んでいなかったが、ダレス国務長官の反応はよかった。

八月二十二日、「岸・アイゼンハワー共同声明」が発表された。そのなかで、日米両国が日米安保条約の改定に取り組むことを公式に確認した。岸首相の政治生命を賭けた大事業が本格的にスタートしたわけである。

岸は、こうしてアメリカとの信頼関係をつくったのちに、ふたたび東南アジアを訪問した。訪米前に訪れたビルマやタイのようには日本に好意を抱いてはくれない被占領国のフィリピンやインドネシアなどを訪問した。

岸の後、これに近いきちんとした外交を展開した首相は、韓国、米国、東南アジアと外交日程を組んだ中曽根康弘ぐらいだと岡崎久彦は思う。

憲法改正に対する強い執着

昭和三十三年十月十五日の各紙夕刊は、衝撃的な外電をのせた。十四日ニューヨーク発のそのAP電は、十月九日の日、岸首相がNBC放送の記者セシル・ブラウンと一時間にわたって東京で単独会見し、「日本が憲法第九条を廃止すべき時は到来した」と言明したというものだった。

もちろん、岸首相がこの報道をそのまま肯定したわけではない。すでに、十月十五日夕刊の報道の時点で、岸首相は「改憲論者だといったまで」のことだという談話を朝日新聞の記者にあたえた。

「わたしは憲法改正論者だ。そのために憲法調査会を作って検討していると説明したところ、その中に第九条も含んでいるかと聞かれたので、その通りと答えたまでだ。憲法改正は安保条約改定と関係ないと説明してある」

「安保改定は憲法の範囲内で自主性や相互性をもってやりたい。海外派兵はできるかと聞かれ、憲法を改正しなければできないと答えたのが事実だ」

「日本の治安からいって韓国、台湾が赤化するのはゆゆしい問題だとはいったが、自己防衛の範囲を広げるといったのではない」

岸が、憲法改正に強く執着していたのは確かだ。

〈占領軍は、日本民族を骨抜きにしようとしている。そのための新憲法だ〉

岸は、もう少し物事をオブラートに包んで発言すれば政治家的な発言になるのだろうとは思った。が、当時の情勢からいってだれか一度は真髄に触れた問題を国民の前にぶつけて、国民をして真剣に考えさせなければいかん、という考えもあった。腹の底では何か持っていて、口先ではいいかげんなことをいうような政治家では駄目だ。岸は、民主政治におけるリーダーシップというものを強調したかったのだ。大衆に引きずり回される政治が民主政治だとは思っていなかった。民衆の二、三歩前に立って民衆を率い、民衆とともに歩むのが、本当のリーダーシップだ。それは、あくまで独裁政治とは違う。右向け、左向け、といって命令をするのが独裁政治だ。政治家が、民衆に紛れ込んで何も訳もわからずガヤガヤいっているのは、民主政治ではなく、単なる衆愚政治にすぎないと思っていた。

このような姿勢は、晋三にも受け継がれている。

安保改定を巡る余波

昭和三十五年一月六日、藤山外務大臣とマッカーサー大使の会談で、安保改定に関する交渉は正式に妥結した。

昭和三十五年六月十日午後、アイゼンハワー大統領の秘書ハガチーが来日した。アイゼンハワー大統領訪問のときの行事や警備などを日本側と打ち合わせるためである。ところが、アイゼンハワー訪日阻止を叫ぶ激しいデモのため、羽田空港で立往生した。とうとう米軍のヘリコプターで脱出し、アメリカ大使館に着くという異常事態を招いた。

いっぽう、日本の治安当局も、アイゼンハワー大統領の身辺警備について深刻な懸念を抱きはじめた。

六月十五日夜の国会デモで、警視庁調べによると、警官三百八十六人、学生四百九十五人が重軽傷を負った。警官隊は催涙ガスを使用し、バリケード代わりにならべた十五台のトラックが炎上した。東大文学部四年生の樺美智子が、そのデモに巻き込まれて死んだ。

政府は、六月十六日午後の臨時閣議でアイゼンハワー大統領の訪日延期を要請することを決めた。

岸は、アイゼンハワーの訪日延期の要請を決定したとき決意した。

〈総辞職をするしかない〉

六月十七日午後六時、社会党の河上丈太郎が暴漢に刺された。

デモ隊の勢いは、いっそう激しくなっていった。岸の私邸のまわりも、国会も、首相官邸も、デモ隊に取り囲まれ、「岸を倒せ！」のシュプレヒコールが繰り返された。

六月十七日に、首相官邸に小倉謙警視総監が来た。岸に要請した。

「首相官邸を、立ち退いてください。連日のデモ隊の規制で、機動隊や一般警官は疲れ切っており、首相官邸の安全確保に自信が持てなくなったので、どこかほかの場所に移ってほしい」

岸は、小倉にただした。

「ここが危ないというのなら、どこが絶対安全なのか。そういう場所があるのか」

小倉は、返事ができなかった。

岸はいった。

「わたしだって、暴徒に襲われて殺されたくはないさ。しかし、ほかに行く場所がないのなら、内閣総理大臣としては、首相官邸以外に居る所がないじゃないか。へんな所に引っ込んで、それで怪我をしたというんじゃ、みっともないもいいところだ」

岸は、小倉に引き取ってもらった。

実際、岸にも、そのときはどんな事態が起こるのか予測ができなかった。岸は、腹を決めていた。

〈安保改定が実現されれば、たとえ殺されてもかまわない。死に場所が首相官邸ならば、以て瞑《めい》すべしだ〉

岸首相は、六月十八日、国会から、ついに首相官邸に閉じこもった。全学連が竹やりを持って、ぞくぞくと地方から東京へ応援に上ってきている、という情報も入った。

岸は、その夜、官邸に集まっていた各閣僚をそれぞれの役所に帰した。

岸は腹を据えていた。

〈殺されるのなら、わたし一人でいい〉

が、実弟の佐藤栄作だけは残った。

佐藤はいった。

「兄貴を、ひとりでおくわけにはいかない」

そこで、ふたりだけで籠城することになったのである。

佐藤は、瓶とグラスを持ってきた。

「兄さん、ブランデーでもやりましょうや」

兄弟ふたり、深夜の首相官邸でブランデーをなめながら、自然承認の時刻に至るのを待った。

六月十八日が終わり、十九日の午前零時になった。改定安保条約は、自然承認となったのであった。

岸は、ホッと胸を撫でおろした。それを境に、まるで風船が潰れたようにデモの勢いは失われていった。国会を取り巻いていたデモ隊は、つぎつぎに引きあげていった。

七月十四日、安保改定という大仕事を成し遂げて首相の座を退いた岸は、自民党大会で選出された池田勇人新総裁の就任祝賀レセプションに出席した。安保闘争の余燼《よじん》冷めやらぬ中、岸はその席上で、右翼の荒牧退助にいきなり斬りつけられた。

岸は、六十四歳とは思えぬ俊敏さで匕首《あいくち》を避けた。切り裂かれた太腿七ヵ所の傷からは、大量の血がしたたり落ち、岸は出血のショックで昏倒した。が、匕首による傷口はすべて斜めから入っており、一本の神経も切れてはいなかった。神経を切ると、死ぬことがある。岸を殺さないで傷めつける、プロ中のプロの仕業であった。岸は、全治二週間の傷を負った。

だが、あとになって、岸は娘の洋子に、自分を刺した暴漢が、刑務所を出たあと生活できるかどうか、心配していた。

岸は、荒牧の死後、彼の家族の面倒を見た。自分を殺そうとした犯人の家族の面倒まで見る岸の姿を見て、久保ウメは思った。

〈こんなことができる人は、この世にそうはいない。いまさら岸先生が、ご自分の名を売るためにするはずもないし〉

やはり、岸は常人とはちがう懐の深さも持ち併せた傑物であった。

国家の本質を見定めた本物の政治家

中曽根康弘元首相は、岸信介を戦後の政治家の中でもっとも高く評価している。

戦後、占領下の日本を大きく前進させた首相は、功罪相半ばするが、吉田茂である。羽織袴姿の吉田は、連合国総司令部総司令官のマッカーサーと付き合い、ときには適当に眼をそらしながら日本を変革させていった。ただし、中曽根には、吉田は連合国総司令部の下請けを上手にこなしただけで、だれでもやれるようなことをやったにすぎないだろうという思いもある。

次に登場した鳩山一郎は、三木武吉や河野一郎とともに占領政策からの脱却、独立、回復を目指し、憲法改正と日ソ国交回復を唱えて昭和三十年二月の総選挙にのぞんだ。この当時、憲法改正や日ソ国交回復を訴えるのはひどく度胸のいることであったが、日本民主党は総選挙で大勝した。鳩山は、内閣に憲法調査会を設置。

昭和三十一年十月には自ら訪ソし、日ソ国交回復に関する共同宣言に調印し、シベリアの抑留者を日本に帰国させた。また、日本の国連加盟に尽力した。鳩山は、日本を前進させるという意味では三木や河野の協力のもとに勇気のある政治家であった。

次に、岸信介が登場する。岸は、昭和二十三年十二月に、Ａ級戦犯容疑で入れられていた巣鴨プリズンから釈放後、自主憲法の制定を提唱し、国民運動のリーダーとなった。

吉田首相による、いわゆるバカヤロー解散から四日後の昭和二十八年三月十八日、岸は、吉田首相の要請で自由党に入党。そのときの条件が、憲法改正であった。

昭和二十九年三月十二日、自由党内に憲法調査会が発足し、岸は会長に就任した。その直後、野党改進党に所属していた中曽根のもとに、岸から連絡が入った。

「きみに会いたい」

このとき、中曽根は、憲法改正論者として活動をつづけ、首相公選制を掲げて全国を行脚していた。岸とすれば、自分と同じ考えの男がいる、どういう考えで行動しているのか自分の眼で確かめてみたい、という気持ちがあったのであろう。

中曽根は、千代田区紀尾井町の料亭清水で、岸に食事をご馳走になりながら、二時間ほど憲法改正や国家問題について話し合った。二人の考え方に、違和感はなかった。

岸は、〝カミソリ岸〟と恐れられ、商工官僚として大変な逸材であった。Ａ級戦犯容疑で三年三ヵ月間、巣鴨プリズンに入っていたが、その間に苦労を積み、悟りを開いたのではないだろうか。娑婆《しゃば》に帰ってきたときには、非常に幅の広い、度量の大きい、器の大きな人物になっていた。

昭和三十四年六月十八日、岸首相は、内閣を改造し、中曽根は、科学技術庁長官として初入閣した。

岸が手がけたもっとも大きな仕事は、やはり日米安全保障条約の改定だ。

吉田首相が昭和二十六年九月に調印した日米安保条約は、日本でアメリカ人が犯罪を起こしたとき、裁判権がアメリカにあったり、日本の内乱に米軍が出動できたり、日米安保条約の期限が無期限になっていたり、ひどく不平等であった。岸は、そのようなポイントをすべて直し、平等の安保条約に改定した。安保騒動が起こり、連日、国会はデモ隊に囲まれたが、勇気を持って日本を前進させるために大きな改革を手がけた。

昭和三十五年五月十九日、自民党は、通常国会の会期五十日間延長を両院議長に申し入れ、同時に安保特別委員会の審議打切りの態度に出た。六月十九日にアイゼンハワー米大統領の来日が予定されており、それまでに国会の自然承認を成立させようというところから強行された方策であった。この強行採決は、大きな衝撃を与えた。五月二十日から国会の周辺は、デモが繰り返された。

中曽根長官は、その要因について思った。

〈一つは、清瀬一郎議長が、急ぎ過ぎた。もう一つは、アイゼンハワー大統領の来日が反米感情を引き起こしたからだ〉

そのうえ、岸は、昭和十六年、東条内閣の商工相として太平洋戦争宣戦の詔書に副署している。その人物が、総理大臣として安保改定などに取り組むのは、まだ早すぎるのではないか。もう少し静かにしていて、あと十年くらい経ってからやったらどうかという思いが国民の間にあった。

そして、マッカーサーに占領されて以来の国民的鬱屈《うっくつ》が「アメリカの子分みたいな首相ではけしからん」という感情になって誘発され、左翼も、右翼も、爆発したのだ。

中曽根長官は、閣議で二度にわたって岸首相に苦言を呈した。

「アイゼンハワー大統領の訪日が害をなしている。だから、訪日を辞退させるようにしたほうがいい」

自民党の議員は、みな岸首相に恐れおののいていた。閣僚ですら、岸首相に面と向かって意見できなかった。が、中曽根と岸は憲法改正など原点がいっしょだ。中曽根が、国家が大事だという意識でいることは、岸首相も理解していたのではないか。

だが、岸首相は、中曽根の進言を取り入れなかった。ただし、結果的には、六月十六日、石原幹市郎国家公安委員長ら警察首脳が岸首相を説得し、政府は、アイゼンハワー大統領訪日延期を発表する。

岸の後、その延長線上で首相となった池田勇人は国民所得倍増計画、佐藤栄作は沖縄返還、田中角栄は日中国交回復と、それぞれ立派な仕事を手がけた。

しかし、戦後の安易な平和一国主義、反戦主義的な空気が充満しているなかで、日本の国家の本質を見定めて大きな変革を手がけた本物の政治家は、鳩山と岸の二人だけだと中曽根は評価している。

そして、中曽根は、憲法改正をはじめ、その鳩山・岸路線に位置している。

終戦時、海軍主計少佐であった中曽根には「日本は、占領下でひどい屈辱を受けた。われわれの時代に、日本の歴史に汚点を残した」という慙愧《ざんき》の念に堪えないような思いがある。日本は、一日も早く独立し、国家体制を整備しなければならない。そのときの雰囲気に呑まれずに、政治家として国家としての本質をとらまえた行動を心掛けてやろうという思いで若いころから一貫して憲法改正を唱えてきたのだ。

現在、この憲法改正に若手でもっとも情熱を燃やしているのが、岸の志をDNAとして受け継いでいる安倍晋三といえよう。

もう一人の祖父

安倍晋三は、岸の身近にいて岸と接していたから「岸のDNA」を受け継いでいると強調しているが、安倍晋太郎の秘書であった奥田斉によると、晋三にとってもうひとりの祖父安倍寛のDNAも受け継いでいると見ている。

安倍寛は、明治二十七年三月十日、安倍彪助の長男として山口県大津郡日置村（現長門市油谷）に生まれた。安倍家は、平安時代の陸奥国の豪族で、前九年の役（一〇六二年）で、源頼義・義家に敗れた安倍宗任《あべのむねとう》の流れを汲む。平家方について壇ノ浦の合戦に加わった家系だと、洋子は晋太郎から聞いている。

寛は、萩中学、旧制四高に進んだ。寛の大叔父の慎太郎は県議で、中央政界を狙っていた。が、明治十五年十月、わずか三十二歳で他界し、野望は遂げられなかった。その遺志を継ごうと、東京帝国大学政治学科へ進学した。が、寛は、じつは、経営にも興味を抱いていた。

寛は、大正十年に東京帝国大学を卒業するや、自分で事業を始めようとした。

安倍家は、素封家《そほうか》であった。もともと大庄屋で、酒と醤油の醸造もおこなっていた。田畑も十八町あり、山林も百町歩を超えるほどであった。が、寛の事業資金までは捻り出せなかった。

久保ウメが自分の親から聞いたところによると、寛は、妻の静子の実家をはじめ、知人を訪ね歩き、事業資金を確保した。

静子は、明治三十八年十一月十日、岩手県の士族で陸軍軍医の本堂恒次郎と、長門国萩（山口県萩市）出身の元陸軍大将である大島義昌子爵の長女の秀子との間に生まれた。大島家は、安倍家のある日置村に隣接する菱海《ひしみ》村の旧家であった。

借金でまとまった資金を得た寛は、静子をともなって上京し、銀座に三平商会を興した。

寛は、自転車の輸入販売に目をつけたのである。いまでいえば、高級外車の輸入販売である。が、高価な自転車がそう簡単に売れるはずもなく、たちまち経営は火の車となった。

寛は、ふたたび妻の実家の大島家を頼った。人に頭を下げたことのない寛は、金を無心するときも、背筋を伸ばしたまま、厳しい顔つきを崩さなかった。

「事業を拡大するので、もう少し資金を調達してもらいたい」

大島家の者たちは、困惑した。寛の態度はまさに、武士の商法そのものであった。

寛は、膨れ上がった借金を返そうと、必死で働いた。が、それでも事業は好転しない。

結局、大正十二年九月一日に起こった関東大震災を機に、会社は倒産した。

そのとき、静子は晋太郎を身ごもっていた。

しばらくして、静子の実家の大島家から、寛のもとへ連絡が入った。

「都合した事業資金のことだが、どうなっていますか」

寛は答えた。

「借りた金は、必ず返します」

返すあてはなかった。が、寛はそう答えるしかなかった。

寛の借金によって生じた波紋は、意外な展開を見せた。寛の伯母のヨシが、大島家から借金返済の催促があったことを聞きつけ、激怒したのだ。

「安倍家の人間が、借りたものをそのままにするとでも、思っているのですか！　返済の催促をしたということは、寛を信用していないのと同じことです！」

ヨシは、早くから母を亡くした寛のために、嫁にも行かずに母親代わりとして尽くしてきた。大年増になってから他家へ嫁いだものの、寛には特別の思い入れをもっていた。

ヨシの態度に大島家も激怒し、両家の関係はたちまち悪化していった。夫婦の仲は睦まじく壊れていなかったものの、この当時のことだ。家同士の確執は、深まるばかりだった。

ヨシは、静子まで攻撃してきた。

「主人のことを疑う家の嫁なぞ、信用できるものですか！」

とうとう静子は、両家の確執の責任を背負うことになった。身重の体にもかかわらず、寛と離縁させられることになったのだ。しかも、生まれてくる子供は、安倍家が引き取るという。

晋太郎は、大正十三年四月二十九日、東京新宿の新宿日赤病院で生まれた。晋太郎は、ひとつの不幸を背負わされて生まれたといえよう。

子を産み落とすときの、静子の心中は、いかばかりであったか。産みの苦しみにあえぐときも、生まれてきた我が子に乳をふくませるときも、静子はあふれ出る子への愛しさに、ただ涙を流すしかなかった。

大伯母のヨシは、晋太郎の首が据わる時期を待って上京してきた。当時、山口から東京までは、汽車を乗り継いで二十時間以上もかかった。さすがのヨシも、晋太郎の首が据わるまでは、連れて帰ることができなかったのである。

静子は、泣く泣く晋太郎を手放した。そしてこれが、母子の今生《こんじょう》の別れとなる。

晋太郎は、父の寛とともに、安倍の遠縁にあたった山口県大津郡日置村の小島家で暮らすことになった。そこへ、ヨシもやってきた。安倍寛と晋太郎親子の面倒を見るために、嫁ぎ先から出戻ってきたのだ。

ヨシは、厳格な人であった。寛と晋太郎にはお手伝いさんもついたが、ヨシは彼女が少しでも手抜きをすると、厳しく咎《とが》めた。

晋太郎は、母親不在のまま、複雑な家庭環境の中で育っていくことになった。

のちに安倍家に四十年間奉公することになる久保ウメは、大正十四年八月六日、安倍家の本宅がある日置村と川ひとつはさんだ向かいの菱海村に生まれた。大正十三年生まれの安倍晋太郎とは、一歳ちがいである。ウメの父親は、寛と深い付き合いがあった。

寛は、スラリと背が高く、いつも背筋をピンと伸ばして歩いていた。昔の武士のように二本差しにしたら、さぞ凜々《りり》しく映《は》えることだろう。少女の眼にも、寛は洒落《しゃれ》た美男子に映った。

が、笑顔を他人に見せることはほとんどなかった。ただし、非常に礼儀正しく、親切であった。

そのころ、寛は、結核性カリエスを患っていた。ウメは、寛がいつ見ても不自然なほど背筋をピンと伸ばしているのに違和感をもっていた。ウメは、訊ねてよいものか迷いながらも、思い切って父親に質問してみた。

「安倍のおじ様は、なぜ、あんなにいつも姿勢がいいの？」

父親が答えた。

「それは、コルセットをしてらっしゃるからだよ」

寛は、病のため、脊椎《せきつい》を固定するコルセットが手放せなかったのだ。

ウメは、すぐに合点がいった。

「そうか。おば様といっしょか」

ウメの母方の叔母もまた、カリエスを患い、コルセットをしていた。

寛は、昭和三年二月、晋太郎が四歳になる直前の総選挙に、三十三の若さで立候補し、久原《くはら》房之助と対決した。久原は、日本鉱業、日立製作所、日立造船の生みの親で、新興財閥日産コンツェルンの母体をつくった人物で、やはりこの選挙にはじめて立候補してきた。久原は、のちに政友会幹事長、政友会総裁をつとめることになる。

その久原に対して、寛は「金権腐敗打破」を叫んで、まっこうから挑んだ。が、落選した。

寛は、昭和八年三月、日置村村長となる。日置村に農村塾を開設し、青年たちのために学ぶ場をつくった。いつしか寛は、村人たちから「今松陰」と呼ばれるようになっていた。

寛は、昭和十年十月、村長のまま山口県県会議員に当選。ギプスをはめたまま執務をこなした。村長室には、万が一のときのためにベッドまで置かれていた。が、だれからも「不謹慎だ」と文句は出なかった。それだけ、職務をまっとうしていた。

寛は、昭和十二年四月三十日、満を持して第二十回総選挙に立候補した。無所属での挑戦であった。日置村の九八％もの票を集め、一万七百八十八票で、みごと初当選を果たした。

昭和十六年十二月八日、日本海軍のハワイの真珠湾奇襲によって太平洋戦争が勃発した。昭和十七年四月、いわゆる翼賛選挙がおこなわれた。すべての政党は解散させられ、大政翼賛会に統一させられたせいである。それは、戦争を支持して大政翼賛会に入らねば、政治生命が絶たれることと同義であった。が、寛は、東条英機ら軍閥主義に対する批判の表現として、無所属、非推薦で立候補したのである。軍部から徹底した弾圧を受けながら、全国の非推薦組のほとんどが落選するなかで、一万四千六百十九票を取り、四位当選をはたした。

寛は、三木武夫とともに、東京日比谷大正生命会館内に「国政研究会」事務所を設け、二十名を超す衆議院議員の参加を得て、東条首相の戦争政策を批判した。それだけに、特高警察にもマークされた。演説会にも、特高や憲兵がいつも尾《つ》いて歩いていた。

昭和十八年、寛は塩野季彦《すえひこ》元司法相を囲む「木曜会」をつくり、東条内閣の退陣を求め、戦争反対、戦争終結の運動を起こす。

昭和二十年八月十五日、戦争が終わった。一貫して軍閥主義を批判してきた寛の時代が、ようやく訪れようとしていた。寛は、この年十一月二十四日、二百七十三名の同志と、日本進歩党を結成。

寛の支持者も急増した。が、昭和二十一年一月三十日、安倍寛は心臓麻痺で急死した。脂が乗りきり、これからというときの五十一歳であった。

もし生きていれば、ひとかどの政治家として活躍していたことは間違いない、といわれている。

地元の人たちは、安倍晋三は、岸のＤＮＡだけでなく、この安倍寛の反骨魂も受け継いでいると見ている。

第三章　サラブレッドとしての芽生え

安倍晋太郎は、昭和六年四月、山口県大津郡日置村立石原小学校に入学した。一学年で、男子十五人、女子十三人の計二十八人という小さな小学校であった。

安倍は、「ダン坊」と呼ばれ、信望を集めた。「ダン坊」とは、旦那様と呼ばれるような裕福な家の息子のことである。いわば名家の子供の愛称であった。

勉強は、そうがむしゃらにするわけではないが、つねに一番で、六年間を通じて、級長であった。地主の倅《せがれ》でもあり、父親の寛が、日置村村長をつとめる名士であったことも手伝い、一目置かれた。

安倍は、瘦《や》せていたが、背も高く、喧嘩も強かった。小学校対抗のリレーでも、石原小学校が最下位を走っていても、アンカーに立った安倍が走ると、面白いようにゴボウ抜きにし、一位に輝いた。

同級生たちは、ささやき合った。

「ダン坊は、鹿のようじゃ」

石原小学校と、隣の菱海村の啓迪《けいてき》小学校は、ライバルであった。二つの小学校は、掛淵《かけぶち》川をはさんで対峙《たいじ》する位置にあった。

学校が終わると餓鬼大将である安倍は、同級生や後輩を引き連れ、掛淵川の河岸に出た。河幅は四十メートル近くある。

啓迪小学校の連中が向こう岸に現れるや、安倍は、指揮棒をふりかざし、気勢をあげた。

「啓迪が来たあ！」

啓迪小の連中も、気勢をあげる。それが、ひとくさり終わると、安倍がさけんだ。

「ようし、石を取れ！」

全員、河原の石を拾い身構えた。

「投げい！」

いっせいに、向こう岸に向かって石を投げはじめた。

相手も投げてくる。が、川向こうに石がとどくほど強肩の少年は、安倍のほか両校合わせて数人しかいなかった。

安倍は、指揮棒を相手に突き刺すように向けて、さけんだ。

「突撃！」

真っ先に先陣を切って走るのは、指揮官の安倍であった。川の真ん中に、中州がある。それを啓迪小と争うのだ。

どうしたらいいのか、まごまごしている後輩がいると、安倍は、指揮した。

「おまえ、あっち行け！」

「おまえは、向こうだ！」

水飛沫《みずしぶき》を立て、泳いで中州に取りつくと、啓迪小の連中と、取っ組み合いになった。

安倍は、体力にものをいわせて、彼らをつぎつぎにぶん投げた。学校では、相撲大会で優勝を逸したことのないほどの腕前だ。安倍は、強かった。

が、学校での安倍は、別人だった。クラスで男子と女子にわかれて競う国語や算数の点取り合戦では、できないで困っている男子のところへ飛んでいっては、教える優しさも見せた。

いっぽうで安倍は、少年期から政治に目覚めていた。

晋太郎は、父親から久原房之助との一騎打ちの話を聞かされるたびに、興奮した。

〈戦争の話を聞くより、おもしろいや〉

当時の子供なら、将来は軍人になりたい、というのが普通である。が、晋太郎は不思議と軍人になりたいという考えを持たなかった。ごく自然に考えていた。

〈わしは、中学を出たら、高校に行って、おやじのように東大法学部を出て、政治家になる〉

晋太郎は、父親が、結核に冒されながらも、中央政界に這《は》い上がっていく姿を間近に見た。また、当時の圧倒的な軍部の力にまっこうから挑む姿を見ながら、少年期を送った。「生きた政治」が、気骨の闘士寛を通して、晋太郎を揺さぶりつづけた。

父親が総選挙に当選した昭和十二年四月、晋太郎は故郷日置村を離れ、父親の強い勧めで山口中学に入学し、はじめて寮生活をはじめた。

安倍晋太郎は、成長するに従い、募る母への思慕に居ても立ってもいられなくなった。中学生になった晋太郎は、夏休みなど長い休暇に入ると、母不在の寂しさがひときわ募った。それを紛らわすため、小島家に大勢の友達を毎日のように呼んだ。晋太郎は、人との交流が好きであったが、その中に寂しさという面も多分にふくまれていたのだ。

昭和十八年四月、安倍は、みごと岡山の第六高等学校文科甲類に入学した。

安倍は、剣道部に入った。新入部員は、二十四人であった。安倍は、実力では剣道部一であった。常に動き回る激しい剣道をした。そして、どんどん前に出ることを忘れなかった。

高校生になると、晋太郎は、母の消息を求めて、親戚のもとを尋ねて回った。母の生家である菱海村の大島家も訪れた。大島家の者は、晋太郎に何も語らなかったが、静子の写真を取り出して見せてくれた。それは、若き日の父母の結婚式の写真で、ふたりは仲睦まじく写真におさまっていた。母親の顔は、晋太郎に似ていた。

執拗に母親の居場所を尋ねる晋太郎に、親類のだれもが困惑した。ついに、根負けした親戚のひとりが、晋太郎に教えた。

「おまえの母親は、東京の新宿あたりに住んでいる」

晋太郎は、新宿日赤病院で生まれていた。晋太郎に執拗に訊かれ、つい苦しまぎれにそういってしまったのだ。

晋太郎は、新宿に行く決意をした。父の寛が仕事で上京するたびに、何だかんだと理由をつけて、いっしょに上京した。ひとりで上京するときは、小島家から金を工面して旅費にした。晋太郎は、父には何も話さないまま、あてもなく新宿周辺を捜し回った。が、新宿は広い。晋太郎は、母親を見つけるどころか、手がかりひとつ発見できなかった。

昭和十九年十月、安倍晋太郎は、学徒動員で琵琶湖畔の海軍滋賀航空隊（第十五期予備学生）に入隊した。六高を一年半で繰り上げ卒業となり、東京帝国大学へ推薦入学が決まっていた矢先のことであった。

晋太郎は、腹をくくった。生徒長として特攻隊を志願した。

〈どうせ死ぬのなら、いっそ特攻隊として華々しく散りたい〉

晋家に戻った晋太郎は、病床にいる父の寛に特攻隊を志願したことを報告した。寛は、晋太郎の心中をすぐに理解した。親子は、国の将来について、長い時間をかけて話し合った。

寛はいった。

「この戦争に、日本は負けるだろう」

これから死に向かおうとしている晋太郎にとって、父親のこの言葉は胸にこたえた。

さらに寛は、晋太郎の母の静子のことを、初めて口にした。

「じつは、おまえの母親は、もう亡くなっているのだよ」

晋太郎は、ふたたび衝撃を受けた。

静子は、昭和十一年、三十一歳で夭逝《ようせつ》していたというのだ。晋太郎が母恋しさに、新宿をあてもなく探し回ったとき、すでに母はこの世の人ではなかったのだ。涙で霞《かす》んだ晋太郎の目の奥に、よそよそしいばかりに映った新宿の光景が、滲《にじ》んで消えた。なお、昭和五十四年になって初めてわかることだが、静子の再婚相手の西村謙三との間に出来た長男が、日本興業銀行頭取となる西村正雄であった。

寛はいった。

「わたしとお母さんとの仲は、よかったんだよ。仕方なかったのだ。だが、おまえには、悪かった」

寛は、あらたまった口調で晋太郎にいった。

「晋太郎、どうか、生きて帰ってきておくれ……」

寛もまた、十歳のときから両親のいない環境で育った。母を恋しいと思う晋太郎の気持ちは、痛いほどわかる。生まれたときから母のいない不自由をかけたからこそ、なお息子がいとおしい。父子の会話は尽きることがなく、気づいたときには、すでに外はうっすらと白みはじめていた。

晋太郎、離縁覚悟の立候補

昭和二十年六月一日、少尉候補生となった安倍晋太郎を生徒長とする海軍滋賀航空隊第二期飛行専修要務予備生徒二百五十人は、千葉県館山《たてやま》にある横須賀海軍砲術学校館山分校に移った。

八月十五日、正午、安倍は終戦を告げる玉音放送を、名古屋の東海海軍航空隊明治基地隊の士官次室で聴いた。室内は、異様な雰囲気であった。集まった者たちの感情が、天皇陛下の声に向かって、抑えつけながらも、ひとつの高まりをみせるかのようであった。

安倍も、戦争に負ける、と思ってはいても、さすがに涙が止まらなかった。悔しかった。と同時に、内心ほっとした安堵《あんど》感も湧いてきた。

〈これで、戦争が、やっと終わったんだ〉

安倍は、まもなく山口県大津郡日置村に帰郷した。父親は、翌二十一年四月におこなわれる戦後第一回の総選挙の準備に駆けずりまわっていた。父親は、安倍にいった。

「おい、おまえも立派な大人だ。わしの選挙を手伝え！」

安倍の戦後は、父親の選挙の手伝いで幕を開けた。ビラ張り、父の代役としてのあいさつ回りなど、一人前の人間としてつとめるようになっていた。

人々は、敗戦のショックに打ちひしがれていた。が、寛の支持者たちは、ようやく戦争が終わり、それまで大政翼賛会にくみせず、軍部の弾圧に屈せずに政治信念を貫いてきた寛の時代になったことをよろこんでいた。安倍は、その手応えを感じた。

寛の演説会にも同行した。

食糧難の時代であった。ほとんどの候補者が「米よこせ」と声高にさけび、人々の胃袋に訴えてきた。

が、寛は、敗戦のショックから人々を奮い立たせるべく、さかんにこれからの希望と、日本の再建を説いた。

「いかに日本が落ちぶれようとも、精神の高潔だけは貫こう！」

それはまた、寛自身の一貫した生き方であった。東条英機ら戦犯が、ぞくぞくと逮捕されていくなかで、時代は大きく寛に味方した。支援者も増えた。晋太郎は、安心した。

〈これで、戦争中の苦労した選挙から、ようやく解放された。おやじも、自分の政治が、やっとのびのびとできるぞ〉

しかし、当の寛は、自分の命が、翌年四月までもつかどうか、危ぶんでいた。ときどき、激しく咳きこんだ。体がだるくて仕方がない。

〈これは、もたんかもしれん……〉

寛は、すでに自らの死期を悟っていたのである。

年の明けた一月三十日、寛は、心臓麻痺で急死した。五十一歳、まだまだこれからという矢先に、選挙目前にしてこの世を去った。が、安倍には泣いているいとまはなかった。すぐに、後継者を選ばなければならない。

〈できるものなら、東大へ復学するのをやめて、わしが立ちたい〉

が、いかんせん、まだ二十二歳、被選挙権は与えられていなかった。

東大法学部に復学した安倍は、昭和二十一年七月七日、父親につづき、育ての母と慕っていた大伯母のヨシに死なれた。天涯孤独の身となった。

安倍は、学業をつづけながら、大学生活の後半は、自分自身がやがて選挙に打って出るために、たびたび故郷へもどり地元の地盤の培養につとめた。故郷と東京の往復を激しく繰り返したために、安倍は、ついに親譲りの結核を患った。半年ほど、東大病院に入院した。

安倍は、病気が回復するや、昭和二十三年秋、日本三大新聞の一つ、毎日新聞を受けた。

〈将来、おれは、政治家になるんだ。政治家になるんなら、やっぱ新聞記者だ〉

二十四年四月、毎日新聞に入社した安倍は、新入社員十人とともに、まず社会部にあずけられた。

サツ回りと最高裁判所担当を、それぞれ半年ずつやると、昭和二十五年から、念願の政治部へ配属された。

　まもなく、安倍に縁談が持ち上がった。相手は、岸信介の長女洋子であった。岸は、取材にやってきた安倍のことを、ひと目で気に入った。まもなく、安倍と洋子は見合いをした。渋谷区南平台のレストランであった。

　安倍も、ひと目で洋子が気に入った。彼女は、黒っぽい洋服を着、眼が大きく、情熱的だった。二十二歳であった。安倍は思った。

〈清楚な、しかし、芯のしっかりしている令嬢のようだ〉

　いっぽう洋子のほうは、ほとんど物をいわない色白で、背高のっぽの安倍を見て正直に思った。

〈ちょっと、頼りなさそうだわ〉

　が、どこかわからないが、妙に魅《ひ》かれていくものがあった。

　歳の割に落ち着いてるな、と感じたのは、安倍が無口なせいであろう。洋子もあまりおしゃべりというたちではない。話が弾むというより、単なる顔見せ、という感じだった。

　安倍は、自己主張をする、というようなこともなく、話の内容もごく一般的で、ただありのままの自分を見てもらおう、とふるまっていた。

　洋子は、おっとりした安倍の性格に魅かれた。

〈人柄は、いいみたいね〉

二人は、昭和二十六年五月五日に、東京大手町の東京会館で挙式した。

一年後の昭和二十七年四月、公職追放が解け、岸は、ようやく政界に復帰することになった。洋子は、兄嫁と安倍とともに、岸の選挙を手伝うため、山口県岩国市に飛んだ。

街頭演説に出ると、安倍晋太郎も請われて応援演説をするという。洋子にとっても、夫の演説を聞くのはこれがはじめてであった。安倍が、演壇に立った。洋子は、心配で心配で、気が気ではなかった。安倍がしゃべりはじめると、ハラハラして聴いているのが苦しくなった。

安倍の演説は、上手いとはいえないが、それなりにしっかりしていた。妻として、ただ心配だったのだ。洋子は、祈った。

〈神さま、失敗しませんように。早く終わりますように〉

それだけを祈って、安倍が降壇するのを待った。

安倍が演壇から降りてくるのを見ると、ようやく呼吸ができたような気がした。が、演説をするのは、安倍だけの役目ではなかった。

岩国市の名所錦帯橋《きんたいきょう》の下の河原で、岸の個人演説会がひらかれた。洋子も、兄嫁とともに現場に駆けつけていたが、そこであいさつをしてほしい、とたのまれた。しゃべるべき原稿もできあがっている。父親の応援に来ているのだから、演説を断る理由もなかった。

洋子は、マイクを片手に精いっぱいの大声を張りあげた。

岸は、昭和二十八年四月の総選挙でみごと政界への復帰を果たした。

昭和三十年十一月十五日、保守合同が成立し、自由民主党が結成された。翌三十一年十二月には、鳩山一郎首相の退陣を受けて、自民党総裁選出の党大会がひらかれることになった。岸は、最大の総裁候補と目され、石橋湛山、石井光次郎と、自民党結党いらい初の総裁公選を争うことになった。

岸が日本政界の頂点をいよいよ目指すとあって、安倍晋太郎は、叔父の佐藤栄作とともにもがぜん燃えた。

安倍は、亡き父親寛の地盤を引き継いだ親代わりの周東英雄を何度も訪ね、岸支持を説得した。

周東は、池田勇人派で、池田派は、石井光次郎を担いでいた。立場は、まったく違うのである。

安倍は、それでも、周東に食い下がった。

「周東さん、おなじ山口県人として、岸さんを応援してくれませんか。山口県人が待望している長州内閣実現のために、お願いします」

が、周東は、安倍の説得にも、首を縦に振らなかった。

「わたしも、おなじ山口県の人間として、その気持ちはよくわかる。しかし、立場がある」

「しかし、それでは、わたしは困るんです。わたしは、父の遺志を継ぎたいけれども、そんなことをしたら、あなたに怒られる。わたしは、だから、自分が選挙に立ちたいという気持ちを、ずっと我慢してきたんです。わたしの気持ちを汲《く》んで、どうか岸を応援してください。お願いします」

「駄目だ。わたしには、どうしてもできん」

十二月十四日、自民党の党大会がひらかれ、総裁公選がおこなわれた。岸対石橋の決選投票に持ちこまれ、投票数五百十票のうち、石橋二百五十八票、岸二百五十一票、無効一票で、石橋が岸に、わずか七票差で勝利し、自民党総裁となった。

安倍は、岸が敗れたという結果に、身震いした。安倍は、このとき決意した。

〈石橋内閣の解散総選挙では、おれが出馬する〉

周東英雄の事務所に行くや、安倍は、周東に向かってはっきりと宣言した。

「わたしは、あなたがいる間は、出馬しないつもりでした。しかし、今回の総裁選挙で、あなたとの関係は、もう終わった。わたしは、つぎの選挙に出馬します」

安倍は、三十一年十二月、七年八ヵ月つとめた毎日新聞社を退社した。石橋内閣の外務大臣となった岸の秘書官となるためである。

石橋内閣は、石橋湛山の病気により、わずか六十五日間で倒れた。

石橋は後継に岸を指名し、昭和三十二年二月二十五日、岸内閣が成立した。

岸の運の強さに、安倍は瞠目《どうもく》したものだ。この三ヵ月足らずの間に、安倍は、政界の水面下での工作、政治家の病気の恐ろしさ、そして運というものを、目のあたりにすることができた。

岸信介は、昭和三十三年に入ると、いよいよ政権安定を狙って、解散総選挙の動きに出た。

安倍は、ふるい立った。岸に申し出た。

「つぎの選挙に立たせてください！」

しかし、佐藤栄作は吉武恵市を支援していた。山口での安倍の活発な動きを知り、実兄の岸信介に、安倍を出馬させないように訴えた。

自民党内でも、安倍降ろしの声が、火の手のように湧きあがった。

「岸の女婿が、無所属で立候補するなどということは、自民党に弓を引くことだ。岸を傷つける」

岸自身も、安倍を呼んで説得にかかった。

「きみの気持ちは、よくわかっている。かならず、きみを政界に送り出そうと思っている。だが、いまは、まだ早い。もう少し、待ってくれ」

しかし、安倍は、頑として引かなかった。引くどころか、岸も息を呑むほどの決意を吐いた。

「それは、できません。わたしの立候補で、おやじさんの立場を悪くするようなことになるなら、洋子をお返しします」

離縁覚悟だというのである。さすがの岸も、返す言葉がなかった。岸は、ついに折れた。

安倍の決意は、岸によって佐藤栄作に伝えられた。

安倍は、やる気だった。

〈おやじさんが、本気でおれを降ろしにくるなら、おれも、本気で対決する〉

結局、佐藤は、吉武のほうを降ろし、次回の参議院選挙に出すことにした。安倍は、そのおかげで、自民党公認となった。

自民党公認となると、強い。岸も、自分は表に立たないが、裏から山口県の実力者たちに協力を取りつけた。

晋太郎初当選。竹下登との出会い

昭和三十二年、山口県立深川女学校（現県立大津高校）を卒業して上京し、証券会社で事務員をしていた久保ウメは、岸信介首相の仕事の手伝いをするようになった。ウメの女学校時代の同級生で、岸信介の長男信和の妻となっていた仲子に誘われてのことであった。渋谷区の南平台にあった岸邸の隣に、岸の秘書官をつとめる安倍晋太郎と妻の洋子が六本木から移り住んできた。ウメは、安倍家で寝起きし、岸家で仕事をしていた。

選挙活動に入った安倍晋太郎は、ほとんど家に帰れなくなった。洋子もまた、夫の選挙の手伝いに追われ、子供たちのことは、ウメに任せるしかなかった。寛信も晋三も、父や祖父と同じように、肉親に甘えられない寂しさを味わいながら、幼い日々を過ごすことになる。

寛信五歳、晋三が三歳のときである。珍しく家にいた晋太郎は、いきなり寛信に雷を落とした。

「寛信、謝れ！」

晋太郎は、自分のものがなくなっていたことを、ついいたずら盛りの子供のせいだと思いこんだのである。

寛信は、ほとんど家にいない父親が、突然怒りだしたショックで言葉も出ずに、半泣き状態のまま固まってしまった。

すると、晋太郎は、矛先を晋三に向けた。

「晋三、おまえか！」

すると、晋三は、無言のままプッとふくれ、父親を睨《にら》みすえた。晋三には、まったく身に覚えのないことだったのである。

親子の睨み合いは、そのまま一時間もつづいた。

とうとう、根負けした晋太郎が唸《うな》った。

「おまえは、しぶとい」

兄の寛信は、繊細でやさしいところがあり、むやみに人と争うことを嫌う。このように、たとえ自分のあずかり知らぬことで責められても、身内同士の些細《ささい》なことである。自分の「ごめんなさい」のひと言で事が収まるのなら、自分が堪えようとするタイプである。

それに対して晋三は、自分が悪いと思ったときには謝るが、そうでない場合には、絶対に折れたりしない。その頑固さは、大人も舌を巻くほどであった。

昭和三十二年六月十六日、岸首相はアイゼンハワー大統領との日米首脳会談のため訪米した。安倍晋太郎は、岸に随行した。寛信と晋三は、羽田空港まで見送りに行った。

羽田空港に来るのが初めての三歳の晋三に、ウメはいった。

「手を、放しなさんなよ」

晋三は、ウメの着物の袖をしっかりと握りしめ、ターミナル内を歩いていた。

が、見るものすべてが珍しく、好奇心にかられた晋三は、ついウメの袖を握っていた手を放し、興味をもった方向へと歩き出した。

しばらくすると、空港の係員によるアナウンスが流れてきた。

「三歳くらいの男のお子さんが、迷子になっています。心当たりの方は、いらっしゃいませんか」

ウメは、あわてて係員のもとへ走った。

〈初めての場所で迷子になって、不安で泣いているにちがいない〉

ところが、保護されていた晋三は、涙ひとつこぼさず、神妙な顔をして久保の顔をジッと見た。ウメにきつく「手を放してはいけない」といわれていたのに、自ら袖を放してしまい、迷子になってしまった。晋三にとっては、迷子になった不安よりも、「ウメさんに、怒られる」という失態を恥じる思いのほうが、より強かったようだ。

ウメは、妙に感心してしまった。

〈この年ごろの子供が、迷子になって泣かないなんて……〉

こうした晋三の芯の強さは、天性のものらしい。幼いころから、その性格が随所で見受けられるようになっていった。

昭和三十三年五月二十二日、総選挙がおこなわれることになった。

安倍洋子には、夫が落ちる、という緊迫感はなかった。が、不安で、居ても立ってもいられなかった。

〈わたしも、いっしょに応援にまわろう〉

当時、選挙運動期間は、現在の十二日より十三日ほど長い、二十五日間もあった。

安倍は、選挙運動は、選挙カーでの演説を中心にした。妻の洋子も、気にかかってしかたがなかった。父親の選挙は、それほど大変そうでもなかった。が、今回の夫の初選挙は、父親のようにはいかなかった。洋子は、安倍に申し出た。

「わたしも、いっしょに車に乗ります」

「そうか、乗ってくれるか」

現職の総理大臣の娘が車に乗ってあいさつをしてくれれば、効果は倍以上になる。洋子も、いっしょに選挙カーに乗った。

地元下関市の駅前や商店街など、人の集まる目抜き通りにくると、トラックを止めた。梯子《はしご》をかけて降りて演説をし、有権者と握手をした。それも一日何十回となく繰り返した。

夜八時に事務所に帰り、トラックから降りると、洋子は、足がへなへなとして、まともに立っていられない。洋子は思った。

〈地に足がつかない、というのはこのことだわ〉

洋子は、家に帰り、着替えると、体中がほこりだらけであった。髪に手をやると、砂のジャリッという感触がした。

総理大臣である岸は、安倍個人の応援としては駆けつけられない。岸は、自民党候補者すべての応援のうちのひとりとして、下関の駅前で安倍の応援演説をおこなった。

岸は、個人的に安倍を褒めるわけにもいかない。照れ臭そうにいった。

「安倍君は、青年政治家として初めての出馬であります。山口県から、下関から、期待の新人をみなさまの手で、どうか押しあげてやってください」

ごく一般的な応援であったが、総理大臣が応援に駆けつけたことは、安倍の票に大きくプラスした。

五月二十二日、総選挙の投・開票がおこなわれた。

安倍の妻の洋子は、下関の選挙事務所で、夫といっしょに結果を待った。が、なかなか当選確実の報が入らない。やきもきしながら待っていると、ようやく当選確実の報が入った。

安倍は、七万八百十四票を獲得し、第二位で当選を果たした。一位の田中龍夫は、十万二千八百八十二票とダントツで、とうていかなわないが、周東英雄は抜いた。

翌日、洋子が新聞を見ると、面白い見出しで安倍のことが紹介されていた。

『山口二区の新人、安倍晋太郎、第二位で当選。彼は、全国で歳の若いのも二番目、背の高いのも、二番目である』

洋子は、新聞を見て、また感動をあらたにした。

初当選を果たした安倍晋太郎は、衆議院本会議場の最前列の席に座った。国会開会中、一年生議員は、最前列に座って野党議員に野次を飛ばしたりすることが自民党のしきたりである。

安倍のとなりに座ったのが、島根全県区からトップで初当選を果たしてきた佐藤派の竹下登であった。

二人は、野次は飛ばさずに、うしろの雛壇《ひなだん》を振り返って見た。そこには、当選年次順位にずらりと上に向かって先輩代議士がならんでいた。竹下が、溜息まじりにいった。

「あの上までいくのは、相当大変だなあ」

さらにいった。

「おれたちが、総理の座を争うときがきたら、順番はジャンケンポンで決めようか」

まさか、自分たちがのちに総理の座を争うことになるとは思ってもいない竹下の軽口であった。

安倍も、無邪気に相槌《あいづち》を打った。

「ジャンケンか、いいね」

性格のまったく違う二人は、同期、同年齢のよしみも手伝って、大の親友となった。

なお、この選挙で竹下の後見人となる金丸信も初当選を果たした。


安倍晋太郎が政界入りして間もなく、洋子が第三子を身ごもった。

岸信介は、気が気ではなかった。宇部興産に勤めるサラリーマンであった長男信和夫婦には、子供ができなかった。このままでは、跡継ぎどころか、岸家が途絶えてしまう。

岸信介は、家の中で久保ウメのあとをくっついて歩いては、訊ねた。

「三番目が男の子だったら、晋太郎と洋子は、わしが引き取ってもいいといいますかね」

「さあ……」

「もし、次が女の子だったら、くれんというかね」

「さあ」

「男の子が、生まれんかなぁ。次も、男の子がいい」

ウメは苦笑した。娘の洋子から、「また産みますから」とやんわり断られたら、男だろうが女だろうが、それまでの話である。

洋子が出産を間近にひかえて入院したとき、ウメは岸信介のもとで世話をすることになった。岸は、夜が更けても床につかずに、孫の誕生を待ちわびていた。

岸は、ウメに訊いた。

「電話は、まだかかって来ないのかね」

「ええ、まだですけど、もうじきかかってきますよ」

この日は、四月一日、エイプリルフールだった。ウメは、やきもきして孫の誕生を待っている岸のことを、気の毒でもあり、ちょっとからかってやりたくもあった。

〈電話があって、もし男の子だったとしても、先生に「やっぱり女の子でした。うれしいわ」と、嘘をいってやろうかしら。でも、年寄りが寝ずに待っているのにね。それは冗談が過ぎるかもしれないい〉

ウメは、そんなことを考えながら、部屋の中をウロウロする岸を見て、クスッと、ひとり笑った。

昭和三十四年四月一日、三男の信夫が生まれた。

岸信介の悲願が叶い、三男の信夫は、岸家の養子となった。

晋三はいった。

「少し大きくなったら、ぼくが、『おまえは、ぼくの弟だった』ということを、話してきかせるから」

だが、信夫が大きくなっても、まわりの大人は、信夫が安倍家から養子に入り、じつは、従兄弟《いとこ》と教えられていた晋三らの弟であることを明かさなかった。なにも知らない信夫は、実母である洋子のことを、「おばちゃま」と呼んでいた。

ところが、親戚の誕生日に、親戚のひとりが、信夫を見てつい漏らした。

「信夫、そんなに背が高くなって。やっぱりお父さん似なのね」

洋子は、思わず背筋が凍った。夫は背は高かったが、岸信和はそれほど背は高くなかった。信夫も、一瞬、なにをいっているのかと不審な表情を浮かべた。

その親戚は、洋子らが遠くに養子に出したわけではないので、当然のことながら、信夫も、自分が養子であることを知っていると思っているのである。

洋子は、その場はうまくとりつくろったものの、内心はおだやかではなかった。

〈こんなことなら、本当のことを教えておいたほうがいいのではないかしら〉

それはだれもが同じ気持ちだった。だが、だれが話して聞かせるのか。話し合ったすえ、ついには、あらたまっては話しにくいということになった。

なお、岸信夫は、平成十六年七月の参議院選に自民党公認で山口選挙区から出馬し当選した。

晋ちゃんは政治家向きかも……

祖父たちも、両親も、寛信や晋三を政治家にするための詰め込み教育を施すこともなく、自由にのびのびと育てていった。

安倍晋太郎と妻の洋子が、子供の進路について最も悩んだのは、小学校の入学時であった。夫婦が出した結論は、こうだった。

「とりあえず、エスカレーター式の成蹊《せいけい》学園へ入学させておくのが一番いいんじゃないか。寛信たちがもう少し大きくなったら、自分の意志で、別の学校に行くこともできるんだから」

洋子の親戚のひとりが成蹊学園で教員をしていて、その親戚から、成蹊学園の話を聞いていたこともある。さらに、洋子らがかつては吉祥寺に住んでいて、成蹊学園にある欅《けやき》並木を歩いたこともあった。成蹊学園は、精神的にも、環境的にも身近に感じられた。知識を詰め込むよりも、人間教育を尊重する教育方針にも賛同できた。

当時、成蹊小学校は、小学校としては最もレベルが高い学校であった。当時の成蹊に対する世間的な評価は、小学校がAクラス、中学校がBクラス、高校がCクラス、大学がBクラスであった。

昭和三十三年四月、長男の寛信が東京武蔵野市吉祥寺北町にある成蹊小学校へ入学した。久保ウメは、五月の選挙戦をひかえ走り回っている晋太郎に頼んだ。

「長男が初めて学校へ行くんだから、入学式だけは、出席してやってください。みんな、親子で記念写真を撮るんですから」

選挙活動に忙殺されていた晋太郎も、これには心を動かされたらしい。母の洋子が、入学式に出席することになった。

晋三も、昭和三十六年四月、成蹊小学校に入学した。成蹊学園の「成蹊」は、中国漢の司馬遷が書いた『史記』の「李将軍列伝」で、李廣という人物を語るために引用した諺《ことわざ》「桃李不言下自成蹊」からなる。「桃李もの言わざれども下おのずから蹊を成す」と読む。桃や李《すもも》は、口に出してものをいうわけではないが、美しい花やおいしい実があるので、自然と人がやってきて、そこに小道（蹊）ができる。つまり、人格のある人のたとえで、徳行のある人には、その徳を慕って人々が集まるという意味である。口に出さずに、ただただ自分を研鑚していく。それこそ、成蹊学園が、寛信や晋三ら生徒に求めていたことである。

寛信、晋三ともに成蹊小学校に入学すると、久保ウメは毎朝、子供たちの忘れ物がないか確認した。

ウメは、寛信に訊いた。

「寛ちゃん、忘れ物はないね？　宿題は、ちゃんとやった？」

すると、寛信は、ハッとして、ランドセルの中をごそごそと探り、ノートを取り出した。

「寛ちゃん、どうした？」

「宿題するの、忘れた……」

寛信は、真っ白なノートを握りしめ、そのままハラハラと涙をこぼした。

別の日、ウメは晋三に訊いた。

「晋ちゃん、宿題は、ちゃんとやったの？」

すると、晋三は、何かを思い出したように「アッ！」と声をあげた。が、すぐに何事もなかったかのように答えた。

「うん、ちゃんとやったよ」

ウメは、晋三が便所へ行っている隙に、ランドセルを開けてノートを見てみた。宿題をまったくしていないのが、すぐにわかった。

晋三は便所から戻ってきて、ランドセルを取り上げていった。

「いってきまーす！」

晋三は、元気よく表へ飛び出していった。宿題を忘れたことぐらい、彼にとっては何でもないことなのだ。肝は据わっていた。

ある日、ウメが晋三を風呂に入れてやっていた。見ると、晋三の尻が真っ黒だった。固いものにぶつけてできた痣《あざ》のようである。

ウメが訊いた。

「晋ちゃん、今日は、どこへ行ったの」

「どこにも行かない」

「嘘おっしゃい。どこか行って、石ころの上かなにかで、転んだでしょ」

が、晋三は首を振った。

「転ばない」

「どれ、もう一回向こう向いてごらん。ほら、お尻が真っ黒だ。痛いんだろう」

「…………」

ウメは、たしなめるようにいった。

「あんた、このくらいならいいけど、もしひどくぶつけて切れていたら、大変だよ」

すると、晋三はしぶしぶ認めた。

「うん」

晋三が小学校二年生のとき、晋三の祖父である岸信介が、成蹊小学校の運動会に顔を出した。大学のキャンパスの裏にある欅並木の向こう側に、広い運動場があった。岸は、その一角の草むらに座り、晋三や、寛信ががんばる姿に目を細めていた。

昼休みになったころ、その岸のまわりに生徒たちが駆け寄った。生徒たちは岸が前総理大臣だとは当然知っていて、サインをねだったのである。岸は嫌がらず、生徒たちにサインをしていた。

晋三は、成蹊小学校から帰ると、よく岸信介の家に遊びに出かけた。学校は私立なので、近くに同級生がいるわけではなかった。そこで、バスでも車でも十分ほどしかかからない渋谷区南平台にある岸邸に遊びに行ったのである。

ある土曜日に遊びに行ったときには、岸の妻、晋三の祖母良子が、晋三たちにいった。

「明日は日曜日で休みなんだから、今日は泊まっていくといい」

兄の寛信は、大喜びだった。

「泊まろう、泊まろう」

だが、晋三は、洋子の顔をのぞきこんできた。

「ママ、寂しくないの？」

その日、安倍晋太郎は、出張で帰ってこないことがわかっていた。だが、洋子は、家を一晩留守にするわけにはいかなかった。子供たちが泊まるというのなら、子供たちだけを置いて帰らざるをえなかった。

帰る洋子を見送るときにも、晋三は、洋子に訊いてきた。

「本当にいいの、大丈夫？」

そういう細かいことに気をつかった。晋三は、おっとりしている兄の寛信に対して、このように神経が細かいところがあった。

晋三が、一人で家にいたときのことである。たまたま開いていた玄関から、浮浪者のような男が、スッと入ってきた。なんと、入口に掛けてあった父親のコートに手をのばし取ろうとしているではないか。

晋三はびっくりして、大声を出した。

「あー！」

その男は、驚いて、コートを取らずに逃げ出した。

その夜、父親が帰ってくるや、晋三は、昼間の武勇伝について自慢げに語った。晋三とすれば、てっきり褒めてもらえると思っていた。

ところが、父親は意外な反応を示した。

「可哀そうに。コートぐらい、やればいいのに……」

まるで晋三が悪いことをしたかのようにいうので、晋三はさすがにシュンとしてしまった。

晋三にとって、このエピソードはよほど忘れがたかったのであろう。安倍晋太郎の追悼集『安倍晋太郎　輝かしき政治生涯』に記し、こうつづっている。

「私達に対しての愛情表現は極端に不器用であったが、この様に非常識なまでの優しさが父にはあった。こうした優しさが政界では、あるいは弱点となったかもしれないが、この強さと優しさ抜きには父の存在は考えられない」

晋三と寛信は、お稽古事もした。寛信はバイオリン、晋三はピアノである。が、ふたりとも楽器は長続きしなかった。先生が、「お稽古しようね」と誘いかけても、何だかんだといって逃げ出してしまう。

晋三は、ピアノの練習は嫌いであったが、音楽そのものは好きであった。芝居心もあり、小学校の学園祭の時に、芝居を何度も披露した。晋三が担当するのは演技ではなく、演出のほうである。晋三は、芝居をする同級生たちを家に呼んでは、練習をした。

「そこで泣くんじゃないよ、笑うんだよ！」

「そこは、もっと大きな声で怒って！」

堂々たる、演出家ぶりであった。

いっぽうで、晋三は、演じるのも得意であった。山口県の地元のお祭りなどでは、自分から率先して踊りの輪の中へ飛び込んでいく。

晋三は、映画がとても好きだった。兄の寛信とともに変装して、その姿を八ミリ映写機におさめていたこともあった。子供のころ、映画監督になりたい、といったこともある。

寛信は、学校が終わると、新しくできた店を覗いてみたり、お菓子やオモチャの新商品などをチェックして回った。さまざまな商品がそろうデパートに行くのも大好きであった。ウメに、「ちょっと見たい本があるから待っててね」と、ひとりでどこかへ行ってしまう。

また、幼いとき岸信介に熱海から釣り舟を出してもらって以来、釣りが大好きになっていた。周囲から「どうして安倍の息子が、あれだけ釣りが好きなのかねえ」といわれるほどの熱中ぶりであった。デパートに行っては、高い釣りの道具をパッと買って戻ってくる。

いっぽう晋三は、デパートよりも本屋が好きで、本屋にばかり行っていた。

たまに欲しいものがあっても、それが高価なものだとじっくり考えこむ。ウメが、「晋ちゃん、欲しいなら、これ買いなよ」というと、「うん。これ、ぼく欲しい」という。が、商品の前を行きつ戻りつし、「どうしようかな、買おうかな」と、さんざん迷う。

雨の日の朝、ウメは兄弟にそれぞれ傘を持たせて送り出す。

途中で雨があがったとき、寛信は傘を持って帰るのが面倒で、そのまま学校に置いて帰ってきた。

晋三は、そのころ木からコンクリートに作り換えられはじめた電柱が珍しく、手に持った傘を、電柱に出合うたびにガンガンとぶつけながら帰ってきた。家に着いたころには、晋三の傘は、みごとなほどのS字形に曲がっていた。

ウメの日課のひとつに、子供たちへその日必要なおこづかいを渡すことがあった。

「お兄ちゃん、今日はいくら持っていくの？」

寛信が答えた。

「百円」

「百円もいるの？」

「ほんとうは七十円だけど、あとでお釣りを持ってくるから」

久保は、寛信に百円を渡した。

「晋ちゃんは、いくらいるの？」

「ぼくは、五十円」

久保は、五十円を手渡した。

寛信が持っていった百円のお釣りは、いつまでたっても返ってこなかった。寛信には、こうしたちゃっかりしたところがあった。

すると、弟の晋三が文句をいった。

「だめだよウメさん、お兄ちゃんから、ちゃんとお釣りをもらわなきゃ」

晋三は、必要な分きっかりの額だけを、ウメに請求した。そして、兄の寛信がもらったこづかいの額まで、しっかりチェックしていた。

ウメは思った。

〈晋ちゃんは、真っ正直だこと。そこが、おじいさんの寛さんにそっくりだわ。これだけ

金銭感覚がしっかりしてたら、大蔵大臣にだってなれる。晋ちゃんは、政治家向きかもしれない〉

晋太郎は、不憫《ふびん》だと思いつつ、兄弟喧嘩が始まると、大きな雷を落とした。

「こら、いい加減にしなさい！」

晋太郎は、晋三の尻を痣《あざ》ができるほど何度も叩いた。が、いくら叩かれても、当の晋三はケロッとしていた。

晋三は、小学校の夏休みや冬休みには、しばしば父親が育った山口県大津郡油谷町に行った。父親は、その際、決まって口にした。

「ここは、おまえの故郷だぞ」

晋三は、いつしか意識するようになった。

〈ぼくは、山口県人なんだな〉

晋三は、小学生のとき、テレビで新撰組の時代劇を見た。近藤勇や沖田総司らの凛々しい姿に魅了された晋三は、はたきを刀代わりに、兄の寛信と新撰組ごっこをして遊んだ。

「新撰組だ！」

「出会え、出会えッ！」

そうしたところ、めずらしく父親に怒られた。

「駄目だ、おまえ、それは！」

晋三は、なぜ怒られるのか、意味がわからなかった。

「なんで!?」

父親は、説明した。

「いいか、新撰組というのは、悪い奴らなんだ。勤皇の志士でないと、駄目なんだぞ」

「キンノウのシシって?」

「おまえたちの故郷でもある山口県の人、つまり、長州の人たちのことだ」

寛信が小学校五年生のときの、放課後のことである。寛信は、同級生五、六人を自宅に呼んだ。小学校三年生の晋三も、遊びの輪に加わった。二歳年上の上級生たちに囲まれると、晋三の体の小ささが、ひときわ目立った。寛信の同級生たちは、幼い晋三を当然のように格下あつかいした。

そのうち、同級生のひとりが、晋三の玩具を壊してしまった。晋三の顔色が、サッと変わった。晋三は猛烈に怒り、食ってかかった。

「何をするんだ！」

小さな拳《こぶし》を握りしめ、全力で抗議してくる晋三に、寛信の同級生は驚いた。

寛信たちは、何とか晋三をなだめた。

友人は驚いていた。

「ビックリしたなあ。おまえの弟、下級生だからって、簡単にいじめられないなあ」

寛信もまた驚いていた。

〈晋三は、ふだんはおっとりとしてるけど、負けん気は、ぼくよりもずっと強いな〉

そんな性格も、父親の晋太郎譲りなのかもしれなかった。

落選し男泣きする父を見つめつづけた九歳

昭和三十七年秋、岸信介は、岸派を突然解散した。派の後継候補に若い福田赳夫《たけお》の名があがると、川島正次郎は、十数人を引き連れて川島派を結成。一部は、すでに分かれていた元外相藤山愛一郎の率いる藤山派に合流、岸グループと袂《たもと》を分かった。安倍は、福田グループに入った。福田は、反池田色を強め、岸信介の実弟佐藤栄作を総理に押し上げる運動を展開した。

池田は、昭和三十八年七月、内閣の改造に取りかかった。安倍は、運輸政務次官になるよう打診を受けた。総選挙近しの雰囲気の中で、喉から手が出るほど欲しいポストである。福田も、「このさい受けろ」と強くすすめた。が、安倍は、きっぱり断った。

「若手が中心となって、佐藤政権をつくろうとしているときだ。池田内閣の要職につくことはできない」

安倍には、頑固なほど筋を通す一面があった。

昭和三十八年十一月二十一日、安倍にとって三度目の衆議院選挙がおこなわれた。

二度目の選挙も無事につとめあげた妻の洋子は、安心していた。が、他の議員は、洋子に助言した。

「三度目ぐらいが、一番危ないんだから、気をつけなくちゃ駄目ですよ」

洋子も、その言葉をそのまま後援会のメンバーに伝え、引き締めをいい渡した。が、そういいながらも、洋子自身、もっとも難関といわれる二度目の選挙をくぐり抜けてきたことでどこか安心していた。

〈夫が落ちるなんて、ありえない〉

新聞の下馬評も、安倍有利、トップ当選とまで出ている。

三度目は、岸は安倍の応援には出向かなかった。安心しきっていたのである。

「三回目だから、もう大丈夫だろう」

選挙カーで演説をしている安倍晋太郎は、首を傾《かし》げていた。

「どうも、いままでと反応がちがうんだよな……」

安倍晋太郎への票は、義父の岸信介が元総理大臣という票も多かった。晋太郎自身を心から応援しようとの票ばかりではなかった。その意味では、うつろいやすい票だったのである。

十一月二十一日、総選挙の投票がおこなわれた。

洋子は、その日、急用ができ、東京の自宅にもどった。自宅から下関の夫に電話を入れた。

電話口に、安倍晋太郎が出た。一呼吸おいて、洋子がいった。

「あなた……」

安倍も、精気のない声であった。

「駄目だったよ。三度目は、なんとなくノレンに腕押しだったなぁ……」

選挙区の反応が、いつものように打てば響く、というものではなかった。

洋子は、それ以上何もいえなかった。

家に帰ってきた岸信介は、洋子を慰めた。

「まあ、政治家なんだ。いろいろあるよ……」

安倍は、五万八千二十一票で次点に泣いた。

二十三日、洋子は、何もする気になれず、ただただ落ち込んでいた。一日中、何をするとはなしにテレビを観ていた。画面に、ニュース速報が流れた。アメリカのケネディ大統領が暗殺された、とある。

洋子は、ハッとした。

〈ケネディが、撃たれた!?〉

同時に、胸につかえていたものが、吹っ切れたような気がした。

〈夫は、選挙に落ちただけなんだ。まだ、死んだわけじゃないんだ!〉

今度は落ちたが、次がある。洋子は、立ち直った。

〈次の選挙に向かって、頑張ろう〉

落選して地元から家に帰ってきた晋太郎は、晋三の眼にも疲れきっていた。晋太郎は、息子たちの前で初めて涙を流した。晋太郎が涙を流せる場所は、この家の中以外、どこにもなかった。

十一歳の寛信は、父の打ちひしがれた姿を見るのが辛くて、父のいる部屋からスッと出ていった。が、九歳の晋三は、父の男泣きに泣く姿を、ジッと黙って見守りつづけた。

父親は、一、二ヵ月間、ずっと家に籠もりきりであった。昼間だというのに、寝室から一歩も出ず、布団を頭からかぶっていることもあった。

また、ときおり電話口で、相手に強い調子でいっていた。

「おれは、国会議員の会合には、絶対に出たくないんだ！」

この当時安倍晋太郎の運転手をつとめていた鈴木によると、国政に復帰するまでの三年八ヵ月間、国会議事堂の見えるところには絶対に車を走らせなかったという。

いろいろなルートを使って目的地に向かわなければならない鈴木は、のちに安倍晋三に懐かしむようにいった。

「あのときは、大変だったよ……」

安倍晋太郎が浪人中、渋谷区南平台にある岸信介の家に、岸信介を頂点とする親族が一堂に会した。晋三もその席にいた。

いつもは優しい祖父が、険しい表情で床の間の上座に座った。ピリピリとした雰囲気のなか、父親がいきなり畳に手をつき、みんなに頭を下げた。

「とにかく、もう一回、どうしてもやらせてください！」

この日の親族の集まりは、安倍晋太郎がもう一度、総選挙に出ることを了解してもらうための、いわば儀式であった。

岸信介が、親族を代表するかたちで口を開いた。

「それじゃ、とにかく応援するから」

安倍晋太郎は、のちに落選したことについて、晋三に「自分を政治家として一人前にした」と述懐している。むろん、その側面はあっただろう。が、同期当選組の竹下登に三年八ヵ月間、国政活動において後れを取った。このことが、のちの中曽根裁定で自民党総裁を決める際に、大きな影響をおよぼした、と晋三は残念に思う。

洋子は、この落選は、晋太郎にはいい薬になったと思っているものの、浪人中の晋太郎は、ますます晋三らと過ごす時間がなくなった。月の半分以上は、地元にもどって選挙区の隅から隅まで訴えて歩いていたからである。

奥田斉は、大正十年十月二十二日、山口県大津郡日置村で生まれた。安倍晋太郎の三歳年上となる。終戦後、奥田は実家の農業を手伝った。だが、昭和二十四年、弟が農林学校を卒業したのを機に、弟に農業を任せ、山口県警の警察官となった。昭和四十年に警察官を退官し、落選中の安倍晋太郎の選挙を手伝うことになった。

安倍晋太郎は、「岸信介の女婿」といわれるのを嫌った。奥田にいった。

「おれは、岸の養子ではない。アベカン（安倍寛）の息子だ」

岸信介は、落選でしょんぼりとしていた安倍晋太郎にアメリカ車をプレゼントした。

岸信介のもとに、アメリカの要人が訪ねてきた。その要人は、安倍晋太郎に申し入れたらしい。

「この車を、貸してほしい」

しかし、安倍晋太郎は、突っぱねた。

「これは、おれがもらったものだから駄目だ！」

安倍晋太郎には、それだけの意地もあり、きかんぼう的なところがあった。

家庭教師・平沢勝栄の眼

昭和三十九年四月、東京大学教養学部に入学した平沢勝栄《かつえい》は、アルバイト先を見つけるため大学の就職課に立ち寄った。掲示板に様々な職種のアルバイト募集の貼り紙が無数に貼られている。平沢は、そのなかの一枚の貼り紙に、ふと眼を止めた。

『家庭教師募集　週三回食事付き　九千円』

この当時、東大生の家庭教師代は、週一回で三千円、週二回で六千円が相場で、特別に好条件というわけでもない。が、所在地は世田谷区代沢で、教養学部のある目黒区の駒場キャンパスに近い。通うのも楽だ。

平沢は、すぐに応募し、さっそくその家を訪問した。家の主は、政治家の安倍晋太郎であった。

が、安倍は、このときは浪人の身であった。捲土重来を期し、妻の洋子とともに選挙区の山口一区で選挙活動をしていることが多く、夫婦そろってほとんど家にはいないという。

平沢が勉強を教えるのは、小学六年生の寛信、小学四年生の晋三の二人であった。

平沢は、安倍夫妻に頼まれた。

「よろしくお願いしますよ。わたしらは家を空けることが多いので、勉強だけでなく、いっしょに遊んでやってください」

平沢は、引き受けた。

「わかりました」

こうして、平沢は、約二年間、安倍家で家庭教師をつとめることになる。

寛信と晋三は、塾通いはしなかったものの、小学生のころから、家庭教師がついていた。とくに、両親が厳選したわけではなかったが、家庭教師としてやってきた東大生は、おもしろい人物がそろっていた。のちに日本たばこ産業の社長になる本田勝彦は、当時東大法学部に所属していた。本田はいつも、下駄を鳴らして安倍邸にやってきた。いかにもバンカラ風で、寛信たちへの教え方もおおらかなものだった。

「この問題を、やりなさい」

本田はそういい残すと、子供部屋を出ていき、バイトの最中だというのに、母親の洋子たちがいるときは、いっしょに麻雀を楽しんだりした。

本田の次にやってきたのが、平沢勝栄であった。分厚い眼鏡をかけた平沢は、自分の出した問題を寛信や晋三が解けなかったとき、心から哀しそうな顔をした。

「なんで、解けないいんだよ」

寛信と晋三は、政治への野心があるようには見えなかった平沢が、よもや政治家になるとは夢にも思わなかった。むしろ、本田のほうが、政治家向きのように思われた。

平沢は、生真面目な先生であった。が、勉強の休憩中、意外な一面を見せた。晋三たち兄弟が熱中していた少年漫画雑誌の「少年サンデー」や「少年マガジン」を熱心に読んでいるではないか。

日本の最高学府である東大の生徒は、漫画などには興味を示さず、小さいころから一心不乱に勉強ばかりしているとイメージしていた晋三は、不思議な気がした。

〈東大生も、漫画を読むんだ〉

平沢の眼には、長男の寛信は、おっとりとしていた。次男の晋三は、素直で従順だが、自分のいったことを曲げない芯の強さがあった。好奇心も旺盛で、次から次へと矢継ぎ早に質問をぶつけてくる。それに、理解できなければ納得しない性格であった。

ときには、

「先生、アインシュタインの相対性原理って何ですか？」

といった、ただちに返答するには窮する場面もあった。

平沢は、二人を東大駒場キャンパスで開かれる学園祭の駒場祭に連れていった。この当時、ベトナム戦争に反対する市民運動が「ベトナムに平和を！市民連合」（べ平連）の組織化によって日本国内に広まっていた。世論は、反ベトナム戦争一色で、大学構内でも昭和三十九年の十一月に首相になっていた佐藤栄作首相を糾弾するアジ演説をおこなう者や「反ベトナム」「反佐藤」の立て看板が至るところに置かれていた。特に駒場は激しかった。

佐藤首相は、晋三たちの祖父岸信介元首相の実弟だ。子供心に、大叔父が批判される光景を、複雑な心境で見ていたにちがいないと平沢は思った。

晋三は、平沢に訊いてきた。

「どうして、ベトナム戦争に、こんなにも反対が多いの？」

平沢は思った。

〈普通の人なら見逃すような細かいことにも、関心を持つんだな〉

いっぽう、両親から「遊び相手になってほしい」と頼まれた平沢は、時間があると兄弟を相手にキャッチボールをしたり、映画を見に連れていった。

夏休みには、都会の喧騒を離れ、平沢の生まれ故郷である岐阜県に連れていき、伯母の家で寝泊まりをともにした。

寛信も、晋三も、勉強はできるほうであった。がむしゃらに勉強すれば、東京大学に進むのも不可能ではない。

しかし、平沢は、無理して東京大学に進む必要はないと思っていた。二人が小学校から大学まで通うことになる成蹊学園は、勉強だけを詰め込ませる校風ではない。読書を勧めたり、野外活動を経験させたり、ゆとりをもって人間形成に必要な知識を教えている。それゆえ、平沢は、二人に無理して勉強を教えることもなかったし、「お父さんと同じ東大を目指せ」とも口にしなかった。

平沢は、自分もその一人であると思っているが、東大生は、社会に出て役に立たないような知識を懸命に頭に詰め込んで入学してくる。人生で一番大事な時期に、勉強ばかりで、多くの友達と遊んだり、読書をするなど人間形成のために必要な時間がおろそかになりがちだ。東大に入ったはいいが、人間としていびつになるケースも少なくない。

晋三は、やみくもに受験勉強に追われることがなかったので幅広くいろいろな経験をし、青春を謳歌することができた。そのことが、いまの政治家安倍晋三の土壌になっていると平沢は思う。

安倍晋太郎は、子供たちの教育係兼遊び相手となってくれている平沢を気遣った。たまに山口県から帰京すると、平沢を食事に誘った。

「先生、食事に行きましょう」

港区新橋の第一ホテルで一人千五百円のバイキング料理をご馳走してくれた。平沢が下宿している東大駒場寮の寮費は、三食付きで月五千円だ。わずか一食で、寮費の三分の一近くの値段となる。平沢は、見たこともないような豪勢な料理に舌鼓を打った。

安倍家で二年間の家庭教師生活を送った平沢は、父親の後を継いで政治家を目指すのであれば長男の寛信よりも、二男の晋三のほうが向いていると思った。

おっとりしている寛信は、敵をつくらない全方位外交をやっているようなところがあった。いっぽうの晋三は、自分の筋を通し、信念を曲げない。信念を貫けば、当然のことながら敵もできる。ある意味で、敵を作るのが政治家の仕事ともいえる。敵ができないような政治家は、ろくなものではない。それを厭《いと》わないかどうかで政治家の価値が決まる。商売をするのなら全方位外交のタイプのほうがいいが、政治家には向かない。平沢は、そう考えていた。

摑みきれない奥深さと甘えん坊

父親がいないことに慣れ切っているふたりは、晋太郎がたまに日曜日に家にいたりすると、まるでお化けでも見たようにビックリした。

寛信が、不思議そうに訊いた。

「おとうさん、どうして、家にいるの?」

晋三もビックリしていった。

「ワッ、パパがいるよ！　お休みなのに、何で家にいるの?　お休みの日は、いつも下関に行くのに……」

久保ウメによると、晋太郎は、息子ふたりにそういわれ、胸中複雑そうな表情をしていたという。

洋子は、次の選挙までがあまりにも長く感じられ、叔父で首相の佐藤栄作に、お願いしたこともあった。

「早く、選挙をしてやってください」

つまり、早く解散して総選挙にもちこんでください、と頼んだのである。

晋三は、そんな両親を子供心に心配していた。晋三は、洋子に申し出た。

「ぼく、山口の学校に移ろうかな。お友達ができるから、選挙のときにいいんでしょ」

自分が、父親の選挙区の山口県に移れば、転校した学校で友達ができる。そのことが、間接的にしろ、父親を応援することになると考えたのかもしれない。実際に晋三を転校させる話が持ち上がったこともある。晋三は、選挙の折に、父親が旧友たちに助けてもらった姿を見たこともあったのだろう。

晋三は、父親が落選中、遠足に行くバスのなかで、マイクを片手に呼びかけた。

「安倍晋太郎を、どうぞよろしくお願いします！」

成蹊小学校教諭であった野村純三は、晋三が四年生から六年生までの三年間、担任として晋三のクラスを受け持った。

晋三は、同級生に、自分の父親が政治家であることをひけらかすことはなかった。ましてや、政治家の息子だからといって偉ぶるようなこともなかった。どの同級生とも分け隔てなく交わった。

学校やクラスでのルールを守り、勝手なことはいっさいしなかった。給食で好き嫌いをいうこともなかった。

学校での晋三は、どんなときにも、自己主張するタイプではなかった。だれもが、積極的に手をあげて発言しようとするなかで、めったに手をあげて発言しようとの姿勢を見せることもなかった。授業中でも、学芸会での出し物を決めるときにでも、めったに発言することはなかった。おとなしくしていて、発言者がどんなことを話すのか、冷静に聞いていた。

たまに、野村が授業中に指名すると、すらすらと答える。しっかりと理解していた。

勉強に向かう姿勢もガツガツするわけでもなく、点数や、親に褒められたいと思っているようでもなかった。成績は、全体的にとりたてていいわけでもなかったが、どうしようもない成績をあげる教科もなかった。そのあたりは、つねに安全圏をいっていた。

野村には、晋三が学校で教える教科から離れた、社会、天体や大自然という、より広いところへの好奇心があったような印象が強い。

〈この子は、なにを考えているのだろう？〉

数多くの生徒を見てきた野村でさえ掴《つか》みきれない奥深さのようなものを、晋三は秘めていた。

晋三は、毎年夏におこなわれる大自然のなかでの課外授業、遠泳、冬におこなわれるスキー合宿には積極的に参加した。そういうときの晋三の目は、喜びに輝いていた。

成蹊学園創設者の中村春二は、どんな良家でも、二代目三代目で身代を潰してしまうことをあまりにももったいないと思っていた。良家の子女を鍛錬主義の教育で鍛え直し、たくましい人間を育ててあげる。それが、中村が成蹊学園を創設した大きな理由のひとつだった。生徒たちに、いわゆる、凝念《ぎょうねん》を課した。寒いときには上半身裸で、暑いときには分厚い綿入れを着せて、板張りの上で二十分でも三十分でも正座させ、眼を閉じ、禅のように精神を集中させた。寒いときにおこなう凝念を「裸凝念」、暑いときを「綿入れ凝念」といった。

さらには、ひとりひとりに秘められた可能性があることを歌い上げた「心力歌」と呼ばれる校歌を歌わせる。まさに心の教育を実践しようとしていた。戦後となって、さすがにそこまで厳しい凝念をすることはあまりなくなったものの、どんなことにも耐え、どんなことでも挑戦する人間を育てる教育は残っていた。

生徒たちは、毎年の夏休み、親元から離れて神奈川県の箱根や埼玉県の飯能《はんのう》で、宿泊生活を送った。地元の学校の校舎を借りたり、テントを立てて、そこで毛布で寝泊まりする。朝、日の出前に起きて顔を洗って、山に登る。東の空から太陽が昇ってくるのを見ることをはじめ、親元を離れた山のなかで大自然の壮大さを肌で感じる。現在、一年生から三年生までの低学年は、三泊四日、六年生となると、一週間近く宿泊生活を送っている。

さらに、五年生、六年生は、千葉県館山に海の学校にも出かけた。五年生は一千メートル泳げることを目標にし、六年生は三千メートルを目標にした。五年生の冬には雪山で一週間、スキーで心身を鍛え上げた。

安倍晋三は、じつに楽しそうに海の学校やスキー教室に参加した。晋三は、両親の事情もあって、どこかに連れていってもらったことが少なかったのかもしれない、と野村は思った。だから、よけいに成蹊学園のいろいろな行事がうれしくてならなかったのかもしれない。成蹊学園の鍛錬主義によって心身ともに鍛え上げられていった。

昭和四十二年一月三十日の朝、職員室にいた野村のもとに、クラスの生徒のひとりがやってきた。

「先生、今日は、テレビを見ることを許してください」

「いったい、どうしたんだい？」

「今日は、安倍くんのお父さんが、当選するかどうかがわかるんです」

「ああ、そうだったね」

前日、衆議院選挙の投票がおこなわれていた。田中彰治事件に端を発した、いわゆる、〝黒い霧事件解散〟によっておこなわれたのであった。安倍晋太郎は、自民党に逆風が吹き荒れるなか、選挙戦を戦っていた。当選するかどうか、開票結果がこの日わかるのだった。そのことを、晋三は口にしなかった。だが、まわりの同級生たちは、晋三の父親のことを気にかけていたのである。

野村はいった。

開票結果があきらかになるころ、生徒たちは落ち着かなくなった。

「もうそろそろ、テレビをつけていいよ」

朝テレビを見ることを許してほしいと申し出た生徒が、教室の前方にやってきて、テレビのスイッチを入れた。そのころ、各教室には、テレビが据えられていたのである。

テレビで、いよいよ山口一区の結果が読み上げられた。安倍晋太郎は九万八千七百七十一票を獲得し、みごとトップ当選を果たした。中央政界に返り咲いたのである。

教室の、だれからともなく、歓喜の声が上がった。その声は、知らず知らずのうちに、ひとつになった。

「万歳ーッ！　万歳ーッ！」

晋三も、さすがにうれしそうな顔をしていた。

久保ウメは、いつも弟の晋三を寝かせた後、兄の寛信を寝かせつける。晋三は、ウメが寛信のところへ行っている隙に、こっそり起き、ウメの離れの部屋へ入り、布団の中にもぐりこんでいた。晋三は、芯が強い一方で、両親が不在がちなせいか、非常に寂しがりな一面もあった。

晋三は、ウメに対しては、とことん甘えん坊であった。

ウメは思う。

〈たった二歳しか違わないのに、寛ちゃんと晋ちゃんは、まったく性格が違う。同じ親、同じ環境で育っているのに、おもしろいものだ〉

野村先生は、いよいよ卒業が間近に迫った晋三ら西組の生徒にいった。

「卒業文集をつくるので、六年間でいちばん心に残っていることを書きなさい」

晋三は、「コロ」と題した作文を書いてきた。野村は、「コロ」の名前に記憶があった。

「コロ」は安倍家で飼っていた犬のことで、成蹊小学校で生徒たちに毎日つけることを課していた日記に、晋三がたびたび書いていたのである。その内容がおもしろく、ほかの生徒たちの前で、晋三の書いてきた日記を読むこともたびたびあったのである。

晋三は、卒業文集に書いていた。

「(中略)ぼくがちょうど五年のころ、ある事件がもちあがった。それは、ある見かけない犬が、家の中にすみついてしまったことから始まった。この犬は、ずうずうしくもいやみであった。この犬とコロは、まさに水と油で、とても仲が悪かった。そしてとうとうこの犬たいコロチビ連合とのしょうとつが起こった。いそうろうは、とても大きく、ライオンのような口をしているので、ゆうゆうとコロとチビをあしらっていた。そしてとうとう、残念にもいそうろうの勝ちになった。しかもコロは、耳にふしょうをしてしまった。この時から、いそうろうはいなくなったがぼくはとってもくやしかった。

この時からあまり、コロのせわをしてやらなくなってしまった。今このことを考えると残念で、コロにすまないという気持ちになる。

コロも、このころから、体はぐんぐんとおとろえてゆき、毎日のように、医者にかようようになってしまった。そしてとうとう六年の一学期、七月二日、土曜に六年間の短い一生を終えた。このときはとてもあっけなかった。コロをちゅうしゃをさせに行った帰りから急によわりだし、門にはいるとばたりとたおれて足を少しつっぱり、口をあけるとガクッといってしまった。この時は、ちょっと信じられなく、ぼうぜんとしてしまった。小学校にはいってから今まで、いっしょにくらしてきたコロが、こんなにあっけなく死ぬとは、まったくへんな気持ちで、急には、悲しみがわいてこなかった。

今でも、コロの日記を読んでいると、犬ごやから出てきそうな感じがする」

野村は、かつて寝ている犬の尻尾を踏んづけて犬に噛まれた苦い経験があった。だが、「コロ」の作文には、思わず目を細めた。晋三の生き物に対する愛情が、この作文にはよくあらわれているように思えたからである。

野村は、その晋三の作文の後にひと言、感想を書いた。

「六年間にわたるコロの一生を回想しためずらしい文だ。安倍君が、コロをかわいがっていたからこそ書けた文章といえよう」

野村は、コロへの愛情は、のちに安倍晋三が北朝鮮拉致事件にかかわっていくものに通じると思っている。

寛信は、自分の将来について考えるにつれ、エスカレーター式の学校にいることが、まるでぬるま湯に浸かっているように感じられることがあった。寛信は、中学、高校、大学への進学の節目節目で、大いに悩んだ。

〈成蹊から別の学校へ移り、もっと色んなことにチャレンジしたほうがいいのではないか〉

自分が恵まれた環境にいることは間違いない。が、このままでは闘争心を鍛える機会はほとんどない。社会に出てから、お坊ちゃん育ちが変なふうに出てしまっては困る。

が、他の学校の試験を受けると、失敗しても、二度と成蹊にはもどれない決まりになっていた。寛信はここは慎重に、成蹊にとどまる決意をした。

晋三が成蹊中学に入学する前、洋子は心配になった。

〈小学校から大学までずっと成蹊だったら、少しのんびり育ちすぎるのではないかしら〉

どこかに転校させようかと本気で思った。洋子は、まず父親の岸信介に相談に行った。

夫の安倍晋太郎は、息子たちにほとんど厳しいことはいわなかった。口を酸っぱくして晋三らにいうのは、「人に迷惑をかけるな」「人の悪口をいうな」「人を騙《だま》すな」くらいだった。息子たちの学校での生活、成績について、自分から、洋子や子供たちに訊くことはまずなかった。洋子が話題にしても、「そうか」とひと言、相槌を打つくらいなものであった。伸び伸び育ってくれればいい、と思っていたようだった。

洋子は、もしも父親の岸が、洋子の判断が正しいといってくれれば、夫の晋太郎に転校について話すつもりだった。

しかし、岸はいった。

「成蹊というのは、一貫教育というのがいいところなんだ。途中で、あっちの学校に替えたり、こっちの学校に替えたりすることはないんじゃないか」

「それも、そうですね」

岸のいうとおり、そのまま通わせることにした。

晋三自身も、岸信介や安倍晋太郎の学んだ「東大に行きたい」とあまりいったことはなかった。

晋三は、昭和四十二年四月、成蹊中学校に入学した。

谷井洋二郎は、小学校から成蹊に通っていた安倍晋三とはちがって、中学から成蹊に入った。小学校から大学までの一貫教育を標榜する成蹊学園の中学には、全生徒のうちの半分は、成蹊小学校から繰り上がってきていた。やはり小学校六年間をともにしてきた生徒たちは、中学から入ってきた谷井のような生徒がなかなか入ることのできない輪をつくっていた。

谷井が晋三と出会ったのは、地理学研究部であった。晋三のすらりと背が高い、心やさしそうな風貌が目を引いた。しかも、他の成蹊小学校から上がった生徒のように、谷井らよその小学校から来たものを拒むような雰囲気はまったくなかった。だから、谷井も話しかけやすかった。話してみると、物腰がやわらかく、冗談もいう。

地理学研究部は、週に一日か二日集まった。顧問の内田信夫先生は、高校で地学を教えていた。見た目は威厳があって恐そうだが、じつはやさしかった。研究室を開放して、いつでも地理学研究部員が自由に出入りできるようにもしていた。研究室で、晋三や谷井らが、ただ遊んでいても口やかましく注意することもなかった。

ただし、内田先生はよくいっていた。

「テーマとして決めたことは、発表する場で、しっかりと発表できるように」

クラブでは、成蹊学園のある吉祥寺の十年後を考えたことがあった。当時の吉祥寺は、現在のように、丸井、伊勢丹、東急、三越といったデパートもなく、中央線も、昭和四十四年に、三鷹―荻窪間で高架化が完成したばかりであった。目を引く大きな建物といえば、現在の東急百貨店のある敷地に名店会館という寄合所帯のビルがあるに過ぎなかった。そのほかには、喫茶店がここそこに目につく、個人商店が寄り集まった商店街だった。それが、武蔵野市が、昭和四十六年に策定した「武蔵野市基本構想・長期計画」によって、吉祥寺が十年後にどのように変貌するかを検討したのである。

いっぽう、休みの時期には、テーマを決めて、和歌山県串本町、福井県、茨城県と地方に合宿に出かけた。

安倍は、自己主張するタイプではなかった。進んで、クラブを引っ張っていくことはない。ましてや、自分の家のことを話すことはなかった。谷井が、安倍晋三の祖父が元総理大臣の岸信介で、父親が安倍晋太郎代議士だと知ったのも、晋三の口からではなく、ほかの仲間から聞かされたのである。

森喜朗と安倍家との奇しき因縁

安倍晋三の兄寛信に長女の幸子を嫁がせているウシオ電機会長の牛尾治朗と安倍晋太郎

との繋《つな》がりは、昭和四十年に遡《さかのぼ》る。そのころ、ウシオ電機社長であった牛尾治朗は、山口県出身の日本青年会議所（ＪＣ）のメンバーに勧められた。

「安倍晋太郎という男は、将来かならずモノになる。一度東京で会っておいてほしい」

安倍は、三選を目指した昭和三十八年十一月の総選挙で苦杯を舐め、このとき、浪人の身であった。

牛尾は、そのメンバーの紹介で安倍とはじめて顔を合わせた。場所は、中央区銀座の料亭「金田中」であった。

安倍は、率直な人物であった。歯に衣を着せることなく、政治家としての思いや抱負を熱い口調で語りつづけた。牛尾は、好感を持った。

〈はっきりとモノをいう人だな〉

この出会いを機に、牛尾と安倍は親しくなった。その後、安倍は、昭和四十二年一月の総選挙で国政に復帰し、牛尾は、昭和四十四年に日本青年会議所の会頭に就任する。

このころ、財界には、安倍の母校の第六高等学校、いわゆる六高の卒業生たちによる安倍の応援団「六高会」があった。「六高会」には、東急エージェンシー社長の松田令輔、三菱鉱業の藤村正哉（のちの三菱マテリアル社長）、三和銀行の藤井義弘（のちの日立造船社長）など錚々《そうそう》たるメンバーが顔をそろえていた。

だが、若手財界人たちによる安倍の応援団はない。そこで、牛尾は、パイオニアの松本誠也に声をかけた。

「安倍さんを応援する若手の会を作りましょう」

牛尾と松本が中心になり、日本青年会議所や経済同友会の仲間十四、五人で安倍の応援団を立ち上げた。会の名称は、「安倍晋太郎を総理大臣にしよう」ということで「総晋会」と決めた。

「総晋会」は、年に八回ほど東京で会合を開いた。政治献金は、年に二十万円から三十万円ほどのささやかなものであったが、政策などを侃々諤々《かんかんがくがく》議論を重ねた。安倍事務所側の担当者は、伊藤五十男であった。


現在、安倍晋三の後見人的役割を果たしている森喜朗は、安倍の祖父岸信介に深い恩義を感じている。

森喜朗は、昭和三十五年四月、サンケイ新聞社に入社した。やがて、サンケイ新聞社の出している日本工業新聞（現フジサンケイビジネスアイ）の経済記者として配属された。

昭和三十七年八月、取材先の井関農機の東京支社長・井関昌孝にいわれた。

「愛媛県から出ている今松《いままつ》治郎代議士の秘書として手伝ってもらえないか」

政治家志望で、早稲田大学時代も「雄弁会」に所属していた森は、話に乗った。サンケイ新聞社を退職し、今松の秘書になった。

昭和四十四年四月、森は、次期総選挙に立候補するため郷里の石川県に帰った。選挙区の石川一区で懸命に選挙運動を展開した。森にとって、難攻不落の金沢市を攻め落とすことが、勝敗の分かれ目であった。なにしろ、金沢市に票の三分の二が集中している。金沢市で五千票から七千票取れるかが勝敗の分岐点。だが、森は一万票を取ろうとしていた。

しかし、とにかく立候補者が多すぎた。定数三に対して森をふくめ十名が立候補を表明していた。しかも、そのなかで新人が七名もいる。森は、新聞では泡沫候補あつかいされていた。

公示直前、自民党は、現職の桂木鉄夫、新人の別川悠紀夫、奥田敬和を公認した。非公認となった森は、やむなく無所属で立候補することになった。

森は、さすがに頭を抱えこんだ。

〈困ったな……〉

非公認では、中央政界からだれも応援に入ってくれない。このままでは、応援してくれる後援会の士気も上がらない。

森は、ある人物に一縷《いちる》の望みを懸けた。

〈これは、もう岸信介先生に来ていただくしかない〉

森が秘書として仕えた今松治郎は、岸派に所属していた。しかし、岸元首相が、一介の秘書であった森のことを認識しているとはとうてい思えない。が、藁《わら》にもすがる思いの森にとっては、そのか細い糸のようなつながりに懸けるしかなかった。

森は、後援会に打診した。

「岸先生に応援演説をお願いしたいと考えています」

後援会の意見は、真っ二つに割れた。

年配の後援者は、賛同した。

「それは、いい」

しかし、若手たちは反対した。

「岸さんには安保のイメージがあり、いい印象を与えない」

迷った森は、根上町の町長をしている父親の森茂喜に相談した。

「岸先生で、どうだろう」

父親はうなずいた。

「ぜひ来てもらえ。おまえの信用につながる問題だ。ここが、勝負だ」

父親のアドバイスに意を強くした森は、岸元首相の秘書で、懇意にしている中村長芳に頼んだ。

「岸先生に応援演説をお願いしたいので、取り次いでもらえますか」

中村は了解した。

「いいよ」

森は、上京し、田村町の日石ビル四階の岸信介事務所を訪ねた。駄目でもともと、という思いでお願いした。

「わたしの選挙応援に、来ていただけませんでしょうか」

岸は、意外にもあっさりと引き受けてくれた。

「わかった、行こう。今松君には、友情を果たせなかった。きみを通じて、恩返しをしよう」

岸派の解散後、所属議員は、岸派の幹部であった椎名悦三郎・川島正次郎派と岸の実弟である佐藤栄作派に分かれた。だが、栃木二区の森下国雄、京都一区の小川半次、広島三区の永山忠則、愛媛三区の今松治郎の四人だけはどちらの派閥にも身を寄せず、岸直系として無派閥となった。そのなかで、大臣になれたのは永山一人だけ。森が秘書をつとめた今松は、六回当選したが、大臣になれぬまま昭和四十二年十月十四日に亡くなった。岸とすれば、自分を信じて最後までついてきてくれた直系の議員たちを大臣にしてやれなかったのは、痛恨の極みだったにちがいない。そこで、今松に返すことのできなかった恩を、秘書であった森に返そうという思いがあったのであろう。

さっそく、その場で日程を調整した。岸は、十一月下旬に台湾、韓国を歴訪し、十一月二十八日に帰国するという。そこで、日にちは十一月二十九日に決めた。

岸はいった。

「森君、帰国した翌日になるけども、行きましょう。あそこ（石川県）は、飛行機があったね」

森は答えた。

「小松空港があります」

「それじゃ、飛行機でいくから」

森は、うれしかった。

〈岸先生が来てくれたら、信用もつく。支援者も、安心する。非公認でも、勝てるぞ〉

森は、さっそく選挙区で発表した。

「十一月二十九日に、飛行機で岸元首相が応援に来てくれます」

それだけでなく『岸元首相　森喜朗候補の応援に来たる』というポスターを、選挙区中にばらまいた。

これに対し、対立候補の陣営は嘲笑した。

「森のはったりが、またはじまったぞ。岸さんは、痩せても枯れても元総理だ。わざわざ非公認の森の応援に、来るはずがないじゃないか。飛行機が飛ばないことを見越して、調子のいいことをいっているだけだ」

このころ、小松空港は、小さな空港でまだジェット機は飛んでいなかった。プロペラ機のフレンドシップが主流であった。プロペラ機は、天候に大きく左右される。北陸地方は十一月に入ると雪の降る日が多く、欠航ばかりであった。

岸の石川県入りを間近にひかえ、森は、不安な気持ちで毎日を過ごしていた。ここのところ、みぞれが降るなど北陸地方特有の悪天候がつづいていた。大雪になる可能性も高い。

森は、思い切って東京にいる岸の秘書の中村長芳に電話を入れた。

「雪が降ると、飛行機は飛びません。こちらの天気は、どんどん悪くなっているので、いまのうちに列車に切り替えてもらえませんか。岸先生の応援がないと、わたしは完全に落ちてしまいますから」

中村は渋った。

「森君、そんなのは無理だよ。そっちにはお昼過ぎに着かないとまずいんだろう。列車を使ったら、朝の六時には家を出ないと間に合わない。何もなければ、いい。でも、台湾と韓国を歴訪し、前の日に韓国から帰国するんだ。そんな強行軍を七十歳を過ぎたジイサンに、やらせられない。それは、駄目だよ」

森は、懇願した。

「そんなことといわれても、飛行機が飛ばなかったら、困るんですよ」

中村は、突き放すようにいった。

「飛ばなかったら、運が悪かったと思えよ」

森は、食い下がった。

「ずいぶん、冷たいことをいいますね。なんとか、お願いしますよ」

「とにかく、駄目なものは駄目だ」

森は、祈るような気持ちであった。

〈なんとか、天気がもってほしい〉

岸が石川県入りする数日前、森のもとに中村から電話がかかってきた。

中村は、いきなり訊いてきた。

「森君、台湾に電話をかけて、オヤジにいったのか」

森には、何のことなのか、さっぱりわからなかった。

「いったい、何のことですか？」

「飛行機をやめて、列車にしてほしい、と電話したんじゃないのか」

「そんなこと、いいませんよ。だいいち、岸先生がどこに泊まっているかも、知らないんですから」

「そうか、おかしいなぁ……」

「何か、あったんですか？」

「いやぁ、じつは、さっき、オヤジがきみのいったとおりのことをいったんだ」

前日、台湾から帰国したばかりの岸は、この日、羽田空港から韓国に発った。その直前、羽田空港の控室で中村に「石川県入りだが、飛行機はやめて列車にしてくれ」と指示を出した。その理由が、森の話とぴったり一致したという。

そこで、中村は、自分に断られた森が岸に直接電話を入れ、直談判したものだと思い、あわてて羽田空港から電話をかけてきたのだ。

中村はいった。

「そうか、きみじゃなかったのか。まぁ、オヤジの指示だから、列車に切り替えるよ」

森は、心のなかで頭を下げた。

〈岸先生、ありがとうございます〉

昭和四十四年十一月二十九日午前六時、前夜、韓国から帰国したばかりの岸は、南平台の自宅を出発。東京駅で列車に乗り込み、米原を経て、正午過ぎに石川県入りした。

その足で、金沢市をはじめ四、五ヵ所で森の応援演説をおこなった。連日、みぞれの日がつづいていたが、この日は、不思議と晴れ間がのぞいた。

最後の演説場所となった小松駅前には、なんと五千人もの聴衆が集まった。

岸は、熱っぽく演説した。

「森君が自民党非公認となったのは、石川県連の調整がおかしかったんだと思います。わたしは、元総裁であり、現総裁の佐藤栄作の兄であります。そのわたしがいうのだから、間違いありません。森君のような若い人材が、これからは必要なんです。どうか、みなさんの手で、森君を国会に送ってやってください。よろしく頼みます」

岸は、午後四時過ぎの列車で小松駅を後にした。森は、父親とともにホームで見送った。感謝の思いでいっぱいであった。列車のテールランプが消えるまで、ずっと頭を下げつづけた。

やがて、視界から列車が消えた。

岸元首相の応援は、森陣営をすっかり勢いづけた。

十二月二十七日の投票の結果、森は六万四千五百九十五票を獲得し、初当選を果たした。しかも、泡沫候補あつかいをされていたにもかかわらず、トップ当選であった。

森は、さっそく上京し、田村町の岸事務所を訪ね、岸に当選を報告した。

「先生のご恩は、忘れません」

「そんなに、きみ、よかったか」

「いや、本当に助かりました。先生のおかげです」

「そうか。それじゃ、きみに頼みがある」

「何でしょうか」

「ひとつ、福田（赳夫）君のために、骨を折ってくれないか」

福田は、岸と、実弟の佐藤栄作のために一貫して尽くしてきた。岸は、その福田をなんとしても総理にしようと考えていた。さらに、福田派には、岸の娘婿で四回生の安倍晋太郎がいる。福田のもとに行けということは、おそらく、安倍のためにも働いてくれということであろう。そう解釈した森は、快諾した。

「承知しました。福田先生のもとで、お世話になります」

こうして、森は、福田派入りした。

森にとって、岸信介は、偉大なる大先生であり、自分は、下々の人間の一人だという意識があった。しかし、この縁が福田赳夫、安倍晋太郎、そして、それぞれの息子である福田康夫、安倍晋三につながってきている。森の判断に誤りはなかったと思っている。


「誰が、跡を継ぎますかね？　晋三ですかね」


昭和四十五年四月、安倍晋三は、成蹊高校に進んだ。

安倍晋三は、なにかのきっかけで、議論をすることになれば、一歩も退くことはなかった。相手に対して自分の主張を展開する晋三は、多少早口になるきらいはあるものの、理路整然として軸がぶれることがなかった。それゆえに、説得力があった。

特に、高校時代の選択授業でおこなった議論での晋三の姿が、同級生の谷井洋二郎の眼に焼きついている。

その授業で、先生が日米新安保条約について触れた。

「七〇年を機に、安保条約は、廃棄すべきです」

クラスの雰囲気も同様であった。

晋三は、先生に嚙みついた。安保条約について特別にくわしいというわけではなかったが、日米新安保を成立させたときの総理大臣である岸信介の孫という立場上、一言ぐらいは文句をいわなければならない、と思った。

「それは、おかしいのではないですか。経済条項の二条は重要な意味を持っています。そのことも議論すべきです」

この当時、日米新安保条約は廃棄すべきだというのが社会の風潮であった。が、条文までしっかり読んでいるかといえば、そうでない人のほうが多かった。

じつは、晋三自身も、条文を読み込んでいるわけではなかった。が、日米新安保条約に、もっとも詳しい祖父岸信介から直接中身を聞かされていた。これ以上の生きた教材はなかった。

晋三の指摘した「日米安全保障条約」の第二条には、次のように書かれている。

『締約国は、その自由な諸制度を強化することにより、これらの制度の基礎をなす原則の理解を促進することにより、並びに安定及び福祉の条件を助長することによって、平和的かつ友好的な国際関係の一層の発展に貢献する。締約国は、その国際経済政策におけるくい違いを除くことに努め、また、両国の間の経済的協力を促進する』

安倍晋三に指摘され、先生の顔色が、さっと変わった。おそらく、晋三は岸信介の孫だから、てっきりその第二条をも読んでいると思ったのであろう。変なことはいえないと思ったのか、言葉を返すことができなかった。きわめて不愉快な顔になって、話題を変えた。

晋三は察した。

〈先生も、おそらく読んでいないんだな〉

そして、思った。

〈何だ、そんなものなのか〉

それまで何となくうさん臭いと思っていたものが、そこで決定的になってしまった。

六〇年の安保騒動のとき、デモ隊に囲まれた祖父の家の中にいた経験は、大人になっても、寛信や晋三の脳裏に鮮烈に焼きついている。それゆえ、寛信は、青年期になっても、イデオロギーについて試行錯誤を繰り返すようなことはなかった。自分で正しく評価してみようと思う前に、共産主義に対するイメージが出来上がっていたのだ。しかも、エスカレーター式の私立学校である成蹊は、いわゆる「お坊ちゃん学校」で、周囲にもイデオロギーについて追求するタイプの人間は、ほとんど見当たらなかった。高校になると、ちらほらとマルクス主義についてぶつ同級生や先輩を見受けるようになったものの、寛信は内心思っていた。

〈なんで、ああいう考え方になったのか。気の毒だなあ〉

相手も、寛信に真っ向から論争をしかけてくることはなかった。

寛信と晋三は、同じ環境で育ったせいか、思想的なものに共通する部分は多かった。が、寛信よりも晋三のほうが、より強硬で保守的であり、ストレートに物をいっていた。

しかし、晋三の同級生の谷井洋二郎によると、晋三は仲間たちと議論をして、もしも意見が食い違っても、自分の意見の押しつけはしなかった。決裂することも決してない。かならず合意点を見出そうとしていたという。

谷井によると、晋三の根本には、やさしさがあった。成蹊学園は、共学といっても、女子生徒は全体の三分の一にすぎない。そこで、谷井らは、成蹊学園では、「女性を大事にしなくてはいけない」「多数決で物事を決めてはならない」と教えられた。谷井は、政治家になった安倍晋三にもその教えは影響をあたえているはずだと思っている。

晋三は、高校生になると、時には帰りが遅くなることもあった。父親の晋太郎は、たまに早く帰ったときに晋三たちの帰りが遅いと、洋子に小言をいった。

「まだ帰ってないのは、おまえが、ちゃんといわないからだ」

晋太郎としては、たまには子供たちといっしょに過ごしたい気持ちもあったにちがいない。

洋子は、晋太郎のその気持ちはよくわかった。それでも、つい口ごたえしてしまうこともあった。

「わたしが怒っても聞かないから、たまには、あなたがきつくいってください」

「そうだな」

晋太郎は、遅くに帰ってきた晋三と顔を合わせた。洋子は、てっきり厳しくいってくれるものと思っていた。しかし、晋太郎は、怒った顔ひとつ見せなかった。それどころか、あらたまって顔を合わせると、照れてしまう。晋三も、もともと多くを話さないので、父親との話もそれほどはずまなかった。

晋太郎が、やっと口を開いた。

「こづかいは、足りているか」

洋子の期待している言葉とはまったく別のことをいっていた。

「あなた、話がぜんぜんちがうじゃないですか」

洋子があとになっていっても、晋太郎は、なんだかんだとはぐらかしていた。

安倍晋太郎にしても、洋子にしても、寛信や晋三を政治家として育てようとは思っていなかった。晋太郎としては、寛信か晋三か、どちらかが政治家に……と本音では思っていたかもしれない。だが、それぞれ、向き、不向きがある。だから、政治家になりなさいと押しつけるようなことはしなかった。そういう思いであったからか、晋太郎は、息子たちに、ことさらに政治の話をすることもなかった。

が、晋三は、幼いころから漠然と思っていた。

〈ぼくも、政治家になる〉

子供のころは、だれもが自分の父親の職業に憧れるものだ。

洋子の眼にも、晋三は、父親が生業《なりわい》としている政治に関心を抱いていた。商社マンを希望していた兄の寛信よりも、関心が強かった。学校の教科でも、社会科がとても好きだった。

晋三は、母親が自分に黙って出かけると、母親に詰め寄った。

「お母さんが出かけるのを、ぼくはまったく聞いていないよ」

家に帰る時間が遅くなったときも、怒った。そのように、筋が通らないことはきらいだった。幼いころから、自分の主張ははっきりと口にした。母親としては、冷や冷やすることもあった。しかし、そのことは、政治家に向いていると洋子は思っていた。

安倍寛信は、中学、高校へと進学するに従い、自分は将来何になるべきなのかを、真剣に考えるようになっていった。

〈自分も、父や祖父のように、政治家になるべきなんだろうか〉

寛信が高校生になると、父親の晋太郎の選挙運動の手伝いに駆り出されるようになった。ただし、表に出ることはなく、事務所でお茶を出したりする裏方である。

やがて、大学生になると、選挙カーに乗って街中を走り回り、父親のための応援演説をするようになった。が、寛信は、もともと大勢の人と会ったり、しゃべったりするのが苦手なタイプであった。人前で応援演説することが嫌で嫌でたまらなかった。

晋三が政治家になることを最初に予言したのは、岸信介だった。

昭和四十五年から静岡県御殿場に転居していた岸は、世田谷の代沢にある安倍家をおとずれた帰り、うれしそうに語っていたという。

「『ああ、おじいさま』といって真っ先にやってくるのは、きまって晋三だ。きっと政治の世界に興味があるんだ」

久保ウメが、寛信と晋三に訊いたことがあった。

「寛ちゃんは、お父さんの跡を継ぐの？」

しかし、寛信は適当に煙に巻いて、質問には答えずに逃げ出してしまう。

ウメは、今度は晋三に訊いた。

「晋ちゃんは、お父さんの跡を継ぐの？」

晋三は、はっきりと答えた。

「うん。ぼくはやるよ。パパの跡を継いで、ぼくはやるよ」

その話を聞きつけた岸信介が、ウメのあとをずっとついて歩きながら、何度もしつこく訊ねた。

「誰が、跡を継ぐといいますかね。晋三ですかね？　晋三が、跡を継ぐといいますかね」

岸としては、孫に直接「政治家になれ」とはいわなかった。が、寛信か晋三のどちらかに政治家になってもらいたいと思う気持ちは、悲願といってもよかった。

ウメは、岸に「ご自分で訊いてごらんになったらよろしいのに」といってやりたかった。

が、孫に直接訊くことのできない岸の心中を察して、口に出すことはできなかった。岸はこのころすでに、孫たちの気質を見抜いていた。洋子にいった。

「お兄ちゃんのほうは、おそらく政治はやらんだろう。政治に向いているのは、晋三のほうだ」

高校時代のある夏休み、谷井洋二郎は、気の合った仲間六人とともに、山口県へと遊びに行った。安倍晋三が、実家に行くので、いっしょに行かないかと誘いかけてきたのである。

行きのブルートレインの切符から帰りの電車まで、手配はすべて、晋三がしてくれた。ひとりひとりに手渡された切符には、「国会内発行」の文字が印字されていた。国会議事堂内にある旅行代理店で発行されたにちがいなかった。谷井は、あらためて思った。

〈ほかのものでは買うことのできない国会で切符を買えるところは、やはり、政治家の子供なんだな〉

谷井らを乗せたブルートレインが下関駅に着くと、地元秘書が迎えに来ていた。仲間たちは、二台の車に分乗して観光に出かけた。はじめに連れていかれたのは、なにかの工場だった。だれかに会って話を聞いたりしたが、それがなんの工場で、だれと話したのか、谷井の印象には残っていない。

工場見学のあと、ふたたび車に乗りこんだ谷井らに、安倍晋三はいった。

「よし、つぎは高杉晋作の墓だ」

車は、一路、下関市吉田にある清水山の東行庵《とうぎょうあん》に向かった。そこには、幕末の志士である高杉晋作の墓がある。

晋三は、仲間たちの希望を訊いてスケジュールをたてた。晋三は、気配りができて、主な観光名所は外さなかった。そのなかでも、高杉晋作の墓だけは外せないと力を入れていた。

谷井らは、晋三に連れられて、一週間ほどかけて、下関のほかにも、秋吉台をはじめさまざまな山口県の名所を見てまわった。

その間、夜になると、泊まっている旅館には、地元の漁業組合の組合長らが、安倍晋太郎の次男が来ていると聞きつけておとずれることもあった。谷井らもまじえて、いっしょに夕食をとった。

晋三は、その人たちに酌をしてまわる。そのたびに、後援者たちから声をかけられる。

「お父さん、がんばってるね」

「よろしくいってよ」

晋三は、そう話しかける大人たちと、如才なく会話を交わしていた。そこには、いつも谷井らに見せる顔とはちがう、もうひとつの安倍晋三の顔があった。父親に代わって地元の人たちと話す晋三の横顔を見て、谷井は感心した。

〈たいしたもんだな〉

さらに、いずれは政界への道を歩むようになるのだろうと思った。

第四章　名門政治家血脈に求められるもの

安倍晋三も、兄寛信と同じく、昭和四十八年四月、そのまま成蹊大学法学部政治学科に推薦入学することになった。

小学校から大学まで同じ敷地内にある成蹊学園は、一人ひとりの個性を伸ばし、人格を磨き上げることを教育方針に掲げていた。さらに、体験や実績を重視した教育も大切にしている。晋三は、その校風が合っていると思っていた。

晋三は成蹊時代をふりかえって思う。

〈意欲的に勉強をしていたとはいえない。それがいいのかどうかは、自分にはわからない。ある時期、目茶苦茶に勉強することも必要なのかもしれない。その当時は、強烈な競争心というものが欠けていたのではないかという気がする〉

中学、高校と惰性的に文化系のクラブに所属した安倍晋三は、成蹊大学に進むにあたり、体育会系のクラブに入ることにした。だが、たとえば野球、サッカー、ラグビーは本格的にやったことがない。ポピュラーなスポーツだけに、未経験者ではなかなか周囲についていけないだろう。晋三は、何をやろうかと考えながらキャンパスを歩いた。各クラブの上級生たちが、新入学生を懸命に勧誘している。

晋三は、ある上級生に声をかけられた。

「きみ、アーチェリーをやってみないか」

弓に矢をつがえて的を射る洋弓のアーチェリーは、それほどポピュラーなスポーツとはいえなかった。経験者も、そう多くはないだろう。これなら、初心者として同じスタート地点に立てる。晋三は決めた。

「入部します」

晋三が、アーチェリー部に入ったことは、中学時代からいっしょの谷井洋二郎には、意外だった。小学校時代に父親が剣道の有段者だということもあり、剣道をしていたと聞いていたものの、胃腸が弱くおよそスポーツマンタイプとはいえない晋三が、本格的な体育会系の部活に入るとは思いもよらなかった。

盛田淳夫は、成蹊大学法学部に進学と同時に、アーチェリー部に入部した。同じ学部で同級生の安倍晋三と四年間、アーチェリー部で苦楽をともにすることになる。

盛田は、昭和二十九年八月三日、愛知県で生まれた。父親の盛田慶吉は、パン・和洋菓子の製造、販売を手がける大正九年創業の敷島製パンの取締役で、昭和四十六年に社長に就任していた。

この当時、成蹊大学のアーチェリー部には男女合わせて一学年に十四、五人、総勢で五十人ほど部員がいた。創部からまだ十四、五年と歴史が浅く、男子部は、関東大学連盟の二部に属していた。

体育会系のクラブだけに、上下関係は厳しく、練習もきつかった。試験期間などを除くと、基本的に毎日練習をしていた。アーチェリーというと一見華やかに見えるが、基礎体力をつけるために、ランニングや筋力トレーニングなど地味でハードな練習が多かった。

また、個人競技のように思われるが、大学のアーチェリー部は八人の団体戦だ。高得点を挙げて引っ張っていく上級者もいれば、そうでない選手もいる。そこをうまく補完しあうのは、チームワークや結束力だ。

的を射るときは、当然のことながら集中力や平常心が必要となる。その意味で集中力を養ったり、平常心を保ったり、メンタルな部分でも非常に鍛えられるスポーツであった。

安倍晋三の実力は、けして高いほうではなかった。レギュラーになれるか、補欠か、そのボーダーラインすれすれにいた。それでも、四年間、ずっとへこたれずにやり通した。その取り組む姿勢の真剣さが部員に認められ、二年生になると部員に推されて体育会本部の役員もつとめた。四年生のときには、会計局長もつとめる。

厳しい練習を耐え抜いた四年間は、晋三にとって自信につながった。また、貴重な仲間ができたことはもちろんのこと、みんなでいっしょに一つの目的に向かってがんばり、何かを達成するということの大切さも学んだ。

秋保《あきう》浩次は、昭和四十八年四月、成蹊大学法学部政治学科に入学した。はじめてのオリエンテーションのときに、学籍番号がひとつちがいの安倍晋三と知り合った。いかにも育ちがよさそうで、都会で育ったスマートな雰囲気のある晋三は、これまで出会ったことのないタイプだった。宮城県の仙台から約二十キロほど西にある秋保町から上京してきたばかりで、成蹊大学らしからぬ雰囲気をただよわせていた秋保は、ひどく興味をそそられた。

ふたりはすぐに意気投合し、オリエンテーションが終わると吉祥寺駅まで歩いた。

それから間もなく、なにかのきっかけで、おたがいの父親の話になった。晋三は、別段誇るわけでもなく、隠すわけでもなく、ごくふつうに打ち明けた。

「おれの父親は、衆議院議員なんだ」

「安倍って、安倍晋太郎のことかい？」

「そうだよ。よく知っているな」

「自民党副幹事長、農林政務次官をしていたことくらいは、知ってるよ」

そうはいったものの、やはり岸信介元首相の娘婿という印象が強かった。

じつは、秋保も、政治とは近い環境に育った。秋保の祖父は秋保村長、秋保町長もつとめ、外務大臣や大蔵大臣を歴任した愛知揆一《きいち》の後援会の幹部もしていた。その関係から、秋保は、祖父の選挙、あるいは、地方選挙、中央の選挙などを見てきた。選挙に勝ったときの大人の熱狂、興奮ぶりは半端ではないことも知っていた。そのいっぽうで、選挙のたびに、父親が土地を売ったりするなど経済的に苦労していることもふくめて、選挙がまわりにあたえる影響などもよく知っていた。そのようなこともあって、さすがに自分では政治家になろうとの野心は抱いていなかったが、政治には強い興味を抱いていた。

秋保はうれしかった。

〈政治家の安倍晋太郎の息子と知り合いになれるとは〉

秋保と晋三は、第二外国語のフランス語をはじめ、履修する科目は四年生までほとんど同じだった。一年のはじめから四年生まで、ふたりで話し合って履修科目を決めたからである。

ふたりは、そのこともあって、毎日のように帰るのがいっしょだった。ふたりで井の頭線に乗って、渋谷区笹塚に住んでいる秋保が京王線に乗り換える明大前までいっしょに帰った。

晋三が、秋保にいったことがあった。

「山口というところは、明治時代から、歴代の総理が何人も出ていて、非常に権力志向が強い。そのうえ、大学は東大以外は大学ではないという風潮がある」

山口県は、伊藤博文、山県有朋、桂太郎、寺内正毅、田中義一、岸信介、佐藤栄作と七人もの総理を輩出していた。

秋保は訊いた。

「じゃあ、なんで、東大を狙わずに成蹊に来たんだ」

「岸のおじいさんが、東大で一番も、ほかの大学で一番も、同じだっていうんだ。東大で十番だったら、ほかの大学で一番のほうがいいって。だから、成蹊に来たんだ」

秋保は、突っ込んだ。

「それなら、安倍は、成蹊で一番にならなくちゃあいけないんじゃないか」

晋三は、頭の回転が速いので要領はよかった。要点をつかむのに長けていたので、授業に出ていた学生のノートをコピーで勉強しただけなのに、貸してくれた学生よりもテストの成績がよかったこともたびたびあった。しかし、成績はおよそ一番とはいえなかった。

「アハハ、それもそうだ」

晋三は、笑っていた。その表情からは、およそコンプレックスやプレッシャーを感じているようには見えなかった。世間でいわれている、東大偏重、学歴偏重の考えなどは飛び越えてしまっているようであった。

しかも、岸信介、安倍寛の名門の血を受け継ぐ安倍晋三が政治家になるからには、ただ代議士になればいいというわけではない。総理大臣までのぼりつめること、少なくとも閣僚に名を連ねる。それが、安倍晋三に求められている。そのように重い責任を背負いきれるだけの精神的基礎体力も、そのときに身につけていた。そこが、安倍晋三の素晴らしいところだと秋保は思っている。

秋保は、高校時代にサッカーを経験していたので、サッカーチームに入っていた。晋三を、試合のメンバーに誘ったことがあった。

バックスの最終ラインを任された晋三だったが、だれも活躍を期待してはいなかった。

「相手の動きだけを止めればいいから」

秋保はそう指示しただけで、特に細かいことはいわなかった。足はそれほど遅くはないのだが、だれから見ても晋三の動きはぎこちなかった。しかし、秋保は、目を見張った。

〈なかなかやるじゃないか〉

晋三は、攻めあげてくる相手に体をぶつけて、積極的にボールを奪いにいっていた。未経験者にはなかなかできない動きだった。自分がかわされて相手に点をとられてしまうのを恐れるのが普通だからである。

ところが、安倍晋三は闘志を剝《む》き出して、相手にむかっていく。ふだんの温和で品のいい姿からは想像できない攻撃的な面を、秋保は見せられた。

アーチェリー部の練習は、毎日夕方五時くらいまでだった。

秋保は、ほぼ毎日、晋三の練習が終わるのを待っていた。授業に出たり、図書館に行ったり、あるいは、ほかの仲間と近くの雀荘で時間を潰した。練習が終わるころを見計らって、キャンパスの裏にある部室に顔を出した。ほぼ毎日迎えに行くので、アーチェリー部の仲間とも仲良くなって、準部員のような顔をするようになった。

秋保は、たびたび世田谷区代沢にあった晋三の家に遊びに行くようになった。かなり広いが、建てられてからずいぶん経ったような印象のある家だった。祖父岸信介の弟で元首相の佐藤栄作の家が近くにあった。

お手伝いさんのほかに、若い見習奉公の女性がいることに、秋保はおどろいた。安倍晋太郎の地元山口県から上京して、礼儀作法から料理の作り方まで、晋三の母親の安倍洋子に習う。数年間花嫁修業をして、安倍家から嫁がせるのである。さすがに名門の家だけあると思った。しかし、安倍家に、華美な印象はなかった。晋三でも、こづかいはわずかに五千円。いくら自宅から通っているとはいえ、それはほかの学生とくらべてもさすがに少なかった。

本棚には、『アイゼンハワー回想録』をはじめ、政治関係の本がならんでいた。古本屋でもなかなか手に入らないような本まであった。

政治関係の本がならぶ本棚の一画に、「星新一」の本がずらりとならんでいた。晋三は、『気まぐれロボット』などのSF作家・星新一が好きだった。

「星新一は、みんな読んでいるんだ」

秋保には、そういっていた。

秋保は、晋三を、ときおり青山や銀座にあるテイメンショップに誘った。テイメンは、トラッドであるＶＡＮに対して、シニア向けブランドとして有名であった。晋三は身につける服も少ないこづかいをやりくりして買っていたので、それほど高いものを多く買うことはできなかった。吉祥寺にあるハルキヤという学生相手の服屋でよく買っていた。清潔感のある洋服が多かった。

晋三は、チャコールグレーのカシミヤセーターをよく着ていた。恰幅のいい父親の晋太郎のお下がりだという。細身の晋三が着るとだぶついていた。デザインも父親の年齢に合わせたもので、若者が着るには少し地味すぎた。それでも、在学している間、それを着つづけた。

成蹊大学時代に得た財産

秋保と晋三は、あるとき、リサーチ会社のアルバイトをした。あらかじめアンケートに答えてくれると約束している家に持っていって手渡し、数日後に回収にまわる。それだけで、一通あたり一千五百円をもらえた。ふたりは、受け持った神奈川県平塚をまわった。平塚は、バスでしかまわれない。手渡しに行くにも、回収するにも時間がかかってしまった。

さらに、昭和四十九年五月に吉祥寺に近鉄百貨店東京支店がオープンした際には、記念品配りのアルバイトもした。

ふたりは、決まったアルバイトをするのではなく、こづかいがなくなると臨時で募集しているアルバイトを探してこづかいを稼いだ。

アーチェリー部仲間の盛田淳夫は、晋三といっしょにアルバイトに精を出した。あるとき、同級生から誘われた。

「選挙のアルバイトをしないか」

その同級生は、東京都議会議員の子息であった。改選の時期を迎え、学生アルバイトを募集しているという。

盛田は訊いた。

「どんなことを、するの?」

「いろいろな家にビラを配ったり、××さんをよろしく、といって歩くんだ」

盛田は、興味津々であった。

「おもしろそうだな。晋三は、どうする?」

安倍晋三は、躊躇《ちゅうちょ》した。

「おれは、親父に相談してみるよ」

その都議会議員は、自民党議員ではなかった。安倍晋太郎は、自民党福田派のプリンスといわれている。その息子である自分が、アルバイトとはいえ他党の候補の選挙を手伝うのは、さすがに気がひけるらしい。

結局、父親の了解を得たうえで盛田といっしょに選挙運動のアルバイトをすることになる。

晋三は、兄の寛信とともにトヨタマークⅡのクーペに乗っていた。しかし、二年生のときに、兄とともにイタリアを代表する自動車メーカー「アルファロメオ」のアルファロメオGT-Vというスポーツタイプの中古車を買った。四人乗りではあるが、後部座席は座れないほど狭く、ほぼ二人乗りのツーシータータイプであった。兄の寛信が好きでそれを選び、その当時三十五万円だったという。兄が就職してしまうと、ほとんどひとりでつかうようになった。

アルファロメオGT-Vはスタイルもよく、時速百六十キロも百八十キロも出た。だが、エンジンが高速走行用でつくられていたため、街中で走るには適していなかったのかもしれない。渋滞にはまりこむと、すぐにエンストを起こしてしまうのであった。

秋保は、そのアルファロメオGT-Vに乗って、安倍晋三とよく六本木に出かけた。車は外苑東通り沿いにある墓地に停めた。そこにおいておけば、駐車禁止でつかまることはまずなかった。

秋保は、好きなジャズを流す喫茶店に晋三を連れていった。「イッツ・トゥー・レイト」などのヒット曲で有名なキャロル・キングなどポップス好きの晋三は、ジャズはあまり聴いたことがなかった。秋保に連れられて、ミリオンセラーを飛ばした「リターン・トゥー・フォーエバー」など、ジャズにも親しんだ。

だが、ふたりは、あまり大きな声で音楽のことを語ることはなかった。秋保も晋三も、音楽を聴くのは好きだったが、歌うのはからきしだったのである。

秋保は、四年生の五月ごろ、いつものように晋三とともに六本木に出かけた。少し飲んだ帰り、暴走族ふうの男が肩で風切って歩いてきた。晋三はよけようとしたのだが、すれちがいざまに肩と肩がぶつかり合ってしまった。

暴走族風の男が、怒鳴りあげた。

「おい、なんじゃい！」

ところが、晋三は、その男を睨み返した。

「おまえから、ぶつかってきたんじゃないか！」

相手の男は、長身の安倍晋三とくらべても背が高く、体軀ががっちりとしていた。もしその男に殴られたら、一発でのされてしまうかもしれない。それでもなお、一歩も引かない。相手からぶつかっておいて因縁をつけようとする態度が許せなかったのだろう。相手が殴りつけてきたら、摑みかからんばかりの形相であった。

秋保は、どうなるのか、冷や冷やしながら見守った。ふたりの睨み合いが、おそろしく長い時間のように感じられた。

「これから、気をつけろ！」

相手の男は、そういい放ち、肩を怒らせて六本木の街中に消えていった。

秋保は、晋三の向こうっ気の強さ、胆の太さにおどろかされた。人に対して、あそこまで攻撃的な姿を見たのは、そのとき一度きりだった。

秋保は、あるとき、晋三に誘われて学習院アーチェリー部の女子部員とのコンパに出かけた。秋保は、良家のお嬢様とのコンパは気が向かなかった。

「いいから、行こう」

晋三は、秋保を強引に誘ったのである。

出かけた先は、学習院大学のアーチェリー部員が住んでいる部屋だった。晋三ら成蹊大学の男子五人と、学習院大学の女子五人ほどが集まっていた。部屋には、料理がならべられて、みんなグラスワインをかたむけている。

いつもアルコール〇・八％の低アルコール飲料「ホッピー」で割った焼酎を居酒屋で飲んでいる秋保である。その場にいる女子学生たちは、あまりにもまぶしすぎた。自分は、およそ場違いな気がした。隣にいる女子学生とも、まったく会話がはずまなかった。

安倍晋三は、うらやましいほど、その場にすっと溶けこんでいた。固くなっている秋保を、さりげなくフォローしてくれた。秋保が相手と話しやすいように、相手も秋保と話しやすい雰囲気をつくってくれた。

社交性があって、だれとでもすぐに和気藹々《あいあい》と接することができる——一見するとそんな印象の晋三だったが、本質的には、他人に対してきわめて慎重だった。自分から声をかけることはまずなく、どんな人なのかを見極めているところがあった。あきらかに人見知りをしていた。

特に、女性にはきわめて慎重だった。晋三は、アグネス・チャンの熱狂的なファンで、デビュー曲「ひなげしの花」からはじまって、アグネス・チャンのレコードはすべて持っていた。細身で色白で、かわいらしい女の子が好きなようだった。

しかし、自分が好みのタイプの女性と会っても、なかなか話せない。そうして、あとで悔いていることがあった。

「もう少し、積極的にいけばよかったかな」

反省してはみるものの、また次の機会でも、おなじように慎重になりすぎて後悔していた。

秋保は、そんな晋三を見ながら思った。

〈政治家を目指しているから、知らず知らずのうちに抑制してしまうのかもしれない〉

いっぽう谷井洋二郎は、学部もちがううえに、晋三がアーチェリー部に入ったので、高校までのようにしょっちゅう会うことはなくなった。ときどき、みんなで会って、吉祥寺駅南口にあったサントリーのバーで飲んだ。いまはほとんど飲まない晋三だが、大学時代はそこそこは飲んだ。しかし、酔っ払って前後不覚に陥る姿を見せることはなかった。

大学在学中のある年の冬に差しかかったころ、晋三と谷井らのグループは、吉祥寺で終電がなくなるまで飲んだ。そのあげく、安倍家にころがりこんだ。安倍家は、昭和五十年、それまでの世田谷区代沢から渋谷区富ヶ谷一丁目に移っていた。みな、飲みすぎて気分が悪く、晋三の部屋で好き勝手に寝転んだ。

そのうちのひとりはひどく酔っていて、吐いてしまうほどだった。谷井らは、酔った者は自分で勝手にさせておいて、ただひたすら眠った。ところが、外からうっすらと陽が差し込んでくるころ、谷井は、横のほうで声を聞いた。

「これは悪酔いに効くから、食べたほうがいいぞ」

谷井が、うっすらと目を開くと、晋三がもっとも酔っていた仲間に、熟し柿を食べさせていた。自分も気分はよくなかったろうに、洗面器を用意して介抱しつづけていたのだった。

自分はいったい何をやりたいのだろう？

晋三と秋保は、佐藤笃《あつし》ゼミに入っていた。佐藤は、東アジア政治史を専門とする宇野重昭、エール大学出身でアメリカ政治を専門とする阿部斉《ひとし》とならんで成蹊大学法学部政治学科の看板教授だった。

佐藤は、地方行政を専門として、地方自治の〝自主性〟を主張していた。そのころ、武蔵野市第一期長期計画づくりに参画していた。美濃部亮吉東京都知事、長洲一二《ながすかずじ》神奈川県知事、飛鳥田一雄《あすかたいちお》横浜市長とともに革新自治体ブームの立役者となった川崎市長の伊藤三郎のブレーンもしていた。

しかし、佐藤の考えだけでなく、「自衛隊に予算を出すなら、恵まれない人たちへの福祉予算を増やすべきだ」という革新的思想を、晋三も秋保も受け入れられなかった。

晋三は、そのころから、はっきりと主張していた。

「日本は、自衛隊をもっと整備して、軍隊をもつべきだ」

国家とは、国民の生命と財産を守る。その基本からいえば、たしかに福祉も大切だが、国家の防衛予算を増やすことも国際社会で生き抜いていくにはより大事だろう。保守的な政治思想を受け継ぐ安倍晋三だけでなく、秋保もそう思っていた。

だが、晋三らが佐藤教授に訴えたとしても、思いはまったく届かなかった。佐藤から見れば、なにをいっているのかと思っていたのかもしれない。まったく相手にしてはもらえなかった。自衛隊の存在すら違憲だとの世論が圧倒的に強く、十二、三人いたゼミ生の多くもそう考えているようだった。それどころか、成蹊大学の学生の間では、自衛隊だとか、ソ連だとか、中国共産党だとかいう名を出して政治の話をする雰囲気は、たとえ政治学科の学生であろうともなかった。晋三と秋保の存在は、ゼミでは異質だった。

秋保は、高校時代からの親友である赤間邦典とともに、よく政治談義に花を咲かせた。

赤間は、両親とも教師で日教組的な考え方をしていた。親友とはいえ、保守派である秋保とは政治的な考え方はまるでちがった。

「秋保、おまえの考えはおかしい」

赤間は、いつも秋保を非難した。

だが、晋三が加われば二対一で、秋保らが強かった。赤間はプライドをもっているので、秋保らの意見には賛同しない。あくまでも反論した。

晋三は、まっこうから叩こうとするのではなく、どこか楽しんでいるように赤間に反論していた。祖父である岸信介が総理大臣時代になぜ安保改定をしようとしたのかを語った。

「祖父の安保改定は、対米追従だといわれる。しかし、祖父はアメリカに追従して改定したのではない。占領者と被占領者との関係から、一歩前進して、対等に近い関係になろうとしたんだ」

晋三は、それ以上多くを語らなかった。祖父岸信介は国益を思ってしたことが国民から反発を受け、政権を追われたうえに、ついには暴漢に刺されてしまった。晋三が六歳のころの出来事が、その心に深く刻みこまれているにちがいない。世論が、どんなにうつろいやすいものかも知っていた。

盛田淳夫は、年がら年中、晋三の自宅に遊びに行った。母親洋子の手料理をご馳走になることも多く、まるで下宿人のような生活を送った。

あるとき、盛田は、兄の寛信について訊いた。

「お兄さんが、政治家を継ぐのか」

晋三は、首を横に振った。

「いや、兄貴は、政治よりも商売のほうが好きみたいだよ」

だからといって「おれが継ぐ」ともいわなかった。盛田は、ぼんやりと思った。

〈そうなると、晋三が政治のほうに行くのかな〉

大学三年生も終わりに近づき、いよいよ就職シーズンが到来した。盛田は、訊いた。

「おまえ、卒業したらどうするんだ」

「まあ、そっち（政治）のほうを志すよ」

「そうか」

安倍晋三は、大学時代にも父親の選挙の応援に駆けつけた。安倍晋太郎の秘書の奥田斉は、学生服を身にまとい、学生帽を被った晋三を後援会の会合に連れていった。

まず、奥田斉があいさつし、安倍晋太郎の実績や政策を訴えた。そのあと、晋三にマイクを手渡した。晋三は、無難に応援演説を乗り切った。奥田は思った。

〈まぁまぁだな〉

次の会場では、奥田よりも先に晋三にあいさつさせた。そうしたところ、前の会場で奥田が訴えた内容を、そらんじてみせたではないか。

奥田は、びっくりした。

〈頭のええ男だな〉

兄の寛信も、応援演説をするが、政治的なことはあまりいわず、いかにもサラリーマンらしいあいさつをする。それはそれで味はあるが、晋三とは対照的であった。

子供のころは、だれもが自分の父親の職業に憧れるものだ。が、晋三は、大学に進んでからは、政治家になるのがいかに大変なことか、身に沁みてわかってきた。

就職を迎えるにあたり、晋三は、自分の将来について考えた。

〈自分は、いったい何をやりたいのだろう〉

いずれ政治家に、とは思っているが、いきなり政治の世界に入るのではなく、実社会も経験しておきたい。が、どのような職種がいいのか、なかなか思いつかなかった。

〈視野を広げるために、とりあえず別の国で生活をしてみよう〉

大学の資料室で語学留学コースのパンフレットをかき集めた。そのなかからカリフォルニア州立大学の語学留学九ヵ月コースを選んだ。

昭和五十二年三月、成蹊大学を卒業した晋三は、語学留学のため渡米した。サンフランシスコから約三十キロメートル東に位置するヘイワード市にあるカリフォルニア州立大学ヘイワード校に通った。

しかし、ヘイワード校は日本人なら日本人だけで完全に固めていた。日本語が通じる生活では、語学の勉強にならない。晋三は、不満に思った。

〈これじゃ、いてもしょうがない〉

三ヵ月後、ロサンゼルスのダウンタウンから約三十五キロ離れた場所にあるロングビーチ市のカリフォルニア州立大学ロングビーチ校に移った。ロングビーチには、知人のアメリカ人もおり、いろいろと世話をしてくれた。

そのとき下宿させてもらったのは、イタリア系米国人女性の家であった。アングロサクソン以外の米国人がどのように考えているか、アングロサクソンをどう見ているかもわかり、晋三には興味深かった。

ロングビーチ校に六ヵ月通い、トータルで九ヵ月の語学留学コースを終えた。が、満足できなかった。

〈まだ不十分だ〉

晋三は、知り合いの日本人に相談した。その人物は、ロサンゼルスの南カリフォルニア大学に通っていた。

「それなら、こっちにこないか」

南カリフォルニア大学は、語学留学のコースだけでなく、学部にも入れる。語学の上達に合わせて単位を取ることもできるという。

そこで、南カリフォルニア大学の政治学科に通うことにした。が、もともと卒業を目指しているわけではない。単位を取って大学院に進み、ＭＢＡ（経営学修士）を取得するつもりもなかった。

当初は、留学生の寮に入った。が、日本人ばかりで刺激がない。本来の目的である語学も上達しない。そこで、思い切って寮を飛び出し、一人暮らしのアメリカ人の老女の家に下宿することにした。

晋三が留学している間、洋子は、安倍晋太郎とともに、晋三がホームステイしている家に出かけた。食事をしながら、洋子はおどろいた。

〈この子は、こんなにしゃべる子だったかしら〉

晋三は、食事の最中、相手の家族とよく話した。これまで安倍家では見せなかった晋三の姿であった。アメリカ留学を通じて、自分の思いははっきりと口に出さないと埋没してしまうということを体得したにちがいなかった。

晋三にとって、ロサンゼルスでの生活は、じつに楽しいものであった。日常会話も、まったく不自由しないほど上達した。深い話はさすがにできないが、それでもヒアリングだけは、なんとかマスターできた。

晋三が留学していた昭和五十二年九月二十八日、パリ発羽田行きの日本航空機４７２便が、経由地のインドのボンベイ空港を離陸直後、日本赤軍グループ五名によりハイジャックされた。犯人グループは、人質の身代金として六百万ドル、約十六億円と、日本で服役および拘留中のメンバー九人の釈放を要求した。これを拒否した場合、あるいは、回答がない場合には、人質を順次殺害すると警告した。

十月一日、福田赳夫首相は語った。

「人命は地球より重い」

身代金の支払いおよび、超法規的措置としてメンバーの引渡しを決断した。身代金と、犯人グループが要求した九人のうち釈放に応じた六名がダッカへと運ばれた。

十月二日、人質との交換がおこなわれた。乗員乗客百十八名が釈放されたものの、十月三日には、残りの人質を乗せて離陸。クウェートとシリアのダマスカスを経て人質十七名を解放した。アルジェリアのダル・エル・ベイダ空港で残りの乗客乗員すべてが解放され、事件は解決した。

だが、この事件における日本の対応は、欧米の「テロリストや過激派と交渉せず」という姿勢の反対であり、国際的な非難を受けた。「日本は、テロまで輸出するのか」とまでいわれた。

晋三は、国際電話でセキスイファミエスに勤めていた成蹊大学時代の同級生の秋保浩次に語った。

「いくら地球よりもひとりの命が重いとはいえ、世界の常識からいえば、テロリストの要求を受け入れるべきではなかった。あれはないよな」

そして、つづけた。

「日本の外交は、ほとんど失点つづきだ。日本は、これから挽回していかなくてはならない」

神戸製鋼所でのサラリーマン生活

晋三は、昭和五十四年三月、二年間の留学生活を終えて帰国した。

それからしばらくたったころ、秋保浩次は晋三に誘われてパーティーに出かけた。そこには、晋三がアメリカで知り合った仲間たちが集まっていた。留学後、学校の教師になった者、事業をはじめた者、彼らはそれぞれの道を歩みはじめていた。それらアメリカで知り合った仲間たちと楽しそうにくだけて話す姿を見て、晋三がたくましくなり、懐《ふところ》がいっそう深くなったことを秋保は感じた。

〈小学校から成蹊という狭い枠のなかで育ってきた安倍は、アメリカで苦労をして、大きなものを身につけたんだな〉

秋保に話したことはなかったが、はじめて親元を離れ、ろくに英語もできないアメリカでの苦労は、秋保の想像を超えるものだったにちがいない。だが、その経験は晋三がアメリカ人脈を築くのに、大きく物をいっている。

晋三は、就職先についていろいろと思案した。政治家になりたい、という気持ちは依然として強かったが、政治以外の世界も知っておきたいという気持ちもあった。二歳年上の兄寛信は、三菱商事に就職している。晋三は思った。

〈それじゃ、おれは、メーカーに行こう〉

晋三は、昭和五十四年四月、神戸製鋼所に入社した。神戸製鋼所は、安倍晋太郎の地元の山口県宇部市に工場がある。安倍晋太郎が、話し合った結果、晋三は神戸製鋼所に入社することになったのである。

晋三は、秋保にいっていた。

「神戸製鋼に入社することは、父も強く薦めたんだ」

晋三は、なぜ、父親の晋太郎が自分を神戸製鋼に入れようとしているのか、その意図をよくわかっていた。下関市長府港町には、アルミ・銅を製造する神戸製鋼所長府製造所がある。安倍晋太郎の選挙にもプラスになる。さらに将来、安倍晋三が父親の跡を継いだとき、神戸製鋼社員だったことがわかれば、長府製造所の社員たちが支援にまわってくれる。そのように先のことまで読んでいたのではないか。

戦国時代の武将毛利元就《もとなり》の四男元清の子で毛利一門のなかで武勇、器量とも抜きん出ていた毛利秀元が長府藩主として城下町を建設した長府地区は、安倍晋太郎が食い込もうにも食い込めない地区で、安倍晋太郎にとって一番の弱点でもあった。

神戸製鋼所長府製造所は、下請けを入れると一千人以上が働いている。しかも、この長府製造所に二つある工場のうち長府工場の十一万二千坪のうち十分の一に近い一万三千坪は、代々土地を所有する自民党田中派で安倍晋太郎と選挙区で鎬《しのぎ》を削る林義郎の父親に分けてもらったものであった。当然、長府製造所の関係者は、林を応援する。将来、総理の座を狙う安倍晋太郎にとって、トップ当選を飾る必要があった。そのためにも、長府製造所の関係者の票は、ぜひ欲しかった。実際、安倍晋三を神戸製鋼所に入れることにより、それ以降の総選挙は長府地区の安倍晋太郎票がどっと増えることとなる。

秘書の松永隆は、晋三の入社について思った。

〈大いなる親孝行であり、大成功だ〉

安倍晋三は、昭和五十四年五月一日付けで、神戸製鋼ニューヨーク事務所に赴任した。赴任の直前、事務所長の曽我野凌が、機械エンジニアリング事業部担当の課長代理である須田健らスタッフに話した。

「安倍晋太郎さんの息子さんが、この事務所に一年間来ることになった。鉄、アルミ・銅、機械エンジニアリング、それぞれの分野でどのような仕事をしているのか教えてやってくれ」

それぞれの部門が、数ヵ月ごとに順番で晋三を現場に連れていき、どんな仕事をしているのかを見せることになった。須田が担当している機械エンジニアリング部門は、最後だった。

須田は、次世代の政界を担うであろう安倍晋太郎の名前は知っていたが、ニューヨークで得られる情報といえば新聞情報くらいなもので、これといった強い印象はなかった。だが、政治家に抱くイメージから、正直なところ心配した。

〈傲慢でわがままな若者が来たらどうしよう〉

須田ら駐在員は、ウィークデーのほとんどは、日本からの出張者たちの通訳をかねて付き添い、各地をまわっている。ただでさえ忙しいのに、そのような者に気をつかいながら仕事をするのは気が重かった。

ところが、総務付けという形で事務所に赴任してきた安倍晋三は、須田らが思い描いていた〝代議士の息子〟とはちがった。背が高くひょろりとして、むしろシャイだった。須田らが思い描いた〝代議士の息子〟の片鱗すらうかがえなかった。

しかも、安倍は、自分のまわりは十歳以上も年上の先輩ばかりだとわきまえていて、先輩たちを立てた。

〈この青年ならば、一般の新入社員と同じようにあつかっても大丈夫だ〉

須田は、胸を撫で下ろした。

晋三は、マンハッタンの中心街に部屋を借りて住んでいた。須田らほかの駐在員たちがニューヨークから離れた郊外に住んでいたので、マンハッタンに住む駐在員は晋三だけだった。

晋三は事務所に入ってくると同時に、事務所がリース会社から借りた車を運転した。マンハッタンでは運転をしたがらない人が多い。無法地帯と化していたからである。タクシー運転手の運転が荒っぽいうえ、歩行者が平気で信号無視して道路を横断することもしょっちゅうだった。晋三は、留学時代二年間カリフォルニアにいたとはいえ、無法地帯のマンハッタンを平気で運転していた。

事務所には、晋三が駐車違反をしたための違反切符がリース会社からまわってきたという。その数は、ほかの駐在員のなかで飛びぬけて多かった。マンハッタンでは路上駐車する人は多いが、時間帯によっては停めてはいけないことがある。そのようなことにはあまりこだわらず停めていたのかもしれない。

しかも、何度も何度も自分の違反切符がまわってきたときには頭は下げるものの、駐車違反の数は減らなかった。

駐在員の間から、声が上がった。

「あいつは、やっぱり大物だ」

須田と晋三の触れ合う機会は、はじめは仕事よりも、まずは仕事の後、いわゆる、アフターファイブであった。

須田が、晋三をビジネス現場に連れていったのは昭和五十四年終わりころからだった。

須田が担当していた機械エンジニアリングとは、機械というハードと、もっと大規模なプラント（生産・工場設備の一式）をあつかっていた。特に、機械メーカーは、さまざまな技術のライセンスを受けているところが多かった。

須田は、かつて自分がアメリカに来たときに上司から教わったことを肝に銘じて、いつもアメリカのビジネスマンたちと交渉を進めていた。

「アメリカ人と交渉するときには、絶対に卑屈になるな。それから、傲慢になってもいけない。対等で、同じ立場にいるという気持ちで交渉しなさい」

晋三は、須田のその様な姿を見たり須田がときどき語ることを聞いて、アメリカ人との、ファーストネームで呼び合うことからはじまる対等な付き合い方を身につけていったにちがいない。

ビジネスの交渉は、すべて英語でおこなわれる。ただし、限られた専門分野なので、安倍晋三にとってそれほど難しいことではなかった。語学留学で二年間、海外勤務で一年間の計三年間にわたってアメリカで生活を送ったが、土地柄によって気候もスタイルも違うことを実感した。

語学留学した西部のカリフォルニアは、年間を通じて快適な気候に恵まれ、開放的でリベラルな空気が強かった。この当時は、麻薬のマリファナを吸うことも許されていたほどである。

東部のニューヨークは、日本のように春夏秋冬があり、晋三とすれば、ニューヨークのほうが肌に合っていた。

アメリカ全体の共通点でいえば、多様な人種がおり、エネルギーが漲《みなぎ》っているが、同時におたがいに緊張感もあった。アメリカ人は、自分の意見をはっきりと口にする。遠慮したり、物怖じしていると埋没してしまう。

また、本音と建前を使い分ける。たとえば、大学の授業で公民権について白熱した議論を交わしたとき、リベラルな意見を主張していた人が、休み時間の雑談ではひどく人種差別的な言葉を口にする。日本人も、政治的には建前で行き過ぎるという感じもあるが、本音と建前の使い分けは欧米よりも少ないと晋三は思った。

安倍晋三は、昭和五十五年五月一日、一年間のニューヨーク勤務を終え、兵庫県加古川にある加古川製鉄所の工程課に配属された。

岩田雅延は、昭和五十五年四月に神戸製鋼に入社し、五月一日に兵庫県加古川にある加古川製鉄所の工程課に配属された。岩田が製品のうちで薄い製品をあつかう熱延係で、晋三は同じ工程課でももっとも厚い製品をあつかう厚板係だった。朝九時から夕方五時半までの勤務である。

岩田も晋三も、製造の進捗担当として納期の管理をした。全体の製造の流れを考えて、現場への指示をした。ときには、突然不合格品が発生する。現場の都合などで予定していた作業スケジュールから外れる。そのため、納品を急がせなくてはいけないことも起こる。その際には、現場に行って交渉する。現場には、一癖もふた癖もあるベテランの職工たちが多い。露骨に嫌がられたり、蹴飛ばされることもあった。それでもなお、粘り強く説得する。それを通じて、学卒の幹部候補生は製造現場を知り、調整能力を養った。

岩田は、加古川市平岡町二俣にある十階建てで四百三十九室ある独身寮「二俣南神鋼寮」の一階の六畳一間で安倍晋三とふたりで寝起きした。大学出は、二年間は二人部屋で過ごすことが決まっていた。大学院出は大学を出てから最低二年が経っていて社員資格も異なることから、最初から一人部屋だった。晋三も、大学を卒業してから数年が経っていたので、一人部屋に入る資格もあったのかもしれないが、研修期間とのことで岩田との二人部屋になったらしい。

南神鋼寮のまわりには、田んぼのほかには、神戸製鋼の社宅群しかなかった。そのなかでも南神鋼寮は、十階建てでひときわ目立っていた。神戸製鋼の寮は、南神鋼寮のほかに北寮があった。北寮は、南神鋼寮と同じ十階建てでともにピンク色で、外見だけは一見リゾートホテルのように洒落ていた。

しかし見た目とちがって、晋三たちが住んでいた南神鋼寮の六畳一間の部屋は、とてもいい環境とはいえなかった。クーラーがなく、暑い時期は天然の風と扇風機でしのいだ。寒さをしのぐ暖房はあるが、蒸気式でキンキンと蒸気が流れる音が響いてなんともうるさかった。風呂も大浴場のみだった。テレビもなく、テレビを見たい社員は自分たちで用意するのだが、岩田も晋三も用意していなかった。部屋と部屋を隔てる壁も、隣の部屋に声が筒抜けになるほど薄かった。

寮の食事も、現場食で塩分が多いうえに、関西といっても、播州地方は比較的味付けが濃かった。岩田らの口には合わなかった。寮に住む社員たちは、独身寮を「二俣プリズン(刑務所)」と呼んでいた。

安倍晋三は、二俣プリズンのその部屋で、うつ伏せのほうが読みやすい岩田とはちがって、仰向けになっていろんな本を読んでいた。新聞は、朝日新聞や日経新聞をよく読んでいた。

同室の岩田は、入社当初、晋三が代議士の安倍晋太郎の息子であることをまったく知らなかった。晋三も自分から名乗り上げるようなことはしなかった。しかし、岩田には、晋三が、どこかふつうの人とはちがう印象はあった。安倍晋三からは寛容さと余裕を感じていた。人のいうことにはどんなことでも耳をかたむける、包容力を感じた。かといって、ただ相手のいっていることを受け入れるだけではなく、にこにこ話していたのが、なにかに触れると一変して、いきなり毅然とした口調で主張するようになる。ときには、話が白熱しすぎて止まらなくなり、夜遅くまでしゃべっていると、製鉄現場で二十四時間三交代制で働いている工員に苦情や文句をいわれた。

「こっちは朝が早いんだ。静かにしてくれないか！」

晋三が、政治家の安倍晋太郎の息子だとわかったのは、本当に偶然のことだった。安倍晋太郎が差出人となっていた晋三宛の配達物を、同期のひとりが何気なく目にしたことがあった。その同期の社員が、大浴場でいっしょになったときに訊いた。

「きみのお父さんは、安倍晋太郎さん？」

「ああ、そうだよ」

晋三は、しごく当たり前のように答えた。

もっとも岩田は、その後、遅かれ早かれ晋三の父親の職業を知ることになったはずである。というのは、晋三は週末になるとひんぱんに、眠い眼をこすりながら「父親の代理で」と言って、関西地方での冠婚葬祭に出席するようになるからである。

そしてもっとも決定的なのが次の言葉だった。

「父親の代わりに、山口に行ってくる」

加古川工場に入って一ヵ月ほどたって、晋三は数日休みをとった。昭和五十五年五月十九日に大平正芳首相が衆議院を解散し、選挙戦に突入した。だが、父親の晋太郎は、自民党政調会長で全国を応援にまわっているので、自分の選挙区には入れない。そこで、息子の晋三が、選挙区をまわることになったのである。

祭日や週末に選挙区に入り、夜まで選挙活動をしてから、夜行電車に乗って朝に加古川に帰る。電車に揺られて疲れたまま、工場に入る。

母親の洋子は、心配でいったことがある。

「溶鉱炉に落ちて、鉄板にならないでよ」

晋三は、冗談まじりにいった。

「片足を落とした人もいるよ」

三菱商事に入社していた兄の寛信も、このときの選挙の手伝いに入った。

安倍晋太郎は、六月二十二日におこなわれた選挙で、生涯の選挙で二番目に多い十二万七千九百四十七票を得た。晋三が神戸製鋼所に入社したことで、長府製造所の従業員票が入ったことが大きかった。

が、寛信は、その後に、風邪をこじらせて入院した。それればかりではない。どういうわけか、体が痺《しび》れて、まったく動けなくなってしまった。寛信は、今まで経験したこともない体の異常に、とまどった。

〈ぼくの体は、どうなってしまったというんだ……〉

入院は、半年にもおよんだ。退院するまでに、リハビリが必要なほどの重症であった。

選挙応援どころか、会社まで半年間も休むことになってしまった寛信は、思った。

〈選挙応援が嫌でたまらないから、その疲れやストレスが、一気に体調に出てしまったんだ。ぼくは、つくづく政治家には向いていないらしい〉

その点、弟の晋三は、じつに生き生きと選挙応援をしている。人前で話すことも、嫌いではないらしい。むしろ、好きなようだ。

晋三は、いまのところ神戸製鋼所でサラリーマン生活に集中している。父の晋太郎もまだまだ元気である。寛信は思った。

〈きっといつか、弟が祖父や父の跡を継いで、政治家になってくれるに違いない〉

寛信は、家族にそれとなく伝えた。

「ぼくは、どうも政治家には向いていないようだよ」

周囲からの反対は、特になかった。長男が継がないなら、次男の晋三に、というそぶりもなかった。

岩田の眼にも、選挙応援に行ったあとの安倍晋三は、さすがに顔色も冴えなかった。慣れない寮生活のうえにもともと腸がよくない晋三には、かなりハードだったろう。父親の代理で山口や大阪に行った週明けの朝はつらそうだった。現在幹事長となってよくテレビに出ているのを見かけても、いかにも寝起きという顔をしているときがある。神戸製鋼所時代から、そもそも朝は強くなかった。

岩田に父親への畏敬の念を語ったとき、晋三は、兄についてもふれた。

「兄貴は、政治家になる気持ちはないんだ」

つまり、自分が跡継ぎなんだというニュアンスを語っていた。

岩田は、おそろしく寝相が悪かった。寝る前は右に寝ていたのに、朝になると左に寝ていることもしばしばだった。寝ている間に、知らず知らずに晋三に乗り上げて反対側に転がるのである。学生時代にアメリカンフットボール部でならした岩田は、身長が百八十三センチで八十キロを超える。乗り越えられるほうとしては、かなり重かったにちがいない。

さすがの晋三も、岩田にいった。

「おれを乗り越えるのは、なんとかしてくれないか」

「それは、すまなかった」

岩田は、寝ているときにも、意識をするようになった。それ以降、右から左に転がることはなく、上のほうにずり上がり、ガラス戸、網戸に頭をぶつけるようになった。そのことを、のちに、晋三は岩田の結婚式のスピーチで「岩田はああ見えて、神経が細かいところがあるんです」とおもしろおかしく披露することになる。

晋三は、神戸製鋼所の加古川製鉄所では溶鉱炉の近くに立つらしく、大学時代の友人の秋保浩次に電話でいっていた。

「火傷《やけど》しそうだよ」

晋三は、同じ厚板係の先輩近藤治の車で、仕事が終わると加古川市街や姫路市街に出かけて食事をした。岩田も一緒だった。加古川市街へはおよそ十五分、姫路でも三十分でいけた。姫路で有名なホルモン焼屋や飲み屋に出かけた。酒を飲まない晋三だったが、酒席を苦にすることはなかった。堅い話から、冗談、下ネタまで話題は幅広かった。飲んだ帰りは、酒を飲んでいない晋三が、近藤に代わって車を運転した。嫌がる顔ひとつしないで快く引き受けた。

厚板係の慰安旅行で、香川県琴平町の金刀比羅《ことひら》神社へバスで行った。その夜、宴会では隠し芸大会となった。新入りである安倍も芸を披露することになった。ほとんどの人は歌を歌うといったことで、その場を終わらせる。ところが、安倍は、みなをおどろかせた。昭和四十七年二月に開催した札幌冬季オリンピックの、七十メートル級ジャンプで優勝した笠谷幸生のジャンプを、スタートから着地まで真似て見せたのである。近藤は、安倍に、そのような芸達者な面があるとは思ってもみなかった。

安倍は、同期の結婚式で祝辞を述べたときにも、通りいっぺんのことは話さなかった。そのときには、「未来の子供からの手紙」ということで、新郎新婦から生まれるであろう子供が手紙を書いてきたという想定で、ふたりのことを話した。そのような話をすることで、出席者たちを惹きつけた。場数を踏んでいるだけあって、さすがに話が上手だと、近藤は感心した。

安倍晋三は、デスクワークだけでなく、製鉄現場にもたびたび顔を出した。工場は、一日三交代勤務でフル稼働している。工場勤務の社員たちは、玉のような汗を流しながら懸命に作業していた。

安倍は、ニューヨークで大手鉄鋼メーカーの現場を見たとき、その汚さに唖然とした。何の部品なのか、床のいたるところに部品が落ちている。が、作業員は、いっこうに気にする気配はなかった。しかし、日本人は、小さな部品が一つ落ちているだけで、それはどこの部品なのか、機械が故障しているのではないか、と血眼になって原因を究明する。アメリカの作業員とは、仕事に対する意欲がちがった。

しかも、みんな勉強熱心であった。神戸製鋼所は、クオリティー・コントロール運動を展開している。みんなで効率を上げるためのアイデアを提案しあい、そのアイデアが実用化されることも多かった。

晋三は、しみじみと思った。

〈こういう力が日本の成長、日本の経済を支えているんだな〉

晋三は、昭和五十六年二月に加古川工場から本社へと移っていった。もともと調整能力があって、その面では苦もなく仕事をこなしていた。現場からも信頼を得ていた。しかし、慣れぬ工場での生活に健康を崩したこともあったかもしれない。だが、本人からの申し出で本社に移ったのかどうかは、岩田にはわからない。

安倍晋三が加古川工場から去ってからすぐ、同期のひとりが広島で結婚式を開いた。同期の仲間として、晋三がスピーチをした。岩田は、スピーチする晋三をはじめて見たが、じつに堂々たるものだった。岩田は、感心した。

〈さすがに、父親に成り代わって選挙区を歩き、冠婚葬祭でも場数を踏んでいるだけある〉

「安倍、牛乳を買ってきてくれ！」

晋三は、昭和五十六年二月一日付けで、本社の鉄鋼販売本部・鉄鋼輸出部・冷延鋼板輸出課に配属となった。

昭和五十七年一月、神戸製鋼所の矢野信治は、「鉄鋼販売本部・鉄鋼輸出部・冷延鋼板輸出課」課長の辞令を受けた。

この当時の大手鉄鋼メーカーは、売上高でいけば、断トツでトップの新日本製鐵、二位の日本鋼管、三位の川崎製鉄、四位の住友金属工業、そして、大きく離れて五位の神戸製鋼所という順位であった。しかも、神戸製鋼所の主力商品は棒や線をコイル状にしたものなど長いものばかりである。主流は、薄い板だ。これをやっていないと一流の鉄鋼メーカーといえない。

このままではジリ貧で終わると危機感を覚えた上層部は、乾坤一擲《けんこんいってき》、昭和四十五年、兵庫県加古川市に他社並みの世界レベルの製鉄所を新設した。従って、神戸製鋼所の冷延鋼板は、他社よりも後発であった。当然のことながら、輸出も後発だ。矢野は、その冷延鋼板輪出課の課長に就任した。

　矢野は、総務部門や秘書部門の上役に念を押された。

「冷延鋼板輪出課には、安倍晋太郎代議士の子息がいる。わかっているだろうな」

　鉄鋼メーカーには、日本鋼管にいた佐藤栄作元首相の次男佐藤信二、愛知揆一元蔵相の女婿《じょせい》愛知和男、田中角栄元首相の女婿田中直紀など大物政治家の子弟が就職するケースが多かった。彼らがそうだというわけではないが、なかには腰かけのつもりで就職し、「おれは、きみたちと生まれも育ちも違うんだ」という傲慢さが見え隠れする者もいる。周囲も、腫れ物に触るような扱いをしてしまう。

　しかし、矢野は、そのようなことができない性格であった。上役に盾突いた。

「ぼくは、まったく普通にやりますよ。それでは困るというのなら、わたしの配属先を替えるか、その彼の配属を替えてください」

「わかった。普通にやってくれ」

　冷延鋼板輪出課は、東京駅八重洲北口からほど近い第一鉄鋼ビルにある東京本社の六階にあった。課員は、課長の矢野以下、男性四人、女性三人の合計八人であった。矢野は、一番はしっこの席に座っている長身の若者に眼をやった。

〈こいつが、安倍か〉

　安倍晋三は、思いのほか腰が低く、おとなしい青年であった。「おれは政治家の息子だ」

という傲慢さは露も見せない。が、矢野は、素直に受け取らなかった。

〈あの課長、ちょっとうるさそうだから、しばらくおとなしくしていよう、と考えているのかもしれん〉

矢野は、一、二週間、晋三の言動や行動をひそかに観察しつづけた。

〈いつ、化けの皮が剝《は》がれるか〉

ところが、いっこうにそのような素振りは見せない。矢野は、拍子抜けした。

〈家庭の教育がいいのか、たいしたもんだ〉

輸出部は、時差のある海外諸国と商談するため、国内部のように午前九時出社—午後五時退社というわけにはいかない。部員は、午前九時半か十時に出社する。当然、夜も遅い。矢野などは、午前十時前に出社したことがなかった。しかし、律儀な晋三は、毎朝、満員電車に揺られながら午前九時には出社していた。

海外の顧客との間をつないでいるのは、商社である。商社が商談を持ち込んでくるケースが多い。しかし、商社の担当者はまず鉄鋼メーカー最大手の新日本製鐵に商談に行く。新日本製鐵は、神戸製鋼所の東京本社が入っている第一鉄鋼ビルの眼と鼻の先にある。それから、午後三時か四時ごろに神戸製鋼所にやってくるのだ。

商談を終え、商社の担当者が帰っていくのが午後六時ごろ。それから、たとえば「今日はこれだけの引き合いがあった」「いくらの値段で出した」「昨日の取り引きは、こう決まった」といった書類をまとめる。気がつけば、もう午後九時だ。

後発部署の輸出部は、国内部に比べて自由奔放であった。「お先に失礼します」とまっすぐ帰宅するものは少ない。そこから、たいてい酒を飲みに行ったり、麻雀荘に足を運んだり、終電間際まで遊ぶことが多かった。神戸製鋼所の独身寮は横浜にあり、遠い。終電がなくなると、晋三と同年代の課員は、ずいぶん渋谷区富ヶ谷にある晋三の自宅に泊めてもらった。

ある課員が、矢野にいった。

「この間、安倍君の家に泊まったとき、朝食をご馳走になっていたら、安倍晋太郎先生が台所にふと顔を出して『きみたち、おはよう』と声をかけてきたんです。こっちは、びっくりして足が震えましたよ」

矢野は苦笑した。

「おまえ、それは具合が悪いぞ。もう泊めてもらうのは、やめろ」

晋三は本社配属になってから、大学時代の同級生秋保浩次に楽しげに話した。

「植木等のスーダラ社員じゃないけど、うちの社にも、スーダラ社員がいっぱいいるんだよね」

晋三は、兄の寛信が三菱商事に入社していたこともあって、ビジネスに興味をもっていた。

笑顔で話す晋三は、とても活き活きしていた。そこまでよろこびをあらわにする姿を、秋保は見たことがなかった。

〈いまの仕事が、よほど肌に合っているのだな〉

酒飲みの矢野は、あるとき、健康診断で医師に注意された。

「ずいぶん胃が荒れてるよ。矢野さん、飲むのはしょうがないけど、夕方、牛乳を飲んだほうがいい。胃に膜ができるんだ」

牛乳の販売機は、二階にあった。冷延鋼板課のある六階から離れている。はじめは自分で買いに行っていたが、しだいに面倒くさくなってきた。

矢野は、冷延鋼板課でもっとも歳の若い安倍晋三に命じた。

「おい、安倍、牛乳を買ってきてくれ」

「わかりました。いってきます」

この当時、牛乳ビン一本八十円であった。

そのうち矢野が自分の席で小銭をチャリチャリとやっていると、晋三は、条件反射ですかさず立ち上がった。

「買いにいってきます」

しばらくすると、それが役員にばれてしまった。矢野は役員に呼ばれ、こっぴどく叱られた。

「きみは、安倍君を『普通の人とおなじあつかいをします』といっていたけども、毎日牛乳を買いにいかせるなんて、それは『普通の人以下』のあつかいだぞ」

矢野も反省し、晋三にいった。

「安倍、もういいわ。おれ、自分で買いにいくから」

大物政治家の息子でありながら、晋三には庶民性もあった。本人は、まったくといっていいほど下戸なのに、かならず酒の席に付き合った。矢野たち大酒飲みが酔った勢いでべラべラとしゃべっても、嫌な顔一つせず、面白そうに話を聞いていた。

〈こいつ、酒が飲めないなら家に帰ればいいのにな〉

そう思うときもあるが、その場の雰囲気が好きなのだろう。

晋三は、麻雀好きでもあった。自分では強いと思っているのかもしれないが、矢野からみればそうでもなかった。高い手でテンパイしているときはすぐに顔に出てしまう。ポーカーフェイスを保てないのだ。そこがまた安倍晋三らしいところでもあった。

さて、国内部の商談は、象徴的なのはトヨタ自動車向けの鋼材だが、要は担当者が介在する余地がなかった。仕事といえば、材料の手配などである。

だが、輸出部は、そうはいかない。かなりの部分、四半期おきに購入先を決める。たとえば、一―三月期は、新日本製鐵から買っていても、四―六月期は、神戸製鋼所から買うこともある。つまり、場が立っているようなものだ。晋三は、それを担当していた。

他メーカーが「そんなゴミみたいな仕事できるか」と突っぱねたものでも、後発の神戸製鋼所がいわば落穂拾いのような仕事をするケースもある。従って、課としては予算管理風に「この価格以下は取ってはいけない」「そろそろ埋まってきたから、もう高めのタマを打て」といった指示はするが、国内部と比べればかなりの部分、一担当者が価格の決定権を持っていた。

晋三が係長とグルになり、リスク覚悟で大胆に商談をまとめてきたことがある。

あるとき、矢野は晋三に指示を出した。

「あと、三千トンぐらい売り出すか」

「いまからだと大変ですけど、とりあえずやってみます」

それから三日ぐらいたってやってきた。

「決めてきました」

じつは、このとき、ある商社のかわいがっている担当者に頼まれ、当時の為替でたとえば一トン百九十ドルでひそかに売っていた。が、その時期、矢野に「この値段で売っていいですか」と訊けば、「駄目だ。そんな安値で」と反対されるに決まっている。そこで、矢野には内緒にして、その商談の決まっていることを隠していた。が、うまい具合に相場が下がり、一トン百八十ドルになっている。そこで、はじめてその商談を表に出してきたわけである。

矢野は、晋三を褒めた。
「おい、おまえ、一トン百八十ドルだというのに、百九十ドルでよく売ったな」
ただし、この商談はたまたまうまくいったものの、逆に一トン二百十ドルに上がってい
れば、損をする可能性も高い。そのときは、係長といっしょに「じつは、決めてました。
申し訳ございませんでした」と矢野に謝るつもりでいたのだろう。
事の経緯を知った矢野は、一度は褒めたものの、晋三を叱った。
「こういうことをやっては、駄目だよ」
そうはいいながらも、心の底では、感心していた。
〈こいつ、けっこう大胆なことをやるな〉
晋三にすれば、値段が下がるという読みもあり、また、間に入った商社の担当者に貸し
借り関係をつくることができる。大事にしたい男だから無下《むげ》にはできない、と思ったのか
は定かではない。
神戸製鋼所の冷延鋼板は、鉄鋼メーカーのなかで後発中の後発である。放っておけば新
日本製鐵、日本鋼管、川崎製鉄、住友金属工業に取られてしまう。それを防ぐためには、
商社の担当者たちに「神戸製鋼所に、まずもっていこう。なかなか神戸製鋼所はいい」と
思わせなければいけない。それが、冷延鋼板輸出課のモットーでもあった。
矢野は、女性課員に指示していた。

「商社の人が来たら、お茶なんか出すな。相手の喜ぶオレンジジュースを出せ」

鉄鋼メーカートップの新日本製鐵は、千客万来でいつも大賑わいだ。だが、通りを隔てた場所にある神戸製鋼所に行けば空いている。新日本製鐵は、お茶だが、神戸製鋼所ではオレンジジュースが出てくる。商社の担当者に、「新日本製鐵は混んでいるから、先に神戸製鋼所に行ってみようか」という気にさせる。そうした地道な努力で一つでも多くの商談をまとめようと考えたのである。

ある者が、矢野にいった。

「そのやり方は、屈辱的だ」

矢野は、反論した。

「価格以外で人を魅惑するということも必要なんだ」

晋三は、そのモットーを自分なりに実行に移したのかもしれない。

裏返すと「でかいところに負けてなるものか」という闘争心を見せたともいえる。

矢野は、晋三が業界五位の神戸製鋼所に入社したことも、闘争心を磨く機会になったのではないかと思う。周りを見れば、すべて強烈にでかい相手ばかりだ。下手をすれば、こちらは潰されてしまう。そのような環境で仕事をすることで、ずいぶんと闘争心が養われていったのではないか。

ある商社の担当者が、晋三を結婚披露宴に招いた。その担当者の父親は、かつて新日本製鐵の役員であった。結婚披露宴には、新日本製鐵の上層部がずらりと顔をそろえた。当然のことながら、新郎を褒めたたえるスピーチがつづいた。

「新郎は、じつに優秀な商社マンです。いつも一番いい引き合いを当社に持ってきてくれます。ありがたいことです」

やがて、友人代表の一人として晋三がスピーチに立った。

「今、新日本製鐵の方がいわれた話は、じつは違います。新郎は、新日本製鐵に行く前に、まず、われわれ神戸製鋼所に来てくださいます。われわれのところできちんと吟味させてもらい、商談をまとめているんです」

後日、矢野は、顔見知りの新日本製鐵の社員に訊かれた。

「矢野さんのところにいる安倍君て、確か安倍晋太郎さんの息子さんだよな」

「そうだけど、何かあったんかい?」

その人物は、結婚披露宴での晋三のスピーチの様子を説明し、いった。

「一瞬、会場がシーンとなり、その後、ワッと沸いたんだ」

「へーえ、そんなこというたんかい」

その後、矢野は晋三に職場で訊いた。

「安倍君、披露宴で何かいうたそうやな」

「いや、あんまりムカついたので、思い切っていってやりましたよ」

矢野は、心のなかでニヤリとした。

〈こいつ、なかなか気骨があるやないか〉

晋三は、シンガポール、マレーシア、タイなどアジアの華僑との取り引きを担当していた。矢野は、晋三の英語力を活かすためにも海外出張に行かせたかった。が、なかなかそのチャンスは巡ってこなかった。

華僑たちとの交渉は、商社の担当者が連れてくることが多い。食事をしながら商談をまとめる。華僑たちとのビジネスを通じてアジア全体を見たことは、晋三にとっていい勉強になっただろう。国内部では、こうはいかない。アメリカ相手の仕事はなかったが、アジア全体をグローバルに見るセンスを養うことができたであろう。

晋三は、本社に移ってからの仕事について振り返る。担当した分野は、神戸製鋼所のなかでも歴史が浅く、遅れていた。経験を積んだ先輩たちも少ない。上からあれこれいわれることもなく、自由な裁量でやらせてもらえた。むろんその分、責任も重いが、充実した日々を過ごした。神戸製鋼所のシェアも増やした。

主な交渉相手である華僑とのビジネスは、駆け引きが重要であった。なにしろ、一度契約したのに力関係ですぐに破棄になることも多い。善意が通じると思ったら大間違いである。この華僑との駆け引きは、いろいろな意味で勉強になった。

会社を辞めるように、安倍君を説得してくれ！

昭和五十七年十一月二十七日、安倍晋太郎は、中曽根内閣の外務大臣に就任した。翌朝早く、安倍晋太郎の秘書の奥田斉は、安倍晋太郎の自宅にさっそく電話を入れ、進言した。

「晋三さんを神戸製鋼所から呼び戻して、秘書官にしてください」

晋三は、物心がついたころから政治家を目指していた。安倍家でも、このころは晋三を後継者にすることを決めていた。それならば、安倍事務所の他の秘書よりも、晋三を政務秘書官にしたほうがいい。生きた政治を学ぶには、大臣の秘書官はうってつけだ。晋三の将来を思っての判断であった。

安倍晋太郎もそう思っていたのであろう。いきなり出社前の晋三にいってきた。

「おれの秘書官になれ」

晋太郎は、一見おっとりとして見えるが、とてもせっかちだった。だが、晋三にとっては寝耳に水である。晋三は、神戸製鋼所で充実した日々を送っていた。仕事が面白く、しばらくはこの世界にいよう……と思いはじめていた矢先のことである。

晋三は訊いた。

「いつからですか」

晋太郎は、きっぱりと答えた。

「明日からだ」

ちょうどその横にいた寛信は、おどろいた声をあげた。

「そんなことといったって、うちの会社なら、女性社員でも、辞めるのに一ヵ月はかかるよ。ぼくたちの立場なら、三ヵ月はかかる」

晋三も、たたみかけた。

「そんなことを急にいわれても、ぼくにも会社があります。年間百億円くらいの商売はしているんですよ」

晋太郎はいった。

「おれが秘書官になったときは、辞めると決めたら、一日で新聞社を辞めたぞ」

晋太郎としては、秘書官となれば、のちのちかならず晋三のためにもなると思っていたにちがいない。外務省との関係もあるので、すぐに来いと迫ったのである。

だが、晋三も、一歩も引かなかった。


晋三とアーチェリー部でいっしょだった盛田淳夫は、成蹊大学卒業後、日商岩井の東京本社の穀物部に配属された。昭和五十七年十月に、盛田は家業の敷島製パンを継ぐため日商岩井を退職し、地元愛知県にもどっていた。

その盛田のもとに、安倍晋三から電話がかかってきた。めずらしく声のトーンが低かった。

「じつは、おれ、親父から秘書官になれといわれたんだ。そうなると会社を辞めなければいけない。上司に、どう説明したらいいと思う」

盛田も、ある意味では似たような立場にいて決断していた。「おまえの場合は、どうした？」という相談の電話であった。

盛田は、アドバイスを送った。

「それは、おまえはそういう立場の人間なんだから『父親から秘書官になれといわれたので』と正直に説明するしかないと思うよ」

「そうだよなぁ」

いっぽう、上司の矢野の眼から見ても、父親が要職に就き総理大臣の椅子にまた一歩近づいたというのに、安倍晋三の顔色は冴えなかった。矢野は、さすがに気になった。

〈なんか、あったのか……〉

そんなある日、矢野は、会社の上司である熊本昌弘総務部長に呼び出された。

「ちょっと、矢野君、××喫茶店に来てくれないか」

××喫茶店は、通りの向こうにある。ずいぶんと離れた場所だ。

矢野は、何の用だろう、と思いながら喫茶店に出向いた。熊本総務部長は、見知らぬ男性とともに座っていた。

「こちらは、安倍晋太郎先生の秘書の松永（隆）さんだ」

熊本は、事の経緯を説明した。

矢野は思った。

〈安倍の顔色が冴えないのは、そういうことだったのか。悶々としていたんだな〉

安倍晋三は、弱音を吐かない男であった。加古川製鉄所でストレスが溜まり、体調を崩したときも、父親に「加古川は辛い」「東京に戻りたい」といえば、一発で配属先を変えることができた。が、愚痴をいわない。こちらが気づくまでじっとしている。

熊本は、矢野に泣きついてきた。

「矢野君、もうきみしかいない。安倍君に会社を辞めるよう説得してくれ」

矢野は、戸惑った。これまで「退職したい」という部下や後輩たちを「辞めるな」と説得し、引き留めるケースは多々あったが、逆に「辞めろ」と説得した経験はない。

松永隆は、懇願してきた。

「安倍晋太郎に『なんだ、安倍は、息子すら動かせないのか』という風評が出たらマイナスになります。よろしくお願いします」

その夜、矢野は、晋三を食事に誘った。

矢野は、静かに語りかけた。

「おまえ、政治家になりたいのか」

「それは、なりたいです。運命かもしれません」

「そうか。それなら、思い切って会社を辞めなさいよ」

晋三は、声をあげた。

「えッ！」

この「えッ！」には、なにゆえ冷たく「辞めろ」というのか、という意味のほか、いま一つの意味があった。

矢野はつづけた。

「人間は、失敗したとき、かならず過去のせいにする。きみが、将来、選挙に出て、仮に落選したとき『ああ、あのとき、パッと会社を辞めてオヤジの秘書になっておけばよかった』と後悔するかもしれない。なるべく、そういうことはないほうがいい。そうならないためにも、ここは辞めたほうがいいんじゃないの」

「でも、いま辞めたら会社に迷惑をかけるのではないですか」

この心配が、いま一つの「えッ！」の意味であった。

矢野は、あえて強がってみせた。

「そんなもん、おまえみたいのがいて最初からいい迷惑やで。だから、しれとる」

矢野は、しんみりとした口調になった。

「でもな、迷惑というのは質があって、これは、いい迷惑や。おまえは、本当によくやってくれたよ。みんな、ちゃんとカバーするから心配するな」

「よろしく、お願いします」

感無量の表情でうなずいた。

晋三は、その夜、父親に会社を辞めて秘書官になることを報告した。

翌日、矢野は熊本に報告した。

熊本は、大喜びであった。

「矢野君、よくやってくれた。安倍君と三人でいっしょに飯でも食おう」

矢野は断った。

「とんでもない。輸出課の全員で安倍君の送別会をします」

「そりゃ、いいじゃないか」

「そのかわり、こんな大仕事をやったのだから、金はかかりますよ」

「かまわん、なんぼでも遣え」

矢野は、机の引き出しのなかに溜めに溜めておいた領収証の束を取り出し、経理部に回して送別会の資金を作った。

〈机のなかを綺麗にできたのは、安倍君のおかげやな〉

しかし、上司から「なんぼでも遣え」とお墨付きを得ても、元来貧乏性の矢野には洒落た高級店など思いつかない。結局、銀座の裏手にある通い慣れた秋田料理の店に、課員全員を引き連れていった。

二次会は、これまた常連の赤坂のスナックを貸し切った。カラオケに興じ、ドンチャン騒ぎの送別会となった。

やがて、お開きとなり、外に出ると、全員で晋三を胴上げした。

こうして、昭和五十七年十二月六日、安倍晋三は外務大臣秘書官となった。これはつまり、父親の場合と同じで、政界入りを目指す姿勢を明らかにしたことでもあった。

だが、外務省に籍を置いたあとも、秘書官の仕事の合間や仕事を終えた夜、神戸製鋼所本社に出かけ、自分の机の周りの後片づけをおこなった。母親の洋子によると、晋三は、幼いときから片づけが下手だった。

安倍晋太郎は、晋三を外務大臣秘書官に据えるや、安倍晋太郎を総理にという財界人の会である「総晋会」の会合に、さっそく晋三を連れてきた。じつにうれしそうな表情で、ウシオ電機会長の牛尾治朗らに晋三を紹介した。

「これ、おれの息子なんだ。今度、神戸製鋼を辞めて、おれの秘書官になったんだ」

晋三は、ぺこりと頭を下げた。

「よろしくお願いします」

この日以降、晋三は「総晋会」の会合にかならず顔を出した。牛尾が話をしてみると、しっかりとした自分の考えを持っているいまどきめずらしい青年であった。

牛尾は、ぼんやりと思った。
〈晋三君は、やがて安倍さんの跡を継いで政治家になるんだろうなぁ〉

第五章　昭恵との出会い、父との別れ

父親の安倍晋太郎は、朝早く国会に出かけ、夜は会合などで遅くなる。休日は、地元の山口県にもどったり、講演や遊説で全国を飛び回る。家にいることが少なく、晋三が小さいころから親子の会話はほとんどなかった。その二人が、大臣と秘書官という立場で毎日行動をともにすることになった。

安倍晋太郎は、世間的には、温和で優しい印象を与えていた。が、晋三は、父親といっしょに仕事をしてみて、仕事に対しては、ひどく厳しいことがわかった。

たとえば、秘書は、父親に面会を求める人たちの相手をする。そのとき、晋三がおざなりな対応をすると、きつく叱られた。

「相手がどういう社会的地位にいる人かなどは、関係ない。お客さんに対しては、相手の立場に立って、ちゃんと対応しろ！」

中曽根康弘は、首相として四期連続で安倍晋太郎を外務大臣に起用するが、中曽根によると、安倍晋太郎は、じつに誠実で純情な人物であった。職務に熱心で忠実であった。

中曽根首相は、アメリカのレーガン大統領との親密な「ロン・ヤス」関係を軸に、サミットや訪仏を通じて国際政治に大きな影響力を持ち、高い内閣支持率を得た。

安倍外務大臣も、アメリカのシュルツ国務長官との信頼関係を築いた。中曽根首相もまたシュルツとは仲が良かったが、シュルツは、安倍の誠実な人柄を見抜いていたのであろう。安倍とシュルツの深い信頼関係が、日米間を良好な関係にさせていた。

いっぽう、一九八〇年（昭和五十五年）に勃発したイラン・イラク戦争は、泥沼化していた。中曽根首相は、安倍外務大臣と相談し、停戦をうながすため両国の外務大臣を、それぞれ日本に招くことにした。日本は、両国にずいぶんＯＤＡ（政府開発援助）を出していた。

首相官邸でおこなわれた会談には、安倍外務大臣も同席した。中曽根首相は、それぞれの外務大臣に停戦を呼びかけた。

「戦争を、やめなさい。日本の協力を得て、国際的な調和のある国家として発展しなさい」

中曽根は、戦争中の二国の外務大臣を呼べたのは、安倍外務大臣、さらには、外務官僚の尽力によるところが大きかったと評価している。人間性に富んだ安倍外務大臣は、外務官僚にとても慕われていた。安倍外務大臣時代の外務省は、外務大臣と外務官僚が一体となって努力していた。

昭和五十八年八月、安倍外務大臣は、自らの意志で戦争状態が続くイラン・イラク同時訪問を実現し、両国首脳に対して紛争を拡大せず、早期に和平を達成するよう訴えた。

日本は、イランとも、イラクとも、友好関係にある。いっぽう、アメリカは、イランと敵対していた。普通なら、日本のイラン訪問にアメリカは激怒するはずだ。が、日米間は、レーガン大統領と中曽根首相、シュルツ国務長官と安倍晋太郎外務大臣の深い信頼関係があり、そのなかでイラン訪問は了承された。晋三も、父親のイラン・イラク訪問に同行した。

イランでの会談の際、ホテルに入ろうとすると、入口に大きな文字が躍っていた。

「DOWN　WITH　USA（くたばれアメリカ）」

安倍晋太郎は、茶目っ気たっぷりに晋三にいった。

「おい、この前で、記念写真を撮ろう」

帰国後、その写真をシュルツ国務長官に送った。シュルツとは、そのようなブラックユーモアが通じるほど親しかった。

大学時代の同級生秋保浩次は、仙台から上京する用事があるたびに、安倍晋三に会いにいった。会うのはだいたい昼間。議員会館近くのキャピトル東急ホテル一階にあるコーヒーハウス「オリガミ」か、地下一階の中国料理「星ヶ岡」で昼食をともにした。

安倍晋三は、秋保に漏らした。

「うちの父親は、人がすごくいいから、だまされやすいんだよな」

父親の晋太郎のもとには、陳情をはじめ、わけのわからない頼みごとが数え切れないほど舞いこんできた。父親は、それをすべて請け負ってしまうというのである。

晋三はつづけた。

「そういうのは、ひとりが得をするだけで、国家国民の役に立たないのになぁ」

なんでも請け負ってしまう父親を見るのはさびしい反面、そんな父親を敬愛してやまないという感じだった。

しかし、秋保の見るところ、そのような人のよさ、ある意味での懐の深さは、安倍晋三にも十分に受け継がれている。

安倍晋太郎は、晋三の将来のことを考えていた。東京でも、山口県でも、責任ある立場にいる秘書の奥田斉らが行って折衝しなければいけないこともある。が、安倍晋太郎は、何回か奥田を呼んで、いった。

「奥田君、すまんけど、今日は、晋三をやってくれんか」

奥田は、晋太郎の親心を感じた。

〈息子の将来を考えて、大事なところはちゃんと考えているんだな〉

奥田は、自分の代理に晋三を立てた。

幻の福岡四区擁立構想

昭和六十年一月三十一日、政界屈指の寝技師といわれ、通産大臣、党政調会長、幹事長などを歴任した福岡四区選出の田中六助は、持病であった糖尿病の悪化にともなう心筋梗塞で死去した。安倍晋太郎の秘書の奥田斉は思った。

〈晋三さんを出そう〉

奥田らは、安倍晋太郎を総理にするため九州地方に「安倍晋太郎後援会」を立ち上げていた。なかでも、福岡県北九州市の後援会組織は、非常に強力であった。福岡四区は、北九州市の小倉北区、小倉南区、門司区が選挙区に入っている。ここなら、晋三がいわゆる落下傘候補として出馬しても十分に当選できるだろう。

それに、北九州市は、山口県の隣で経済圏がいっしょだ。父親の安倍晋太郎が政界を引退したときは、福岡四区からすぐに山口一区に移ることもできる。奥田は、そこまで先を読んでいた。

奥田は、ひそかに動いた。北九州市小倉北区に本社を置く住宅地図の製造・販売メーカー大手「ゼンリン」の社長らに相談し、了解を得た。

「よし、やろう」

選挙体制を考えるいっぽうで、安倍晋三の北九州市での住居まで目星をつけた。ある程度準備が整ったところで、晋太郎に申し出た。

「晋三さんを、今度の選挙では福岡四区から出しましょうや。あなたは、三十四歳で代議士になった。晋三さんは、もう三十歳を超えている。あなたの後といったら、遅すぎて可哀相ですよ。すでにゼンリンの社長にも話をつけたし、晋三さんの住む家の候補も、いくつか見つけておきましたから」

そうしたところ、晋太郎は顔を真っ赤にして怒鳴った。

「駄目だ！」

奥田は、説得した。

「そんなことをいったら、晋三さんも、どんどん歳をとりますよ」

しかし、晋太郎は、頑として譲らなかった。

「いや、福田（赳夫）先生の息子さん（康夫）だって、おなじだ。彼も、もう五十歳に近いが、親が生きている間は、しょうがないんだ」

晋太郎は、最後にいった。

「晋三が早く出るには、おれが早く死ねばいいんだ」

奥田は、その言葉が妙に引っ掛かった。

〈いやなことをいうなぁ……〉

結局、晋太郎の猛反対により、晋三の福岡四区擁立構想は幻と消えた。

安倍晋太郎は、昭和六十一年七月二十二日の第三次中曽根内閣の成立とともに、外務大臣を辞任し、自民党三役の総務会長に就任するまで四期三年八ヵ月にわたって外務大臣をつとめた。その間、外遊の数は、三十九回にものぼった。晋三は、秘書官として、そのうち二十回も同行した。外交は、そのときどきに決断を迫られる。晋三にとって、これはいい勉強であり、貴重な経験となった。

安倍晋太郎は、総務会長就任を機に、福田赳夫に代わって清和会会長となる。安倍派の誕生であった。

地元の披露宴にはなんと五千人！

寛信、晋三の兄弟は、結婚話はいくつかあったものの、なかなか決まらなかった。晋太郎は、洋子が、晋三らのお見合いの話をしても、のんきにいっていた。

「本人の気が進まないのなら、そんなに早くから結婚することはない」

ところが、しばらくすると、「あの話はよかったな」、「おまえがのんきだから」と、洋子のせいにした。

そのうち、「早く結婚させろ」と洋子はさんざんにいわれた。

晋太郎は、晋三に半ば本気でいっていた。

「はじめから『おれは、将来国会議員になる』といったら嫁は来ない。晋三、おまえが嫁をもらうときには、そんなことをいったら駄目だ。騙してもらえ。もらったら、こっちのもんだから」

昭和六十年九月始め、広告代理店の電通に勤める松崎昭恵は、自分の所属する新聞雑誌局の上司の梅原からいわれた。

「うちによく来る山口新聞の浜岡さん、彼が、安倍晋三君と知り合いでね。ほら、外務大臣の安倍晋太郎先生の息子さんだよ。彼は今、お父さんの秘書をしておられてね」

「はあ……」

当時の昭恵は、政治にほとんど興味がなかった。「福田派のプリンス」といわれていた安倍晋太郎のことも、一般常識としてその名前を知っているだけであった。

梅原がつづけた。

「浜岡さんが、わたしに、『安倍君にはガールフレンドがいないみたいだから、だれか紹介してくれ』といってきてね。どう、松崎さん、一度安倍君に会ってみないかい？」

松崎昭恵は、森永製菓の松崎昭雄社長の長女である。名家のお嬢さんらしい品の良さと天真爛漫さを兼ね備えていた。梅原は、政界屈指の名門の子息である安倍晋三にふさわしい女性として、昭恵に白羽の矢を立てたのだった。

だが、昭恵はこのとき二十二歳。まだ結婚など、考えたこともなかった。

「いいえ、お見合いの話でしたら、ご遠慮いたします」

「そうかい」

梅原は、それ以上昭恵に安倍に会うよう執拗には誘わなかった。が、安倍の写真を持ってきて、昭恵に見せた。

「安倍さんは、こういう方ですよ」

昭恵は、その写真を見て思った。

〈ハンサムだけど、なにぶんにも、年が離れ過ぎているわ〉

二十二歳の昭恵にとって、三十歳の安倍晋三は、恋愛対象として見るには大人すぎた。

梅原はいった。

「安倍君は、本当にいい青年だよ。だから、お見合いとか堅苦しいものじゃなくて、一度会って、食事くらいしてみても、いいと思うよ」

それからも何度か、梅原は昭恵を安倍晋三との食事に誘った。

昭恵には、結婚を意識して付き合っている男性はいなかった。上司に何度も誘われたうえ、「食事だけでもいいから」といわれると、頑なに断りつづける理由もなかった。あまり気が進まなかったものの、承諾することにした。

「それじゃあ、お食事だけ、ということでしたら」

こうして、晋三と昭恵、紹介者である山口新聞の浜岡、昭恵の上司の梅原の四人で、晋三の友人が経営しているという原宿のレストランで会うことになった。昭恵はそのレストランを知らなかったので、梅原と電通のオフィスで合流し、いっしょに出かけることになっていた。

ところが、約束の日、約束の時間をだいぶ過ぎているというのに、新聞雑誌局で待ちつづける昭恵の前に梅原が現れないのだ。

昭恵は、オフィスの中を探して回った。すると、スタッフのひとりがいった。

「梅原さんなら、だいぶ前にお帰りになりましたよ」

「えッ！」

昭恵はおどろき、とまどった。当時、携帯電話はなく、梅原に連絡を取る手段はない。ただ、約束のレストランの場所がどの辺りにあるのかだけは、梅原からあらかじめ聞いていた。

〈仕方がない。自分ひとりで、レストランまで行ってみよう〉

約束の時間から、四、五十分も過ぎたころ、昭恵はようやく待ち合わせのレストランを見つけて入った。レストランには、安倍晋三と浜岡、そして上司の梅原も、すでに来ているではないか。

「梅原さん、わたし、ずっとオフィスでお待ちしていたんですよ」

せっかちな性格の梅原は、主役の昭恵を置いたまま、一足先にレストランへ来ていたのである。

昭恵は、ともかく謝った。

「遅くなりまして、申し訳ありませんでした」

理由はともあれ、昭恵は初対面の安倍に、いきなり失礼なことをしてしまったことを心から申し訳なく思っていた。

が、晋三は、遅れてきた昭恵を、やわらかな物腰で迎えた。

「初めまして。安倍晋三です」

昭恵は、ホッと胸を撫で下ろした。

〈とても、感じのいい人だわ〉

晋三は、政治の難しい話ではなく、海外の要人たちのこぼれ話など、父晋太郎の秘書として海外へ行ったときのエピソードを、おもしろおかしく昭恵に話して聞かせてくれた。

昭恵の眼に、安倍晋三は非常にまじめで誠実そうに映った。が、やはり自分には遠い、大人の男性であった。昭恵の周囲の三十代男性は、いわゆる業界人であった。彼らと比較すると、垢抜けしていないように見えた。

それから二、三週間経ったころ、昭恵は上司の梅原に訊かれた。

「どう、安倍君から連絡はあった?」

昭恵は、首を振った。

「いえ、ありません」

所用で電通に来ていた山口新聞の浜岡も心配して、昭恵に同じことを訊いてきた。

浜岡は、晋三から連絡がないことを知るといった。

「それは、安倍君に、一回いわなければいけないな」

浜岡は、さっそく、安倍晋三に連絡を入れた。

「昭恵さんを、一回ぐらいデートに誘ったらどうだい」

晋三は、仕事が忙しかった。この三週間の間も、海外を飛び回っていたのである。が、浜岡にいわれてすぐ、昭恵に連絡を入れた。

それからは、二週間に一度の割合で、晋三から昭恵のもとに連絡が入るようになり、ふたりで定期的に会うようになった。

晋三は、酒を飲まないが、昭恵はたしなむ。ふたりが食事をするとき、晋三はアルコール度数の低い甘いカクテルを、昭恵は水割りを頼む。

ボーイが飲み物を運んでくると、迷うことなくストローや果物などが飾られたカクテルを昭恵の前に、水割りを晋三の前に置いていく。毎度のことで、これにはふたりとも苦笑するしかなかった。

昭恵は、何度か会ううちに、あることに気づいた。

〈この人は、いつ会っても、優しい。しかも、分け隔てなく、だれに対しても、優しい。裏表がなくて、本当に誠実な人なんだわ〉

食事をしたときのボーイへの対応ひとつにしても、晋三は、丁寧であった。昭恵は、会うたびに魅かれていった。

ふたりだけでなく、おたがいの友達といっしょにスキーに行ったり、テニスをして遊んだりした。

昭恵の友人たちにも、晋三は非常に評判が良かった。

「安倍さんは、本当にいい人ね。結婚の話は、どこまで進んでいるの？」

初めて会ってから、二年が経った。昭恵の両親は、昭恵には直接いわなかったものの、いろいろと心配しはじめていた。

晋三は、別に昭恵との結婚をためらっていたわけではなかった。昭恵と結婚したいという気持ちは、すでに固まっていた。が、晋三には独身の兄の寛信がいる。まず兄が結婚した後、自分も昭恵と結婚するつもりでいた。

昭恵の両親は、晋三の娘に対する真摯《しんし》な気持ちを聞いて、うれしく思った。

父親の昭雄は、昭恵にいった。

「自分で選んだ人、自分で選んだ人生なのだから、応援するよ」

いっぽう、昭恵の母親の恵美子は、結婚が決まると、また違う心配が頭をもたげた。

「政治家の妻になったら、この娘は苦労するのではないか」

が、当の昭恵は、晋三への一途な気持ちしか抱いておらず、政治家の妻になる苦労などは、まったく考えていなかった。母校である聖心女学院時代の同級生には、自民党の佐藤信二や松本十郎の娘、池田行彦の孫娘などがいた。が、政治家の家族の苦労というものを、見たことも、聞いたこともなかった。

晋三も、昭恵に何もいわなかった。「政治家になるけど、構わないか？」といった話も、政治家の妻としてこうでなければならない、という話もなかった。

晋太郎はいった。

「本人同士が好きあっているのが、いちばんだ」

だが、晋三は、婚約して、みなにお祝いをいわれてもむっつりしていた。

「兄貴がまだ決まっていないのに、そんなに喜べるか」

ウシオ電機会長の牛尾治朗の長女幸子が、昭和六十一年の秋、牛尾に畏《かしこ》まった表情でいった。

「ねぇ、お父さん、安倍寛信さんと、今度会ってくれる？」

幸子は、友達の紹介で三菱商事に勤務する安倍晋太郎の長男寛信と知り合い、一年ほど前から付き合っていた。親同士が引き合わせたわけではない。牛尾は、晋三とは「総晋会」で顔を合わせていたが、兄の寛信とは、一度も顔を合わせたことがなかった。

むろん、牛尾は、寛信に会うことはやぶさかではない。が、どうしても気になることが一つあった。

牛尾は、安倍の秘書の伊藤五十男に電話を入れた。

「うちの娘が、寛信君と結婚しようと思っているというんだけれども、きみは、なにか聞いている？」

「いや、じつは、寛信さんのほうも安倍さんに『牛尾さんのお嬢さんと結婚したい』といったところ、安倍さんが机を叩いて『それはいい、それはいい』と、大喜びだったそうですよ」

牛尾は、正直に胸のうちを明かした。

「でも、ぼくは、経営者だし、政治的な発言はするけども、政治に妙にまつわりつくのは好きではない。政治献金も、あまりしていない。だから、娘を政治家の嫁にするのは嫌なんだよ。晋三君が後継者になるのかもしれないが、政治家は衆議院だけではない。参議院もあれば、知事もある。もし、どこかで寛信君をそうしたいと考えているのなら、悪いけども、この話はなかったことにしたい」

伊藤は答えた。

「わかりました。折をみて、聞いてみます」

それからしばらくして、伊藤が牛尾のもとにやってきた。伊藤は、報告した。

「この間、安倍さん、寛信さん、晋三さんの三人が話し合ったところ、晋三さんが跡を継ぐということになりました。寛信さんは『おじいちゃん（岸信介元首相）やお父さんの生活を見ていて、政治みたいな非合理なことは自分は嫌だし、サラリーマンとして一生を送りたい。ずっと三菱商事にいる』といってます。そうなると、政治とは一線を画すような生活を送るわけですし、男三人の話し合いで決まったわけですから、ご心配にはおよびません。わたしも、いっしょの席に座っていたものとして責任を持ちます。これは、いい縁談だと思いますよ」

牛尾は、ホッとした。

「わかった。じゃ、寛信君と会ってみよう」

寛信と会った後、ある会合で安倍晋太郎と顔を合わせた。安倍晋太郎は、満面に笑みをたたえながら握手を求めてきた。

「オー、オー、牛尾さん、良かった、良かったなぁ」

昭和六十二年一月、牛尾家と安倍家の家族が一堂に会し、中央区銀座の料亭「吉兆」で食事会を開いた。じつは、このときすでに、安倍の次男晋三も、森永製菓社長の松崎昭雄の長女昭恵との結婚が決まっていた。結婚式の日取りは、五月ごろだという。

安倍晋太郎は、妙にこだわった。

「結婚式は、絶対に長男が先じゃないとまずい」

そこで、寛信と幸子は、五月二十三日、晋三と昭恵は、それから二週間後の六月九日と決めた。

　牛尾は、安倍晋太郎に助言した。

「娘たちの披露宴には、総理（中曽根康弘）も呼んだほうがいいよ」

　この九月には、自民党総裁選がおこなわれる。安倍は、竹下登、宮沢喜一とともにポスト中曽根の最有力候補の一人だ。中曽根を招いても損はない。

　だが、安倍は、媚びているように見られるのが嫌なのか、口をとがらせた。

「なんで、おれが呼ばないといけないんだ」

　牛尾はなだめた。

「それじゃ、おれが案内状を持って中曽根さんのところに行ってくるよ」

「そこまでいうのなら、おれが行く」

　牛尾は苦笑した。

〈なんだ、安倍さんも、本心では中曽根さんを呼びたいんじゃないか〉

　結局、牛尾が中曽根首相に電話で出席をお願いし、安倍が、案内状を持っていくことになった。

　昭和六十二年五月二十三日、安倍寛信と牛尾幸子は、千代田区紀尾井町のホテルニューオータニで華燭の典をあげた。仲人は、ソニー会長の盛田昭夫夫妻。メインスピーチは、福田赳夫元首相と中曽根首相であった。竹下登幹事長、宮沢喜一大蔵大臣、三村庸平三菱商事会長、石原俊日産自動車会長をはじめ、政財界から七百人が出席した。

その二週間後の六月九日、安倍晋三と松崎昭恵は結婚した。挙式は、港区赤坂の霊南坂教会でおこなわれた。この教会で挙式することは、昭恵のたっての願いであった。森永製菓創業者の森永太一郎が渡米して菓子の勉強をした修業時代、森永を温かく迎え、支えてくれたのは、現地のクリスチャンたちであった。森永は、教会で洗礼を受けて、自らも信者となった。日本に帰国後、森永の商標をキリスト教にちなんで「エンゼルマーク」とした。昭恵自身はクリスチャンではなかったが、学校がカソリック系であったこと、昭恵の両親も、母方の祖父母も、霊南坂教会で挙式したことから、ウエディングドレスを着てこの教会で式を挙げることは、幼いころからの憧れであった。

折しも、昭恵の親族側は、グリコ・森永事件で揺れている時期であった。ふたりの結婚は、深刻な状況がつづく中での光明となった。

披露宴は、東京と、安倍家の実家のある山口県下関市の双方でおこなわれた。

東京では、港区高輪の新高輪プリンスホテル飛天の間に約八百六十人が参席した。仲人は、安倍晋太郎が会長をつとめる派閥清和会の前会長である福田赳夫夫妻であった。金丸信前副総理ほか九十五人の国会議員をふくめ、八百五十人が出席した。

昭恵は、参席者の多さと、錚々たる顔ぶれに、圧倒された。参席者があまりに多いため、自分の友人たちを披露宴に呼べないほどであった。その代わり、披露宴の後、友人たちを呼んで盛大な二次会をおこなった。

両組は、安倍晋太郎の地元山口県で合同の結婚披露宴をあげた。しかも、下関市で二ヵ所。六百人を招いた披露宴は、市の中心部にある結婚式場でおこなれた。

圧巻だったのは、海辺近くのホテルでの披露宴であった。地元の支持者を招くため、巨大な披露宴会場を設営したところ、約五千人が出席した。牛尾治朗は、総理の座を狙う政治家の勢いをまざまざと見せつけられ、身震いした。

〈これは、凄いなぁ〉

披露宴が済むと、安倍晋太郎の実家のある大津郡油谷町をはじめ、各所をお披露目に回った。そのとき、沿道では大勢の地元民が手や旗を振って新郎新婦を出迎えた。漁港には、停泊している漁船すべてに大漁旗を高く掲げ、ふたりへの歓迎の意を表した。昭恵は、何ともいえない衝撃に包まれた。

〈安倍のお父様は、こんなにたくさんの方たちに支持されているんだ。主人は、その跡を継いでいく人なんだ〉

各地をめぐったときは、安倍晋三夫婦だけでなく、兄夫婦もいっしょであった。が、人々は、「安倍晋太郎の跡継ぎは、安倍晋三だ」とすでに理解している。そのため、晋三の妻となった昭恵に、非常に興味を抱いていた。それが、昭恵には痛いほど伝わってくる。

〈わたしは、こういうところにお嫁に来てしまったのね〉

ずっと東京で生まれ育ち、田舎を持たぬ昭恵にとって、地方で暮らす人々の絆の深さ、連帯感は、まったく未知のものであった。それだけに、人々の歓迎が、なおのこと胸に沁みた。

参院補選不出馬と祖父・岸信介の死

じつは、この華やかな結婚式の裏に、もうひとつのドラマがあった。

昭和六十二年五月二十五日、参議院山口選挙区選出の江島淳が、腹腔内出血で急逝した。五十九歳という若さであった。その補選に、安倍晋三を擁立しようという声が挙がった。

安倍晋太郎の秘書奥田斉は、前年、晋三を福岡四区から出馬させようとしたが、晋太郎の反対で幻に終わっていた。今度こそは……と、大いに乗り気であった。

〈参議院議員になっておけば、いずれは衆議院議員になれる。とにかく、早く国会に出さなきゃいかん〉

奥田は、清和会の参議院議員の感触を探った。扇千景をはじめみな賛同してくれた。自民党山口県連も、期待した。安倍晋三を擁立するための「血判状」まで書いていた。なかでも、青年たちが熱心であった。

その間、安倍晋太郎も、安倍洋子も、何もいわなかった。奥田らの動きを、傍観していた。奥田は、意を強くした。

〈止めろ、といわないんだから、前向きということなんだろう〉

このとき、岸信介は、東京医大に入院していた。晋三は、祖父に呼ばれ、病室を訪ねた。

岸信介は、絞り出すような声でいった。

「参議院選挙に出ろ。こういうチャンスというものは、あまりないから」

祖父は、晋三が小さいころから一度も「おまえも、政治をやれ」と口にしたことはなかった。が、神戸製鋼所を退職し、女婿の安倍晋太郎の秘書になったことから、晋三が政治家を目指していることは一目瞭然である。

晋三は、祖父の言葉を重く受け止めた。

〈チャンスかもしれない〉

父親の安倍晋太郎にも、その意思はあった。

ところが……。六月十三日、下関市内のホテルで、寛信、晋三の地元での結婚披露宴が開かれた。寛信にとっては安倍家長男としての披露であり、晋三にとっては、政界に進出する地盤への夫婦でのあいさつという大事な意味があった。

安倍晋太郎が、あいさつに立った。

「今回の補選では、晋三は出馬いたしません」

安倍晋太郎の方針である以上、秘書の奥田斉らも反発しようがない。奥田は、ひどくがっかりした。県会議員も落胆の色を隠せなかった。

のちに、奥田が安倍晋太郎に、その理由を訊いたところ、江島淳の息子の江島潔（後の下関市長）のことが気になったという。江島潔は、父親が亡くなったとき、母親とともに清和会の会長室に安倍晋太郎を訪ねてきた。

「親父の後をやります。お願いします」

しかし、このときの状況では、だれが考えても江島潔の当選はむずかしかった。

安倍晋太郎は、江島潔に忠告した。

「出るな、とはいわない。出た場合は、応援する。しかし、当選するのは難しいよ」

そのことが、安倍晋太郎の頭から離れなかったのである。自分の息子を犠牲にして、江島に対する義理を守ったのだ。

さらに、宇部市の二木秀夫市長も出馬の意向を示していた。安倍晋太郎は、その調整にも苦労していた。

晋三自身も、父親にそういわれ、考えた。

父親が党総務会長という要職にあり、さらに自分は六月九日に結婚したばかりだ。

〈ここで立候補すれば、父親に迷惑をかける〉

晋三は、立候補を断念した。

晋三は、病室の岸信介に報告した。

「立候補は、やめます」

岸は、がっかりした表情であった。

そのころ、岸は、つねづね話していた。

「自分の眼の黒いうちに、安倍晋太郎総理の実現と、晋三の晴れ姿を見たい」

が、岸は、どちらも見ることなく、それから二ヵ月後の昭和六十二年八月七日に心不全のため病没した。享年九十歳であった。

結局、江島潔は、補選を見送った。宇部市長の二木秀夫は立候補し、当選する。

中曽根裁定、安倍晋太郎の無念

昭和六十二年十月八日、ポスト中曽根を決める自民党総裁選が告示され、竹下登、安倍晋太郎、宮沢喜一が名乗りを挙げた。三人は、本選挙を回避し、話し合いによる決着を目指した。だが、三人とも一歩も引かず、中曽根首相による後継者指名、いわゆる中曽根裁定に委ねる公算が高くなった。

しかし、中曽根首相は泰然としていた。自分に正式に要請があるまで何も口にすまいと心に決めていた。それが、中曽根の要諦であった。ただし、心のなかでは、ひそかに思っていた。

〈安倍か、竹下か、そのどちらかだな〉

十月十九日の昼十二時二分、安倍は赤坂プリンスホテル新館の九一〇号室に入った。竹下も、いっしょに入った。これから、ふたりで最後の一本化調整をはかるのだ。

安倍が攻めた。

「竹さん、あんたはおれにずっと『あんた、先にやれ』といってきたじゃないか。だから、おれは、あんたの協力を得て安倍政権をつくろうと考えてきたんだ。幹事長だって、おれは金丸さんにいわれて、あんたに譲った。金丸さんはあのとき、幹事長は次期政権の調整役にまわらざるをえないから、竹下にまかせろ、といった。おれは、それで、あんたに譲った。ところが、どうだ。話がまったくちがうじゃないか」

「…………」

竹下は、もっぱら聞き役にまわった。

安倍は、激してきた。

「おれは、竹下政権を目指す金丸さんに利用されてきただけじゃないか。どうなんだ、竹さん、この期《ご》におよんで、おれは絶対に降りん」

竹下の顔は、蒼白であった。安倍のいうことは、もっともだ。が、ここで降りるわけにはいかない。

竹下が、ようやく口を開いた。

「安倍ちゃん、経世会が百人以下だったら、おれはあんたに譲り、あんたをサポートするつもりだった。しかし、経世会は百十四人だ。よその議員の支持者を入れれば、百三十人だ。降りられんよ。おれに総理総裁になれ、ということで、それだけの人間が結集したわけだから。それは安倍ちゃん、あんたがおれの立場だったら、わかるだろう」

　竹下は、そういうのがやっとだった。

　安倍は、さらにたたみかけた。

「今日の天下国家の諸状況のなかで、あんたが最大派閥のバックで願うこともあろうが、おれは四年間、アメリカと、あるいはヨーロッパ、アジアと築きあげた国際関係というものを、この際フルに活用して日本の進路に誤りなきよう期したい。それがベターな道だと思う。だから、今回は、おれに協力してくれ」

　竹下は、奥歯を噛みしめて黙った。どこも見ていない。テーブルのどこかを、必死でとらえていた。

「それに……」

　と安倍はつづけた。

「あんたは、田中さんの重圧をはねのけて、強引に一派を旗揚げした。それから、間がない。二階堂グループを敵にし、『竹下政権だけは、阻止する』という宮沢や、宮沢派を相手に、挙党体制はできない」

　安倍は、いいにくいことも平気でいった。

「あんたは、まだ血刀を引っさげているようなものだ。昨今の竹下バッシングに対して、冷却期間を置くべきじゃないのか。その意味で、おれが先にやることは、きみのためだ。きみに対する友情であると思う。それから本格的な形で、あんたがやればいいじゃないか」

午後の一時過ぎ、ウシオ電機会長牛尾治朗のもとに、安倍周辺の人物から電話が入った。

「おめでとうございます。安倍さんです」

牛尾は、にわかに信じられなかった。

「本当に、決まったの？」

時事通信のテレックスが、いっせいに新たなニュースを送りはじめたという。

「新総裁、安倍氏が確実に」

そのころ、安倍の自宅では、その報せを聞いた晋三の妻昭恵が、よろこんだ。昭恵は、

洋子夫人にうれしそうにいった。

「じゃ、さっそくトロントへ電話しましょうか」

長男の寛信は、カナダのトロントに仕事で出かけていた。

洋子は、父親の岸信介が現役のころから、政界の血なまぐさい闘いを側聞してきた。ど

んでん返しも、何度となく耳にしている。昭恵は、政治のことをまだ深く知らないから無

理もない、と思った。

昭恵に、つとめて冷静な口調でいった。

「昭恵さん、まだ最終決定じゃないんだから、そんなにあわてて電話することないんじゃない」

洋子としても、テレックスの情報を一〇〇％の真実だと信じたかった。が、いかんせん、情報は、近未来に関わることである。あくまでも、中曽根の腹ひとつにかかっている。今後、どのような展開を見せるかわからない。

安倍は、安竹会談の途中、赤坂プリンスホテル新館の九一〇号室を出て、トイレに立った。

安倍派事務総長の三塚博のいる控えの間に行った。三塚に、ふと漏らした。

「三塚君、おれはつらい。同期だが、やはり派閥の規模からいって、経世会は大きい。竹さんの苦しむ姿なんて、もう見てられないよ。おれたちは、親友だからなぁ」

安倍は、右手を水平にして喉のところにもっていった。

「『竹さん先にやれよ』と、ここまで出かかってる。おれはつらい。どうしたもんだ……」

二人は、昭和三十三年初当選組で同期ではあるが、安倍は、昭和三十八年十一月の総選挙で落選しており、当選回数は、竹下のほうが一回多い。安倍晋太郎の秘書であった奥田斉は、そのときの安倍の心理を推測する。

〈それだけに、当選回数の少ない自分が、竹下を押し退けて先に総裁になるわけにはいかない、という気持ちがどこかにあったのかもしれない〉

その日午後九時十二分、首相官邸にいた中曽根首相は、渡辺秀央官房副長官から三者会談の結果、首相白紙一任に決まったことを伝えられた。

中曽根は、内閣用箋に向かい、一気に裁定文を書き上げた。

「自民党総裁候補の指名」

と題する文章は、四項目からなっていた。

ただし、第三項目めまで書き、四項目めの総裁名は入れなかった。

午後九時四十分、中曽根首相は、首相官邸を出、自民党本部に向かった。四階の総裁応接室で三人の候補に約束させた。

「だれが総理になるにしても、次のことを約束してほしい。ひとつは、天皇陛下のご容態が悪い。万が一の場合、皇位継承、あるいは大嘗祭《だいじょうさい》とか、そのような問題は、わたしの内閣で、全部勉強しているし、準備もできている。これを、きちんとやってくれるか」

新憲法下はじめての皇位継承だから、難しい点が多かった。中曽根は、それを三年くらいかけて後藤田正晴官房長官らとともに研究していた。そのためにも、藤森昭一を次の宮内庁長官に据えるよう助言するつもりでいた。

中曽根は、つづけた。

「もう一つは、税制改革だ。だれが総理になっても、これはやらないといけない。ぜひ成立させてくれ」

中曽根は、いわゆる売上税の導入に取り組んだが、国民のすさまじい反発にあい、無念にも失敗に終わっていた。

中曽根は、最後にいった。

「そして、だれがなっても、協力しあってほしい。この三点を、約束してくれ」

三人とも、約束してくれた。

午後十時五十八分、中曽根は、首相官邸にもどった。首相執務室に籠もると、ペンをとった。前もって書き込んでいた三項目めにつづき、白紙にしておいた四項目めを書き下した。

「総裁候補として、竹下登君をあてることに決定した」

中曽根は、五年間もの長期政権で外交はのびのびとやった。自分のあとは、内政で点をあげ、それを土産にした外交ができるタイプがいい。また、中曽根内閣ではついに税制改革はできなかったが、次の政権に受け継いでもらわねばならない。それには、中曽根内閣で四期連続で大蔵大臣をつとめ、いろいろなところにネットワークをもっている竹下が適任であると判断したのだ。もし、このときのメインテーマが外交問題であったならば、また別の選択があったかもしれない、と中曽根は思っている。

安倍晋太郎は、竹下内閣誕生にともなう党三役人事で幹事長に就任。晋三は幹事長秘書となる。秘書として、幹事長の任務の厳しさをつぶさに見て学ぶことになる。

リクルート事件と膵臓癌

昭和六十三年六月十八日、川崎市助役のリクルート社未公開株取得による不当利得が発覚した。

七月五日には、中曽根康弘前首相、宮沢喜一大蔵大臣、安倍晋太郎幹事長らの秘書のリクルート社の未公開株取得が判明し、永田町を揺るがすリクルート事件へと発展した。

安倍幹事長の妻洋子に、リクルート社から月額三十万円の顧問料が渡っていたことも報道された。安倍晋太郎は、つらそうな表情を見せた。このとき、安倍事務所には二十人を超える秘書がいた。安倍事務所の総合力で政治資金を集めており、安倍晋太郎本人がすべてを把握しているわけではなかった。

派閥政治の時代である。現在とは違い、派閥の領袖が政治資金集めを一身に背負って派閥を運営しなければならない。そのような状況のなかで、安倍晋太郎本人も知らないような事実が連日マスコミを賑わした。

安倍晋太郎は、のちに病院のベッドで、じつに残念そうに秘書の奥田斉にいった。

「おれは、リクルートとは本当に関係してないのに、しょうがなかった。あれがなかったらなあ……」

首相になっていたのに、とじつに悔しそうであった。

リクルートの件は、秘書一人の責任でやっていた。安倍晋太郎は、まったく関知していなかった。安倍洋子も、リクルートから顧問料をもらっていたことが明らかになったが、本人はまったく与かり知らないことであった。その担当秘書のところで、みんな止まっていたのだ。

しかし、幹事長という立場にある安倍晋太郎とすれば「これは、秘書がやった」とはいえない雰囲気があったのかもしれない。

安倍晋太郎は、奥田にきっぱりといっていた。

「秘書がやったことは、おれの責任だ」

安倍晋三にとって、この事件は反面教師となった。

〈こういうときには、危機管理をちゃんとやらないといけない〉

父親の晋太郎は、めずらしく晋三に弱音を吐いた。

「どうすりゃ、いいんだろう」

晋三は、進言した。

「基本的には犯罪を犯しているわけではないので、すべてきちんと出すべきではないでしょうか。すべてさらけ出したほうがいいと思います」

父親は、晋三の進言を受け入れ、事件の解明に精一杯協力した。

平成元年四月、安倍晋太郎は洋子に漏らした。

「胃の具合が悪い……」

このころ、安倍の顔色はつねに悪かった。

晋太郎は、家の近くのＰＬ病院健康センターで、半年に一度、かならず半日ドックを受けていた。その検査では、なんの異常も見つかっていなかった。洋子は、当初は、夫の具合が悪いのは、リクルート事件に絡むごたごたがつづいた、その疲労がたまっているのだろうと思っていた。だが、あまりにも顔色が悪すぎた。黄疸が出ている。安倍自身、腰が痛いとも訴えた。

順天堂大学医学部附属順天堂医院で、精密検査を受けた。担当の医師二川俊二にいわれた。

「とにかく、すぐに入院して手術してほしい。すぐに手術しないと、どうなるかわかりませんよ」

その夜、安倍晋三と母親の洋子は、二川の部屋に呼ばれた。寛信は、カナダ三菱商事に転勤しており、日本にはいなかった。

「いま検査をしていますが、癌である可能性もある。もう少しよく検査をしてみる必要があります」

四月十九日、入院した。

四月二十二日、順天堂医院医師団は病名を「総胆管結石」と発表した。

安倍晋太郎の秘書の奥田斉は、晋三といっしょに安倍晋太郎に勧めた。

「先生、すぐに手術を受けましょう。病気が長引くと、政界でも人がなんじゃかんじゃいうから、幹事長も辞めましょうや」

しかし、安倍晋太郎は、頑として聞き入れなかった。

「おれがいま幹事長を辞めたら、竹下はどうなる。大学教授なんか、政治のことは何一つわかってないんだ」

奥田らは、順天堂医院の医師を、幹事長として国会や党本部などで活動する安倍晋太郎に同行させ、体調が悪くなったときは、いつでも点滴が打てるよう準備した。

結局、安倍晋太郎が手術を受けたのは、医師に手術を勧められてから二十日後であった。

奥田は、悔やんでも悔やみきれなかった。

〈強引にでも手術をさせるべきだった。あのとき、すぐに手術をしておけば、あるいは命を縮めることはなかったかもしれない。先生は盟友の竹下登を守るために命を縮めたようなものだ〉

五月十五日、ついに手術に踏み切った。手術では、結石をとるだけでなく、内臓にも悪いところがあるのでということで、膵臓から十二指腸、胃の一部まできれいに取ってしまった。

洋子は、その手術の直後、晋三とともに二川医師の部屋に呼ばれた。そこで、安倍晋太郎が「膵頭領域の癌」であることを知らされた。

「膵臓癌です。残念ながら、完治は非常に難しい」

安倍晋三は、眼の前が真っ暗になった。

〈まさか……〉

二川はつづけた。

「このことは、本人には告げないほうがいいと思います。われわれの経験からいって、告知するのはかならずしもいいことではありません。精神的に気を病んだり、むしろ寿命を縮める可能性のほうが高いですから」

現在は、インフォームド・コンセント（医療に関する十分な説明と同意）がおこなわれている。が、この当時は、まだそのような風潮はなかった。

晋三と洋子は、二川医師の判断に従った。

「そうします」

二川医師は、明確にはいわなかったが、手術後五、六年生きている例もあるが、それは四、五％で、ふつうは二年から三年ほどの生存率だという。

洋子は、夫の癌を現実のものとして受け入れた。

〈これからは、おとうさんの好きなようにさせてあげよう〉

だが、表向きは、あくまで総胆管結石で通した。

洋子は、本音をいえば、国立がんセンターで最先端の医療を受けさせたかった。しかし、そのようなことをすれば、安倍晋太郎が癌であることを知らしめることになりかねない。夫の政治生命を短くすることになる。だが、どこから漏れるのか、晋太郎が癌であることは、マスコミに知られることになった。

晋太郎の病室には、幹事長代理の橋本龍太郎をはじめ、出入りがかなり多かった。病床の身の安倍晋太郎が、ゆっくりと休める状態ではなかった。しかも、病室をおとずれる人たちも、腹のなかでは、安倍晋太郎が癌だとわかっている。にもかかわらず、真実を隠さなくてはならないことは、洋子にも晋三にも、つらくてならなかった。

いっぽう、平成元年三月三十日リクルート社が、昭和六十二年の「竹下登幹事長を激励する夕べ」のパーティー券を二千万円購入したことが発覚した。竹下首相は四月二十五日、辞意を表明した。竹下内閣が、事実上崩壊したのだった。

安倍晋太郎は、入院のため自らが竹下の後継総裁になるどころか、大事な後継選びの調整役まで棒にふらなければならなかった。断腸の思いであった。

六月二日、竹下にかわり、宇野宗佑が総裁となった。

が、宇野も、女性スキャンダルで傷ついた。そのせいで、七月二十三日の参院選は社会党に惨敗を喫した。ついに参院選は与野党逆転となった。

宇野首相は、七月二十四日、退陣声明をおこなった。発足後、わずか六十九日間の短命に終わった。

総理の椅子への執念

安倍晋太郎は、宇野首相の退陣表明の翌日の七月二十五日、順天堂医院を退院した。さっそく、行動を開始した。

経世会会長の金丸信と、ひそかに会談した。

安倍は、金丸、竹下登とは昭和三十三年初当選組ということもあり、特に気心の知れた仲である。

安倍は、金丸に熱っぽく訴えた。

「解散は、なるべく早いほうがいい。早く、総選挙を実施すべきではないでしょうか」

安倍のあまりの熱の入れように、金丸は、会談のあとで竹下派幹部にぼそりと洩らした。

「安倍君は、おれより激しいよ」

金丸は、安倍の衆議院の早期解散を期待する気持ちの中に、リクルート事件の「みそぎ」を早くすませたい、政局の回転を速め、政権に早く到達したい、という強い執念を読みとった。

金丸は、昭和六十二年秋、竹下が中曽根首相から総裁の裁定を下されたのも、最後まで安竹連合の枠を崩さなかったため、と信じている。安倍への義理は、深く感じていた。

〈竹下のつぎは、かならず安倍に……〉

と心に決めていた。

永田町でも、竹下が二期四年、その後安倍が政権を受けつぎ二期四年、というのが既定の路線のように思われていた。ところが、寝技師として名をはせた故川島正次郎のいうように、まさに「政界は、一寸先は闇」である。リクルート事件に火が点き、政界は大混乱に陥ってしまった。路線は、狂いに狂ってしまっていた。


安倍晋太郎が訪ソしてゴルバチョフ議長と会談するというシナリオは、水面下で着々とすすめられていた。

ソビエトのシェワルナゼ外務大臣が、昭和六十三年十二月十八日来日した。そのとき自民党幹事長であった安倍は、シェワルナゼ外務大臣に会った。

シェワルナゼ外務大臣は、こう提案した。

「政権党同士の交流を、やりましょう」

つまり、ソ連共産党と自民党の交流をはじめようというもので、それが実現すれば党同士としての交流ははじめてのことになる。

ふたりはこの案件について、原則的に合意した。

党同士の交流の第一弾として、モスクワでの安倍、ゴルバチョフ会談実現に向けて具体的な作業に入った。が、平成元年四月十八日に、安倍が突然入院することになり、立ち消えた。

しかし、ソ連側は積極的であった。安倍の入院中に、非公式に伝えてきた。

「党同士の交流については、進めていきたい。安倍氏の健康の回復を待つ」

安倍は、退院後からソ連訪問、あるいは中国訪問をなんとか果たしたい、と必死であった。安倍復活を、どうしても高らかにアピールする必要がある。それこそが、訪ソ、あるいは訪中なのである。

外務大臣を連続四期もつとめた安倍は、「外交の安倍」として起死回生をはかろうとしていた。

八月十日には、海部俊樹内閣が成立した。竹下はなんとしても盟友の安倍を総理に据えるつもりでいた。そのためにも、安倍と当選回数の同じ海部を総理に据えたのである。橋本龍太郎だと若返りになる。

七月二十五日、およそ三ヵ月ぶりに安倍が退院すると、ふたたび外務省を通じてソビエトとの交渉がはじめられた。

平成元年十二月十四日、ポスト海部を安倍と争う最大のライバル宮沢喜一は、アメリカのワシントンにあるホワイトハウスで、ブッシュ大統領と会談していた。ブッシュ大統領との会談は、宮沢の要求により実現したものである。宮沢は、日米関係について、構造協議や在日米軍駐留経費の負担増といった当面の両国間の懸案のみならず、日米両国内で頭をもたげはじめている日米同盟関係のあり方への批判や疑念についても、長期的視野で話し合った。

宮沢も、安倍同様リクルート事件のみそぎがまだすんでいないので日本では大っぴらに活動できない。その間、海外で活躍しようという作戦である。ポスト海部を睨んでのアドバルーンでもあった。

安倍は焦った。

〈宮沢がアメリカなら、おれはソ連だ〉

平成二年一月五日夜の十時すぎ、安倍晋太郎に外務省から電話が入った。

電話を受けた晋三が、安倍に伝えた。

「(モスクワにいる) 川上 (隆朗特命全権) 公使に、ソ連側が、はっきりと告げたそうです。ゴルバチョフ最高会議議長が、十五日の午前十一時、クレムリンで会うそうです」

安倍の顔が、ほころんだ。

晋三もうれしかった。

「去年が最悪でしたから、これでツキがまわってきますね」

安倍も、にこりとした。

「そうだな……」

一月十五日、自民党訪ソ団団長安倍晋太郎と、ゴルバチョフ議長との会談が、モスクワのクレムリンでおこなわれた。晋三も秘書官として同席した。

二人は、おたがいに固く握手を交わしたあと、会談に入った。安倍がいった。

「あなたの来年の訪日を、日本国民はみんな待っている。桜が咲く四月ごろが一番美しいが、どうですか」

ゴルバチョフ議長は、答えた。

「なんらそれに支障が起きないことを期待している」

のっけから訪日の話を持ち出した安倍は、ゴルバチョフ自身の了承を意味したことばに奮い立った。ソビエトの最高会議議長が来日することなど、これまでにないことだった。

〈そのとき、ゴルバチョフと総理として握手するのは、このおれだ〉

ゴルバチョフもまた、日本の次期首相は安倍とにらんで、民族問題が噴出するなか、わざわざ自分と会った、と信じていた。

安倍は、勢いに乗っていった。

「両国の困難は、英知をもって解決していくしかない。その他の道は、あり得ない。同時に他の面でも協力して両国関係を発展させたい。そのために八項目を提案したい」

安倍は、入院する前は、七十二キロあった。が、十五キロも減って五十七キロになった。いまは六十三キロで、まだ十キロ足りない。太るのは、退院して半年というが、安倍はこうして動きまわっているので、なかなか太れない。が、気力は充実していた。

安倍は、「漁業分野における互恵的民間協力の推進、人道的見地から、北方四島のうち墓参の実現していない択捉《えとろふ》島への墓参の実現」など八項目の提案をおこなった。

ゴルバチョフは、うなずいた。

「結構です。あなたの提案は、われわれから肯定的に迎えられるでしょう。日本の友人たちに、われわれが必要と思える措置を押し付けることはできない。それはあなた方の主権の問題であり、固有の権利だ。しかし、隣国同士のわれわれの関係は、不正常だ。いまの提案には、よく考えて善処したい。択捉島墓参は、十分考えたい」

択捉島墓参に、ゴルバチョフが柔軟な考えを見せたことは、北方領土問題に新展開をもたらしたことになる。

安倍はいった。

「いま、日ソは、両国間の困難な問題を克服する時期に来ている。ゴルバチョフ時代にぜひ解決していきたい」

困難な問題とは、つまり、北方領土問題、日ソ平和条約締結へ向けての作業などを指していた。安倍は、最大の懸案を、ゴルバチョフ議長にぶつけたのである。

安倍は、内政問題であれ、外交問題であれ、曖昧なかけ引きはしない。ずばり、こちらの要求を出す。

昭和六十三年七月総理を引退してまもない中曽根が訪ソしているが、これまでのソ連側の対応は、こと北方領土を持ち出すと、「あれは第二次世界大戦終了後、合法的にもらい受けたものだ。法規的に、なんらおかしなところはない」とはねつけていた。日本側も、そういうことであれば、経済援助はしない、と平行線をたどってきたのだ。

それが、ここでは安倍がペレストロイカ体制を支持、援助すると一歩踏み出したことに対し、ゴルバチョフも、領土問題を解決する方向で考えていこう、と一歩踏み出してきたのだった。これこそ、大きな収穫であり、日ソ関係の画期的な展開を告げるものであった。

安倍は、ゴルバチョフとの会見を終え、いよいよ帰国というとき、晋三にはずんだ口調でいった。

「ゴルバチョフとの会見は、一応成功した。北方領土問題についても、いままでになかった前進があった。今度の総選挙では、ソ連は、話し相手として自民党を選んだ、しかも、安倍晋太郎を選んだのだ、ということをアピールしていく。やはり、これからは実力者の時代だ、派閥のリーダーこそ必要とされている、ということを訴えていく」

安倍は、総理大臣の椅子を摑むためにも、総選挙に賭けていた。

晋三に、胸の内の闘志を語った。

「このまま野垂れ死にして、なるものか。なんのために、三十年間も苦しい思いをして戦ってきたんだ……」

命を削って戦った父からの教え

平成二年二月の総選挙は、安倍晋太郎が清和会の会長に就任後、はじめて迎えた総選挙であった。安倍は、一人でも多くの同志を当選させるため、まさに命がけで戦った選挙でもあった。

晋三は、安倍晋太郎が選挙を前に、いつものように昂揚《こうよう》しているのがわかった。

「選挙は、命がけでやるもんだ」

というのが、安倍晋太郎の持論である。

晋三の眼から見ると、竹下登の選挙好きは、選挙そのものをゲームとして見ているような気がする。が、本質的に、攻めの性格である安倍晋太郎は、選挙の戦いの中で、ある種の生きがいを見出しているとしか思えない。そういう安倍は、選挙戦に突入すると、自分の健康のことなど忘れてしまっている。武士が合戦でわたりあうとき、自分の体の一部の痛みなど意識しないのと同じである。

医師は、安倍晋三にいっていた。

「いくら身体を酷使しても、それはあまり寿命とは関係ありません」

晋三には、それが本当なのかどうかは、わからない。しかし、判断した。

〈オヤジがやりたいことをやらせたほうがいいだろう〉

党内最大派閥竹下派の金丸信会長は、そんな安倍に冷ややかな視線を送った。

「安倍のところはいろいろなモンを立てているけどな、味噌もクソもいっしょだよ」

その話を伝え聞いた安倍派四天王の一人森喜朗は、ムッとした。

〈なにをッ！　なんとしても、クソを味噌に変えないといかん〉

安倍派事務総長の森は、安倍と二人で全国を手分けして飛び回った。移動の際には、ヘリコプターをチャーターした。

森が、次の選挙区に向かうためヘリコプターに乗り込んだところ、安倍から無線電話がかかってきた。

「なに、やってんだ、おまえは！　いま、どこに行ってんだ」

「わたしは、いまから佐賀に行くところですが……」

「駄目だ！　早く、××に行け！」

安倍は、まるで気でも狂ったような熱中ぶりであった。

安倍派は、この総選挙で、なんと二十二人もの新人議員を当選させた。一派で新人議員が二十人を超えるのは、自民党の党史上、はじめてのことであった。

それから七ヵ月後の平成二年九月十四日、安倍晋太郎はふたたび順天堂医院に入院した。

ウシオ電機会長の牛尾治朗は、安倍晋太郎の異父弟で日本興業銀行常務の西村正雄（のちに頭取）を通じて安倍の本当の病状を聞かされていた。

牛尾は、西村に勧めた。

「がんセンターに移したほうが、いいんじゃないか。臨床例からいっても、がんセンターのほうが多いし」

しかし、政治家にとって病気を明かすのは致命的となる。ましてや、癌ならなおさらだ。が、癌であることは、すでに周辺はわかっている。それでも、なおためらいがあった。

平成二年九月二十二日から、日本の文化芸能をソ連の一般市民に紹介する「日本文化週間」が、モスクワで開会されることになった。この年の一月、安倍晋太郎がゴルバチョフと会談した際、開催を提案したのだ。安倍晋太郎は、このとき自民党代表団の団長として訪ソの予定だった。が、体調がおもわしくなく、療養に専念することになった。代わりに、小渕恵三元官房長官が団長をつとめることになった。晋三は、父親の名代《みょうだい》として訪ソ団に加わった。

晋三の妻昭恵も、下関の「平家踊り」を披露するグループに参加し、いっしょに訪ソすることになった。平家踊りは、源氏に追われて下関の壇ノ浦に散った平家一門への供養の踊りが源といわれている。三味線、勇壮な和太鼓、空樽が軽快なリズムを刻み、踊り手は「糸繰り式」といわれる、手を上に伸ばして交互に繰るような動きを基本としている。

昭恵は、安倍晋太郎の秘書の奥田斉からいわれた。

「これから下関市民になるんだから、地元伝統の踊りを、習ったほうがいいでしょう」

奥田は、昭恵にさらにいった。

「モスクワで代表として踊ったら、みなさんから評価していただけるよ」

昭恵は、踊りの指導を受け、必死になって練習した。

赤の広場での本番当日、中曽根派ながら安倍晋太郎を総理に、と情熱を燃やしていた山口敏夫も参加した。山口が、会場の入口で、自前で買ってきたチョコレートを通行人に配っていた。

山口は、昭恵に茶目っ気たっぷりにいった。

「ソ連の人たちを、たくさん呼んでおいたからね」

赤の広場には、四十万人もの人々がつめかけた。日本の花火に見入り、北島三郎の演歌に、モスクワっ子たちは酔った。連日、ソ連の国営テレビでも、日本文化週間の模様が放映され、これまでソ連を目の敵《かたき》にしてきた日本人との、まったく新たな文化交流が繰り広げられた。

昭恵は、高まる緊張感の中で、みごと平家踊りを踊り切った。

晋三は、九月三十日、ソ連から帰国するや、その足で順天堂医院に父親を訪ねた。父親に、モスクワでの大イベントの成功について報告した。父親は、自分が行けなかったことを、あらためてひどく残念がった。

十月六日、ソ連外務省から「二島返還」を示唆するメッセージが伝達された。そして、十一月三十日、安倍晋太郎は順天堂医院を退院した。

しかし、平成三年一月十九日、安倍晋太郎は、順天堂医院に三度目の入院をした。病状は、ひどく厳しいものであった。安倍晋太郎は、外務大臣、幹事長などの要職を歴任し、安倍派を率いている。責任ある政治家として、今後のことも考えておかなければいけない。

晋三は、心を鬼にして父親に告げた。

「お父さん、癌です」

晋太郎は、思いのほか冷静に受け止めた。

「ああ、やはり、そうか……」

取り乱すことはなかった。

しかし、晋太郎は、最後まであきらめなかった。病気に打ち勝つべく、医師らとともに新しい治療法がないかどうかを考えた。

病室には、安倍派の幹部たちも見舞いに訪れた。安倍派四天王の一人、加藤六月は安倍晋太郎を励ました。

「健康さえ良ければ、(海部内閣から)安倍内閣に変えますから。みんな、そう思っていますから」

安倍晋太郎と盟友で、党内最大派閥を率いる竹下登も、まちがいなく推してくれる。そもそも、竹下が首相を退任した後、宇野宗佑や海部俊樹を後継総裁に据えたのも、安倍晋太郎が総裁になるまで年代を若返らせないというのが前提であった。

晋太郎は、ひどく無念そうに答えた。

「いや、おれはまだ、健康に自信が持てないよ……」

平成三年四月、ソ連のゴルバチョフ大統領が来日することになった。前年平成二年一月十五日、自民党代表団の団長としてソ連を訪問し、ゴルバチョフと会談した安倍晋太郎は、「ぜひ桜の花の咲くころにいらしていただきたい」と約束を取りつけ、積極的に訪日の道を開いてきた。歓迎レセプションの委員長も引き受けており、ゴルバチョフと日本で会うことを楽しみにしていた。

衆議院議院運営委員長の森喜朗は、唇を嚙んだ。

〈この路線を敷いたのは安倍さんなのに、その安倍さんが、ゴルバチョフに会えないなんて、そんな馬鹿な話はない〉

そう思っていたところ、森は、竹下登元首相に呼ばれた。

「森君、安倍ちゃんのために、できるだけのことはしてやれよ。あとは、おれが責任をもつから」

「わかりました」

森は、安倍の妻洋子に電話を入れた。

「安倍さんをゴルバチョフに会わせたいのですが、体調はどうですか」

洋子は、丁重に断った。

「お気持ちはうれしいですが、ちょっと無理のようです。ご心配ないように」

それからしばらくして、安倍の上席秘書の清水二三夫から、森に電話がかかってきた。

「森先生、できれば安倍とゴルバチョフを会わせる方法を、考えてやってほしい」

森は、森なりに察した。

〈これは、いよいよ体調が悪いな〉

森は、竹下と相談した。竹下は、智恵を絞った。

「きみは、議運の委員長だ。だから、衆議院議長の桜内（義雄）さんが議長公邸での午餐会にゴルバチョフを招待するかたちにし、その席に各党の党首、各派の会長たちを招いたらどうだ」

「なるほど、それは、名案ですね。でも、おそらく安倍さんは、立っていられない状況です。みなさんといっしょに昼食を取ることはできないでしょう」

「そうか」

そこで、桜内議長が各党の党首や各派の会長を議長公邸の庭に誘い、ドリンクパーティーのようなものを開いてもらう。その間を利用し、安倍とゴルバチョフと二人だけによる会談をセットすることにした。

森は、さっそく根回しに動いた。議運の委員長だからこそできた。桜内議長、各党の党首、各派の会長の了解を得て、安倍・ゴルバチョフ会談が実現する運びとなった。

会見日を間近にひかえ、晋三は医師に制癌剤の投与を一時停止してもらった。制癌剤は、その副作用として体力が落ちてしまうからだ。

四月十八日、安倍晋太郎は、順天堂医院の病室で紺のスーツに着替えた。やせ細った身体をふくよかに見せるため、下着のシャツを二枚重ね合わせ、その間にパッドを入れた。このアイデアは、安倍晋太郎夫妻の親しい友達である俳優の芦田伸介の夫人の話を参考にしたものであった。安倍夫妻が芦田伸介の芝居を見たあと、楽屋を訪ねていろいろと話を聞いた。

そのとき、芦田夫人はいった。

「(役柄で)恰幅のいい感じを出すのにシャツを二枚合わせて、その間に綿を入れたものをつくって着せるんですよ」

安倍晋太郎を乗せた車は、順天堂医院を出ると、千代田区永田町二丁目にある衆議院議長公邸に向かった。道路が空いており、少し早めに永田町周辺に到着した。

晋三は、父親に声をかけた。

「ちょっと、早すぎましたね」

晋太郎は、車窓に映る永田町周辺の風景をいとおしむかのようにいった。

「それじゃ、(時間潰しに)憲政記念館にでも寄っていくか」

車は、永田町一丁目にある憲政記念館に滑り込んだ。

後部座席からゆっくりと降りた晋太郎は、木立のなかで大きく一回伸びをした。

「あぁ、気持ちいいなぁ」

おそらく、これが思い切り外気を吸った最後の瞬間であった。

森は、衆議院議長公邸のなかでも、通常、出入りのできない通用口の前で安倍晋太郎の到着を待った。やがて、安倍を乗せた車が静かに姿を現した。

安倍晋太郎は、後部座席から降り立った。その瞬間、フワッと倒れそうになった。みんなが慌てて安倍の身体を支えた。

衆議院議長公邸での会見の間は、入口の近くに設営してあった。ここのところ体調がいいとはいえ、長い距離をトコトコと歩き回れる状況ではない。晋三は思った。

〈車を降りてからできるだけ歩かずにすむよう、桜内先生や森先生らが配慮してくれたのであろう〉

森は、安倍晋太郎を、屏風でしつらえた即席の会見の間に案内した。

安倍は、顔をほころばせ、ゴルバチョフ大統領と握手をした。

ゴルバチョフは、安倍に話しかけてきた。

「わたしは、約束を果たしました。サクラが、そろそろ咲きますよ」

安倍は、うなずいた。

森は、その光景を見ていて、胸に熱いものが込み上げてきた。

〈これが、あるいは最後のご奉公になるかもしれない〉

そこに、午餐会に招かれ庭にいた宮沢派会長の宮沢喜一が、ひょっこり顔を見せた。

宮沢は、安倍晋太郎を励ました。

「お元気そうじゃないですか」

安倍晋太郎は、答えた。

「宮沢さん、がんばってください。わたしはもう、遠くから見てますから」

晋三は、父親の言葉におどろいた。

〈もう自分の命は長くないと思っているのだろうか〉

安倍は、ゴルバチョフとの五分間の会見を終え、病院に引きあげた。

ゴルバチョフ大統領に会えたこと、体力的にも乗り切れたことで、安倍晋太郎は、気持ちの上でも満足していたのであろう。病院にもどった安倍晋太郎は、晋三に晴れやかな表情を見せた。

その夜、安倍・ゴルバチョフ会見がテレビニュースで報じられた。安倍晋太郎は、自分の姿を見てにこやかに晋三にいった。

「そんなに痩せてもいないし、これを見たら、みんな安心するな。これからは、ときどき出かけて、いろんな方にお会いしようかな」

現在、日本の政治家でもっともロシアとの縁が深いのは森喜朗である。首相を辞めてもなおプーチン大統領との関係は緊密だ。これも安倍晋太郎の「創造的外交」をしっかりと受け継いできているからだと、森は自負している。

晋三は、安倍晋太郎が病気になってからは、父親のそばにいつもついていた。その間、ふたりはいろいろと話した。

晋太郎は、やわらかな表現はしないタイプで、病床に晋三が見えないと叱っていた。

「どこに行っていたんだ。秘書なんだから、しっかりしなくちゃ駄目じゃないか」

晋太郎は、妻の洋子に、晋三についていった。

「おれも甘いところがあるけれど、晋三もおれに輪をかけたようなところがあるからな」

また、半分冗談のようにいった。

「ちょっと心細いようでもあるけれど、なんとかやってくれるだろう」

晋三が跡を継ぐことははっきりしていたが、特に遺言めいたことはなかった。

晋太郎は、死期が近くなると、晋三を枕元に呼び、諭すようにいった。

「政治家になるのは、大変だ。おまえも、相当覚悟をしないと駄目だ。が、死に物狂いでやれ。そうすれば、かならず道は拓ける」

晋三は、これまで命を削る思いで国のために働いてきた父親の姿を見て、覚悟ができた。

平成三年五月十五日午前七時七分、安倍晋太郎は、順天堂医院で、膵臓癌のために亡くなった。六十七歳であった。

安倍晋三は、父親の無念の死に、男泣きに泣いた。五月十六日の芝の増上寺での五千人もが参列した通夜、やはり増上寺での五月十七日の八千人もの参列者による葬式と、忙しく動いている昼間はまだいい。が、夜になると、安倍は妻の昭恵の前で、涙を流しつづけた。

昭恵は、自らもいっしょに涙を流しながら、夫を慰めつづけた。

〈男が、これほど涙を流すには、よほど……〉

晋三は、死の二年前から、父親が癌であることを知らされていた。が、これほど早く亡くなるとは、考えていなかった。そのため、父親の分まで立ち働くことに忙しくしており、父親と十分に話す機会をつい逸していた。その後悔と、父親を失った悲しみと、父親の跡継ぎという重責が、激しい奔流のように一気に押し寄せていたのか。

何より、総理への道を目指してたゆまぬ努力をつづけ、そこへ辿り着く一歩手前で病に倒れた父親の無念を思うと、晋三はどうにもいたたまれなかったのであろう。その悲しみが、やがて父親の志を継ぐ、固い決意へと昇華されていったと昭恵は見ている。

六〇年安保のとき、幼い晋三が南平台の祖父岸信介の家に遊びに行くと、家の周囲はデモ隊が取り巻いていた。しかし、祖父は、子供であった晋三ら兄弟と遊ぶなど悠然としていた。

のちに、晋三が思うには、祖父には揺るぎない自信があったのだろう。自分のやっていることは間違っていないという自信と信念があった。世論から批判され、マスコミをすべて敵に回しても、まったく動じなかった。晋三は、祖父から、正しいと思ったことをやるときは、けして動じてはいけないということを学んだ。

父親の晋太郎は、晩年、ソ連との国交正常化や北方領土の返還に政治生命をかけていた。そのとき、すでに身体が悪く、肉体的に厳しいなかでソ連を訪問した。ゴルバチョフ大統領から「叡知ある解決を考えたい」という言葉を引き出した。その執念は、すさまじいものであった。

安倍は、父親から「政治家として目標を達成するためには淡白であってはならない」ということを学んだ。

中曽根康弘は、ついに総理になれぬまま他界した安倍晋太郎の葬儀に出席し、残念に思った。

〈一度は、総理をやってもいい男だった〉

中曽根内閣で四期にわたって外務大臣をつとめ、外交問題についてはかなりの手腕がある。各国の大統領や首相ともネットワークを持っていた。

竹下登は、安倍晋太郎が亡くなったあと、山口県大津郡油谷町の晋太郎の墓参りにおとずれた。

生前の安倍に、まわりの者たちがいっていた。

「安倍さんは人がよすぎる。このままだったら、竹下さんに騙されます」

安倍は、その言葉に耳を貸さなかった。死ぬまで、竹下との関係を変えることはなかった。

竹下は、涙を浮かべながら、洋子にしみじみと語った。

「騙したというと言葉が悪いかもしれないですが、ぼくは行きがかり上、安倍君にそういうことをしたかもしれない。しかし、安倍君にだけは、ぼくは裏切られたことはなかった」

竹下は、つづけた。

「だから、ぼくはなにがあっても、晋三君を応援していく。晋三君のために、十回は応援に来るよ」

さらに、墓参りに来たときに開かれた講演会では、竹下はいった。

「自分がここに来るのは、派閥とかそういうものを離れて、わたしと安倍晋太郎君との友情で来るんです」

不安材料だらけの初選挙

安倍晋三の妻の昭恵は、義父の晋太郎の死を境に、本格的に政治家の妻としての役割を担うことになった。東京のマンションはそのままに、晋太郎の住んでいた下関にある実家へ居を移すことになった。

晋三は、平成三年六月二十九日、増上寺で亡父晋太郎の七十七日法要をすませた。それから九日後の七月八日、山口県萩市で、正式に次期総選挙に山口一区から立候補することを表明した。

「父の夢を追い求め、受け継いでいきたい」

亡き父親の弔い合戦とはいえ、けして楽な戦いではなかった。

山口一区の定数は、四議席。前回の平成二年二月十八日の総選挙では、自民党安倍派会長の安倍晋太郎は、リクルート事件で票を減らしたとはいうものの、十万二千二百四票を獲得し、トップ当選を果たしていた。他に当選七回を数える宮沢派の林義郎、福田派の重鎮であった田中龍夫の後継者で安倍派の河村建夫、社会党の小川信の四人が、次点の共産党候補を大きく引き離して当選した。順当にいけば、安倍晋太郎の後継者である安倍晋三の当選の可能性は高い。

ところが、晋三と昭恵は、古賀敬章も出馬すると知っておどろいた。

古賀敬章の父親は、山口県下で三本の指に入る建築会社のオーナーであった。安倍派の県会議員で、兄寛信の友人でもあった。古賀は、寛信が紹介した女性と結婚し、安倍晋太郎夫妻が仲人をつとめていた。古賀の父親は、安倍晋太郎の支援者でもあった。当然、後援者も重なっている。

昭恵は思った。

〈義父が亡くなったとたんに、身内だと思っていた人が、ライバルになるなんて〉

やはり安倍晋太郎の支援者であった江島潔も、立候補するという。江島潔は、安倍派に属していた故江島淳参議院議員の息子で、やはり晋三の両親が仲人親であった。晋三は、江島淳が急死したときの補選に出馬する決心をしたが、江島潔が出る動きを見せたので、晋太郎に断念させられていた。

安倍晋太郎の死去により、安倍後援会は、安倍晋三派、古賀敬章派、江島潔派に三分裂してしまったのである。票を食い合い、共倒れする危険性も高かった。

しかも、現職の大蔵大臣の林義郎など、強豪もひかえている。晋三は、けして当確の枠内にいるわけではなかった。

安倍晋三が外務大臣秘書官に就任してまもなく、安倍晋太郎後援会の青年部を中心に、安倍晋三を応援する会「晋栄同志会」が発足していた。山口県下関市に本部を構えた「晋栄同志会」は、各地区に次々と支部を立ち上げていった。

安倍晋太郎後援会の青年部に属していた配川博之（後に安倍晋三の地元秘書）も、仲間とともに地元の美祢《みね》郡秋芳町に「秋芳晋栄同志会」を結成し、平成四年五月、晋三の選挙を手伝うため、正式に安倍事務所のスタッフの一員となった。

安倍晋三は、父親が築いた後援会や晋栄同志会に支えられながら、地道に選挙運動を展開した。

晋三は、命がけで選挙区を歩き回った。父親の故郷である大津郡油谷町など、それこそ一軒残らず戸別訪問をおこなった。

のちに安倍晋三が自民党幹事長となってはじめてのぞんだ平成十五年十一月の総選挙で、十四万三百四十七票もの大量票を得たのも、このとき命がけで選挙区をまわった苦労があったからだと思っている。

晋三は、絶対に勝ってみせるという強い信念のもと、ひたすら選挙運動に励んだ。政治家というものは、自信を持たなくては最後まで選挙運動などつづけていられない。

しかし、週刊誌の当落予想では、安倍晋三に当選確実の◯を打った雑誌は、一誌もなかった。有力の△がちらほらあった程度で、苦戦の▼がほとんどであった。

新人候補にとっては、▼はマイナスとなる。後援者が、いくら応援しても駄目だとあきらめてしまうからだ。しかし、△は、かえって後援者が燃えてくれる。晋三は、そんな後援者にも支えられた。

母親の洋子は、この選挙は晋三が中心になっていたので、なるべく表に出ないようにしていた。陰にまわって手伝うことにした。が、内心、初めて選挙を戦う昭恵のことを心配していた。

〈昭恵さん、大丈夫かしら〉

昭恵は森永製菓の社長の家に育って、政治家のことはわからない。ましてや、選挙がどんなに大変かもわからない。しかも、東京生まれの東京育ちで、地元の山口県には友達もいなかった。そういうなかで、晋三を支える気苦労は、なみなみならぬものがあるにちがいない。

昭恵がはじめて大勢の支援者の前で挨拶に立ったのは、晋三の個人演説会でであった。昭恵は、なにをいっていいのかわからず、マイクを手にしたまま、ついにぽろぽろと涙を流した。すると、その必死さが伝わったのだろう。会場にいた支援者たちも、涙を誘われた。

だが、昭恵は落ち込んだ。洋子は、昭恵を励ました。

「はじめから上手にしゃべろうとか、そんなことをしないでも、自分の気持ちを訴えるつもりで話していれば、あなたの気持ちは十分に伝わるのよ」

「わかりました」

昭恵は、それから持ち前の明るさで、晋三を支えた。支援者たちの輪にも、みごとに溶け込んだ。酒を飲まない夫と違って、昭恵は酒をたしなむ。洋子はホッとした。

いっぽう昭恵は、下関の人々の親切さが、じつにありがたかった。後援者の自宅を一軒一軒挨拶に回ったときは、「これ、食べなさい」「これ、持って帰りなさい」と、手厚くも気さくなもてなしを数多く受けた。

昭恵が初めて間近で見た牛に、思わず大声をあげたときは、「牛ぐらいで、そんなに騒ぐものじゃないわ」とたしなめられた。が、昭恵はこのように間近に牛を見るのは初めてで、めずらしく、うれしかったのである。

安倍晋太郎の昔からの後援者たちは、昭恵に握手の仕方、お辞儀の仕方まで、一から丁寧に指導してくれた。

「握手をするときはかならず両手で、相手の方の眼をちゃんと見て、ありがとうございますという感謝の気持ちを持ってね」

握手の仕方などは、きちんと説明されないと、なかなかわからないものだ。昭恵は、後援者たちのひとことひとことに、ただ「はい」と、素直にうなずいていた。

しばらくすると、昭恵は、お辞儀ひとつ、握手ひとつに、自然と感謝の気持ちをこめている自分に気づいた。後援者一人ひとりの温かさに触れ、感極まって涙することもたびたびだった。その涙に、選挙区民に頭を下げて回るつらさが混じっていないのは、自分でも不思議なほどであった。

〈これが、田舎の良さなんだわ〉

一面に広がる木々や田畑の緑がまぶしい。昭恵は思った。

〈夫の故郷が、自分の新しい故郷が、この山口県で本当に良かった〉

まだ二十代の昭恵がミニスカートをはいて来ると、「スカートは、もう少し長いもののほうがいいんじゃないかしら」と注意を受けた。

安倍晋三も、当初は、国会議員の妻として本当に大丈夫だろうかと心配していたが、すぐに打ち解け、後援会の人たちに可愛がってもらっている。

晋三は思う。

〈東京生まれの東京育ちなので、かえってわたしの地元でのコミュニティーが、新鮮に感じられ、かつ感動しているのではないか〉

昭恵は、晋三が国会議員を目指していることを承知で妻となった。安倍晋太郎の秘書であった奥田斉が見るところ、昭恵は、とにかく仕事好きだ。おもしろがってやっている。ざっくばらんな性格で、話していても肩が凝らない。どのようなところに行っても、まったく気取らない。けして威張ることもない。みんなの輪の中にスッと入っては、いっしょに騒いでいる。地元では、人気が高い。

安倍晋太郎は、生前、奥田に昭恵のことを褒めていた。

「晋三は、いい嫁をもろうたよ。こういう嫁は、なかなかもらえん」

奥田も、昭恵にいった。

「あんたは、政治家の嫁さんに本当に似合っているねぇ。こういう仕事、あんた自身が好きなんだ」

昭恵は、屈託のない顔で笑った。

「そうですかねえ」

いっぽう安倍晋三も、選挙区をくまなく回りながら、事務所の人にたびたび注意した。

「後援者の方の中で、とかく社会的地位の高い人にばかり眼が行きがちだ。でも、だれが一生懸命応援してくれているか、それをしっかりと見なくては駄目だよ」

また、秘書が後輩秘書に命じて電話をかけさせたりすると、激怒した。

「電話は、代わりの人間にかけさせてはいけない。自分でかけるものだ。相手に、失礼だろう！」

晋三自身、秘書に電話をかけさせることはほとんどない。自分で直接電話をかける。電話を受けた人間が、いきなり晋三本人であるのでビックリするほどである。

晋三は、時間のない中でも変わらず、周囲に細かい気遣いをしつづけた。

ただひとつ、後援者が酔って「おれの酒が飲めないのか！」とからんでくるときだけは、さすがに辟易《へきえき》した。

晋三は、自分が苦手な酒を飲んでケロッとしている昭恵を見て、冗談混じりでいう。

「きみは、大酒飲みだねえ」

こうして晋三と昭恵は、選挙期間中、「初当選」というひとつの目標に向かって、まっすぐに進んでいった。昭恵はその中に、何ともいえない充実した気持ちを見出していた。

石原伸晃は、安倍晋三の選挙応援に協力を惜しまなかった。石原は、平成二年二月の総選挙で初当選して三ヵ月後に安倍派入りしていた。安倍晋太郎は、石原の仲人でもあった。安倍晋太郎が死去して総選挙まで二年二ヵ月とずいぶん長かった。その間、石原は、晋三の講演会の講師として山口県に入ったり、ポスターにも晋三とならんで登場した。安倍晋三の開く女性の会にも駆けつけた。

成蹊大学時代の同級生の秋保浩次は、選挙戦がはじまる直前に、晋三と会った。これまで父親のために選挙はしたことがあるが、自分の本質を問われる選挙をはじめて戦うのである。さすがにその表情には悲壮感すら漂っていた。

激戦区で約十万票のトップ当選

平成五年六月十八日、宮沢喜一首相は衆議院を解散した。七月四日、総選挙が公示された。

定数四の山口一区は、自民党前職で蔵相の林義郎、二期目を目指す河村建夫、新人の安倍晋三、社会党前職の小川信、総選挙直前に、竹下派七奉行の主力メンバーであった小沢一郎、羽田孜らが自民党を飛び出して結成した新生党から出馬した新人の古賀敬章、細川護熙の結成した日本新党新人の江島潔、共産党新人の田川章次、諸派の佐々木信夫の八人が立候補した。

晋三陣営は、「改革派」の攻勢に対抗するための戦術として、安倍晋太郎の継承を、あえて前面には出さなかった。ポスターには「チェンジ」の文字を入れた。安倍陣営は、二千人以上も庭に集めることができる巨大事務所を設営した。さらに名簿のチェック。ローラー作戦を展開した。

公示日、安倍晋三の出陣式がおこなわれた。下関駅前の選挙事務所で、晋三は母親の洋子と妻の昭恵の持つダルマに片目を入れ、勝利を誓った。

さらに、母と妻に「あべ晋三」のタスキをかけてもらい、事務所前で第一声を放った。

事務所前には、しのつく雨の中を五千人も詰めかけた。

石原伸晃は、安倍晋三の事前応援に何度か駆けつけたが、選挙期間中は、自分の選挙に必死で応援に駆けつけることができなかった。その代わりに、叔父で俳優の故石原裕次郎を総帥とした、いわゆる石原軍団の舘ひろしに頼み、公示日に晋三の応援に入ってもらった。

その夜、舘が石原に電話をかけてきた。

「すごく集まったけど、大丈夫かな」

舘は、人気俳優だ。自分のほうが目立ってしまい、候補者の晋三がかすんでしまったのではないか、とひどく心配していた。

公示後まもなく、晋三は、「あべ晋三」と書いた選挙カーで山村地帯の阿武郡を回っていた。山間《やまあい》の道路を走っていたとき、前方で「オーイ!」と手を振りながら、選挙カーを止めようとする男性の姿があった。晋三は、つい身構えた。

〈頭のおかしい人かな!?〉

選挙カーは、その男性にゆっくり近寄っていった。なんと三塚派中堅議員の亀井静香ではないか。亀井の選挙区は、山口県の隣県の広島三区である。

晋三は、慌てて選挙カーを降りた。

「亀井先生、どうしたんですか、こんな山奥で……」

亀井は一見いかつい顔をしているが、笑うとなんともいえない人なつこい顔になった。

「きみのお父さんには、ずいぶんお世話になったからな。おい、きみも、がんばれよ。それじゃ」

それだけをいい残すと、止めてあった自分の車にいそいそと乗り込んだ。

のちにわかるが、亀井は、どこかに応援に向かう途中で偶然、晋三の選挙カーを見つけたわけではなかった。激励するために、わざわざ片道三時間もかけて山口県にやってきた。選対事務所で日程を聞き、晋三の選挙カーが通ると思われる道路で待っていたのだ。

はじめのうち、晋三は周囲からずいぶんと指導された。

「オヤジさんも早口だったけど、あなたも早口すぎる。何をいっているのか聞き取れないので、もっとゆっくりしゃべってくれ」

晋三の演説は、洋子が聞いていても父親の晋太郎に似て早口だった。安倍晋太郎も、政治家として初めて立候補したとき、演説ではものすごい早口だった。洋子も、夫にいっていた。

「ちょっと、早口だから」

まわりからも、「もうちょっとゆっくり話したほうがいい」といわれていた。

政治評論家のひとりからも、アドバイスを受けていた。

「演説は、人が本当に納得して、説得力もなくてはいけない。それには、立て板に水のごとくいうのではなく、間をとるとか、力を入れるとか、大事なコツをもう少し勉強しないといけない」

まわりから「もうちょっとゆっくりしゃべるように」といわれた晋三は、自分でも気にして、自分が演説しているビデオを見て直すようにつとめた。

晋三は、洋子に訊いた。

「どう、直ったでしょう」

訓練と経験を重ねて、いまや演説は、ちょっと冗談を交えたりして、安倍晋太郎よりはうまいのではないかと洋子は思っている。

晋三は、これまで父親の安倍晋太郎の代理で演説する機会は多かった。が、代理というのは「あれをいってはいけない」「これをいってほしい」など、いろいろな制約が多い。

かえって自分自身の選挙演説のほうが、伸び伸びといいたいことを訴えることができた。

晋三は、ある会場で政策を演説の中心に据えたとき、注文をつけられた。

「そんなに政策の話ばかりするな。もっと親父との思い出話をしたほうがいい」

そうかと思えば、別の会場では、

「親父との思い出話はもういい。もっと、政策の話をしろ」

と反対の注文もあった。

晋三は、苦笑した。

〈これは、もう自分で決めるしかないな〉

自民党は、その直前、政治改革関連法案の対応をめぐって党内が混乱し、宮沢内閣不信任決議案に羽田派が賛成して可決。自民党を出た羽田孜、小沢一郎らが率いる新生党、武村正義が代表をつとめる新党さきがけが相次いで誕生し、自民党は分裂していた。

晋三は、その動きを中心に据え過激に訴えた。

「自民党は、分裂しました。ですから、わたしたち若い世代が自民党を建て直します。政治改革とは、選挙制度を変えるということよりも、いかに腐敗を無くすか、ということではありませんか。そのためには、まずメンバーを変える必要があります。したがって、いまの執行部の幹部は、みんな変わってもらわないといけません」

地方を選挙地盤にしているがゆえに、地方分権についても触れた。

「日本の経済政策は、東京に一極集中しています。この一極集中を無くさないといけません。それには、まずわれわれのライフスタイルそのものを、みんなでもう一回、考える必要があります。山陰地域は、インフラ整備が後回しにされています。しっかりインフラ整備をしないといけません」

のちにもっとも力を入れる安全保障については、特に熱っぽく語った。

「ＰＫＯ（国連平和維持活動）が注目されていますが、日本は、当然国際貢献するべきだと思います。これこそが、戦後との訣別《けつべつ》です」

選挙期間中、中央から延べ七十人を超える政財界、文化、芸能人が応援に駆けつけた。安倍派から衣替えした三塚派からは、通産大臣の森喜朗、郵政大臣の小泉純一郎、元運輸大臣の石原慎太郎ら大物議員が駆けつけた。

ウシオ電機会長の牛尾治朗も、選挙期間中、安倍晋三の応援のため二度ほど山口県に入った。政治家に知人が多い牛尾ではあるが、応援演説まで買って出るのはめったにないことであった。

牛尾が演説をした後、真打ちの安倍晋三がマイクを握った。牛尾は、晋三の演説に興味津々であった。

〈どんなものだろう〉

演説は、初陣とは思えぬほど、じつに堂々としたものであった。短い言葉だが、要点を衝いている。牛尾が先に話したことを咀嚼《そしゃく》し、それを受けて上手に話す。その場その場で、話し方を変えるのだ。

牛尾は感心した。

〈血は争えない。天性の政治家なんだな〉

かつて牛尾が会頭をつとめた日本青年会議所の関係者も、応援のため汗を流してくれた。夜は、下関市の選挙事務所にみんなで集まり、ふぐ刺しやふぐ鍋に舌鼓を打った。東京では、一人前一万円から二万円はするような新鮮なふぐが、わずか三千円ほどで堪能できた。

牛尾がおどろいたのは、ふぐの安さだけではなかった。晋三の妻昭恵の献身的な働きぶりである。森永製菓の令嬢でまったく政治経験がない三十歳そこそこの昭恵は、選挙戦の火中に飛び込み、懸命に夫を支えていた。

牛尾は、晋三の支持者が少ない地域に日本青年会議所のメンバーを集めた。演説会場に足を運ぶと、先に昭恵が到着していた。しかも、はじめて会うというのに、すでにメンバーの輪の中に入っていた。

後援会の人たちともすぐに打ち解け、後援会の人たちは、みんなまるで昭恵のことを自分の子供のように「昭恵ちゃん、昭恵ちゃん」と可愛がっていた。

牛尾は感心した。

〈見知らぬ土地で、よくやっている。晋三君は、いい嫁さんをもらったなぁ〉

選挙期間中は、安倍晋太郎の異父弟で晋三の叔父に当たる日本興業銀行副頭取の西村正雄も、応援に入った。

西村は、選挙区内の興銀の取引先をリストアップし、晋三とともに一軒一軒挨拶に回り歩いた。西村の仕事関係者だけでも、かなりの人数である。国政選挙初挑戦の晋三にとって、西村はじつに心強く頼もしい存在であった。

西村は、竹下登元首相にいわれていた。

「わたしは、晋三君の父親がわりをつとめたいと思っている。あなたも、全面的に彼に協力してやってくれ」

いまは亡き安倍晋太郎との深い友情をしめす、温かい言葉であった。

西村も、竹下の言葉に力強くうなずいた。

竹下は、安倍のために自ら応援に駆けつけたいと思っていた。が、このとき竹下は、迂《う》闊《かつ》に動けない事情を抱えていた。折りしも、東京佐川急便事件にからんだ、右翼の皇民党のいわゆる「褒め殺し」事件発覚の渦中にいたのである。

総選挙を前に、無所属で立候補していた竹下は、側近の小渕恵三元幹事長に依頼した。

「今回は、わたしが晋三君の応援に行くとマイナスになるから、代わりに晋三君の応援に行ってくれないかね」

小渕は快諾し、スケジュール調整をしてすぐに山口県入りをした。

西村は、小渕の姿を見て思った。

〈竹下さんは、本当に友情に厚い人だ〉

七月十八日の投票日、下関の選挙事務所には、夕方から四百人を超える支援者たちが詰めかけた。晋三も、支援者たちといっしょにテレビの開票速報に見入っていた。

午後七時三十九分、開票一％で、早くも当確が出た。いっせいに弾けるような拍手が沸き起こった。

晋三は、母親と妻の支えるダルマの残された片方の目に黒々と墨を入れた。

晋三は、九万七千六百四十七票を獲得し、山口県から出馬した八人のうちトップ当選を飾った。

昭恵の充実感は、達成感になった。このように満たされた思いは、昭恵の人生の中で、初めてのことであった。

安倍晋三の当選の挨拶が終わり、事務所内の騒ぎが一段落したところで、安倍は、西村正雄とともに宇部市にある事務所へ向かうことになった。宇部までは、車で四、五十分の距離である。車に揺られながら、西村は思った。

〈宇部に着いてしまったら、向こうの連中にもみくちゃにされて話ができなくなる。車の中で、晋ちゃんと話をしておこう〉

西村はいった。

「晋ちゃん。神戸製鋼の亀高さんと、竹下さんに、今すぐ電話しなさい」

神戸製鋼所社長（当時）亀高素吉は、安倍の恩師のひとりである。神戸製鋼所に入社して以来、精神的な面もふくめ、全面的に安倍の力になってくれた。西村は、そんな亀高と、父親代わりを自負する竹下登に、まずは電話で当選の報告をしなさいと助言したのである。

安倍は、自動車電話で車内からふたりに連絡を取った。

安倍が宇部に到着すると、たくさんの温かい拍手と歓声で迎えられた。

みんなが喜び、笑い、感動する中で、ひとり渋い顔をしていたのが、安倍晋太郎の秘書をつとめた奥田斉である。

奥田には、目標があった。

「当選は当たり前として、晋太郎さんが前回獲得した十万二千二百四票をぜひとも超したい。最低でも、十万票は取りたい」

安倍はトップ当選を果たしたが、票数は十万票にわずかながら届かなかった。

奥田は、西村に愚痴をこぼした。

「十万票いかないなんて、わしは不満だ」

それだけ、奥田の晋三への思い入れは深く、亡き父親を超えて立派な政治家になってほしいという願いが強かったのだろう。

初当選を果たした後に、成蹊大学の同級生の秋保浩次は、安倍晋三と会った。晋三はよろこびに満ち満ちていた。目をらんらんと輝かせながら、興奮しきった表情で秋保にいった。

「なにがすごいかっていうと、十万近くの人が、おれの名前を書いてくれるんだぜ」

晋三自身、父親の選挙戦で学生時代からたびたび応援に出かけていた。そのときも、父親のために懸命にいろんな人に頼んでまわり、父親が当選を果たしたときには心からよろこんでいたにちがいない。しかし、実際に、自分が立ってはじめて、父親の選挙での苦しみがわかり、それを乗り越えてはじめて、当選したものでないとわからない政治家としてのよろこびを理解できたにちがいない。

西村正雄は、安倍が初当選した後、竹下登と会う機会がしばしばあった。

竹下は、そのたびに西村にいった。

「晋三君のことを、頼みますよ」

西村が見たところ、竹下は、国家観についてはあまり語らない政治家だと思っている。が、安倍が一回生のとき、技術面、特に国対についていろいろ細かく指導した。それが、安倍がのちに国対副委員長になったときに、生きてくる。

第六章　はじめの一歩

安倍晋三は、初当選をはたすや、はっきりと目標を定めた。

〈外交と安全保障を、やりたい〉

平成六年一月、前年七月の総選挙で福島二区から出馬し初当選を果たし、安倍と同じ三塚派に入った荒井広幸のもとに、一本の電話がかかってきた。電話の主は、「コリア・レポート」の辺真一《ピョン・ジンイル》編集長であった。

「『SAPIO』という雑誌の企画で日韓関係について韓国の国会議員と激論してもらいたいのだけど、どうだろう?」

荒井は、超党派の北東アジア（NEAR）議員フォーラムを結成し、安倍が代表、荒井は幹事長となり、日韓問題をふくめた北東アジアの諸問題に取り組んでいた。

荒井は引き受けた。

「わかりました」

辺は、荒井に頼んだ。

「もう一人、連れてきていただきたい」

荒井は即座にいった。

「そりゃ、将来のリーダー格の安倍晋三ですよ」

安倍は、外交、安全保障にくわしかった。

「最高ですね」

「では、わたしから声をかけます」

荒井が安倍に声をかけると、安倍も快く引き受けた。

韓国の首都ソウルに日韓両国の四人の若手国会議員が集まった。日本側からは荒井と安倍、韓国側からは謝罪問題や従軍慰安婦問題に積極的な発言を展開している民主党の元恵栄、李錫玄。

辺真一の司会のもと、討論は、六時間もつづいた。安倍は、日韓問題について持論を展開した。細川護熙首相は、平成五年八月十日の就任後初の記者会見で、太平洋戦争を日本による侵略戦争だったと認める発言をした。

安倍は、この発言について訊かれ答えた。

「細川首相の『侵略戦争』発言は、明らかに間違いであるとわたしは思っています。なぜなら、あれは過去のすべての戦争を指した発言だったからです。日本の東アジアでの戦いと、対欧米諸国との戦いははっきりと区別されるべきものです。しかし、アジアに限っていえば、我が国は多大な迷惑をかけ、そして韓国に対しては『日韓保護条約』（一九〇五年十一月十七日に締結。これによって朝鮮は日本の保護国とされ、さらに一九一〇年の「韓国併合ニ関スル条約」で完全に日本の植民地とされた）という合法的な形をとっていたとはいえ、明らかに侵略的であり、植民地化だったと認識しています」

安倍は、従軍慰安婦問題についても語った。

「従軍慰安婦問題は、一九六五年の日韓条約で済んでいるはずです。韓国政府もその立場をとっています。しかも、当時従軍慰安婦制度は、日本国として行ったものですから『朝鮮半島の人だから』特別、という形ではなかった。日本人の従軍慰安婦もまったく同じように徴発されています。また、こうした制度は日本だけでなく、世界各国でもだいたい戦争時には同じ制度を持っていたわけです」

安倍は、北朝鮮についても語った。

「北朝鮮という非常に極端な国がなくなって、韓国と統一し、民主的な国家が誕生することが、日本の安全保障上からもプラスになるとわたしは考えています」

勉強を重ね、主義、主張を明確にし、行動する政治家こそ真の政治改革を実現できる。そういう政治家を目指したいと荒井は考えていた。そういう荒井にとって、安倍は頼もしい友であった。

新しい時代にふさわしい憲法が必要だ

平成六年八月、三塚派二回生の衛藤晟一は、自民党社会部会長に就任した。衛藤は、安倍晋三に声をかけた。

「きみは、親父さんのもとにいたから、農政とか、通産とか、外務とかは相当詳しそうだ。だけど、今後は社会保障をやらない人は、総理はつとまらないよ。絶対に社会保障をやっておいたほうがいい。だから、安倍ちゃん、副（部会長）をやれよ」

安倍は、衛藤の指名で党社会部会副部会長になり、厚生関係を懸命に勉強することになる。のちに国民がもっとも関心を抱く年金問題にもくわしくなっていく。

十月六日、自民党の綱領や理念などの基本方針の見直しを検討する「党基本問題調査会」の初会合が党本部で開かれた。平成七年一月の定期党大会に向けた論議がスタートした。自民党は、共産主義勢力の台頭に対応する目的で昭和三十四年に「基本問題調査会」を設置し、保守主義の理念の補強をしたことはある。が、見直しに取り組むのは昭和三十年の結党以来はじめてのことであった。党基本問題調査会では、党是である「自主憲法制定」を掲げつづけるかどうかが、最大の焦点の一つであった。

十月十二日、「理念・綱領・党名検討小委員会」の初会合が開かれた。焦点の憲法問題をめぐって火花が散った。

三塚派四回生の中川昭一をはじめ改憲派の若手議員は、ワンワンと突き上げた。

「憲法改正の看板を、降ろすべきではない！」

安倍晋三も、居並ぶ先輩議員に臆することなく、堂々と改憲論を展開した。安倍の論は、筋が通っていた。

やはり改憲派の衛藤晟一は感心した。

〈若いけど、度胸が据わっている。それに、芯はしっかりしていて、ぶれない。なかなかの男だな〉

強硬派の中川、衛藤、安倍の三人は、「理念・綱領・党名検討小委員会」の議論を通してしだいに仲良くなった。中川は、きっぱりといっていた。

「おれは、憲法問題と教育問題は、親父（中川一郎）の遺言だと思ってがんばるんだ」

安倍は、そのようなことはあえて口には出さなかったが、会合の場では、淡々と自らの意見を主張しつづけた。

十二月十六日、党基本問題調査会は「自由民主党新宣言」案を取りまとめた。が、護憲的色彩を強める方向に全体をリードした河野洋平総裁、後藤田正晴会長、「理念・綱領・党名検討小委員会」の武藤嘉文委員長らの意向もあり、「新宣言」案に「自主憲法制定」は盛り込まれなかった。

改憲派は、これに猛反発。衛藤、中川、安倍の三人は話し合った。

「やはり、『新しい時代にふさわしい憲法をつくる』というかたちに持っていこうじゃないか」

衛藤や安倍らは、ガンガンと突き上げた。流れは、一気に修正へと傾いた。

十二月二十二日午前、党基本問題調査会の幹部会が開かれた。「新宣言」案のなかで問題になった憲法問題について「時代の変化に適応するため、国民とともに幅広く論議を進める」とした部分を「新しい時代に適応できる新しい憲法について国民とともに幅広く論議を進める」とする案が浮上した。

しかし、後藤田会長は難色を示した。

「『新しい憲法』という表現は、改憲を強くイメージさせる」

幹部会は、この部分をめぐって再度協議をつづけた。

いっぽう、この日午後、衛藤や安倍ら若手は「理念・綱領・党名検討小委員会」の武藤嘉文委員長と会った。議論の末、「新しい憲法」ではなく、「新しい時代にふさわしい憲法」という表現を使用することで決着した。衛藤や安倍らは折れた。

「『新しい』という言葉と『憲法』という言葉が入るのなら、けっこうです」

この日夕方、党基本問題調査会の幹部がホテルに集まり、修正案について協議した。その結果、「時代の変化に適応するため、二十一世紀に向けた新しい時代にふさわしい憲法のあり方について国民とともに論議を進める」という表現に変更することを決めた。

十二月二十三日、「新宣言」案は、自民党臨時総務会で了承された。

平成七年三月五日、自民党は、新高輪プリンスホテルで定期党大会を開いた。一月十七日に阪神淡路大震災が起こったため、三月に延期されたのだ。

党大会では、結党時の昭和三十年に制定した「立党宣言」や「綱領」に代わるものとして「新宣言」「新綱領」「新理念」を正式決定した。

総裁選候補・小泉純一郎の実動部隊

平成七年九月の自民党総裁選をひかえ、再選を目指す宮沢派の河野洋平と小渕派の橋本龍太郎の二人が、八月二十一日、名乗りをあげた。安倍の属する三塚派会長の三塚博は、河野再選を支持し、三塚派を河野支持で一本化するつもりでいた。

しかし、安倍は反対であった。三塚会長にも、不満をぶつけた。

「河野さんという人物は、国を誤らせるかもしれません。それに、多くの自民党員も支持しないし、橋本さんが相手では、なかなか勝てませんよ」

安倍は、のちに関わることになる中学校教科書の「従軍慰安婦強制連行問題」についての記述は誤りだと思っている。そういう事実があった、という側の根拠は、唯一、河野洋平が宮沢内閣の官房長官であったときの次の談話である。

「残された書類に基づいて政府の調査の結果、いろんな角度から調査してみると、そういう事実はあった」

　河野を担ぐことに乗らない安倍を、三塚派幹部の小泉純一郎が制した。

「これは、会長が決めたことだし、派閥もまとめようとしているのだから、きみも、従わないと駄目だ」

　その後、小泉は電話でさらにいった。

「河野一本化でまとめる若手の会を、きみが中心になってやってくれ」

　安倍は、渋々ながら了解した。

「わかりました」

　そのいっぽうで、三塚派中堅の塚原俊平から安倍に電話がかかってきた。塚原は、やはり三塚派中堅の亀井静香らと、派閥の意向には従わず、橋本を支持していた。

「おい、安倍君、きみも、橋本さんでやろうじゃないか」

　だが、安倍は断った。

「わたしも、正直いって橋本さんのほうがいいと思います。でも、派閥として河野さんに決めたのだから、それはできませんよ」

　ところが、橋本有利の展開に腰が引けた河野は、八月二十八日、立候補を断念。このまま橋本以外にだれも出ないのであれば、橋本が無投票で総裁に選出されるという動きになってきた。

安倍は、危機感を抱いた。

〈自民党は変わらなければいけないという空気が、党員のなかにも非常に強い。選挙もやらずに、すんなりと橋本さんに決まるのはよくない。とにかく、選挙をやるべきだ〉

一回生で気楽な面もあった安倍は、強く主張した。

「選挙をおこなうべきです」

しかし、そのためには新たな候補者が必要だ。総裁候補として、三塚派幹部の森喜朗の名前も浮上した。だが、森は、三塚派の総裁候補の本命である。橋本が圧倒的有利の状況のなかで、負けを覚悟で戦いに挑めば、それなりに傷もつくだろう。ここは、温存すべきだ。

そう考えた安倍ら若手は、森に自重をうながした。

「今回は、立たないほうがいいですよ。出ても、勝てませんから」

あからさまに勝てないといわれ、森は、若干、不愉快そうな表情を見せた。

いっぽう、山崎拓、加藤紘一、小泉純一郎のいわゆるYKKトリオの一人小泉が、九月一日、記者団に語った。

「森さんが出なければ、わたしが出る。しかし、その際、持論を制約されては困る。自由に発言する。推薦人三十人がそろって立候補を求められた場合に、応じたい」

安倍は、小泉の持論である郵政三事業の民営化にはかならずしも賛成ではなかった。しかし、小泉は人気が高い。主張にも、メリハリがある。

〈橋本さんが無投票で総裁になれば、いわゆる経世会支配が復活することだろう。その動きに待ったをかけるのは、田中角栄の全盛時代、党内の実力者でただ一人田中角栄に牙を剝いた福田赳夫の流れを汲む小泉さんしかいない〉

安倍は、同じ三塚派の同期生荒井広幸らと小泉を支援することを決めた。が、三十人の推薦人がなんとか集まったのは、告示前日の九日深夜であった。

九月十日、総裁選が告示された。

小泉選対の実動部隊は、若手中心であった。特に石原伸晃、安倍晋三、野田実、荒井広幸、参議院議員の山本一太の五人が主要メンバーであった。

橋本、小泉両候補の所見発表演説会を翌日にひかえた九月十一日夜、実動部隊が集まった。

所見とは、首相の所信表明演説のようなものである。総裁候補が、全国会議員、各地方の代表を前に、自らの政権構想を演説する。その際、両陣営から一人ずつ応援演説をおこなうことになっていた。

石原が切り出した。

「だれにするか？」

野田が、荒井に水を向けた。

「そうだな、荒井ちゃん、やるか」

荒井は、手を振った。

「いやぁ、おれはちょっとイメージに合わないんじゃないか。伸晃さん、あなたがやったらどうです」

「おれは、駄目だ」

みんな腰が引けた。なにしろ、はじめから勝負は見えている。負けることがわかっているのに、数百人の議員の前で応援演説をするのだ。ひどく勇気がいった。

荒井はいった。

「安倍さんは、どうです」

安倍は、この場にはいなかった。知人の結婚式に出席するため、この日の早朝、地元山口県下関市に帰っていたのである。

荒井は、安倍の携帯電話に連絡を入れた。

「話をしても、大丈夫ですか」

「うん、いま結婚式のスピーチを終えたところだよ」

「じつは、いま小泉陣営の幕閣会議をやっていましてね、明日の応援演説の弁士は、満場一致であなたに決まりましたから」

安倍は、受話器の向こうで大きな声をあげた。

「えッ、おれに！　やりたくねぇよ」

荒井は、説得した。

「しかし、全員一致で決まったんです。みんな、あなたがいいといっている」

「しょうがないな。これから、すぐ上京して選対に行く。原稿を書くのを手伝ってくれ」

「わかりました」

安倍は、とんぼ帰りでもどってきた。その夜、安倍、荒井、山本の三人が料亭に集まった。安倍は荒井に訊いた。

「荒井君、みんなが『安倍がいい』といったというが、本当にそういったのかい」

「そうですよ。おれと野田実と石原伸晃の三人が、そういった」

安倍は、苦笑いした。

「チクショー、はめられた。三十人ぐらいがそういっているのかと思ったのに」

これには、みんな笑った。

三人は、食事もそこそこに、応援演説の予行練習を繰り返した。演説の分秒は、決められている。山本は、腕時計を見ながら安倍に合図を送った。

「はい、どうぞ」

安倍は、本番さながらに真剣な表情で原稿を読んだ。が、早口のため、内容がよく聞き取れない。タイムを計ると、まだ分秒に余裕があった。

山本は、アドバイスを送った。

「安倍さん、もう少しゆっくりしゃべったほうがいいですよ」

安倍は、泰然としていた。

「ああ、そうか。ごめん」

山本一太の父親山本富雄が安倍派の参議院議員であったという関係もあり、山本は安倍に親近感を抱いていた。安倍は、新世代では未来のリーダーの一人として注目を集めている。山本は、こんなかたちで安倍と親しく話せることが、素直にうれしかった。

投票日を間近にひかえ、山本は、安倍に提言した。

「投票用紙に名前を記入する長い机があるじゃないですか。あれ、電話ボックスみたいに、衝立を置いてもらったほうがいいんじゃないですか」

「なんで？」

「横の人がだれの名前を書いたのか、見えそうじゃないですか。実際は、見えないのかもしれませんが、議員心理があって、たとえば派の意向に逆らって小泉さんの名前を書きたいと思う人がいるかもしれない。でも、同僚に横から見られてしまうようで、なかなか行動に移せないでしょう。ですから、絶対に横から見えないように、衝立があったほうがいいと思いますよ」

「それは、そうだね」

安倍は、さっそく三塚派中堅の尾身幸次にかけあった。尾身が上につなぎ、衝立が実現した。

九月二十二日午前九時から、党員・党友投票分の開票作業がはじまった。

午後三時からは、自民党本部八階にある開票会場で、国会議員分の無記名投票がおこなわれた。

その結果、橋本龍太郎は、一万票を一票と計算する党員・党友票の八十票の有効票のうち、八割強の六十五票を、小泉純一郎は、十五票を獲得した。議員票でも有効票三百十一票のうち橋本が二百三十九票を獲得し、小泉は七十二票、合計で橋本は三百四票、小泉は八十七票で、橋本が圧倒的な勝利をおさめた。

小泉は、結果的に惨敗するが、安倍はこの戦いを振り返って思う。

〈あのときの決断があってこそ、今日の小泉首相があるのではないか〉

対中国強硬路線

荒井広幸は、平成七年十月に中国・長春で開かれる国連開発計画（ＵＮＤＰ）の総会に日本の代表として招かれた。日本、中国、韓国、ロシア、北朝鮮の五ヵ国の代表が、中国と北朝鮮の国境に位置するデルタ地帯である豆満江の開発を議論するという。

荒井広幸というと、郵政通としてつとに世に知られているが、中国外交では、若手の要の位置にいる。

荒井は、ふとひらめいた。

〈中国外交は地政学上、日本にとって重要ポイントだ。安倍さんといっしょでなければ、今後に発展は望めない〉

荒井は、中国共産党の中央対外連絡部（中連部）と非常に親しい関係にある日本の政治家の一人となっていた。地政学上でいえば、日本は中国との関係が一番重要だと、荒井は考えている。日米関係は大事だが、アメリカに有無をいわせないためにも、中国とつながっている政治家がいなければいけない。それが、荒井の外交路線であった。そこで、荒井は、この機会に、まだ訪中したことがないという安倍といっしょにいこうと考えたのだ。

北京入りしたその日、中国大使館の阿南惟茂公使（後に中国大使）に食事に招かれた。

「一席、設けます」

食事の席で、阿南は、しきりに安倍に説いた。

「安倍先生、円借款は、日中友好のつっかえ棒なんです。それを取ったら、両国の関係が倒れてしまうんですよ」

安倍は、対中強硬路線論者であった。自民党外交部会でも、強く主張していた。

「中国とは、ＯＤＡ（政府開発援助）をふくめ見直すべきだ。ＯＤＡの資金は、日本国民の血税なんだから、その資金を軍事転用とか、第三国に回すのはおかしい」

阿南は、安倍の強い姿勢を知っており、「あまりそのことはいわないでください」と安倍に釘を刺したのである。

そもそも、阿南とすれば、今回なぜ安倍が中国にやってきたのか、不思議でならない様子であった。

いずれ米国以上に中国が戦略上、安全保障、環境、経済と重大になる。やがて日本を担うであろう安倍がいまからポイントにいるべきだ。荒井はそう読んでいた。

翌日、荒井らは、旧満州国の首都新京である長春に入った。長春には、旧満州国時代の遺構が数多く残されていた。荒井らは、ガイドに連れられ、ある記念館に入った。執務室には、これまで長春を仕切ってきた人物の名前が書かれてあった。

ガイドは、右手で指さし、片言の日本語で説明した。

「コノ人タチ、ミンナ長春ヲ支配シタ悪イ人タチ。一番ハジメニ書イテアル『キシ・ノブスケ』（岸信介）、コノ人、イチバン悪イ人」

荒井は、苦笑しながら安倍の肩をポンポンと叩いた。

「この方は、その人の孫ですよ」

ガイドは、息を呑んだ。

「えッ！」

孫を前にして、さすがにまずいと思ったのであろう。すかさず、言葉を切り替えた。

「デモ、イイ人デス」

これには、一同、大笑いした。

UNDPの総会に日本代表として参加した荒井は情報通信、安倍は運輸問題についてスピーチした。

その夜、五ヵ国の代表たちの交流会が催された。そこで、おどろくべき光景を目の当たりにした。なんと、韓国と北朝鮮の代表たちが肩を組み、「統一の歌」を歌いはじめたではないか。

荒井は、安倍にいった。

「やはり、同胞なんだな」

「従軍慰安婦強制連行」教科書記述問題への積極的行動

鳩山由紀夫が中心となって結成を目指す鳩山新党構想が、連日、新聞の政治面を賑わすなか、三塚派二回生の衛藤晟一は、三塚派一回生の安倍晋三に声をかけた。

「リベラル、リベラルといっているけど、ちょっとずれているんじゃないか。むしろ、いま必要なのは、保守革命じゃないか。リベラルという言葉は、あまりにも軽いし、いい加減で危険だ。そういうものよりも、きちんとした保守の側からの革命的な仕事がいま必要じゃないか。だから、安倍ちゃん、いっしょに本を出してアピールしないか」

安倍は、同調した。

「ぜひ、やりましょう。どうせなら、栗本（慎一郎）さんも入れましょう」

明治大学元教授で、テレビに出ることが多かった栗本は、平成五年七月の総選挙に無所属で出馬し、初当選。新生党、自由連合を経て平成七年十一月に自民党に入党し、三塚派に所属していた。

安倍はつづけた。

「知名度の高い栗本さんが入れば、本もけっこう売れるんじゃないですか」

「なるほどね」

「タイトルは、どうします？」

「あえて過激なタイトルにしよう」

こうして、平成八年十月、三人の共著として『「保守革命」宣言　アンチ・リベラルへの選択』を出版した。

安倍晋三が初出馬したとき、わざわざ選挙区まで駆けつけ激励した亀井静香は、安倍晋三贔屓《びいき》だ。亀井は、このころウシオ電機会長の牛尾治朗にいっていた。

「牛尾さん、晋三は、親父よりも上だよ」

平成八年十一月七日に発足した第二次橋本内閣では、安倍の同期が政務次官に就任したが、安倍は、年齢が若いという理由もあり、選ばれなかった。

三塚派参議院議員で、ともに小泉純一郎を総裁選で担いだ山本一太の眼には、安倍晋三、荒井広幸とも、二回生のなかでは存在感があった。が、この二人は、ポスト的には不遇をかこっていた。同期が次々と政務次官に就任するなか、あくせくポストを取りにいかない二人は最後まで取り残されていた。

この人事の直後、安倍が荒井に話しかけているところを、山本は偶然耳にした。

「文句はいわないけど、それにしても、ちょっとひどいなぁ」

それから五日後の十二日、自民党は、役員会で党の四局長、政調部会長などの人事を了承。安倍晋三は、青年局長に就任した。十月の総選挙で初当選したばかりの三塚派の下村博文は、青年局次長として安倍を支えることになった。

安倍は、下村にいった。

「ぼくは、政務次官より、青年局長をやりたかったんだよ」

平成九年の年明け、中川昭一が、「理念・綱領・党名検討小委員会」の議論を通して親しくなっていた衛藤晟一や安倍晋三らに問いかけてきた。

「中学校用の歴史教科書の内容だけど、これでいいと思うかい?」

この春から採用される中学校用の歴史教科書の七社すべてに、いわゆる「従軍慰安婦強制連行」の記述が載っていた。

安倍は、同じ疑問を抱いていた。

「わたしも、ちょっと異常じゃないかと思っている」

安倍は、問題点は二つあると思っていた。

ひとつは、軍が組織的に強制連行に加わっていたかどうかであるが、今のところ一つもその証明がされていない。もちろん慰安所はあって、中には悪い軍人もいた。しかし、軍として、国家としてそれをおこなったという証拠はない。それでは、なぜ日本だけが中学生の教科書にそのことを特記する必要があるのか。教育というのは、自らの国に誇りが持てるような形がいいのではないか。

いまひとつは、文部省の問題である。残念ながら、文部省というのは、決めた方針を一切変えようとしない硬直した役所である。

中川はいった。

「事実に基づかない、反日的な教科書で子供たちが学んでいくとすれば、この子供たちが担う次代の日本は、大丈夫だろうか」

そこで、三人は、教科書の記述などについて研究する勉強会の設立を決めた。メンバー構成についても話し合った。

「江藤（隆美）先生や奥野（誠亮）先生たちの発言は立派だが、今回はご遠慮願って、戦後生まれの、われわれ若い世代を中心とした勉強会にしよう」

二月二十七日、「日本の前途と歴史教育を考える若手議員の会」の設立総会と、一回目の勉強会が党本部で開かれた。当選四回以下の衆参両院議員八十七人が参加。座長に自見庄三郎、代表に中川昭一、幹事長に衛藤晟一、事務局長に安倍晋三を選出した。

安倍らは、歴史学の世界に踏み込むつもりもなければ、学者の専門的な意見をねじ伏せるつもりもなかった。ただ、日本でも「従軍慰安婦強制連行」について錚々たる研究者たちの意見が分かれている。それなのに、中学生が習う歴史教科書に「従軍慰安婦の強制連行はあった」と断定的に載せるのはいかがなものか。事実をきちんと反映した教科書にすべきではないか、という思いであった。

この日の設立総会では、できるだけ双方の識者から意見を聞き、大きな声や感情を出すことなく、冷静に議論をしていける場とすることを決めた。また、シンポジウムの開催などもふくめ歴史教育のあり方について広く議論を喚起し、国民運動を盛り上げる活動を展開していくことなどを確認した。

その後、何人もの講師を招き、教科書問題の論点についてマスコミ関係者から説明を受けた。衛藤と安倍が交代で司会役を担当したこの勉強会は、講師との質疑応答などで真剣な議論が交わされた。

衛藤は、この勉強会を通して思った。

〈わが国の歴史教育には、いかに深刻な憂慮すべき問題が存在しているか。いわゆる慰安婦問題が、いかに誤解されて伝えられているか。日本外交のこれまでのあり方が真の友好

にとっていかに問題であったか、などの事実が明らかになった〉
　なかでも重要なポイントは、次の二点であった。
①軍や官憲による慰安婦の強制連行を示す資料は存在しない
②河野洋平官房長官談話が教科書の従軍慰安婦関連記述の検定通過において、唯一の根拠となっている
　教科書記述の根拠となっている河野官房長官談話は、外交的配慮による面が強く、強制性を認定したのは元慰安婦たちの証言によるものであった。が、肝心な証言に対する裏付け調査はまったくなされていなかった。

　従軍慰安婦という言葉は、この十数年前にできた言葉だ。慰安婦もいたが、日本軍が街を歩いている女性を強制的に戦地に引っ張っていったという事実はなかった。ただし、軍を相手に商売をした女衒《ぜげん》はいた。軍は、兵隊が病気になったら困るし、料金を設定するなどの管理をしただけである。

「従軍慰安婦はあった」とする中央大学の吉見義明教授と「なかった」とする東京大学の藤岡信勝教授を招いた勉強会では、結局、藤岡教授の論が勝った。吉見教授は、最後は何も話せなくなってしまった。

　元官房副長官の石原信雄の話によると、実質的に韓国側からいわれたことは「わが国で従軍慰安婦だといっている女性の話を一応訊いてほしい」ということだけだったという。

「本当のことをいったかどうかは、調べないでほしい」といったともいう。

韓国では、従軍慰安婦だったとする女性たちが裁判を起こしている。それは、もらうはずのお金がただになったので、その補償をしてほしいというものだ。強制連行されたのではなく、「親に売られてきた」「親孝行のためにやった」「家族のためにやった」というのが事実なのだ。そのことを指摘した櫻井よしこは、さまざまな嫌がらせを受け、講演会もいくつか中止せざるをえなくなった。

つまり、「そういう事実は確かにあった」という河野官房長官談話は、彼女たちの証言を一方的に鵜呑みにし、国家を代表するスポークスマンが、裏付け調査もおこなわずに発信したことになる。

そのことによって、あたかも「歴史の事実」として後世に語り継がれていくだけではなく、諸外国に対しても、日本の「蛮行」が既成事実として発信され、セックス・スレイブ(性的奴隷)という言葉で定着してしまった。

平成八年の国連人権委員会につづき、平成九年も、人権委員会差別防止小委員会やＩＬＯ(国際労働機関)が、この問題を取り上げるに至った。

これでは、当時の兵士一人ひとりの人権や名誉はいったいどうなるのであろうか。日本民族全体に対する誤解を招くことにもなりかねない。このような状況下で歴史教科書に、さも事実でもあるかの如く、いわゆる「従軍慰安婦」の記述がおこなわれていることを、さらには外交的配慮という「政治的関与」によって歴史の真実が歪曲され、次代を担う若者に伝承されていくことを看過することは、将来に重大な禍根《かこん》を残すことになる。

衛藤は、中川と安倍にいった。

「政治家として、この重大な誤りを糺《ただ》すこととともに、義務教育における歴史教育のあり方そのものについても、国民的議論を興す必然性がある」

代表の中川、幹事長の衛藤、事務局長の安倍の三人は、講師への謝礼代金や、この勉強会の模様を一冊の本にするため、それぞれ金を出し合った。

安倍はいった。

「二回生だから、そんなに出せませんよ」

衛藤は、冗談めかしていった。

「きみは、二回生といえども、オヤジの遺産があるんだから、別格だよ。もっと出せ」

平成九年十二月、「日本の前途と歴史教育を考える若手議員の会」は、『歴史教科書への疑問』を出版した。

十回におよぶ勉強会で「従軍慰安婦強制連行」という記述は誤りであることが証明された。現在、すべての教科書から「従軍慰安婦強制連行」という記述は削除されている。安倍は自負している。

〈これは、自分たちの努力の成果だ〉

北朝鮮拉致疑惑への取り組み

安倍晋三と北朝鮮による拉致被害者との関わりは早い。父晋太郎の秘書時代に、北朝鮮に拉致された有本恵子の両親の訴えを聞いていた。

……昭和六十三年十月初め、衆議院第一議員会館六〇二号の安倍晋太郎の部屋に、有本恵子の母親の有本嘉代子が訪ねてきた。安倍晋太郎秘書の飯塚洋が、応対した。

有本嘉代子は、初めて親切に話を聞いてくれる人に会えてうれしかった。

有本嘉代子は、その一ヵ月前の昭和六十三年九月六日午前十時ごろ、見知らぬ人からの電話を受けた。

「有本恵子さんの、お宅ですか」

うわずった相手の声におどろいて、反射的に答えた。

「そうです」

相手は、間髪いれず、話しはじめた。

「おたくのお嬢さんは、息子といっしょに、北朝鮮の平壌にいるみたいです」

電話をかけてきたのは、石岡亨の母親であった。石岡亨は、日本大学を卒業したあとにヨーロッパに留学、昭和五十五年七月ごろ、スペインのマドリッドで松木薫とともに消息を絶った。その石岡が平壌で会ったポーランド人に託した手紙に、有本恵子といっしょに暮らしていると書いてあり、連絡先も書いてあった。そこで、石岡の母親は、ぜひとも知らせようと電話をしてきたのであった。

有本嘉代子は、びっくりしたのと同時によろこんだ。

〈あの子は、やっぱり生きてたんだわ〉

三女の有本恵子は、神戸市外国語大学を卒業して昭和五十七年四月十日にロンドンに留学。語学学校「インターナショナルハウス」に入学した。しかし、帰国するはずの昭和五十八年八月九日、帰ってくると思っていた恵子は帰ってこなかった。ギリシャのアテネから発信された恵子の電報には、「仕事見つかる。帰国遅れる。恵子」とローマ字で書かれてあった。その後、八月のお盆前に、「先に帰国延期の電報が届き心配しているのではと思い、お便りしています」の書き出しからはじまる手紙が届いた。ギリシャで市場調査のアルバイトをしていると、そこには書いてあった。その後、恵子からはまったく音信がなかった。

石岡の母親は、嘉代子にいった。

「北朝鮮は、社会党だけにパイプがある。有本さんは、社会党の議員さんを知りませんか？」

ところが、有本家にはその日のうちに、北海道の社会党からも電話がかかってきた。北海道の石岡が、社会党に連絡を入れたからにちがいなかった。

社会党員はいった。

「今日（石岡さんから）電話があったことは、口外しないでください」

口外すると、恵子らの身に危険がおよぶかもしれなかった。

数日後、石岡亨が北朝鮮から出した手紙のコピーが、有本夫妻のもとに届いた。手紙は、粗末な大学ノートを切り取ったような紙に書かれていて、小さく折り畳んだ折り目がついていた。裏には英文で「手紙を日本に送ってください」と書いてあったという。石岡の母親は、すぐに送ってくれたのだろう。消印は、九月七日となっていた。昭和五十八年八月に最後に届いた手紙以来、五年ぶりの、娘の恵子の生存を知らせる証であった。

有本明弘と妻の嘉代子は、それから間もなく、西宮市今津曙町にある土井たか子事務所をおとずれた。土井は、昭和六十一年に社会党の再生の重責を担って、日本初の女性党首として社会党委員長に就任していた。庶民派として、〝おたかさん〟と呼ばれて人気を博していた。土井たか子ならば、北朝鮮にパイプをもつ社会党の党首なので力を貸してくれるにちがいない。そう思ってのことだった。

秘書に説明をして、安否確認と救出を頼んだ。

秘書はいった。

「土井には伝えます」

だが、その後、土井事務所からはなんの音沙汰もなかった。おそらく、社会党には、有本夫妻が土井事務所に行く前に、北海道社会党から連絡が入っていたにちがいない。やっと選挙には行く程度で、政治にそれほど詳しくなかった有本夫妻は知らなかったが、たしかに社会党は北朝鮮にパイプを持つものの、北朝鮮寄りの立場に立っていたとしか思えなかった。むしろ、日本にいる拉致被害家族のもとに、北朝鮮の日本人から手紙が届いたこともあからさまになってしまったにちがいない。

有本明弘は思った。

〈社会党は、すぐに動く気配をみせない。頬かむりするつもりやろな。しょせん、社会党は野党や。恵子たちをもどすよう交渉する力もない〉

石岡亨からの手紙をもらった段階で、有本明弘が期待していたのは、やはり与党の自民党であった。

〈これほどの問題を取りあげてもらおうとしたら、これはもう総理大臣に頼るしかない〉

有本明弘は、時の総理大臣である竹下登に話そうと思った。すぐに電話帳に書いてある自民党本部に電話を入れた。

「竹下総理に連絡を取る方法を知りたい」

自民党本部の受付は、議員会館の竹下登事務所を紹介してくれた。ところが、衆議院の代表電話では、なぜか、「議員会館に、竹下登事務所の電話の在籍があるかどうかもわかりません」といわれた。

有本夫妻が、竹下の次に頼りにしたのが、自民党幹事長であった安倍晋太郎であった。竹下が取り付く島がないとなれば、次期総理大臣候補のところに行くべきだろうと考えた。新聞などマスコミによると、その一番手に安倍の名が出ていた。議員会館に連絡を入れると、安倍の秘書の飯塚洋が応対に出てきた。

飯塚はいった。

「とにかく、その手紙のコピーを送ってください」

有本明弘はいった。

「いえ、送ってすむような悠長な問題と違います。女房に行かせます」

「では、来てください」

飯塚洋は、上京した有本嘉代子の話を聞き、手紙のコピーを見ると、いった。

「一応、警察庁へ行きましょう」

飯塚は、警察庁に連れていってくれた。

有本嘉代子は、そこでおよそ一時間、警察庁官僚にいきさつを話した。その横では、調書の形で、有本嘉代子の言葉を筆記していた。

話を聞き終えた警察庁官僚は、いった。

「国内のこととは違うから、この問題は、こちらではどうにもできませんね」

飯塚は、有本嘉代子にいった。

「そしたら、外務省行かないとしょうがないな。お母さん、外務省に行きましょう」

飯塚は、警察庁から、車で外務省まで連れていってくれた。

外務省では、有本嘉代子と飯塚の二人は、建物に入ったロビーで待たされた。ひとりの官僚が、わざわざ降りてきた。だが、席を勧めるでもなく、立ったまま三人で話した。

その官僚も、にべもなかった。

「国交がないですからね」

飯塚は、外務省から出るといった。

「国交がなくて外務省がだめだったら、赤十字にでも行かないと、お母さんしょうがないですよ」

「そうですか」

しかし、午後に上京して数時間が経っている。

飯塚はいった。

「地下鉄の駅まで送ってあげましょう」

有本嘉代子は、その日のうちに、神戸に帰った。

だが、有本明弘は、納得がいかなかった。嘉代子だけでは、どうしても押しが弱く、話も中途半端になっていた。二週間もしないうちに、夫婦そろってふたたび上京した。議員会館の安倍事務所で飯塚洋に挨拶したあと、夫婦ふたりだけで、もう一度警察庁に出かけた。

それから、有本夫妻は、何度か安倍事務所に顔を出した。そのとき、飯塚によると、安倍晋太郎の秘書をしていた安倍晋三にも会ったという。

安倍晋三は、飯塚から有本の訴えを初めて聞いたとき、正直いって半信半疑であった。〈独裁国家とはいえ、果たして、そんなことを国ぐるみでするだろうか〉

気になった晋三は、北朝鮮に関する記事を調べた。拉致の可能性を指摘しているマスコミもあった。

安倍晋太郎の指示で飯塚と法務省と外務省を回り、担当者にかけあった。が、いずれの担当者も、木で鼻をくくったような対応であった。

それ以来、安倍晋三は拉致問題に深い関心を寄せていた。国会議員になり、北朝鮮の犯行と確信していた安倍は、拉致問題の解決に向けて行動を起こした。が、相手にしてくれたのは、党内では衛藤晟一、平沢勝栄、他党では、新進党の西村眞悟ら数人だけであった。はじめは小さな行動であった。が、このことがなければ、平成十四年九月十七日の電撃的な日朝首脳会談に向かう過程において、拉致問題の解決を交渉の中心に据えるまでには至らなかったであろうと安倍は自負している。

拉致被害者の家族たちも、ずいぶんとつらい思いをした。家族たちがはじめて外務省の担当者と会ったのは、加藤良三アジア局長（後に駐米大使）の時代であった。加藤局長は、理解を示し、親切に対応したという。

だが、後任の槇田邦彦アジア局長（後にエジプト大使）のころから、拉致問題に取り組む姿勢は後退していった。党内最大派閥小渕派の大幹部で、政界に隠然たる力を誇示する親北朝鮮派の野中広務らの意向もあり、外務省もいろいろとやりにくかったのではないかと、安倍は思っている。

野中らは、北朝鮮へのコメ支援を推進していた。安倍らが、それに反対すると党の幹部たちからいろいろと圧力がかかった。

自民党、社会党、さきがけ三党による、いわゆる自社さ連立政権の時代である。幹部たちは、社会党に遠慮したのかもしれないとも思う。

しかし、安倍は、そうした圧力をあまり気にしていなかった。

平成九年二月には、横田めぐみの拉致疑惑が表面化した。

三月には、安倍らが中心になって「北朝鮮による拉致被害者家族連絡会」（家族会）が発足した。

四月十五日、新進四十九人、自民八人、太陽五人、民主一人の超党派で「北朝鮮拉致疑惑日本人支援議員連盟」の設立総会が開かれた。安倍らは年功序列的に考え、旧中曽根派の中山正暉《まさあき》を会長とした。安倍は事務局次長に就任した。

五月には、警察庁が北朝鮮による拉致疑惑は七件十人と公表した。

安倍は、五月十六日、衆議院外務委員会で拉致問題について質問に立った。

「この拉致疑惑については、もうすでにずいぶん前から世の中ではそういう噂はありました。また、わたしの父の支援者のお嬢さん、有本恵子さんという方も実は拉致をされているわけであります。そのことは早くから知っていたわけでございますが、残念ながら、今までマスコミもこのことは取り上げてこなかったというのも事実でございますし、また政府全体としても、正面から取り上げてこなかったのもそれは事実であるとわたしは思います」

安倍は、六月四日の衆議院外務委員会でも質問に立ち、自分が中心になって結成した「北朝鮮拉致疑惑日本人支援議員連盟」について語った。

「国会におきましても、『拉致疑惑に関する日本人及び日本人の家族に対する支援をする議員連盟』が発足いたしまして、大変な数の議員に参加をしていただきました。残念ながら、まだまだ自民党、新進党以外のみなさんには、あまりたくさんのみなさんには参加をしていただいていないわけでございますが、こうした議連が今後果たしていく役割は大変大きなものがあると思いますし、北朝鮮に対して大きなプレッシャーにもなる、こういうふうに思っております」

安倍は、さらに野中ら北朝鮮へのコメ支援派を皮肉った。

「北朝鮮に早く人道的な支援をしようという心優しい人たちがあまり参加をしていただい

ていないという皮肉な現状にあるわけでございますが、今後とも議連を通じてわたしも頑張っていきたい、このように思っておる次第でございます」

「北朝鮮に拉致された日本人を救出するための全国協議会」（救う会）常任副会長である西岡力と安倍晋三との接点は古く、「救う会」の前身にあたる「北朝鮮に拉致された日本人を救出する会」が新潟県で発足した平成九年一月からである。

「北朝鮮拉致疑惑日本人救援議員連盟（旧拉致議連）」の事務局次長に就任した安倍は、新進党の西村眞悟、拉致議連幹事長をつとめる自民党の桜井新《しん》らと同じく、北朝鮮に対して強硬派路線を貫いていた。平成九年十月、日本政府が、北朝鮮に対し、国連の世界食糧計画（ＷＦＰ）を通じて二千七百万ドル（約三十三億円）、六・七万トンのコメ支援と、国際赤十字などに対する九千四百万円の医療関係の支援をおこなうことに猛然と反対した。

しかし、いくら反対しても、政府が北朝鮮への支援をおこなう方針を変えないとわかると、安倍は、「家族会」「救う会」の人たちと、小渕恵三外務大臣を会わせようと動いた。が、外務省は、「家族会」「救う会」の人たちと小渕を会わせるのを渋った。

安倍は、外務官僚に食ってかかった。

「おれは、父親が自民党幹事長だったころから、拉致問題に関わっているんだ。外務省は、少しもやってないじゃないか！」

外務官僚を論破して、小渕外務大臣に会わせた。西岡らをはじめ「救う会」「家族会」

が、安倍を信頼しはじめたのはそのころからであった。

安倍は、さらに衆議院外務委員会に「日朝問題小委員会」をつくる動きに出た。自らは事務局長に座った。小委員長には、鈴木俊一を据えた。

平成九年十月二十一日、自民党本部で「日朝問題小委員会」の初会合を開いた。衆議院二十八人、参院十一人の出席者であった。

十一月中旬に予定している北朝鮮への与党代表団の派遣を中心に意見を交換した。訪問団の事務局長格となる野中広務幹事長代理は、この初会合にあえて出席して説明した。

「（政府と党の）二元外交にならないようにやっていく。正常化交渉再開に向けた環境の整備が一つの目的だ」

これに対し、出席者からは、執行部の対応を非難する声が出された。

「与党訪朝団の派遣を新聞報道で知った。党の外交部会長にも連絡がないうちに、方針が決められているのは異常なことだ」

さらに、過激な意見が出された。

「日本人拉致疑惑をうやむやにして、国交正常化などすべきではない」

「支援した食糧がきちんと配給されているか、確認作業をすべきだ」

石原伸晃は、安倍の良さは、芯が強く、スタンスがぶれないところだと見ている。安倍本人は意識しているのかどうかはわからないが、祖父の岸信介元首相の影響を受けているのではないかと思う。

北朝鮮による拉致問題も、現在のようにクローズアップされる以前から、七、八人のグループで取り組んでいた。石原も、メンバーの一人であった。その当時は、自民党の議員にすら、拉致問題を扱うことは相手にされなかった。「何をやっているのだ」と白い眼で見られ、「右派の跳ねっ返り」という印象を与えていた。しかし、「国家とは」という軸がしっかりしている安倍は揺るがなかった。若手議員のなかでは、めずらしい存在であった。

三塚派の参議院議員山本一太も、安倍にこの「日朝問題小委員会」に誘われた。

「山本さん、出てきなさいよ」

山本は、安倍に連れられるかたちでこの小委員会に参加した。小委員会では、拉致問題などについて議論が活発に交わされた。

加藤紘一幹事長や山崎拓政調会長ら幹部から、安倍に圧力がかかった。

「小委員会は、開かないでほしい」

逆らえば、どのような仕打ちを受けるかわからないが、安倍はその圧力を突破し、小委員会を開きつづけた。講師には、朝鮮銀行問題について詳しい野村旗守《はたる》らを招いた。

山本は、感心した。

〈安倍さんには、胆力がある〉

小委員会は、五回は開いた。が、圧力はさらに強まった。強気の安倍をもってしても、ついに六回目は開けなくなってしまった。

好漢・荒井広幸との深い友情

平成九年の暮れ、荒井広幸のもとに安倍晋三から電話がかかってきた。安倍は、沈んだ声でいった。

「荒井ちゃん、じつは、おれ、入院したんだよ」

荒井は、びっくりした。

「えッ！　いったい、どうしたの？」

「腰を痛めてね」

「じゃ、お見舞いに行くよ。それで、どこの病院？」

「まだだれにもいっていないんだけど、荒井ちゃんにだけは教えておくよ」

永田町では、病気を隠す傾向がある。病気を明かすことは政敵に足を引っ張られ、政治生命にも影響しかねないからだ。それゆえ、安倍は、親友の荒井にだけ、こっそりと病室を教えたのである。

連絡役となった荒井は、寝ながらでも読書ができる器具や、気晴らしにマンガ本などを適当にみつくろい、ひそかに安倍の病室を見舞った。

　このとき、安倍は、国対副委員長であった。国対副委員長は、党内各派の枠が決まっており、若手議員にとって花形ポストの一つである。入院のため国対を離れることになった安倍は、三塚派の三塚博会長、大幹部の森喜朗らに進言した。

「わたしの後継の副委員長には、荒井さんを推薦します」

　三塚会長らは、それを受け入れ、荒井を国対副委員長に指名した。荒井は、安倍の代わりに、国対副委員長として汗を流した。

　安倍の入院からしばらくすると、国会閉会中でもないのに、その姿が、国会でも、党本部でも、議員会館でも見られない安倍について永田町で噂話が立った。永田町は、弱みがあれば足を引っ張ろうとする世界だ。が、連絡役の荒井広幸から逐次情報を仕入れていた参議院の山本一太は、あえて安倍の見舞いには行かなかった。

　荒井は、その噂話を病室の安倍に包み隠さず伝えた。

「安倍さん、永田町では、癌だっていわれているよ」

　安倍は、平然としていた。

「ああ、そう」

　数週間後、荒井は、安倍に冗談めかしていった。

「永田町では『安倍さんは、死んだ』っていわれているよ」

　これまた、軽く受け流した。

「へーえ、そうなんだ」

それから数週間後、何をいっても顔色一つ変えない安倍に対し、荒井は、悪戯心で軽口を叩いた。

「安倍さんの存在は、もう永田町では忘れられているよ」

そうしたところ、安倍は、眉間に皺を寄せて、怒りをあらわにした。

「そんなことは、ないだろッ！」

荒井は、意外な気がした。

〈癌だとか、死んだとかでは怒らなかったのに、忘れられているぞ、という言葉で、こんなに怒るとは……〉

荒井はあらためて思った。

〈さすが政治家だな〉

数ヵ月の入院生活を経て、安倍は、ようやく国政に復帰した。荒井は、まるで自分のことのようにうれしかった。

「安倍さん、良かったですね。本当に良かった」

さらに、荒井はいった。

「国対副委員長としてがんばってよ」

安倍は、キョトンとした。

「なんで？　だって、荒井ちゃんが、がんばってやってくれているじゃない」

「でも、安倍さんがこうして元気にもどってきたのだから、もとにもどすのはあたりまえでしょ」

「本当に、いいの？」

　安倍が、不思議がるのも無理はなかった。自民党では、こういった場合、ポストを譲り受けたものが、そのままポストに座りつづけるのが常識である。ましてや、国対副委員長という花形ポストならなおさらだ。簡単には、手放さない。ところが、荒井はどうだろう。自分にポストを返してくれるというのだ。生き馬の目を抜く永田町では、とうてい考えられないことであった。後年、安倍は、このことを自分と荒井の友情関係がいかに深いかを示すエピソードとして講演などで披露することになる……。

　荒井は、この入院生活は、安倍を人として、政治家として大きく成長させたと見ている。

　退院後まもなく、荒井は、安倍に招待を受けた。

「家族を連れて、別荘に遊びにおいでよ」

　入院の際はお世話になったので、せめてそのお礼にという意味であろう。しかし、荒井の妻は、まだ子供が幼いため家を空けられない。そこで、荒井は一人で富士山の麓にある河口湖の別荘に遊びに出かけた。

　別荘の玄関前では、安倍夫妻、母親の洋子、それに、小柄な荒井よりも大きいと思われるゴールデンリトリバー犬のロンが尻尾を振りながら出迎えてくれた。

安倍は、別荘の中を案内してくれた。

「この部屋で、親父（安倍晋太郎）やお祖父さん（岸信介）が、その時々の重要人物と会談したんだよ」

共働きの普通の家庭に生まれた荒井は、戦後政治史の一端を垣間見て、感激した。

夜は、庭でバーベキューがふるまわれた。

荒井は、自分一人のために一家総出でもてなしてくれた安倍ファミリーについて思った。

〈情の深い方々なんだ〉

安倍の妻の昭恵は、夫と荒井との話を聞いていると、かけあい漫才をやっているようで、いつも笑い転げる。昭恵は思った。

〈荒井先生とは、おたがいに無いものを持ち合っているから、仲がいいんでしょうね〉

参議院の山本一太は、新人の若手議員としては異例ともいえるほど国連貢献議連など多くの勉強会を立ち上げた。安倍晋三は、国対副委員長の仕事に忙殺されているにもかかわらず、それらの勉強会にちょくちょく顔を出した。

山本は、礼をいった。

「いつも忙しいのに、すみません」

安倍は、穏やかな表情で答えた。

「ここに来る人たちは、ぼくもふくめてみんな『山本一太がやっているから』ということで来るんだ。だから、その思いを大事にしたほうがいいよ」

安倍は、二年間、国対副委員長をつとめた。同年代の若手議員が、マスコミにたびたび登場し脚光を浴びるなか、縁の下の力持ち的役割である国対で汗を流しつづけた。安倍にはポテンシャルがあり、胆力があり、人を魅きつけるフワッとした魅力がある、と山本一太は思う。にもかかわらず、それを爆発させることができない雌伏の時期が長かった。

社会部会長は、難題・激論をまとめる凄腕ネゴシエーター

平成十年七月、自民党総裁選がおこなわれることになった。まず名乗りをあげたのは、小渕派会長の小渕恵三であった。しかし、小渕には、まったく世論の支持がなかった。

安倍晋三は、若手議員の代表として荒井広幸と二人で厚生省を訪ね、小泉純一郎厚生大臣に出馬を要請した。

しかし、小泉は、首を縦に振らなかった。

「もう、負け戦はやらない。勝つ戦しか出ない」

安倍は、強引に小泉を出馬させようとは考えていなかった。出馬には、二つの条件があった。

まず、三塚派がまとまって小泉を推すということである。安倍は、三年前の総裁選で苦

い思いをした。河野が出馬を辞退し、当選が確実視された橋本の対抗馬として名乗りをあげるものがなく、安倍ら若手議員が中心となって小泉を擁立した。その際、多少なりとも派内に後遺症を残したのである。

安倍は、今回も派内でわだかまりができるのは避けたかった。しかも、派が一丸となって小泉を擁立しなければ、他派の議員にも協力を要請できない。派閥の固まりは、総裁選を戦ううえで重要である。

小泉擁立のいまひとつの条件は、小泉の盟友であるＹＫＫの仲間、すなわち山崎拓、加藤紘一の支援である。彼らが小泉を支持してくれれば、彼らを慕う党内の中堅・若手議員がこぞって応援してくれるにちがいない。

この二つの条件が整わなければ、場合によっては小泉擁立を断念するつもりでいた。

しかし、加藤紘一、山崎拓は、小渕を支持した。

その後、小渕派幹部の梶山静六が、派閥を脱会して名乗りをあげた。

安倍は思った。

〈梶山さんが出るのなら、負ける戦いにわざわざ小泉さんが出る必要はない〉

安倍は、こういう状況下での小泉擁立論には消極的であった。

しかし、結局、三塚派は、小泉を擁立することを決めた。安倍は思った。

〈小泉さんは、今回、派閥の結束を守るために、派閥の論理で出たのだろう〉

派閥の意向とあれば応援しないわけにはいかない。安倍は、小泉を懸命に応援した。

七月二十四日午後二時、自民党本部八階の大ホールにおいて、両院議員総会で総裁選の投票がおこなわれた。

安倍は読んでいた。

〈前回の総裁選よりも取れないいんじゃないか〉

投票の結果、梶山静六・百二票、小泉純一郎・八十四票。なんと小泉は、梶山に二十票近く差をつけられた。三塚派の基礎票八十七票にも届かなかった。小渕恵三は二百二十五票で総裁に決まった。

なお、亀井静香グループが梶山支持に走ったため、総裁選後、三塚派（清和会）は分裂する。

清和会を割って出ることになった亀井グループは、清和会第二代会長の安倍晋太郎の息子である安倍晋三を懸命に誘った。

このとき、ウシオ電機会長の牛尾治朗は、安倍に助言した。

「いろいろな誘いはあったとしても、本流はチョコマカしてはいけない。論語に『北辰その所に居て衆星之に向かう』という言葉もある。つまり、北極星を中心にしてすべての星がめぐるように、君主が徳をもって政治をおこなえば、すべての人が自然につき従うという意味だ。きみは、北辰なんだ。まわりに合わせることはない。それだけは、三代目の特権だと思うよ」

この時期、三塚派は分裂により、森派に衣替えした。

安倍晋三は、平成十一年二月五日、小渕派の石破茂、森派参議院議員の山本一太ら超党派議員とともに、「北朝鮮に対する戦略的外交を考える会」を結成した。日朝間の懸案事項の一つである拉致疑惑問題を重大な「人権侵害」ととらえ、関係家族などの提訴により国連人権委の議題とすることが目的である。

平成十一年五月には、安倍は、山本一太、参議院宮沢派の鈴木正孝、民主党の浅尾慶一郎の超党派の国会議員三人とともに訪韓した。平成十年十二月に韓国軍によって撃沈された北朝鮮の潜水艇を見学し、その潜水艦の部品のうち、レーダーや測深機など約二割が日本製だったことを明らかにした。韓国軍が捕獲した潜水艇の部品は全部で八十五種、七百六十二点。そのうち、日本製は十八種、七十点に上り、種別では約二割を占めていた。根幹部分の電子機器では、航海用レーダー、位置確認用の衛星利用測位システム（GPSプロッター）、水深を測定する測深機、遠距離通信用の通信機、コンバーターなど六種が日本企業の製品だった。

安倍は、有志らとともに、北朝鮮が弾道ミサイルを再発射した場合に日本独自で北朝鮮への送金停止を可能にする外為法改正案をまとめた。だが、そのころ、自民党内で力を持ち、北朝鮮にもパイプをもつ野中広務ら実力者に止められた。

平成十一年十月、小渕恵三首相は、内閣改造・党人事をおこなった。衛藤晟一が師事する亀井静香が政調会長に就任し、衛藤は、政調副会長として支えることになった。

政調会の部会長人事が進められるなか、衛藤は、亀井に頼みこんだ。

「社会部会長は、安倍晋三にしてください」

十数人の政調副会長には、それぞれ担当の政調部会がある。衛藤が担当する社会部会長は、人気ポストの一つだ。衛藤が属する江藤・亀井派にも、希望者が多い。だが、衛藤は、あえて三塚派の分裂で袂《たもと》を分かった森派の安倍を推した。安倍は、これまでポストに不遇で政務次官の経験すらなかった。が、実力はある。派閥的な問題でいろいろな障害があったが、亀井は呑んだ。

安倍は、このポスト就任を意気に感じた。

〈精一杯がんばろう〉

安倍を待ち受けていた最初の難題は、介護保険制度の見直しであった。

医療技術の進歩により日本人の平均寿命がのび、同時に介護を受ける期間が長くなってきた。そこで、介護を家庭の延長として社会がバックアップできるシステム作りが急務となり、自助、共助、公助の三本建てで高齢化社会を乗り切ることになった。平成九年に介護保険制度が立法化され、平成十二年四月にスタートすることになった。しかし、この十月に発足した自自連立に公明党が加わった自自公連立政権は、「保険料の徴収凍結」で基本合意した。

三党調整を優先する亀井政調会長は、保険料徴収の凍結を安倍に指示してきた。

「半年間、延期しろ。それで、部会をまとめてくれ」

安倍は反対した。

「それは、むずかしい。これは、この制度の根幹に関わる問題です。ちゃんとやったほうがいいですよ」

「いや、延期だ」

「党内には、はじめから一〇〇%取ろうと思っている人は、だれもいません。しばらくは減額するにしても、ゼロにするのはまずいのではないですか」

しかし、亀井政調会長は、聞く耳をもたなかった。

「駄目だ。延期でまとめろ」

二人は、激しい議論を展開した。

部会長は、組織的には政調会長の下に位置する。政調会長の方針に反対であれば、辞任するしかない。安倍は腹を決めた。

〈亀井さんの方針でまとめるしかない。もし駄目なら、部会長を辞任しよう〉

が、このトップダウンの手法に党内から異論が噴出した。論戦の主戦場となったのが、安倍が部会長となった社会部会であった。社会部会には、百人を超える議員が出席した。

十月二十六日午後、社会部会・介護保険制度小委員会の合同会議が開かれた。

しかし、発言を求めた全議員が「凍結」そのものに反対した。「凍結反対！」のオンパレードとなった。

凍結方針をぶち壊そうと合同会議に乗り込んできた森派幹部で元厚生大臣の小泉純一郎は、息巻いた。

「来年四月（の介護保険スタート）から保険料の徴収をはじめたら総選挙に不利だからといって、選挙前は保険料を負担させずに選挙後に負担させるのでは、政治の信頼性をなくすだけだ！」

安倍と親しい若手の石原伸晃も、塩崎恭久も、根本匠らも、次々と反対論をぶった。

「サービスの提供を受けながら、まったく負担を伴わないというのは基本的におかしい！」

「いまの三党協議は、正規な協議とはいえない！」

怒号が飛び交うなか、介護保険制度小委員会の委員長でもある衛藤晟一は頭を抱えた。

〈これをまとめるのは、大変なことだ。安倍ちゃんも、仲間の若手たちからワーワーいわれて、つらいだろうな〉

石原らは、党内に「介護保険問題突破議員連盟」まで結成し、猛反対した。

「亀井政調会長を倒してでも阻止する！」

安倍は、石原ら反対派一人ひとりを説得にかかった。しかし、一筋縄ではいかなかった。

桜井新政調会長代理は、この日の合同会議で前日の二十五日に自自公の作業部会で基本的に合意した事項の了承を取りつける予定であった。が、結局、見送りとなった。

こうしたなか、安倍は、亀井政調会長に現行制度見直し反対と、自自公協議に自分と衛藤を加えるよう要請した。が、亀井はこれを拒否した。

十月二十八日午前、小渕恵三首相、青木幹雄官房長官と森喜朗幹事長が首相官邸で意見交換した。小渕首相は、森幹事長に調整を急ぐよう指示した。

「今日中に、なんとかまとめてほしい」

森幹事長は答えた。

「亀井さんも、まとめるようやっている」

この日の社会部会では、亀井が「保険料徴収を四月からやらないことは確定」と述べていることについて、批判が相次いだ。

「予定通り徴収するという部会の考えと、違うじゃないか！」

これを受け、安倍は、部会の意向を亀井に伝えた。

この日、安倍の属する森派の例会が開かれた。小泉は、あらためて表明した。

「一日でも一ヵ月でも（保険料徴収）凍結を認めたら、『自民党は約束を守らない、選挙への有利、不利で判断する』との批判を招く。そうなれば、倒閣の立場で行動する考えだ」

小泉は、この夜、ＹＫＫの仲間山崎拓、加藤紘一と会談し、介護保険料の徴収問題について凍結に反対することで一致した。

この夜、ホテルニューオータニで自民党の亀井政調会長、自由党の藤井裕久幹事長、公明党の坂口力政審会長による三党政策責任者協議が開かれた。安倍と衛藤も、この協議に加わった。

その結果、「予定通り平成十二年四月から介護保険制度を実施する」で基本的に合意した。

肝心の徴収凍結問題は「おおむね六ヵ月程度徴収を実施しない」ということで合意した。

その直後、首相官邸で青木官房長官、丹羽雄哉厚生大臣と最終調整に入った。

「保険料（徴収）は、おおむね六ヵ月間実施しない」という内容で最終的に合意した。

十月二十八日夜十時過ぎ、ＹＫＫと徴収凍結反対で足並みをそろえていた自民党社会部会が開かれた。なお激しい反対論がつづき、ついに二十九日に入った。安倍は、瞬間的に決断した。

〈これしかない〉

安倍は、部会長提案をおこなった。

「わたしから、提案があります。『もし三党の合意が崩れれば、徴収の延期は白紙にもどす』『徴収延期、徴収の仕方などについては地域の自治体の自主性を活かす』という二点で了承をいただけませんか」

安倍の盟友である荒井広幸が、声を張り上げた。

「賛成ッ！」

だが、荒井につづいて賛同する議員は、だれもいなかった。

しかし、そのいっぽうで「反対ッ！」という声もあがらない。

安倍は、半ば強引に了承を取りつけた。

「それでは、了承されましたね」

反対している若手議員のなかには、石原伸晃や塩崎恭久ら安倍の友人が多い。

安倍は、感謝した。

〈みんな、これ以上、おれを追い詰めてはまずいな、という惻隠《そくいん》の情で我慢してくれたのだろう〉

安倍部会長の説明を受け、渋々ながら三党合意を了承した石原は思った。

〈もし安倍さんが部会長でなかったら、絶対に通さなかっただろう〉

自民党は、開かれた政党だ。何か新しいことをはじめようとするときには、何回も議論があり、そのたびに責任者は目茶苦茶に吊し上げられる。が、安倍は、そのことをわかっており、しぶとく「徴収凍結」に持ち込んだ。衛藤は、あらためて安倍を評価した。

〈安倍ちゃんには、度胸がある。もし腰の据わらない人なら、崩れたかもしれない〉

後日、亀井政調会長は、安倍の労をねぎらった。

「よくやった。きみだったから、部会がまとまったんだ」

安倍が二ヵ月の入院から復帰後、同じ森派の後輩の下村博文には、安倍は半年間くらいは以前に比べて輝きを失い、キレがなくなったように感じた。

〈ちょっと、ずれちゃったかな〉

が、安倍は、社会部会長になってから、入院前より輝きが増してきた。

〈ちょっと、ちがってきたな。病気も、かえって人間修行になって良かったのかな〉

安倍を待ち受けていた次なる難題は、医療保険から医療機関に支払う診療報酬の改定問題であった。二年に一度の改定を平成十二年四月にひかえ、中央社会保険医療協議会（中医協）で医師会などが引き上げを要望して検討がはじまった。が、財政悪化の健康保険組合連合会（健保連）は逆に引き下げを主張。両者とも譲る気配はなく、激しく火花を散らしていた。

この問題は、平成十二年度予算編成の焦点の一つであり、十二月十五日から中医協を舞台に攻防が本格化した。

亀井政調会長は、元厚生大臣の藤本孝雄医療問題調査会長、衛藤政調副会長、安倍社会部会長を呼び、命じた。

「きみらで、やってくれ」

十二月十七日午前十時過ぎ、厚生省内で中医協の総会が開かれた。休憩をはさんで断続的に開かれたが、引き上げを求める診療側委員と、引き下げを主張する支払い側委員との間で激論がつづいた。

中医協が二度目の休憩に入った夕方、日本医師会の糸氏英吉副会長らが自民党本部の安倍を訪ねてきた。安倍は、着地点を見出すため、本格調整に入った。

いっぽう、健保連の下村健副会長も、亀井政調会長に会い、診療報酬引き下げを求めるなど舞台は水面下の交渉へと移った。

中医協の総会は、午後八時から三度目の協議に入ったが、ついに決裂した。

もはや調整役は、自民党しかなかった。衛藤のバックアップもあり、安倍は、断続的に医師会、歯科医師会、看護協会などあらゆる各団体と会った。自民党とすれば、総選挙をひかえ、票と政治献金で支援を受けている医師会に配慮しながらも、国民の負担増は避けたい。医師会と健保連の痛み分け決着を目指して、安倍は懸命に調整をつづけた。

衛藤は感心した。

〈安倍ちゃんは、ネゴシエーション（交渉）もなかなか上手だ〉

十二月十九日未明、自民党、関係団体、官僚が入り乱れての徹夜の調整の末、診療報酬の改定問題は来年四月から全体で実質〇・二％アップすることでようやく決着した。

第七章　次代のリーダーたる資質

平成十二年七月四日、第二次森内閣が発足することになった。官房長官に内定した中川秀直は、森喜朗首相と官房副長官人事について相談した。衆議院から起用される官房副長官は、橋本内閣の与謝野馨、額賀福志郎、小渕内閣の鈴木宗男など中堅クラスが通例だ。四回生の福田康夫をはじめ複数の候補の名前が挙がった。

だが、中川は森首相に進言した。

「福田さんは、次の官房長官。副長官は、若手を育てましょう。わたしは、安倍君がいいと思います」

このとき、「当選三回生では荷が重いのではないか」との声もあった。

が、森首相は、うなずいた。

「それじゃ、そうしよう」

安倍も、官房副長官への抜擢は素直にうれしかった。

中川秀直は、安倍晋太郎に恩義を感じている。日経新聞の政治部記者であった中川は、義父中川俊思《しゅんじ》の死去により国政を目指すが、自民党の公認を得られず、昭和五十一年十二月の総選挙には新自由クラブから出馬して初当選。昭和五十四年十月の総選挙で落選後、新自由クラブを離党。昭和五十五年六月の総選挙には無所属で出馬し、当選する。「しばらく選挙はないから無所属でいよう」と思っていたところ、福田派のプリンスであった安倍晋太郎から人を介して誘われ、自民党に入党し、福田派入りした。

数年前から「安倍さんは、次代のリーダーにふさわしい人物だ」といいつづけてきた森派の参議院議員の山本一太は、安倍の官房副長官就任が自分のことのようにうれしかった。

〈これで、いよいよ出世街道を登りつめることになるだろう〉

しかし、周囲の安倍に対する評価は、意外にも低かった。

「安倍さんは、地味だ」

山本は、そのたびに反論した。

「そんなことはない」

このころ、山本と親しい某テレビ局のプロデューサーが、電話をかけてきた。

「山本さん、自民党の次代のエースって、だれですかね」

山本は、きっぱりと答えた。

「それは、安倍晋三ですよ」

プロデューサーの反応も、悪かった。

「いや、安倍さんには、ちょっと華がないんじゃないですか」

安倍と同年代で友人でもある石原伸晃、塩崎恭久、渡辺喜美、河野太郎らは、メディアにひんぱんに露出していた。

山本は、語気を強めた。

「そんなことはありませんよ。政治家の勝負というのは、長いですからね。いま、伸晃さんとか、塩崎さんとか、喜美さんが注目されていますが、近い将来、かならず安倍さんが頭角を現しますから」

このプロデューサーは、のちに山本に述懐した。

「あのとき、山本さんのいったことは正しかったね」

北朝鮮に拉致された有本恵子の母親の嘉代子も、安倍が官房副長官に就任したことをよろこんだ。

〈これで、拉致問題は進展するかもしれない〉

北朝鮮に拉致された疑いが強い日本人の家族が結成した「北朝鮮に拉致された日本人を救出するための全国協議会」は、平成十二年四月、全国会議員に対するアンケート調査をおこなった。協議会は、四月九日午後一時半から、東京港区の芝公園で集会を開き、全国会議員に対するアンケート調査結果を発表した。なんと、回答率は、わずか一五％で、失望した。

有本嘉代子は、嘆きを通り越し、怒りさえおぼえていた。

「国会議員の方は、拉致問題に関わりたくないのではないか。拉致問題を棚上げした官僚に反対して、自民党本部前で座り込みをやったとき、今回回答を寄せてくれた安倍晋三議員のように、堂々と出てきてわたしたちの意見を聞いてくれる人は少ない」

それゆえ、安倍の官房副長官就任は、大きなよろこびだったのである。

森内閣は、発足時こそ支持率は四〇％を超えたが、森首相のいわゆる「神の国」発言などで支持率は急落した。中川秀直官房長官によると安倍官房副長官は中川を懸命にバックアップしてくれたという。国会を円滑に運営するため議院運営委員会や国会対策委員会などに小まめに顔を出し、逐一、連絡を入れた。また、自民党の若手議員の意見や考えを聞き、官邸にいてはなかなか入りにくい生の情報を報告した。

官房副長官として懸命に森首相を支える

平成十二年十二月五日、中川秀直官房長官が辞任した。そのとき、森首相は、森派の会長をつとめていた小泉純一郎と相談し、後任の官房長官は、当選四回生の福田康夫でいくことを決めた。森も、小泉も、おたがいに福田の父親福田赳夫元首相のもとで修業を積んできた。この際、いいチャンスだと思い、福田を官房長官に据えた。森と小泉は、協力して福田と安倍のために働ける場をつくったことになる。

森内閣の支持率低下は、いっこうに歯止めがかからなかった。平成十二年十一月には、森首相では平成十三年夏の参議院選は戦えない、と加藤紘一と山崎拓が、森首相に退陣を迫るいわゆる「加藤の乱」を起こした。

さらに平成十三年二月にハワイ沖で起こった、愛媛県立宇和島水産高校の実習船・えひめ丸と米原子力潜水艦の衝突事故後の対応の遅れで、森首相は国民から非難を浴びた。森内閣は、もはや風前の灯火であった。なにしろ森首相を支えるべき森内閣の閣僚はおろか、出身派閥である森派の幹部ですら、匙《さじ》を投げていた。高市早苗や下村博文らと森首相を支える「勝手補佐官」を結成し、懸命に行動していた山本一太は、寂しい思いがした。

そんななか、官房副長官の安倍は、最後まで森首相を必死にかばいつづけた。

「そんなことをいっても、森首相を支えるしかないんだ」

いっぽう平成十二年十一月十四日、永住外国人地方参政権付与法案に慎重姿勢をとる国会議員でつくる「外国人参政権の慎重な取り扱いを要求する超党派の国会議員の会」の設立総会が国会内で開かれた。

民主党の上田清司は、あいさつに立った。

「民主党は法案に賛成という立場をとっているが、（植民地統治への）贖罪《しょくざい》意識で参政権を考えるのは誤りだ」

民主党は、公明党が野党時代、外国人参政権についての法案を共同提案した経緯もあり、「参政権を拡大するのはいいことではないか」という認識のもと党の政策として掲げていた。

しかし、上田は、この法案は重要な問題をはらんでいることに気づいた。たとえば、日本海に浮かぶ小さな岩礁の竹島（韓国名・独島）の領有権をめぐって日本と韓国は激しく対立している。仮に在日韓国人が日本海に面する、ある県の知事になった場合、「竹島は、当然韓国の領土だ」といいはじめる可能性がある。

上田は、この法案が通れば、伝統的な日本社会のあり方を否定するような話につながり、国家主権を侵されかねないと危惧していた。そこで、上田らは、「国家の基本にかかわる問題を深く議論することなく、法案の成立を急ぐことは避けるべきだ」と考え、行動を起こしたのだ。

平成十三年二月七日、上田は、党内に「外国人地方参政権を考える会」を設立し、代表世話人に就任。事務局長の松原仁らと論点整理や国籍取得促進の法案づくりなどに取り組むいっぽう、法案の成立を目指す方針の党執行部に慎重な対応を求めつづけた。

そんなある日、上田は、議員会館のエレベーターに乗り合わせた安倍官房副長官から声をかけられた。

「立派な活動をされてますね。いつも遠目で拝見させていただいております」

突然そういわれ、上田はとまどった。

「なんのことですか？」

「いや、外国人参政権問題のことです」

上田の動きは、しばしば新聞などで取り上げられていた。安倍は、その記事を眼にしていたのであろう。

「ああ、そうですか。それは、どうも」

「がんばってください」

この党派を超えた励ましの言葉に、上田は勇気づけられた。

上田は、これをきっかけに、安倍との繋がりを深くしていく。

はたして、永住外国人地方参政権付与法案は、継続審議となり、この国会での成立は見送られた。

小泉純一郎首相誕生！

平成十三年四月、小泉純一郎は、森首相の退陣を受けて、自民党総裁選に立候補した。麻生太郎、橋本龍太郎、亀井静香の四人の戦いであった。

安倍晋三は思った。

〈一回目、二回目とはちがい、今回は勝てる可能性がある〉

自民党の数の論理でいけば、党内最大派閥の橋本派が擁立する橋本龍太郎が優勢だ。小泉が勝つには、自民党がぎりぎりまで追い詰められ、政権を失うかもしれないという状況にならないと難しい。七月の参院選を前に、まさにそのような状況になっていた。小泉には、国民的な人気がある。国民は明らかに、ある種の閉塞感のなかで改革を求めている。

小泉は、総裁選で盛んに街頭演説を展開した。あるとき、安倍は小泉に疑問に思っていたことを口にした。

「街頭演説をしても、そのなかに党員が何人いるかわからないじゃないですか。それよりも、党員を集めた講演会などで演説したほうがいいんじゃないですか」

小泉は、首を振った。

「安倍君、それは違う。あの街頭演説での熱気は、普通ではないんだよ」

確かに小泉の街頭演説に同行した仲間の議員の話を聞くと、みな異口同音に興奮した口調でいった。

「これは、大変なもんだよ」

結果的には、小泉の見方は正しかった。国民の熱気が党員を動かし、地方票は、小泉の地滑り的圧勝となる。それが、さらに国会議員にも伝わっていった。このようなケースは、自民党の歴史上、はじめてのことである。橋本龍太郎元首相にも、国民的な人気があったが、この総裁選での小泉人気は、そのレベルをはるかに超えていた。

さて、この総裁選では、都道府県連の持ち票を従来の一票から三票に拡大した。仮に国会議員票で橋本に負けても、党員票で逆転することも十分に可能となった。しかし、勝利をより確実なものにするためには、やはり永田町のなかで多数派を形成する必要がある。

安倍は思案した。

〈なんとか、亀井さんと手を結べないものだろうか〉

総裁選に立候補した江藤・亀井派会長代行の亀井静香は、もともとは清和会の人間である。平成十年九月に清和会から独立するまで小泉と同じ釜の飯を食った。経世会対清和会という構図にあって、小泉と提携できるのは亀井しかいない。

安倍は、小泉に進言した。

「なんとか、亀井さんに会ってもらえないでしょうか」

小泉は、躊躇した。

「それは、ちょっと待ってくれ」

安倍は、そのいっぽうで、アサヒビールの樋口廣太郎名誉会長など財界人にもお願いし、亀井側に働きかけをしてもらった。

投・開票日が近づくなか、安倍は、もう一度、小泉に進言した。

「亀井さんと会ってください。それが、この勝負を決しますよ」

小泉は、ようやく踏ん切りがついたようであった。

「それは、そうだな。じゃ、セットしてみてくれ」

安倍は、水面下で亀井と接触し、小泉との会談を呼びかけた。亀井は、了解した。

「わかった。純ちゃんと会おう」

安倍は訊いた。

「細かなことは、だれと連絡を取り合いましょうか」

「小林興起だ」

亀井の側近である小林興起は、安倍とは同じ当選三回組である。安倍は、ただちに小林と連絡をとりあい、港区赤坂一丁目にある全日空ホテルの一室を会談場所に設定した。

四月二十二日夜、安倍と小林は、約束の時間よりも少し早めに全日空ホテルの一室に入った。やがて、小泉純一郎と亀井静香の主役二人が姿を見せた。

本選挙当日の四月二十四日午前にも、二人は、おなじ部屋で会談した。いずれの会談も、番記者に気づかれぬように極秘裡におこなわれ、外に漏れることはなかった。

会談の結果、亀井が本選挙を辞退し、小泉の支援に回った。

本選挙の投・開票の結果、小泉は、地方票百二十三票、国会議員票百七十五票、合わせて二百九十八票を獲得。一回目で過半数を制し、新総裁に選出された。

安倍は、この結果にしみじみと思った。

〈時代状況も変わってきている〉

これまでは、永田町にいる政治のプロの都合だけで総裁を選べばよかった。が、これからは国民から支持されない人物では駄目だということになる。

安倍は、この変化は、衆議院の選挙制度改革によるところが大きいと見ている。複数区の中選挙区制は、一五％から二〇％の得票率で当選できる。それゆえ、自分がタッチできる範囲で最大限の努力をし、信頼を勝ち取れば、強固な後援会組織の支援によって当選できる。党のイメージはいいにこしたことはないが、決定的な要素ではない。従って党首はだれであろうと、そう影響はない。

しかし、一人しか当選できない小選挙区制は、五〇％近い得票率でなければ当選できない。それは、自分がタッチできる範囲を大きく超えている。そうなると党のイメージがより重要となる。党のイメージとは、すなわち党首のイメージだ。当然のことながら、自分が当選するためには、いいイメージの党首を選ばざるをえないのである。

妻の昭恵はディスク・ジョッキー

安倍の妻の昭恵は、平成十年の春、夫の後援者である青年部の冨永と飲みながら話をしていた。冨永は、下関にコミュニティーＦＭ局「ＣＯＭＥ　ＯＮ！　ＦＭ」を立ち上げるという。

昭恵が、冗談混じりにいった。

「わたしも、番組をやりたいわ」

冨永は、即座にうなずいた。

「いいですよ、やってくださいよ」

話はとんとん拍子に進み、週に一度、三十分番組を担当することになった。「あっきい・ようすけのＴＯＫＹＯラウンジ」という番組で、安倍晋三夫人であることは伏せ、アッキーという名前を使うことにした。洋介という青年を相棒に、毎回昭恵が好きなゲストを呼び、お酒を飲みながらおしゃべりするという内容だった。自分の身分を忘れ、選挙とも関係がなく、まったくの趣味のこの仕事は、昭恵にはただ楽しかった。

二年ほどつづけたころ、安倍がつい、番記者に昭恵が地元でＤＪをしていることを話してしまった。すぐに夕刊紙に記事が載り、雑誌やテレビのワイドショーでも取りあげられるようになってしまった。

昭恵は思った。

〈いままでは好き勝手におしゃべりしていたけど、安倍晋三の奥さんだと思って聴かれるとなると、やっぱりしゃべりづらいな〉

昭恵は、自分が批判される分には構わなかった。が、たとえ楽しんでくれるリスナーがいたとしても、自分が批判されることによって夫にマイナスとなるのだったら、やらないほうがいい。

昭恵は、ＤＪの仕事は辞めてしまった。

昭恵がまたＤＪをやろうかしらと思うのは、平成十六年の春になってからである。

9・11同時多発テロをうけて

朝から大雨が降り、台風が近づいていた平成十三年九月十一日夜の九時五十五分、会食中だった安倍晋三官房副長官に、秘書官から電話が入った。安倍は、四月二十六日に発足した小泉内閣で官房副長官に再任されていた。

「飛行機がアメリカのワールド・トレード・センターに突っ込みました。六名が死亡し、一千名ほどが負傷をしている模様です。いまのところ、どのくらいの大きさの飛行機だったのか、事故なのか、事件なのかは、わかりません」

それからすぐにまた、安倍に連絡が入った。

「たくさんの人が亡くなっているかもしれない」

安倍は、会食をつづけるわけにはいかなかった。ただちに会食場所を出て車で首相官邸に急いだ。車にテレビがついているので、二機目の飛行機がワールド・トレード・センターに突っ込んでいく場面も見た。その瞬間思った。

〈これはテロだ〉

そのうち、ワールド・トレード・センターが崩壊していく、まるで地獄絵図のような様子が映った。大変なことが起こっている。

安倍は、午後十一時十七分に首相官邸に到着した。そのときには、すでに小泉首相、福田官房長官、そして、自民党の麻生太郎政調会長がいた。

ウサマ・ビンラディンという名前は、すぐには浮かび上がらなかった。が、安倍は、これまでの経緯からみて、イスラム原理主義者の犯行ではないかと思った。

そこで、福田官房長官にいった。

「日本の米軍の施設に対する警備を、強めたほうが良いのではないでしょうか」

長官も同じことを考えていて、小泉首相もそう判断した。小泉首相は、ただちに警察庁と防衛庁、米大使館など米国関係の施設の警備を強化するよう指示した。

十月三日午後、与野党国対委員長会談が開かれた。安倍官房副長官は、五日に国会に提出するテロ対策特別措置法案と自衛隊法改正案の要綱を説明した。

保守党の国対委員長に新しく幹事長を兼任した二階俊博は、早期成立の必要性を強調した。

「野党の各委員長のいわれる慎重審議は、問題の重要性から理解できる。しかし、スピードも必要だ。米軍などの報復攻撃も想定し、一定の時間で結論を出したほうがいい」

しかし、野党側は回答を留保し、物別れに終わった。

いっぽう、安倍官房副長官は、記者会見で在米日本大使館を通じて米側からウサマ・ビンラディンがテロ事件に関与した証拠を説明され、日本政府として了解したことを明らかにした。

九月末の日米首脳会談以来、日米首脳は緊密に連絡を取っており、安倍はすべてを総合的に勘案して、ビンラディンの関与について説得力のある説明だと認識していた。

アメリカのＮＡＴＯ（北大西洋条約機構）諸国と日本への説明は、基本的にいっしょだった。ただし、イギリスへの説明は特別かもしれない。戦闘作戦行動をいっしょにおこなうし、イギリスにも優れた情報機関があり、情報の交換をおこなうことができる。日本は残念ながら、そこまでの能力はない。情報は、限定されざるをえない。

安倍は、テレビ朝日の報道番組「ニュースステーション」でキャスターの久米宏に証拠について質問され、答えた。

「日本は証拠、証拠とあまりいう必要はない」

安倍は、要するにＴＰＯだと判断していた。この段階で「証拠を出してもらわないと、日本は協力できません」といったとすれば、まさにテロリストの思う壺だ。同盟のほころびになる。仲間を疑っている話になる。日本政府としては、同盟国であるアメリカと協調し、アメリカを信じているという姿勢を強く示す必要がある。

しかし、他方でアメリカ側に「証拠についての説明をしてもらいたい」ということも申し入れていた。小泉首相も、それに近いニュアンスのことをブッシュ大統領にいっていた。

それに、アフガニスタンのタリバン政権は、事実上、自供したようなものである。国内放送で、飛行機には乗るな、高い建物には上がるな、と国民に呼びかけているのだから、もうだれも疑う人はいないのではないか。

安倍自身は、テロ対策特別措置法に民主党が、賛成するのか、反対にまわるのか、その可能性は半々くらいだと思っていた。しかし、選ぶのは、あくまで彼らである。政府・与党は、衆参両院とも過半数を維持している。別に民主党に賛成してもらわなくても法案は通る。が、安全保障に関わる問題や自衛隊の海外派遣などは、なるべく幅広い支持を得るというのが、安倍の基本的な姿勢であった。

スピード成立させても、使い物にならない法律では意味がない。民主党と話し合い、より多くの支持のもと中身のある法案をつくることは必要である。しかし、妥協にも限界がある。民主党が責任ある態度でのぞみ、政権担当能力のあることを国民の前に示すことができるのか。あるいは、旧社会党のように何でも反対の政党になってしまうのか。最終的に選択しなければいけないのは、民主党であると思っていた。

民主党との修正協議では、「国会承認」、「武器の使用基準」、「武器・弾薬の輸送」の三つが争点になると、安倍は思っていた。なかでも、「武器・弾薬の輸送」が、もっとも重要になる。

政府・与党は、ほぼ民主党の主張どおりに相当譲歩した。安倍は、小泉首相にもいっていた。

「これは、われわれが悩むことではない。彼らが悩むことです。彼らがどう決めるか、国民が見ています。試練に立たされているのは、われわれではなく、彼らのほうです」

小泉首相は、黙って聞いていた。

安倍は、なおいった。

「これは、与党が混乱に陥る必要はまったくない話です。最大限の譲歩と誠意を示し、あとは、彼らが選ぶ。こちらは、既定方針でいきましょう」

十月五日、政府は、臨時国会の最大の焦点であるテロ対策特別措置法案と自衛隊法改正案を国会に提出した。テロ対策支援法案の国会提出を受け、今後の焦点を審議する衆院特別委員会を舞台とする与野党の修正論議に移った。

十月十五日午後三時、自民・公明・保守の与党三党幹事長政調会長会談で、与党の修正案に「事後承認」盛り込みを決めた。民主党にとっては、高いハードルとなった。

この席で、安倍はいった。

「これまで自衛隊の派遣にともなう事前承認というものをやったことがない。この姿がまだ明確ではないので検討せざるをえません。このようななかで、一日、二日ですむということでなければ困りますし、基本計画そのものを議論するということになっても、困りますよ」

ところが、公明党の冬柴鐵三幹事長には、安倍のいい方がやや事前承認を前提にしたような印象を与えた。冬柴と保守党の二階幹事長は、怒りをあらわにした。

「政府は、事前でも、事後でも、どちらでもいいのか！」

与党三党は一致結束して法案を通そうとしている。それなのに、政府がそのような後ろ向きの態度でどうするのか、という思いだったのである。

安倍は、抗弁した。

「どちらでもいいということではありません。当然、いまのまま事後承認でいくのが一番いい」

安倍は、韓国訪問から帰国した小泉首相に、その日午後六時二十九分に会い伝えた。

「与党三党は、事後承認で固まりました」

事後承認でも、国会の承認事項であるということはきわめて大きいことである。自衛隊を派遣した後、国会に承認を求めたが、承認されなかったということになれば、どうなるか。当然、自衛隊を帰国させないといけなくなる。そんなことになれば、世界から笑われる。しかも、それだけではすまない。国際的にも責任を取り、総理大臣は退陣しなければいけなくなる。そのくらい重たい話である。

安倍は、それから、民主党との修正協議で争点になりそうな「武器の使用基準」、「武器・弾薬の輸送」、「事前承認」の三点についても意見を述べた。

「三つの争点について、政府・与党側は、民主党のいい分を一〇〇％、一〇〇％、七〇％ほど呑みました。一〇〇％、一〇〇％、一〇〇％で済むのなら、交渉ではありません。相手のいい分を聞いているだけです。今度歩み寄ってくるのは、民主党の鳩山代表の番です」

小泉首相は、安倍の説明を一つの意見として聞いていた。

午後八時五十六分、首相官邸で小泉・鳩山会談がおこなわれた。自民党側は、山崎幹事長、久間章生政調会長代理が同席した。民主党側は、菅直人幹事長、岡田政調会長も同席した。

鳩山は、午後十時過ぎ、小泉首相との会談を終えて首相官邸を出てきた。首相官邸に入るときに見せていた微笑みとは打って変わり、伏目がちであった。首相官邸正面玄関前での記者団からの問いかけに、小声で語った。

「物別れです。協力を考えたが、わが党にとって生命線の事前承認を、最後まで譲ってもらえませんでした。妥協案には、乗れない。再会談の予定もありません」

結局、民主党は法案に反対した。

錚々たるメンバーの応援団「四季の会」

平成十四年の初夏、東海旅客鉄道（ＪＲ東海）社長の葛西敬之《よしゆき》は、自民党の与謝野馨に自説を吐露し、与謝野の意見を求めた。葛西と与謝野は、東京大学法学部の同級生であった。

「冷戦期間中、米国に国益とか国策をおしなべて依存してきたため、冷戦が終わり、米国が一時的に日本バッシングに変わると、日本の政・官ともに自己喪失の迷走状態になってしまった。財界も例外ではない。経済団体は、端的にいって、存在理由が希薄になってしまった気がする。日経連は総評を抑止し、経団連は、社会党、共産党政権の実現を阻止するという対立軸があり、目的意識があった。しかし、総評と同盟が合併し、連合ができたことで、日経連の存在理由は明確でなくなった。社会党がバラバラとなり民主党が出現する状況では、経団連の存在価値も失われた。合併して日本経団連になっても、その状況は変えようがない。いまは団体とコンセンサスの時代ではなく、各個の企業それぞれの志で当面を生きのびていくしかない時代に入ったと思う。政治への関心は薄れ、団体でもって特定の政党を応援する時代は終わったと思う」

与謝野はうなずいた。

「そうだね」

葛西は提案した。

「しかし、政治のリーダーシップが確立しなければ、日本の将来は危うい。ぼくは、与謝野さんに期待しているし、多くの同世代の経済人も同じように考えている。せめてそういう仲間の会合をつくろうじゃないか。役人にも同じ志を持つ者はいるが、彼らは身動きができない」

与謝野は、平成十二年六月の総選挙で、わずか二千六百三十三票の差で落選中であった。

葛西は、与謝野が好きであり、高く評価していた。与謝野には、同じ法科出身でありながら葛西にはない理数系の頭の良さがある。与謝野ほどいろいろ難しい問題をクリアに理解し、解決策を見出す能力をもった政治家は希《まれ》であると思っていた。

葛西は訊いた。

「われわれの仲間はみんな歳が同じくらいだし、与謝野さんのことはよく知っている。あなたを中心に集まる会合に一世代若い政治家で国益・国策という志を共有でき、次代を背負うべき人材を仲間に入れるのが良いのではないか。だれか、いい人はいない？」

葛西の頭のなかには、ある人物の名前が浮かんでいた。安倍晋三官房副長官である。マスコミがもてはやす改革派のタイプではない。安倍は、のちに北朝鮮による拉致問題で、そのしっかりした見識を知られ、国民的人気を博すが、このときは、どちらかといえば地味な存在であった。葛西は、直接の知遇はなかったが、マスコミに登場する際に、背骨がまっすぐ通っていて、周囲の状況によってブレない安倍の雰囲気に好感を持っていた。

与謝野は、しばし考えたあと、名前を挙げた。

「安倍さんが、いいんじゃないの」

奇《く》しくも見解が一致した。

「じつは、ぼくも、そう思っていたんだ。政治に近づく経済人のなかには評論とポピュリズムに終始し、責任をもって決断し、行動しない人々も多い。この会は表面には姿を見せないが、経営者としてきっちり仕事をしている人を集めようじゃないか。企業関係の人々はぼくから声をかけるから、安倍さんには、与謝野さんからお願いをしてほしい」

与謝野が安倍の名をあげたのには理由がある。与謝野は、どういうわけだか法務省関係の仕事をずっとやっていて、永田町でただ一人の〝法務族議員〟ともいわれている。平成十一年八月に通信傍受法案を通したとき、安倍晋三が、法務委員会担当の国対副委員長として一所懸命に応援してくれた。

与謝野は、そのときに思った。

〈安倍さんというのは、こういう問題も一所懸命にやってくれる人なんだ〉

ただ、この法案以外で個人的な接触はまったくなかった。が、葛西にだれがいいかと訊かれ、安倍の名をあげたのであった。

こうして、平成十四年八月二十八日、与謝野馨、安倍晋三、米国大使館のトーケル・パターソンの三人を囲む会の初会合が開かれた。トーケル・パターソンをゲストに加えたのは、これからますます重要になるであろう日米関係について、米国側の意見も聞きたかったし、マスコミ紙上などに登場しない代表的日本企業経営者の本音を聞いてもらったほうがいいと考えたからだ。それにトーケル・パターソンは、筑波大学の大学院に在籍したことがあり、親日家で日本語も堪能であった。

この会の名称は、三ヵ月に一回、春夏秋冬の季節ごとに開こうということで「四季の会」と命名された。

なお、トーケル・パターソンが平成十六年二月にアメリカに帰国後は、デビッド・シェアー公使（政務担当）をゲストに迎えている。デビッド・シェアーもまた、早稲田大学の大学院に在籍したことがあり、親日家で日本語が堪能である。

安倍と成蹊大学時代の同級生でアーチェリー部の仲間であった盛田淳夫もこの会に加わった。それにはいきさつがある。盛田は、平成四年に敷島製パンの副社長に就任した。このころ、JR東海の副社長で平成七年に社長になる葛西敬之を囲む中部経済界の若手経営者による勉強会ができ、盛田も参加した。葛西が勧める本についてみんなで感想をいい合うなど、この勉強会は三ヵ月に一回くらいの割合で開かれた。盛田は、いわば「葛西学校」の生徒であり弟子となった。

その葛西から、盛田は誘われた。

「与謝野さんと安倍さんを囲む経済人の勉強会がある。四十代の安倍さんと同年代がいない。みんな年上だ。きみは、安倍さんと大学時代の同級生だろう。だから、きみも参加しないか。偉い人たちばかりだから、きみにとっても勉強になるよ」

盛田は、快諾した。

「よろしくお願いします」

会員は、逐次増加しその数は二十四名にのぼるが、いずれも日本を代表する企業の、先頭に立っている現役の経営者だ。初会合で、安倍は、政治家として大先輩であり、年上でもある与謝野に上座に座るよう勧めた。

しかし、与謝野は安倍を上座に据え、茶目っ気たっぷりにいった。

「これは安倍さんの会ですよ。みなさん、わたしのほうは、選挙の応援だけしてくださいね」

葛西は「四季の会」ではじめて安倍とじっくり話す機会を得た。安倍は、葛西が想像していたとおりの人物であった。考え方の背骨がしっかりしており、ブレない。気取っていなければ、格好もつけていない。自然体である。媚びへつらうこともなく、かといって虚勢を張るようなこともない。それは、与謝野にも共通するが、政治家として、人間として、大事な素質である。

安倍の政治家としての強みの重要な一つは、女性にも良い第一印象を与え、しかも時を経るにつれ、それがいっそう確実になっていくことだ。これはリーダーの重要な資質の一つだと葛西は思う。だから、男性も女性も問わず、安倍のことを悪くいう人はあまりいない。リーダーの条件として、頭の良さも求められるが、それ以上に大切なものは人を魅きつける信頼感や誠実さである。安倍には、それらがあると葛西は思う。

「四季の会」の会員には、もともと与謝野ファンが多い。年齢も同じくらいだ。そこに若い安倍が加わったことで、ますます楽しい会になっている。

盛田淳夫は、これまで何度か「四季の会」に出席している。午後六時半からはじまり、午後九時ごろまでつづく。政治家は、会合を掛け持ちするケースが多い。顔を見せたと思ったら、さっと姿を消してしまう。それでは、味気ないし、親しくもなれない。腹を割って話すことなど不可能に近い。だが、安倍は、最初から最後までずっと席にいる。そのときどきの政治の動きを話したり、あるいは、経済人から「こうしたほうがいいのではないか」といった意見やアドバイスに耳を傾けている。それが、経済人にとってもうれしいようだ。若い安倍を日本を引っ張っていくリーダーに育てあげ、みんなで盛り上げていこうという雰囲気がある。

大企業の社長ばかりで錚々たる顔ぶれのなか、隅っこのほうで身体を小さくして話を聞いている盛田は、安倍の成長ぶりに感心し、おどろかされている。

「四季の会」の会員は、みな第一線で働いている。忙しくてなかなか日程が取れない。全員の都合のいい日を見つけようとしたら、下手すれば何年間も会を開けないことになる。そこで、与謝野と安倍に都合のいい日を決めてもらい、その日に出席できる人だけ集まることにした。

はじめのうちは、一つの会合が終わるとすぐに次の会の日程を決めていた。が、最近では「二、三ヵ月前では出席の都合がつけにくい。だから、次の次まで決めておいてほしい」という注文が出ている。つまり、四ヵ月から六ヵ月先の日程を決めておいてもらえば、優先的に日程に組み入れるというのだ。それだけ、みな「四季の会」を楽しみにしている。これは、与謝野と安倍の人柄によるところが大きい。しかも、一年に四回という予定が二・五ヵ月に一回くらいに縮まっている。しだいに回数が減っていく会はあっても、逆に増えるという会はめったにない。

まったく自由な談論風発の会なので、一旦は参加してはみたが負担になったり失望したりして離れる会員はいない。会員同士は、それぞれ個々に仕事やパーティーの席などで会う機会はあっても、みなで集まり、ゆっくりと話すことは少ない。その意味では、与謝野や安倍との懇談に価値を見出すばかりではなく、友人が一堂に会することができる貴重な場ともなっている。

与謝野も、安倍も、「四季の会」を大事にしている。日程を求められれば、真っ先にスケジュールを入れている。

葛西は思っている。

〈彼らにとっても、それぞれの業界の生きた情報が入る貴重な場ではないだろうか〉

多くの社員の一生を担い、ダイナミックに考え、果断に決断し責任をもって行動する現役の経営者の考え方や意見を聞くことは、政治の世界でのリーダーを目指すうえでも、参考になる部分が多いのではないか。メンバーの年齢は、六十代初めが多い。あと十年から十五年は、企業のリーダーとして影響力を持ちつづける。すなわち、これから十年から十五年は与謝野と安倍を応援していける。

荘子の言葉に「君子の交わりは淡きこと水の如し」という一節がある。名利を求めて密着すれば、あとでかならず離合集散をくりかえす。常に一定の間をとって付き合っていれば、「四季の会」は長続きすると葛西は思う。

拉致議連の設立

平成十四年三月十一日、昭和五十八年にロンドンに留学中に行方不明になり、北朝鮮へ拉致された疑いが指摘されていた神戸市出身の有本恵子について、よど号ハイジャック事件メンバーの元妻である八尾恵が警視庁の調べに「有本さんの北朝鮮への拉致はよど号グループが計画実行し、自分もかかわった」と供述していたことが明らかになった。警察庁は、「北朝鮮による拉致容疑事案」に有本恵子を追加認定し、拉致されたとみられるのは八件十一人となった。警視庁は、この日、捜査本部を設置し、事件の解明を進めることになった。

いっぽう、十三歳であった横田めぐみは、昭和五十二年十一月、中学の下校途中に、新潟市内の自宅近くで友人と別れたあと消息を絶った。

横田めぐみの父親である横田滋ら「家族会」は、平成十四年三月八日、新宿区内のホテルで、東京都の石原慎太郎知事と面会した。拉致疑惑について政府が把握している情報を開示することを働きかけることを文書で要請した。

石原都知事はいった。

「小泉首相とは親しいから、伝えましょう」

そのころ、小泉首相も明言した。

「拉致問題解決なしに、日朝交渉の妥結はあり得ない」

横田ら拉致被害者の家族は、三月十九日、小泉首相と面会した後、安倍晋三官房副長官と会った。小泉首相とはわずか十分ほどしか会えず「助けてください」としかいえなかった家族は、安倍に頼んだ。

「どうか、不審船を引き揚げてください」

平成十三年十二月二十二日、海上保安庁巡視船「あまみ」が、北朝鮮船籍と思われる不審船と銃撃戦となり、沈没させた。海中に沈んだその不審船を引き揚げてほしいと頼んだのである。が、引き揚げればむしろ、拉致問題の解決にマイナスになるとの意見もあった。

安倍はいった。

「引き揚げるほうがいい」

この日、首相官邸では、平成二年から拉致問題に取り組んできた安倍晋三官房副長官を中心に、外務、法務、国土交通省の副大臣による「拉致疑惑に関するプロジェクトチーム」が発足。

国会も、四月十一日に衆議院本会議で、十二日に参議院本会議で「拉致疑惑の早期解決を求める決議」が採択された。

安倍は、拉致問題がマスコミにクローズアップされる前から自民党の平沢勝栄や自由党の西村眞悟らごく少数の議員たちと国会の質問で取り上げたり、「家族会」と連絡を取り合ってきた。

「こんな、選挙で票にならないことを……」

といわれながらも、懸命に活動してきた。

安倍らが、年功序列的な考えで「北朝鮮拉致疑惑日本人救援議員連盟（旧拉致議連）」の会長に担いだ中山正暉は、会長就任時こそ、北朝鮮に渡って北朝鮮の官僚と「被害者を返せ」とやりあった。ところが、しだいに発言が北朝鮮寄りに、融和路線へと傾いていった。

平成十年四月には、こう発言した。

「拉致問題とは切り離して、北朝鮮へ食糧援助すべき」

さらに、平成十一年十二月一日に村山富市元首相を団長とする訪朝団が訪朝し、平成十二年からはコメ支援がはじまった。休眠状態だった超党派の国会議員で作る「日朝友好議員連盟」(日朝議連)も再開して、村山が日朝議連の会長となった。

だが、村山が政界を引退したので、平成十二年八月に、中山が二代目会長に就任した。中山は、旧拉致議連の会長でありながら、方向性がまったく逆の日朝議連会長に就任したのである。

中山は、朝鮮総連の新聞でインタビューに答えた。

「拉致は幽霊みたいなものだ。陽が明るくなれば、姿を消す」

「救う会」の西岡力らが抗議したところ、中山は釈明した。

「あのようなインタビューは受けてない。あっちが勝手に書いたんだ」

もしも本当に勝手に朝鮮総連が書いたのなら抗議すればいいものの、抗議もしていない。自由党の西村眞悟は、どういうわけか立場を変えてしまった中山に、猛然と抗議した。会長辞任を要求した。だが、中山は、辞めなかった。自分で辞めるといわないかぎり、解任できないということになっていた。旧拉致議連は、事実上、休眠状態となった。

平成十四年三月二十日、中山は、拉致された有本恵子の両親に電話を入れた。その約一週間前の十二日に、日航機「よど号」を乗っ取って北朝鮮に渡った元赤軍派メンバーの元妻である八尾恵が、有本恵子拉致に関わったことを語っていた。

中山は、恵子の母親である有本嘉代子にいった。

「日本人が日本人を拉致したもので北朝鮮は関係ない。『救う会』会長の佐藤勝巳は、日本共産党北京派だ。北京のまわしもので、日朝関係を悪くしようとしている。そんなヤツとつきあっていたら、拉致は解決しない。手を切りなさい。そしたら、わたしが、あなたを北朝鮮に連れていって、お嬢さんに会わせてあげる」

中山は、「救う会」と「家族会」の分断を図ったにちがいない。

しかし、有本は、はっきりと断った。

「それは、できません」

この一件は、旧拉致議連の間でも問題となった。議連の解散論が噴出した。中山も、会長を辞めると表明した。旧拉致議連は解散した。

それからわずか一ヵ月後の四月、新たに超党派で結成した「北朝鮮に拉致された日本人を早期に救出するために行動する議員連盟」（新拉致議連）が発足した。これまでの中山のような融和路線ではなく、拉致事件の解決を従来より強く求める姿勢を打ち出し、拉致に毅然《きぜん》として対応する「原則重視」路線へ転換を図った。

新拉致議連の中心的な役割を果たしたのは、中川昭一と安倍晋三であったが、中川は思っている。

〈安倍さんたちが拉致問題について井戸を掘らなければ、そう簡単には組織化できなかったかもしれない〉

中川と安倍は、拉致議連を発足するにあたり、だれを会長にするか話し合った。中川は、「日本の前途と歴史教育を考える若手議員の会」の会長をつとめている。安倍は、官房副長官として内閣にいる。二人のうちどちらかが会長になれば、「また、中川か」「また、安倍か」となり、自民党は人材不足のように思われる。そこで、石破茂に会長を引き受けてもらった。

拉致問題は、相手が相手なだけに、拉致議連の考えをピシリとまとめて外に発信し、ある意味では北朝鮮に対抗していく。ただし、拉致議連は、有志によるいわばお手伝い役のようなものだ。窓口は、あくまで政府である。政府の安倍官房副長官とのコンビネーションが大事であり、うまくいったと中川は自負している。

四月二十五日、拉致議連の設立総会が国会内で開かれた。

総会には、社民、共産両党をのぞく衆参国会議員三十一人と代理三十人が出席した。会長に自民党の石破茂、幹事長に自由党の西村眞悟、事務局長に自民党の平沢勝栄、事務局次長に民主党の松原仁を選出した。民主党保守派のリーダーの一人であった上田清司は、民主党議員のまとめ役的存在として活動に加わり、筆頭副会長をつとめた。

なお、石破は、この年の九月に防衛庁長官に就任したことにともない、中川昭一が後継の会長に就任する。

拉致議連の運営に関しては、事前に平沢と上田が話し合い、石破会長、石破会長の後任となる中川昭一会長に報告し、そのうえで拉致問題の政府担当者である安倍と打ち合わせをする、というかたちが多かった。

　上田は、安倍や平沢と党や立場を超えて本音をぶつけあった。安倍の考え方は、じつにしっかりしていた。「おれが」「おれが」としゃしゃり出てくることもなく、控えめであった。ときおり、官邸が摑んだ極秘情報を、平沢と上田だけに話すこともあった。

　超党派的な色彩をより強めるときは、この席に自由党の西村、保守党の小池百合子が加わった。

「家族会」との食事会も、各党から一人ずつというときには、石破会長、のちには中川会長、平沢、上田、西村、小池、安倍という組み合わせが多かった。

　安倍の妻の昭恵は、北朝鮮問題に取り組む夫を見て、不安に思った。昭恵は、夫に訊いた。

「万が一、北朝鮮問題に関わったばかりに、危険な目に遭ったら、どうするの？」

　安倍は答えた。

「政治は、命がけでやるものだ。そのときは、とにかく立派なコメントを出してくれ」

「いやね、縁起でもない」

　昭恵は、その場を笑ってごまかした。が、夫の覚悟のほどを改めて知り、身が引き締まる思いであった。

小泉首相電撃訪朝の成果は、安倍官房副長官のおかげ

平成十四年八月三十日、「小泉首相訪朝」という衝撃的なニュースが永田町を駆けめぐった。

首相の外遊は、基本的に衆参の官房副長官が交代で同行する。小泉首相は、安倍官房副長官を呼び、命じた。

「この問題については、きみにやってもらいたいと思っている」

九月十五日午後十時、荒井広幸は、ある料亭に安倍を招いた。盟友である安倍は、二日後の九月十七日、小泉首相と日朝首脳会談のため北朝鮮の首都平壌に乗り込む。

〈北朝鮮は、テロ国家だ。何が起こるかわからない。ひょっとすれば、これが今生の別れになるかもしれない〉

万が一のことも、十分にありえる。日本の安全保障に関わる重大事案である以上、危険がある。荒井とすれば、水盃を交わすつもりで、ない金をはたき、あえて高級料亭に安倍を招いたのだ。

荒井は、険しい表情で訊いた。

「もし、一人でも被害者が亡くなっていたら、どうする？」

「席を立って帰ってくるよ」

「家族会」は、小泉首相の北朝鮮訪問前に小泉首相に会いたいと頼んでいた。だが、小泉首相は、「家族に会ったら、心が乱れるから」と会おうとはしなかった。

代わりに、福田康夫官房長官と安倍官房副長官が面会してくれた。横田めぐみの父親の横田滋ら「家族会」は、小泉の「心が乱れる」とはどういう意味なのか聞いた。

福田がいった。

「わたしが、直接みなさんの気持ちを北朝鮮に伝えます」

結局、福田は、北朝鮮にはいかなかった。

安倍は、小泉首相とともに北朝鮮までいくという。横田は思った。

しかし、拉致問題解決を口にする安倍官房副長官が行くのであれば、安心だ〉

〈「家族会」で信頼している安倍官房副長官が行くのであれば、安心だ〉

「小泉さんがひとりになった時に、向こうが籠絡《ろうらく》に来るだろう」

小泉首相が、いきなり変わってしまうことを心配した。実際に、これまでの運動のなかで、かつての旧拉致議連の会長であった中山正暉も、会長に就任したころには、拉致に関して、北朝鮮と厳しくやりあった。が、北朝鮮にいってから変わってしまった。急に、「家族会」を抑えるような立場になっていた。

小泉首相は、九月十七日午前九時五十分、会談場所となる平壌市内の百花園迎賓館に先着した。その直後、北朝鮮外務省の第四局馬哲洙は、外務省アジア大洋州局長の田中均に

A四判二枚の安否リストを手渡した。リストは、ハングルで書かれ最初に生存者四人、次いで死亡者八人、以下、「わが領域内に入ったことがない対象」つまり行方不明者一人、そして日本側の名簿になかった一人の生存という計十四人の安否情報の記載があった。氏名のほか生年月日、死亡者については死亡年月日が記されていた。田中は急ぎ、安倍を別室に連れ出して報告した。

安倍は訊いた。

「有本恵子さんは、横田めぐみさんは、どうなったのか?」

田中は、暗澹《あんたん》たる表情で答えた。

「五人以外は、亡くなっています」

安倍は、その情報を聞かされたとき、大変なショックであった。国会議員になって以来、この問題をずっと取り上げ、被害者家族との交流もあったので、その方々のことが頭に浮かんだ。心が震えるような思いだった。

安倍は、田中にいった。

「すぐ首相に伝えなければ」

安倍は、別室から、田中を連れ小泉首相の待つ部屋へ戻って、事実を告げた。小泉首相は、さすがに言葉を失った。

安倍は、ただちに日本にいる福田官房長官にも電話で伝え、要請した。

「家族への説明を、考えておいてください」

金正日総書記が、やがて百花園迎賓館に黒塗りの車で到着した。おなじみのカーキ色のジャンパー姿で登場した。

先着していた小泉首相は、正面入口で直立して待ち受けた。安倍は、前もって小泉首相に伝えておいた。

「金正日に向かって、絶対に頭を下げてはいけない。それを写真に撮られたらまずい」

金総書記は、小泉首相にまっすぐ歩み寄り、少しだけ笑みを見せながら「バンガブスムニダ（お会いできてうれしいです）」と声をかけて歴史的握手を交わした。が、声はやや小さかった。金総書記はこれまで金大中韓国大統領、プーチン露大統領らの外国首脳と会談し、闊達《かったつ》な指導者のイメージを振りまいてきた。が、今回は、国交正常化の道筋がつくかどうかの正念場だけに、やや緊張気味に見えた。その表情も、硬かった。

金総書記と小泉首相は、肩を並べて廊下を会談場に向かった。ただし、二人ともまっすぐ前を見つめ、特に話も交わさない。日本側が、廊下の途中で外務省幹部を紹介した。金総書記は右手を出して握手に応じた。が、幹部の顔を特に見ようともせず、会談場に入り、席に着いた。

会談は、午前十一時三分からおこなわれた。小泉首相は、会談の中で、こわばり、青ざめた表情で、拉致被害者の八人死亡について金総書記に迫った。

「直前の事務協議で情報提供がなされたことに留意するが、国民の利益と安全に責任を持つものとして、大きなショックであり、強く抗議する。家族の気持ちを思うと、いたたまれない」

午前の会談は予定より三十分早く、わずか一時間の午後十二時五分に終了した。

首脳控室に戻った小泉首相ら一行は、日本から持ち込んだ幕の内弁当を開いた。北朝鮮の誘いを断り、弁当を持ち込んだのである。水も日本から持参していた。水道水も飲まないという徹底ぶりであった。薬物を混ぜ、日本側の体調を悪くし正常な状態にさせずに、突然、夜中に交渉を再開しようとするかもしれない。

また、日本側の控室は、北朝鮮側に盗聴されているかもしれない。そのため、控室の中では絶対に重要な話はしなかった。どうしても必要なときは、みんなでメモ書きをまわしたり、庭に出て小声で話そうとさえ考えていた。

安倍は、盗聴されているかもしれないということは百も承知で、小泉首相に迫った。

「被害者全員の情報を伝えてきたのは、予想以上の成果ですが、（日本側が拉致と認定している）八人が亡くなっているのは、非常に重い事実です。総書記の謝罪と、どういうことだったのかという説明がない限り、共同宣言への調印は考え直すべきです」

高野紀元外務省審議官も同調した。

「わたしも、そう思います」

田中均外務省アジア大洋州局長は、何もいわず、黙っていた。

握り飯を一つつまんだところで手を止めた小泉首相は、椅子に座って、テーブルの一点を四十分近くジッと見つめつづけていた。

午後二時四分から、首脳会談が再開された。金正日総書記が、小泉首相にいきなり切り出した。

「行方不明といってきたが、拉致だった。素直にお詫びしたい」

これまで否定してきた拉致を認め、謝罪したのだ。安倍が小泉首相に迫ったことを、まるで盗聴していたとしか思えない発言であった。

金正日総書記が拉致を認め、謝罪したことで、平壌宣言に調印し、国交正常化交渉を再開するという判断にいたった。

安倍は、この首脳会談を通じて金正日総書記について思った。

〈喋っている中身はなかなか論理的だし、合理的な判断のできる人だな〉

もちろん、そのことは彼の人格とは別だ。ヒットラーだって頭脳は明晰だし、合理的な判断はできた。

拉致議連を安倍と中心になって立ち上げた中川昭一は、安倍晋三は、普通の官房副長官をはるかに超えた情熱と実力をもって北朝鮮による拉致問題に取り組んだと高く評価している。

〈北朝鮮での日朝首脳会談でも、安倍さんが同行していなければ、とんでもないことになっていた。小泉首相に同行した外務省のチームは、放っておけば何をするかわからないチームだった。安倍さんがいなかったら、小泉首相にとっても、日本にとっても、大変な汚点を残すところだったのではないか〉

北朝鮮が拉致を認めたのは、安倍の行政におけるリーダーシップの発揮と、関係者との深い信頼関係を築き上げたことによる。外交は、小さなことでも見過ごすわけにはいかない。そのことが、将来、大きな火種になりかねないからだ。平壌での数時間、安倍は、当たり前のことを当たり前にするために、ずいぶん努力したと中川は聞いている。

石原伸晃も、中川と同じ見方をしている。

〈もし安倍さんが官房副長官として日朝首脳会談に同行しなかったら、はたして北朝鮮が拉致を認めたどうか。小泉首相もぶれない人物だが、安倍さんも、小泉首相に的確なアドバイスを送ったのではないか〉

北朝鮮から帰国した安倍は、思った。

〈明日の朝一番に、被害者家族のみなさんに報告しなければいけない〉

九月十八日朝、「救う会」の西岡力は、安倍晋三の秘書からおどろくべきことを聞かされた。

「官房副長官が、いまからそちらにうかがいます」

「ここに、ですか」

西岡は、思わず聞き返した。「家族会」の人たちとともに、港区芝にあるビジネスホテル三田会館に二日前から泊まっていた。

西岡は、感激していた。

〈忙しい職務のはずの官房副長官が、帰国して最初の朝にまず、家族のところに来てくれるとは……〉

それも、家族を呼び出すのではなく、自分からビジネスホテルに来るというのである。

西岡は、家族たちに、安倍が来ることを伝えてまわった。

前日の九月十七日、拉致されたと見られていた八件十一人をふくむ計十四人の消息があきらかになっていた。港区にある飯倉公館に呼び出された拉致被害者の家族たちは「慎重に確認作業をしています」といわれ、一時間ほど待たされた。そのあと、家族それぞれが順番に別室に呼ばれ、福田康夫官房長官から安否を言い渡された。蓮池薫、奥土祐木子、地村保志、浜本富貴恵の四人と、名簿に載っていなかった曽我ひとみの五人の生存が確認されたが、残る、横田めぐみ、有本恵子、石岡亨、松木薫、原敕晁《ただあき》、田口八重子、市川修一、増元るみ子の八人が死亡したといわれていた。被害者家族は、死亡したという拉致被害者については、小泉首相とともに遺骨がもどってくるのではないかと思っていた。それも、帰ってこなかった。もっと詳しい状況を聞きたいと、小泉首相との面会も要求していたものの、小泉首相は、「十日ぐらいあとに会う」といって会おうとはしなかった。家族のなかには、ショックのあまり、その時間でもまだ着替えず、パジャマ姿のまま茫然としている人もいた。

安倍は、午前九時過ぎに、三田会館をおとずれた。急遽借り切ったホテルの二階にある会議室で対面した。

安倍は、開口一番いった。

「ご家族にまずお話をしないといけないと思って来ました」

娘や息子が亡くなったと知らされた家族は、安倍に訊いた。

「死因はなんですか」

安倍は、ひとつひとつの質問に真摯《しんし》に答えた。

「わかりません。自分のところには、外務省から情報が上がってきていないのです」

安倍の口からは、「わからない」の言葉が繰り返された。家族の聞きたいことは、まったくわからない。

西岡は、苛立った。思わず、大きな声で詰め寄った。

「北朝鮮の安否情報は、確認をとったのですか。われわれは、遺骨くらいは帰ってくると思っていたのに帰ってこない。しかも、交渉にいった人が、わからないことばかりではおかしいじゃないですか」

安倍は、はっきりといった。

「確認はとっていません。確認作業ができませんでした」

安倍の話では、午前中、小泉首相は、金正日総書記に拉致被害について厳しく抗議した。

金正日は、黙って聞いていた。午前十時半には、すでに拉致被害者十一人の安否を報《しら》せるデータが、外務省官僚に手渡されていた。朝鮮語で書かれた紙一枚のものだった。

西岡にとって安倍の話で印象的だったのは、首脳会談中の昼の休憩の話であった。

外務省官僚が、安倍たちにいった。

「生存している四人と、めぐみさんの娘の確認にいきます」

安倍は、間髪いれずいった。

「総理がここにいるのだから、ここに連れてきてもらえ」

外務省官僚はいった。

「ちょっと遠くにいるので、連れてこれません」

安倍はいった。

「では、わたしが確認にいきましょう」

「安倍先生は、拉致被害者本人たちが困るといっています」

西岡が、のちに蓮池、地村から聞いたところによると、外務省官僚は、嘘をいっていた。

生存者は、平壌市内の高級マンションにいた。目と鼻の先にいたのである。しかも、日本の情報など入らない北朝鮮で、安倍の情報が拉致被害者たちに入るわけがない。にもかかわらず、拉致被害者が、安倍のことを拒むのはおかしい。

　そのようなやりとりをするうち、午後の会談がはじまる時間となった。安倍は、心残りだったが、確認作業は、外務省にまかせることにした。平成二年の金丸訪朝の際のこともある。金丸が訪朝したとき、訪朝団はあくまでも、金丸と、社会党委員長の田辺誠を団長としていた。ところが、金日成の別荘に連れていかれ、金日成と会談をしたのは金丸ただひとりだった。しかも、金丸は、日本側の通訳も連れていかずに、まさに単独で会談したのである。そのこともあって、安倍は、「首相のいくところは、トイレまでついていけ」とまでいわれていた。そこで、小泉首相をひとりにはできないと判断したのであった。

　外務省で確認作業にいったのは、当時イギリス大使館公使であった梅本和義であった。元北東アジア課長ではあったが、彼が平壌に呼ばれたのは、先乗りとして、車、部屋の手配などを担当していたにすぎなかった。事情には疎《うと》かった。

　家族会の人たちも、安倍に安否情報について訊いた。

「これは、ちゃんと確認したんですか」

「こちら側は、確認できていません」

「それだったら、死亡というのをすぐに認めるわけにはいかないじゃないですか」

　安倍は、家族の気持ちとしては、当然、そうだろうと思った。が、あとでよく考えてみれば、確かに北朝鮮側も認めていないのだから、日本側も認めるわけにはいかなかった。

横田滋夫妻のほかの「家族会」は、安倍に頼んだ。

「北朝鮮へいって、直接自分たちの眼で確かめたい」

安倍は答えた。

「なんとかしましょう」

横田滋は訊いた。

「昨日、めぐみに娘がいると聞いたのですが、その女の子の名前と、いくつなのかわかりませんか」

安倍は、その場で携帯電話で外務省に電話を入れた。横田夫妻の孫にあたるその女の子の名前と年齢を調べるように指示した。そして、横田夫妻にいった。

「わかりしだい、すぐに連絡します」

安倍からは、十八日のうちに連絡が来た。名前は、キム・ヘギョンで、十五歳だという。

彼女の話では、彼女が五、六歳のときに、母親は亡くなったという。つまり、横田めぐみは十年前、二十七歳前後で亡くなったことがわかった。ちなみに、横田めぐみの現地での名は、「ユ・ミンシュク」。漢字表記はわからない。娘のキム・ヘギョンの漢字表記は、「金恵京」ではないかという。

安倍は、「家族会」が「政府内に省庁を横断する連絡会をつくってほしい」と頼んだことに対しても、ただちに動いた。

小泉首相の訪朝から九日後の九月二十六日、閣僚会議の下部組織に拉致事件に関する専門幹事会として内閣官房に支援対策室を設置した。拉致事件の全容解明に向け、政府の態勢整備や被害者家族に対する支援策などを検討する。その責任者である議長に、安倍が就《つ》いた。

九月二十七日午後、拉致家族たちは、ようやく小泉純一郎首相と面会できた。小泉首相は、十月に再会される日朝国交正常化交渉に関して、日本の立場を重ねて表明した。

「拉致事件の解決が、正常化の前提です」

だが、小泉首相は、精彩がなかった。話のトーンもいつもとはちがった。耳の遠い有本嘉代子は、小泉首相の声がなかなか聞こえにくかった。

有本明弘は、みんなが発言を終えたあと、手をあげた。

安倍がいった。

「どうぞ、お話しください」

有本明弘は、安倍がそういってくれたので、遠慮なく思いのたけをぶつけた。

「小泉首相は、北朝鮮で生きている人たちを見殺しにするのか。どっちや」

有本明弘は、安倍に感謝している。

〈安倍さんは、政府のなかで唯一といっていいほど拉致被害者家族会の立場に立ってくれ

ている〉

「家族会」は、安倍晋三が北朝鮮拉致問題が解決するよう、いつも祈ってくれているとの情報を得ていた。まわりの政府関係者が、北朝鮮の拉致問題に関わることに反対するなかで、安倍の存在は大きかった。だが、安倍にあまりに接触をつづけると、安倍の立場が悪くなるかもしれない。それを気づかって、個人的には会わないようにしていたのであった。

有本嘉代子には、小泉首相だけはつかみどころがなく、なにを考えているのかわからなかった。

安倍は、さらに、家族会が開かれるときには連絡をくれて、北朝鮮とどんな交渉を進めているかなど、そのときの状況を説明してくれた。横田夫妻は、赤坂プリンスホテルで食事をしながら、話したこともある。つねに拉致被害者の立場に立って、物事を進めてくれた。

いっぽう安倍が帰国してまもなく、荒井広幸は、安倍に声をかけた。

「あのとき、あれだったよな」

北朝鮮で万が一のときのことを考え、いわゆる水盃を交わすつもりで料亭に招いたことを指したのである。

安倍は、普段と変わらぬ調子で答えた。

「いや、すっかりご馳走になって……」

荒井は、拍子抜けした。

「なんだ、あの意味がわかってないんじゃないの。安倍ちゃんが万が一死ぬかもしれないと思って、席を設けたんだよ」

政府の意志として、五人を北朝鮮には戻しません！

国会側と政府側の議員は、質疑席と答弁席に分かれる委員会以外、あまり会うことはない。が、民主党の上田清司と安倍晋三は、拉致議連、議運、若手の会などを通して目線を合わせることが多かった。党は違っても保守派として同じベクトルでものを考え、行動する同志としておたがいに親近感を抱く間柄となった。

ただし、ときには、安倍に苦言を呈することもあった。平成十四年十月十九日、安倍は、広島市での講演で、民主党の菅直人、社民党の土井たか子が、平成元年に原敕晁を拉致した北朝鮮の元スパイ辛光洙元死刑囚の釈放を韓国政府に要求する要望書にサインしたことがあるという事実を挙げ、批判した。

「土井たか子と菅直人は、きわめて間抜けな議員なんです。社民党や民主党が、いかにも昔から拉致事件に取り組んでいるかのように小泉首相の決断を批判するのは、ちゃんちゃらおかしい。彼らは、まず反省すべきだ」

民主党は、この発言を問題視した。佐藤敬夫国対委員長は、予算委員会などで安倍を厳しく追及することを表明した。

上田は思った。

〈これは、筋を通さないといけない〉

安倍が出席した議院運営委員会の理事会で、上田は、発言を求めた。

「官房副長官、あの発言は謝ってくれないと、困りますよ。あの当時、菅さんは、『社民連』です。『民主党の』という言葉は使わないでください。それじゃ、われわれまで間抜けみたいに聞こえるじゃないですか。あなたもごぞんじのように、わたしをふくめて拉致問題の解決に向けて懸命に汗をかいているものもいるんです。『民主党の菅直人は』ではなく、冠を外して『菅直人は』と個人名でいってください。その点だけは、謝ってもらわないと困りますよ」

そうしたところ、安倍は、素直に謝った。


北朝鮮に拉致された被害者五人が、平成十四年十月十五日午後、政府チャーター機で二十四年ぶりに帰国し、家族と再会した。が、五人は平壌に子供らを残しており、約十日間の滞在後は北朝鮮にもどる予定になっていた。

安倍官房副長官は、十月二十二日午前の記者会見で、北朝鮮による拉致事件被害者の一時帰国の日程について語った。

「二十七、八日までという日程を政府の案として出したが、あくまでも本人の意思による」

二十八日以降も滞在する可能性を明らかにした。さらにいった。

「家族や本人の話をよく聞かないといけない。中山恭子内閣官房参与が行って話を聞くこともある」

その日、中山参与は、さっそく曽我ひとみと地村保志、富貴恵夫妻の意思を確認した。

三人は、そろって語った。

「日本に残って、家族を待ちたい」

ただ、蓮池薫、祐木子夫妻は、北朝鮮にもどる意思が強いとの情報があった。中山は、そのため、あえて接触を避けていた。

中山は、早い段階から主張していた。

「本人や家族の意向と関係なく、国家の意志として五人の永住帰国を目指すべきだ」

安倍も、「国際合意を無視して核開発をつづけるような国は信用できない」と主張しつづけてきた。中山参与、外務省の斎木昭隆アジア大洋州局参事官も、北朝鮮への「強硬派」であった。

いっぽう、福田官房長官と外務省の田中均アジア大洋州局長らは「北朝鮮とは何でも合意ずくで進めなければ、今後の交渉で工作船や核開発の問題で成果を得られない」との立場を取る、いわゆる「信頼関係重視派」であった。首相官邸の中で、安倍らと福田らの二つの流れが激しい駆け引きを演じていた。

安倍官房副長官は、この日、新潟県小千谷市内で講演し、拉致事件に関連し、激しく語った。

「金正日（総書記）は（日朝首脳会談で拉致責任者を）処罰したといったが、だれを、どこで、どう処罰したのか、はっきりさせなければいけない」

十月二十九日から再開する日朝国交正常化交渉で、実行犯を特定するよう北朝鮮側に求める考えを明らかにした。

さらにいった。

「子供を北朝鮮に置いたのでは（五人が）自分のいいたいことをいえるかどうか」

自由に意思表示できるよう、やはり国交正常化交渉で子供の帰国を北朝鮮側に要求する方針を明らかにした。

安倍官房副長官は、十月二十三日早朝、都内のホテルで、被害者家族の代表らと面会した。

この席で、横田めぐみの父滋らは、政府側に強く求めた。

「いったん北朝鮮に戻ると、永住帰国の可能性が失われる。五人を、北朝鮮に戻さず、被害者と家族全員の日本への帰国を実現するようにしてほしい」

安倍は、五人が北朝鮮に戻る日程について語った。

「クアラルンプールの国交正常化交渉前に（五人を）帰すということは、もはや前提になっていません。早急に家族の意向を小泉首相と官房長官に伝え、政府としての基本方針を詰めたい」

国交正常化交渉後に先送りする方向で調整する考えを表明した。

その日午前十時、安倍官房副長官は、首相官邸に日朝国交正常化交渉担当大使の鈴木勝也、外務省アジア大洋州局長の田中均、外務省アジア大洋州局参事官の斎木昭隆、北東アジア課長の平松賢司、官房副長官補の谷内正太郎、中山恭子を集めた。

安倍は、切り出した。

「五人を返さないという選択肢も考えたい」

安倍と歩調を合わせている中山がつづいた。

「本人の意思はまだ申し上げられませんが、安倍さんのいうとおりです」

しかし、田中は異論を唱えた。

「北朝鮮はキレやすい相手だ。そこを考えてほしい」

議論は、当然のごとく平行線であった。

小泉首相はこの日昼、首相官邸で記者団に語った。

「家族の意向をどのように実現できるか、そのために努力したい」

被害者家族の要望を最優先する考えを示した。

午後七時、安倍のいる官房副長官室に、田中と谷内が入った。

安倍は、田中にいった。

「五人を返さないよう、考えなおしてくれ」

田中は答えた。

「先方に電話させてもらいたい」

そういって、その場は引き上げた。

田中らが北朝鮮側に電話を入れると、北朝鮮側は伝えてきた。

「十一月中の帰国は、認められない」

それから、外務省内の田中の部屋に、鈴木らが集まった。田中らがもっとも危惧するのは、二十九、三十日に予定している二年ぶりの日朝国交正常化交渉に北朝鮮側が姿を現さず、日朝平壌宣言でうたいあげた「十月中の交渉再開」が反故《ほご》になる事態であった。

翌二十四日午前九時半、安倍の執務室に田中、斎木、平松、谷内、中山が顔をそろえた。

田中が口火を切った。

「一つ一つ信頼を積み上げてきた。ここで五人を戻さないと、すべて崩れる。段階を踏むべきだ」

中山は、ここが勝負所とみた。地村ら三人の日本残留の意思を初めて明かした。

「地村さん夫妻、曽我ひとみさんの三人は、日本に残って家族を待ちたいと、はっきりおっしゃっています」

田中は懸命に食い下がった。

「それは困るといっている。わたしと先方の信頼関係は、どうなるのか。何とかしてもらえないか」

安倍は反論した。

「本人がとどまるといっている以上、日本は自由な国だから、強制的に送り返せるわけがない」

中山は主張した。

「いまは、被害者の意思を表に出すべきではありません。あくまで国の意思として五人を日本に残すといいましょう。批判は、われわれが受けましょう」

谷内も、同調した。

「わたしも、そう思う」

田中と共同歩調を取っている平松が苦りきった。

「いやあ、困りましたねえ」

安倍は、一気にたたみかけた。

「田中さん、五人の帰国はあなたの『信頼関係』のおかげかもしれないが、もはやソフトランディングは成立しない。まさか、外務省が勝手に連れ出すわけにはいかないでしょう」

田中は怒りに顔を赤く染め、口を結んだ。

そのとき、中山の携帯電話が鳴った。電話の主は、北朝鮮に戻る意志が強いとされていた蓮池薫であった。

「わたしたち夫婦も、日本に残ります。残って、子供たちを待ちます」

電話の内容を中山から聞いた安倍は、宣言した。

「責任は、政府が負いましょう。政府の意思で、五人を北朝鮮に返さないと決めましょう」

田中は、最後に残った蓮池夫妻の決断、そして、安倍の強い決意の前に、沈黙せざるをえなかった。

昼には、福田官房長官が、安倍に要請した。

「田中と、うまくやってくれ」

が、大勢はすでに決していた。

谷内が、これまでの流れを小泉首相に説明した。

「五人は、政府の意思として戻さないと決めます」

小泉首相は、いい切った。

「よし、それでいこう」

最終的に安倍らの意見が通ったのは、核開発をめぐって国民の北朝鮮に対する不信感が頂点に達したことが大きかった。

安倍官房副長官は、平成十五年一月二十五日、千葉県市原市内で講演し、北朝鮮による日本人拉致事件について、朝日新聞を強烈に批判した。

「朝日新聞の元旦の社説に、『拉致問題は原則論をいうだけでなく落としどころを考えろ』との論調があった。（死亡したとされる）被害者八人のことは忘れろというのと同じことをいっている。こういう論調が、われわれが主張を通す障害になっている」

安倍は、朝日新聞の論調がよほど許しがたいのであろう。二月一日の読売テレビの番組でも、北朝鮮による日本人拉致事件に関連し、改めて批判した。

「われわれが（北朝鮮に対し）強硬な態度を取っていると批判する人たちもいる。わたしが極端な憎悪に駆られてやっているかのように朝日新聞などが攻撃するが、決してそんなことはない。（朝日新聞は）今まで何もやってこなかった後ろめたさを恥ずかしくて隠したいために、（拉致問題を）やっている人に対して攻撃している気がする」

「対話と圧力」で田中均外務審議官と対立

平成十五年五月二十三日午後五時四十五分、小泉首相は、日米首脳会談にのぞむため政府専用機でアメリカに向け出発した。安倍官房副長官は、機内で小泉首相や外務省の田中均審議官らと北朝鮮の核開発問題について話し合った。

安倍は主張した。

「平和的解決のためには、対話と圧力が必要だと思います」

田中はうなった。

「うーん、しかし、あまり刺激すると、あっちは悪いほうにとります。暴発したら、どうするんですか？」

「暴発というのを、どう定義するのかは知らないけども、いきなり先制攻撃的に攻撃をして、そして、一、二週間で滅亡するというような、玉砕するような国がいままであったんですか。そんな国があったら、例を出してみてください」

田中は、黙りこくった。

安倍はつづけた。

「わたしは、暴発するようなことは絶対にありえないと思います。アメリカが先制攻撃をすれば別ですよ。しかし、まったく攻撃をされていないのに、いきなり日本にノドン（中距離弾道ミサイル）を打ち込んでくるということはありません。ないことに怯えて譲歩していたのでは、外交にならないでしょう」

小泉首相は、最終的に安倍の進言を受け入れた。

小泉首相とブッシュ大統領は、五月二十三日午前（日本時間二十三日深夜）、テキサス州クロフォードの大統領所有の牧場で日米首脳会談をおこなった。

小泉首相は、北朝鮮問題について触れた。

「日米、日韓、米韓が緊密に協調することが大事だ。平和的解決のためには〝対話と圧力〟が必要だ。北朝鮮の違法行為の規制、取り締まりをいっそう強化していく」

ブッシュ大統領は答えた。

「拉致は忌むべき行為だ。北朝鮮に拉致された日本国民の行方が一人残らずわかるまで、米国は日本を完全に支持する」

首脳会談後、安倍は、田中とブリーフの内容について打ち合わせをおこなった。

田中はいった。

「総理は、〝対話と圧力〟ということをおっしゃったが、それはそれでいいんですけども〝圧力〟という言葉は、外にいわないでもらいたい」

安倍は、真っ向から反論した。

「それは、おかしい。総理は、あんなにはっきりと〝対話と圧力〟とおっしゃったのに、それをわれわれがブリーフから落とすというのは、どうでしょう。アメリカも、非常に不信感を招くのではないですか」

しかし、これは、よくよく考えてみればあまり意味のない議論であった。なぜなら、日本政府もブリーフするが、アメリカ政府もおなじことをブリーフする。仮に日本のマスコミが、だれも英語が理解できないのなら疑問に思わない。が、そのようなことはありえないのだ。

安倍は、ブッシュ大統領との昼食会に出席するため、その場に残った。

田中は、ブリーフ・ペーパーをまとめるため日本大使館のスタッフが詰めている別のホテルに向かった。

昼食会を終えた安倍は、記者団にブリーフするためホテルに向かった。田中の指示で大使館員がまとめたブリーフ・ペーパーにさっと眼を通した。

〈あれッ、〝圧力〟という言葉が落ちているぞ〉

打ち合わせでは〝圧力〟という言葉を落とすことにはなっていなかった。それなら落とすべきではない。

その場にいた外務省の高官に告げた。

「あとは、ぼくの責任でやるから、みなさんは黙っていてくれ」

やがて、田中が部屋に入ってきた。最終的な確認作業がおこなわれたが、その間、安倍は一言も言葉を発しなかった。

安倍は、腹のなかで決めていた。

〈この問題については、会見現場で直接やってやろう〉

いよいよ、記者会見の時間となった。

安倍は、記者団を前に言明した。

「今後は、〝対話と圧力〟の姿勢で対応していくことを確認しました」

同席した田中は、びっくり仰天していた。

マスコミは、北朝鮮問題の対応について「対話派」と「圧力派」に区別するが、それはおかしいと安倍は思う。本当は「対話派」なのか、「対話と圧力派」なのか、そのどちらしかない。

時代に合致した「寝技なしの純粋真っ向勝負」型幹事長

平成十五年九月二十一日、小泉首相は、安倍晋三を幹事長に抜擢した。この日、国際政治・文明評論家の岡崎久彦のもとに参議院岩手選挙区選出の椎名素夫から電話がかかってきた。岡崎が、総理になってもよかったのではというくらいに評価している椎名は、興奮した口調でいった。

「凄いねぇ。これで、おれはもう辞めてもいいんだよ」

椎名は、平成十六年夏の参院選で改選を迎える。が、三選を目指すか、引退するかで迷っていた。椎名は、国防問題のリーダー的存在である。岡崎が長年見てきた椎名は、何の私心もなく、国のことしか考えていない。自分が政界を去った後、だれがこの国のことを考えるのだろうとひどく心配していた。

そこへ、「安倍氏、幹事長就任」のニュースが飛び込んできた。自分の後は、きっと安倍がやってくれる。そう考えたのか、椎名は政界引退を表明する。

安倍は、三年三ヵ月間もの長期にわたった官房副長官のポストに別れを告げた。安倍は、その三年三ヵ月を振り返って思った。

〈官邸は、権力の中枢であり、政策においてもすべて集約される。危機管理をおこなうのも官邸だ。そういう意味では、大変勉強になった〉

安倍晋三は、「角福戦争」（田中角栄と福田赳夫の激しい対立）や、「安竹連合」（竹下登と安倍晋太郎が派閥の領袖になってからの密接な関係）をつぶさに見てきた。角福戦争では、福田派のプリンスであった安倍晋太郎は冷や飯を食べつづけた。安竹連合では、党七役のなかに宮沢派の議員が一人も入らなかったことがある。安倍と親しい石原伸晃は、安倍がそのような凄まじい権力闘争を間近に見てきただけに、権力とは何かということを肌で感じていると見ている。

〈だからこそ、森内閣、小泉内閣で官房副長官がつとまった。かつての福田派のなかからパッと起用されただけでは、これだけの評価は上がらなかったであろう〉

官房副長官であった安倍は、これまで官邸側から小泉首相を支えてきた。が、これからは党側から参議院自民党の青木幹雄幹事長とともに総裁の小泉首相をバックアップすることになった。

中川秀直国対委員長は思った。

〈不思議な巡り合わせだな〉

遡ること十六年前の昭和六十二年十月、ポスト中曽根を決める自民党総裁選がおこなわれた。総裁選に名乗りをあげた竹下登、安倍晋太郎、宮沢喜一の三人が話し合い決着を目指したが、決裂。中曽根康弘首相による、いわゆる中曽根裁定の結果、竹下が後継総裁に指名された。このとき、もし安倍が総裁に指名されていたら、その後の政界はどうなっていたか。歴史にイフがあるならば、その後、〝失われた十年〟といわれる九〇年代初頭のバブル経済崩壊を経て小泉政権が発足する二〇〇一年までの十四年間、総理大臣が十人も替わることはなかったように中川は思う。

安倍政権の後は、当然、竹下政権が引き継ぐことになる。その後、二つの政権ができたとしても、この十四年間、四人の総理大臣で推移したのではないだろうか。

安倍晋太郎は、平成三年五月十五日に死去するが、その直前、病室を見舞った竹下は無念そうに洩らしたという。

「こんなことになるんだったら、安倍ちゃんに先にやらせるんだったなぁ……」

その言葉は、単にリップサービスではなかったように中川には思える。竹下は、心の底から、そう思ったのではないか。

竹下が総理となってからすぐにリクルート事件が発覚し、竹下は、その責任を取って一年七ヵ月で総辞職。わずか二ヵ月の宇野政権を経て、海部政権となる。平成三年一月に、湾岸戦争が勃発。日本の国際貢献策についての判断は、海部首相には少し荷が重かったと中川は思う。しかし、安倍、竹下の順で政権が推移していれば、あるいは、リクルート事件も火が噴かなかったかもしれない。

安倍・竹下政権は、党内で多数を占める安竹連合の重量政権ゆえ長期政権となり〝失われた十年〟も防げたのではないか。

湾岸戦争後、クウェートに対する復興支援も、世界秩序形成のためにブーツ・オブ・ザ・グランド、つまり、自衛隊派遣を決断したのではないだろうか。世界第二位の経済大国が国際連帯の輪の中に入っていくことで、日本の存在を確固たるものにしたであろう。東西冷戦終結後の世界秩序の形成も、先のアメリカのブッシュ大統領政権とともに担ったのではないか。

また、安倍晋太郎は、外務大臣時代に深い信頼関係を築いたソ連のゴルバチョフ大統領と北方領土問題に取り組み、解決に向けて一歩前進させたのではないだろうか。

経済政策も、福田赳夫元首相のいわば福田財政を取り入れたであろう。そうすれば、バブル崩壊後の後遺症も、ここまで大きくはならなかったのではないか。

中曽根行革を継承した形で、安倍行革も進めたであろう。

憲法改正の議論も、はじめていたのではないだろうか。

北東アジアの新秩序形成のために、ひょっとすれば安倍訪朝もあったかもしれない。

いま、昭和六十二年十月に安倍政権が実現していればやったであろうと思われる外交政策、経済政策、行政改革などを一周遅れ、十三年遅れで小泉政権が取り組んでいるという感が中川には強い。

安倍政権を強力に支えたはずの右腕、左腕は、間違いなく森喜朗と小泉純一郎だ。その二人とも、首相に登り詰めた。

そして、いま安倍晋太郎の息子である安倍晋三と、竹下登の秘書であり、後継者の青木幹雄が、それぞれ衆参の幹事長として小泉首相を支えている。中川には、不思議なめぐり合わせとしか思えない。

安倍晋三が幹事長に就任して間もない十月一日、安倍晋太郎の異父弟で晋三の叔父にあたる元日本興業銀行頭取の西村正雄は、身内で食事をともにし、祝った。安倍晋三、妻の昭恵と、昭恵の両親、晋三の母親の洋子、西村夫妻と娘の百合子の八人であった。

西村は、幹事長としての心得を晋三にいいたかったが、こういう席で口にしても頭に入りにくい。のちにじっくりと読んでもらいたいと思い、五点、手紙風にしたためた。

なかなか興味深いことが書いてあるので、そのうち三点を紹介しておこう。

まず、健康管理について。

『健康管理が最も大事。幹事長は日本一の激職であり、特に選挙を控えて候補者からの応援依頼やテレビをはじめマスコミの取材要請が殺到し、その上国会対策も欠かせない。全ての要請に応えようとすれば、恐らく早朝から深夜まで寝る暇もないほどでしょう。

新聞報道によると、「先月二十八日の日曜日は、午前中テレビの報道番組三つに立て続けに出演、十一時過ぎには長野県に移動し県内三ヶ所で演説、夜には都内に戻るなど新しい『党の顔』としてフル回転した」とありましたが、こんな過密な日程が連日続けば、どんなに頑健な人でも長続きしない。ましてや、貴方は胃腸がそれ程丈夫でない。トップは常に心身共に常に健康でなければ、前向きの考えは出来ないし、全員を引っ張っていくことも出来ません。先週の「報道2001」で竹村（健一）さんが「幹事長は常に元気な顔をしていなければいけない」と言ったのはまさにその通りです。異例の抜擢で選挙に勝つために、大いに張り切ってやる気満々の心境であることは十分判りますが、初めはそれで良いとしても、無理、過労の蓄積が一番怖い。それを防ぐには、毎日十分な睡眠と、できれば一週に一日それが無理ならせめて半日は休養と勉強のための自由な時間をとること。無意味な義理の会合は出来るだけ避けること。これはスケジュール調整する秘書の重要な役割で、幹事長の健康状況を常時把握してスケジュール調整しなければならない担当秘書の能力を再チェックして下さい。疲労が蓄積すると首筋と肩がこるようになるので、自民党本部近くで、優先的に三十分マッサージをやってもらえるような処を探しておくと良いでしょう。健康管理は自分自身と昭恵さんと秘書の三本立てでやること、張り切り過ぎて体を壊したら元も子もないことを肝に銘じて下さい』

マスコミへの対応について。

『目下のところ、マスコミは概ね新幹事長に好意的ですが、お祝儀的な要素もあり、早くも週刊誌の一部には悪意に満ちた記事も散見される。最初は褒めそやしておいて、何かきっかけがあると、一転して叩くのはマスコミの常道。今や政界一の人気者になった晋三君の記事を載せれば、誉めようが、貶《けな》そうが必ず売れるというのが、商業主義のマスコミのあり方で、取材もしない悪意の記事は「有名税」と割り切って完全に無視し、名誉毀損に当たるようなひどい記事は弁護士に任せるのが得策。何人かの有能な記者を味方につけるため、常時彼らと情報交換をすると共に、旧安倍番の記者は未だに好意的な人が多いので、たまには彼らと懇談するのも良いでしょう』

「囲む会」について。

『恐らく「幹事長を囲む会」はいくつも出来る方向と思うが、以前はこの種の会は、票集め、金集めには効果はあったが、いまではそれ程の効果は期待できず、時間の浪費に終わることにもなりかねない。今までの「囲む会」を整理統合し、なるべく数を絞った方が良いでしょう。わたしの経験では、わたしは財界人の小渕、森、小泉歴代総理を囲む会のメンバーでしたが、十人程度とメンバーを絞った小渕総理の会以外は、人数が多すぎてそれ程有意義な会とは思えませんでした。一番有意義だったのは、森総理との朝食会で、メンバーは鶴田（卓彦）日経社長、奥田（碩）トヨタ社長、森下（洋一）松下電器会長、秋草（直之）富士通社長、わたしという五人で、その時々の経済金融情勢について活発に議論し、森総理も熱心にメモをとられる等、総理にとって有意義な会であったと思います。例えば、朝食会でわたしが「デフレ下では実質成長率より名目成長率を重視すべきだ」との意見を言ったところ、たまたま同日夜に開催された財界人との囲む会で、森総理が同趣旨のことを発言されたこともありました』

この「囲む会」については、西村が、この手紙をしたためた後、安倍晋三と与謝野馨を囲む会「四季の会」のあることを知った。西村は安心した。

〈葛西（敬之・JR東海社長）さんと、そのメンバーなら申し分ない〉

安倍の突然の幹事長就任について「家族会」の横田滋もおどろき、よろこんだ。「家族会」には、安倍が政府から離れることを心配するものもいたが、横田は、心配していなかった。

〈むしろ、法案を出す場合にはまず自民党で承認を取り、公明党とも相談する。その意味では、安倍さんが党の要職にいることはプラスに作用するはずだ〉

安倍晋三の祖父岸信介、父安倍晋太郎をよく知る中曽根康弘元首相は、安倍晋三との接点はあまりない。安倍晋三は、北朝鮮による拉致問題で男を上げた。一貫して強硬論を崩さなかったところは、長州人（山口県人）の政治家らしい面を発揮したといえる。中曽根には、父親の安倍晋太郎よりも、安倍晋三のほうが長州人の感が強い。

安倍晋三は、憲法改正論者であり、タカ派だ。しかし、不思議なことに、同じことを発言しても、その発言は害を伴わない。中曽根は、安倍晋三は、風貌が得をしていると思う。優男で二枚目ゆえ、自分たちのようにガッチリ、ごつく、物事を強引に進めていくという印象をまったく与えない。それでいて、背骨に鋼鉄のような太い芯が入っているという印象がある。それが、幹事長に指名された理由でもあると中曽根は思う。

安倍晋三は、四十九歳と若くして幹事長になったが、それがプラスなのか、マイナスなのかは、中曽根にはいまのところ判断ができない。むしろ、小泉首相の若返り路線に利用されているという面もある。平成十五年十一月の総選挙を機に小泉首相に勇退を迫られた中曽根も、利用された一人だと苦々しく思っている。

かつての幹事長には、ときには寝技も必要とされた。が、安倍晋三は、そのようなことはしない。中曽根は、いまの幹事長は真っ当な手法で臨んだほうがいいと思う。あまりにも手練手管を遣い、八方に手を伸ばすよりも、いまの時代は、純粋に真っ向勝負の人間が要求されている。それだけ国民の水準や知的レベルが高くなっているのだ。

安倍晋三自身は、党内秩序を維持しながら、いかに活力を生み出していくかを心掛けている。

幹事長を支える立場の幹事長代理の久間章生、筆頭副幹事長の甘利明、総務局長の町村信孝らは、安倍よりも年齢が上だ。政治キャリアも、長い。能力もある。安倍は心掛けている。

〈先輩たちに礼儀を尽くしながら、その能力をフルに活かしてもらえるようにしよう〉

安倍は非常によくがんばっていると、甘利明は評価している。幹事長としての指導力やリーダーシップについて疑問視する人もいる。甘利は、そういう人たちにこういいたい。

「よく考えてみてください。当選三回生が政治キャリアの長い歴代の幹事長のように、党の執行部に座り、指揮権を発動して『おれについてこい』とやったら、どのような反応が起こりますか？　『たかが三回生のくせに、何様だ！』という批判が起こるのが関の山。長幼の序をわきまえて、手順を踏み、相手に礼を尽くしながら指導力を発揮しているわけですから、なかなかのものだと思いませんか」

甘利らは、みんなで支えてやろう、という気持ちでいる。安倍の人間性が、そういう気持ちにさせるという。党役員のメンバーは、当選回数もさることながら、ほとんど年上だ。先輩たちに気を遣いながら、指揮を取っている。甘利は、これは、だれでもできることではないと思っている。

安倍幹事長は、いろいろな新基軸を打ち出している。甘利が事前に打ち合わせをすると、すべて安倍幹事長なりのポリシーに基づいている。

当選三回で幹事長に抜擢されたが、これは異例中の異例で今後、二度とないかもしれない。自分は、何を期待されているのか。それは、従来のシステムを踏襲するのではなく、いろいろな新基軸を打ち出すことではないか。そう受け止め、党を近代化させるために何が必要かを考え、たとえば「党改革検証・推進委員会」を発足させたわけである。埼玉八区補選での候補者公募も、安倍幹事長と「党改革検証・推進委員会」の若手議員が相談して、この方針でいこうと出てきた案である。

安倍と親しい国土交通大臣の石原伸晃も、安倍の幹事長としての姿勢を評価している。

〈いまの持ち味のまま、走っていくほうがいい〉

いま、政治の世界は混乱の時代を迎えている。イラクへの自衛隊派遣にしても予想だにしないことであった。混乱の時代だからこそ、正論が通ると石原は思う。平時であれば、脅したりすかしたりしなければ、つまらないことで軋轢《あつれき》がおこる。逆に平時ではないので、正論を通す安倍に幹事長がつとまるのではないか。妙な寝技を使うよりも、正論で押していくことが時代に合っている。

安倍幹事長を、副幹事長として支えつづけている森派三回生の下村博文も、安倍幹事長のスタイルについて思っている。

〈このままのスタイルで、職務をまっとうしていけばいい〉

安倍幹事長は、これまでの幹事長タイプとは、あきらかに違う。夜、料亭にひそかに集まり、杯を交わしながら物事を決めていくことはしない。表の世界でオープンに決める。泥臭い人間関係のなかで物事を成立させていく手法は取らない。それだけに、旧世代のベテラン議員とすればやりにくいと思うかもしれない。

たとえば、田中角栄は総理大臣の座を強引にもぎとった。が、安倍は、無理して幹事長になったわけではない。いわば、棚からぼた餅的に幹事長に就任した。それにもかかわらず、党内には、ジェラシーや「あいつは能力がない」といった誹謗中傷の声は、それほど出てこない。それは、安倍晋三の魅力、トータル的な存在感、能力に、まわりが一目置いているということだと下村は思う。

実弟・岸信夫も政界に

平成十三年十一月、住友商事に勤務し、ベトナム南部のホーチミンシティの事務所長付として赴任していた岸信夫が、一時帰国した際、実兄の安倍晋三に相談した。

「政治をやりたい」

安倍晋三は、乗り気ではなかった。

「サラリーマンでいれば、とりあえずどうこうなるわけじゃない。ある意味で安定したところにいる。おまえには、家族もいる。政治のことを知らないだろうけど、大変な世界なんだぞ」

両親も、親族も、みんな反対した。

実母の安倍洋子も、岸信夫に相談され、「うーん……」となった。

〈信夫は、どちらかというと、おっとりしている。選挙の手伝いもほとんどしたことがない。選挙とはどういうものかも、わかっていない〉

政治家になることを勧める気にはなれなかった。

岸信夫は、昭和三十四年四月一日、安倍晋太郎・洋子の三男として生まれた。生後まもなく、母親洋子の兄岸信和・仲子夫妻が子宝に恵まれなかったので養子となった。

信夫は、高校時代になるまで、自分が安倍晋太郎・洋子の三男であることを知らなかった。したがって実の兄である安倍寛信、安倍晋三のことも「従兄弟のおにいちゃん」として接し、慕っていた。岸家と安倍家は、家が近く、頻繁に行き来していた。三人は、いっしょに遊ぶことが多かった。

信夫が小学校に上がってまもなく、岸家に遊びにきていた安倍晋三が、ニヤニヤしながら近づいてきた。

「技を教えてやるよ」

「技ってなに?」

「学校にはいじめっこがいるから、それに対抗するには、プロレス技ぐらいおぼえておかなきゃ駄目だ。おまえ、そこに寝てごらん」

信夫は、指示されたとおり床に横になった。安倍晋三は、力道山やジャイアント馬場と名勝負を繰り広げた覆面レスラーのザ・デストロイヤーの必殺技「足四の字固め」などのプロレス技をかけてきた。

信夫は、あまりの痛さに悲鳴をあげた。

「おにいちゃん、痛いよ！」

安倍晋三は、得意満面でいった。

「なんだ、もうギブアップか」

夏休みには、いっしょに安倍晋太郎の生家のある山口県大津郡油谷町の実家に遊びにいったり、テニスに興じた。

信夫は、寛信や晋三のように成蹊でなく、小学校から慶応育ちであった。慶応大学への進学手続きをする際、戸籍謄本などを取り寄せた。高校進学までは両親が書類を作成していたが、今回は自分で作成することにした。戸籍謄本を封筒に入れる際、何気なく眼を通した。両親の名前の下に、おどろくべき文字が書かれていた。

『養子』

信夫は、ドキリとした。

〈えッ、まさか……〉

このときはじめて、自分は安倍晋太郎・洋子夫妻の三男であり、安倍寛信と晋三は、実の兄であることを知った。岸信夫は、頭の中が真っ白になった。しばし茫然としたあと、これまでの記憶をゆっくりと思い返した。

周囲の人たちは、ときおり、岸信夫に向かって話しかけてきた。

「お父さん（安倍晋太郎）、大臣になって良かったねぇ」

「お母さん（洋子）、いま、選挙区に帰っているんでしょ」

信夫は、そのたびに思った。

〈変なことをいうなぁ。この人、ぼくを（寛信・晋三兄弟の）おにいちゃんたちと間違えているんだ〉

しかし、いまになってみれば、かれらは信夫が安倍晋太郎・洋子の三男であることを知っているものだという前提で話しかけてきたのである。

〈そういうことだったのか……〉

信夫は、衝撃を受けた。数日間、悩みに悩んだ。が、岸信和・仲子は、岸信夫のことをずっと我が子として育ててくれた。その事実を知ろうと知るまいと、自分の両親であることに変わりはない。そう割り切った。両親を問いただすことも、安倍晋太郎・洋子に説明を求めることもしなかった。

事実を知ったあと、安倍晋太郎、洋子、寛信、晋三らと会うとき、しばらくは妙な感じではあった。が、これまでいっしょに暮らしてきたわけではない。信夫にとっては、あくまで「叔父さん」であり、「叔母さん」であり、従兄弟の「お兄ちゃん」であった。

信夫が高校生、安倍晋三が大学生くらいになると、ゴルフ好きの祖父岸信介のお供でゴルフにも出かけた。

慶応大学経済学部を卒業した信夫は、昭和五十六年四月、住友商事に入社し、穀物部に配属された。これは、信夫の希望どおりであった。信夫は、大学時代から食糧問題に興味をおぼえていた。日本は、諸外国に比べて自給率がきわめて低い。食糧問題は、ウイークポイントだ。コメだけは自給しているが、小麦やトウモロコシは輸入に頼っている。小説をふくめ食糧に関する本を読みあさるうち、日本の食糧の安定供給に携わる仕事をしたいと思うようになった。この当時、商社の花形部署は、鉄鋼関係であった。が、信夫は食糧関係を希望し、願いが叶ったのである。

穀物部では、主に小麦の貿易を担当した。平成元年十一月、米国住友商事ポートランド事務所に転勤。平成六年十一月には、東京本社穀物部課長代理に就任。主要食糧貿易のスペシャリストとして民間の立場から日本の食糧安全保障の一端を担った。

だが、そのいっぽうで、もう少し直接的に国のためになるような仕事をしてみたい、という政治への意識も芽生えた。信夫が、政治家の家に生まれたことはまちがいない。が、政治家の家で育ったかといえば、そうでもなかった。小学生までは、祖父の岸信介と同居しており、政治家の家と意識する環境にあった。しかし、中学生となり、岸信介が静岡県

の御殿場に移り住んだあとは、西部石油に勤める父親、母親と三人暮らしとなり、普通の
サラリーマンの家庭で育った。産みの両親がわかったあとも、その後の生活は何も変わら
なかった。

したがって、学生時代から政治家になりたいと思ったことは一度もなかった。三十代後
半になってはじめておぼろげながら政治を意識しはじめたのである。

平成十二年六月の総選挙では、安倍晋三の応援を買って出た。二ヵ所で応援演説をした
が、人の応援をするというレベルにおいては選挙の面白さも実感した。

政治家を目指そうと決心したのは、海外への転勤がきっかけであった。平成十二年七月、
岸信夫は、ベトナム南部にあるホーチミンシティの事務所長付として赴任した。ここでは、
主に水産物や油脂などの買入れを担当した。急速に経済成長しているベトナムは、街中は
活気に溢れているが、一歩外に出るとまだまだ貧しかった。人口構成も、ひどく歪んでお
り、ベトナム戦争の影響からか男性の四十代、五十代が極端に少なかった。しかも、南部
は、ベトナム戦争の負け組である。そのような厳しい環境で生き残ってきただけに、ベト
ナム人は、ずる賢さもふくめてしたたかであり、たくましく、ただでは起きないという印
象を受けた。それだけではない。国としても厳しい条件の中で生きているのに、みんな母
国ベトナムを愛していた。

ベトナム人の日本に対する関心は、高かった。新聞も、毎日、日本の記事を載せていた。

ベトナムにとって日本は、アジアのなかの優等生という存在であり、努力すれば手が届く目標でもあった。ところが、その目標にされている日本は九〇年代にバブル経済が弾け、不況となり、自信を失っていた。かたや、中国は凄まじい勢いで経済発展を遂げている。

信夫は、決意を固めた。

〈このままでは、日本は埋没してしまうのではないか。あと数年で会社に入って二十年になるし、一区切りついた。今後は、日本の活力再生のため、我が身を国政に捧げたい〉

その思いを、まず妻の智香子に伝えた。

が、智香子は反対した。

「そんな話、結婚するときに聞いてないわ」

しかし、何度か説得するうちに理解をしめしてくれた。

「そこまでいうのなら、しょうがないわね」

政治家を目指す決心はしたものの、難しいのは会社を退職するタイミングであった。

〈いつ、辞めようか〉

住友商事の海外勤務期間は、通常三年間くらいである。だが、信夫がベトナムに赴任してまだ一年とまもない。それに、ベトナムでの仕事は立ち上がったばかりで働きがいがある。ベトナムでの生活にも、だいぶ慣れてきた。

〈もうちょっと、つづけようか〉

そんな矢先、本社から辞令を受けた。

「平成十三年十二月より豪州住友商事メルボルン支店長付を命ずる」

三年間という任期途中で転勤を命じられるのは異例のことであった。会社が信夫に期待した仕事は、やはり信夫の専門である農産物貿易であった。

信夫には、このタイミングで退職するという選択肢もあった。が、住友商事も不況のあおりで人員を削減している。どうしてもメルボルンに人が必要だという状況だ。会社に迷惑をかけられない。岸信夫は、とりあえずオーストラリアのメルボルン支店に赴任した。

だが、政治の道に進もうという決心は揺るがなかった。

本来なら、みんなから了解を得たうえで話を進めるのが筋である。が、だれも信夫の背中を押してはくれなかった。信夫は腹をくくった。

〈いつまでもずるずるとしていても仕方がない〉

メルボルン支店に赴任して五ヵ月後の平成十四年五月、信夫は、思い切って住友商事本社に申し出た。

「会社を退職します」

会社側は、びっくり仰天した。

「海外勤務で辞めたいといわれても困る。いったい、どうしたの?」

「じつは、政治家を目指すつもりでいます」

「それなら、もっと前に言ってくれよ」

「でも、普通、会社を辞めるという話を、そんなに前からいわないでしょう」

信夫の決心の固さを知った会社側は、了承した。

「人事のローテーションがあるから、いますぐは無理だ。三ヵ月くらいは必要だし、それまでは仕事を続けてほしい」

「わかりました」

信夫は、両親や親族に報告した。

「会社に『辞める』と言ったよ」

みんな一様に、びっくりした。

「エーッ！」

渋々ながらも、了解してくれた。

「そこまでいうのなら、しょうがない」

実母の洋子は思った。

〈どうしても譲らないところを見ると、信夫にも政治家の血が流れているんだわ〉

洋子は、さらに思った。

〈父親の岸信介がもし生きていれば、孫の出馬をよろこんだわね〉

しかし、信夫は退職を決めたものの、その後、どのような方法やスケジュールで政治の道に進めばいいのか、まったく見当もつかない。その相談に乗ってくれたのが、安倍晋三であった。
　安倍晋三は、岸信夫にどのようなところから政治に関わっていくのか、地元山口県へは
どのように入っていくかなどをアドバイスしてくれた。
　ただし、地元といいながらも、信夫は東京生まれの東京育ちである。夏休みには、信介
の生まれ故郷である熊毛《くまげ》郡田布施《たぶせ》町に遊びに行くことが多く、地元の人たちは自分のこと
を憶えていてくれている。が、竹馬の友がいるわけではない。
　安倍晋三も、東京生まれ、東京育ちであるが、父親の安倍晋太郎の選挙区を踏襲してお
り、後援会組織はしっかりしている。しかし、岸信介が政界を引退した後、後援会組織は
吹田愰が受け継いだ。が、その吹田は自民党を離党し、岸信介後援会組織はゼロに等しい。
信夫にとっては、何もないところからのスタートとなった。
　平成十四年八月、住友商事を退職した信夫は、佐藤信二のもとを訪ねた。佐藤栄作元首
相の次男である佐藤は、前回平成十二年六月の総選挙で落選した。が、捲土重来を期し、
山口二区から立候補することを決めていた。そのような状況のなかで、何も言わずに地元
入りすれば、「骨肉の争いだ」と大問題になる。そうならないためにも、佐藤に仁義を切
ったのである。
「会社を辞めて山口県に帰ります。参議院を狙っていきます」

「ああ、そうか。がんばれよ」

自民党は、前回平成十年の参院選では合志栄一（後に山口市長）を立てたが、無所属の会の松岡満寿男に敗れていた。このとき、まだ候補者は決まっていなかった。

信夫は、祖父岸信介の生まれ故郷である熊毛郡田布施町に移り住んだ。平成十六年夏の参院選を目指して選挙活動をはじめた。

中選挙区時代の山口二区は、実の兄弟である岸信介と佐藤栄作の選挙区であり、岸後援会と佐藤後援会は、選挙のたびに激しく火花を散らしてきた。年齢が上の世代には、その感情的なしこりがいまだに残っていた。

信夫が戸別訪問で「岸信介の孫の岸信夫です」とあいさつすると、露骨に嫌な顔をされた。

「うちは佐藤派だから、信二さんを応援しているんだ」

信夫は、説明した。

「わたしは参議院に出るので、佐藤信二さんと戦うわけではないんですよ」

いっぽう、平成十四年九月十七日、日朝首脳会談がおこなわれ、北朝鮮は、ついに日本人の拉致を認めた。その中心的役割をはたしたのは、安倍晋三官房副長官であった。それまで、信夫は、親族として安倍晋三と接していても、政治家としての安倍晋三に接したことはあまりなかった。安倍晋三が政治家になって以降、拉致問題に取り組んでいたことすら、あまり知らなかった。

政治家が決断するときの責任の重さをひしひしと感じ、その世界に飛び込もうとする自分のことを考え、身震いした。

〈おれは、大変な決断をしてしまったのかもしれない〉

平成十五年六月ごろ、自民党山口県連を中心に思わぬ動きが出てきた。山口県の衆議院小選挙区は、四選挙区からなる。そのうち、前回の総選挙で自民党候補が落選したのは、山口二区の佐藤信二だけであった。そこで、自民党県連は、昭和七年生まれの佐藤信二では昭和二十九年生まれの民主党の平岡秀夫と戦えないと考え、参議院山口選挙区選出で昭和三十六年生まれの林芳正か、昭和三十四年生まれの岸信夫を担ぎだそうとしたのである。

信夫は、この降って湧いたような話に戸惑いを隠せなかった。

〈おれは、衆議院に出るつもりはない。佐藤さんがずっとやってきたのだから、佐藤さんが立つべきだ〉

それに、仮に林が立っても、岸信夫が立っても、佐藤が立てば、保守票が二分し、共倒れとなる。民主党の平岡を利するだけだ。信夫は、あくまで自民党のことを考えていた。

山口二区内であいさつまわりをすれば「やっぱり、あいつは衆議院を狙っている」と思われてしまう。そうかといって二区以外を回れば、岸信夫を二区から担ぎだそうとしている自民党県連がいい顔をしない。

「衆議院の候補にしてやろうと考えているのに、全然違うところをまわっているとは、何事だ」

参議院選挙は、全県区ゆえどうしても県連主導になる。県連を刺激することは、避けなければならない。

平成十六年夏の参院選まで一年を切ったというのに、佐藤が正式に自民党公認候補に決まる十月までの四ヵ月間、岸信夫の選挙活動はスローダウンせざるをえなかった。

総選挙から一ヵ月後の平成十五年十二月十六日、信夫は、自民党山口県参議院選挙区第三支部長に就任し、正式に自民党公認候補となった。

岸信夫は、選挙区で訴えた。

「地域再生、地方分権の推進は、構造改革を通じて日本経済を立て直すための柱であり、大切な問題です。しかし、わたしは、たくましい日本を創るために、長期的なビジョンを持って取り組むべき課題は、憲法、そして教育問題であると考えます。戦後の日本は、経済優先の再建をすすめ、国民のたゆまぬ努力により、世界有数の経済大国を築き上げることに成功しました。しかし、新世紀を迎え行き詰まっております。今こそ次の百年を切り拓いてゆくためには、国家の在り方、長期ビジョンの確立と共有が不可欠であり、国民的議論を深めて未来の日本を豊かで明るい平和な社会にするために行動していきます」

岸信夫は、安倍晋三と目指すところは同じだろうと思っている。これからの日本の将来を考えれば、祖父岸信介が執念を燃やした憲法改正だ。

憲法改正は、国会も、世論も、しだいに気運が高まっている。自民党だけでなく、民主党も巻き込んだかたちで実現していかなければならない。それには、まず、参院選で当選することだ。


岸信夫は思う。

〈一刻も早く、新たな国の形を作っていかなければならない〉

なお、岸は平成十六年七月の参院選で初当選をはたす。

安倍は、弟の岸信夫をたのもしく思っている。

〈実の兄弟ゆえ、口に出さなくても心の通じ合うところもある。わたしにとっても心強い〉

党派を超えた友情関係

平成十五年十二月十八日朝、埼玉県の上田清司知事は、政治評論家の鈴木棟一が主宰する勉強会「社稷会《しゃしょくかい》」に出席するため皇居前のパレスホテルに向かった。この日の講師は、自民党の安倍晋三幹事長であった。

安倍とは、上田がこの八月におこなわれた埼玉県知事選に立候補して以来、しばらく会っていなかった。

そこで、久々に会ってあいさつでもするか、と考えていた。

上田は、四ヵ月前の八月二日、埼玉県の土屋義彦前知事の辞職にともなう出直し知事選に、民主党を辞め無所属で立候補することを正式に表明した。八月十四日の告示を間近に控え、ふと気づいた。

〈しまった。安倍さんのところにあいさつに行くのを忘れたな〉

そこで、上田は、党派を超えて友情関係にある安倍官房副長官に電話を入れた。

「知事選に、出ることになりました」

安倍は、激励してくれた。

「がんばってください」

告示前日の八月十三日、今度は、安倍から上田のもとに電話がかかってきた。

「明日、わたし、埼玉に入ります。いろいろな事情があるので、申し訳ありません」

自民党埼玉県連は、元総務次官の島津昭を推薦していた。安倍は、その島津の応援演説に入るという。

上田は答えた。

「ああ、そうですか、それは残念です」

「でも、一ヵ所だけですから」

上田があとから聞いたところ、安倍に近いある人物によると、当初、安倍は浦和、大宮、草加、川口の四ヵ所で演説を要請されていた。結局、日程の都合で川口だけということになったが、上田との友情に配慮したのかもしれない。

八月三十一日、埼玉県知事選の投・開票がおこなわれた。上田は、島津ら他の新人七人を大差で破り、初当選を果たした。その夜、安倍からさっそく祝いの電話が入った。上田は思った。

〈こういった安倍さんの丁寧できめ細かい心遣い、義理堅さが、多くの人を惹きつけるのだろう〉

上田は、偶然にもパレスホテルの入口でばったりと安倍に出くわした。

上田はいった。

「ごぶさたしてます。今日は、安倍さんの話を聞きにきたんですよ」

安倍は、にこやかな表情で答えた。

「そうなんですか。それは、どうも」

会場へ向かう道すがら、上田はふと思った。

〈ちょうどよかった。ここで、お願いしておこう〉

上田は、治安向上に向けた警察官増員問題に力を注ぎ、警察庁や総務省にたびたび陳情に出向いていた。警察庁がある程度の増員枠を決め、最終的には総務省が決定する。この日は、その決定日であった。

上田は、前々から安倍にも協力してもらおうと考えていた。与党自民党の幹事長の力は絶大だ。上田は、スーツのポケットからメモを取り出した。そのメモには、総務省の担当者である香山充弘総務審議官の直通電話の番号が控えてあった。

上田は、安倍に事情を説明し頼んだ。

「増員は、多ければ多いほどいい。香山さんに、一本、電話を入れてもらえませんか」

安倍は、快く引き受けてくれた。

「わかりました」

勉強会には、埼玉十区選出の自民党の山口泰明も姿を見せていた。山口は、かつて上田の後援者であり、上田と仲が良かった。上田は、山口にも事情を説明し、頼んだ。

「さっき、安倍さんにもお願いしておいたのだけど、泰明さんも頼むよ。おれは、これから（埼玉）県庁に戻らないといけないんだ」

山口は、引き受けた。

「じゃ、おれが代わりに回ってやるよ」

勉強会終了後、山口は、仲間の自民党代議士六人を連れて警察庁と総務省を回ってくれた。

県庁にもどった上田は、山口から連絡を受けた。

「全部、回ってきたよ」

「それで、どうだった？」

「（総務省の）香山さんは、『朝一番に安倍幹事長から電話がありまして、埼玉県知事の要請をしっかり聞いてください、といわれました』といっていたな」

安倍は、上田との約束を守り、勉強会を終えた後、すぐさま香山に電話を入れてくれたのだ。

この夜、総務省は、警察官の増員を決定した。埼玉県は、三百五人であった。人数は平成十四年度におよばなかったものの、二位の千葉県、神奈川県、大阪府の二百四十人を大きく引き離し、シェアとしては過去最大となった。

立党五十年プロジェクト基本理念委員会の設立

平成十五年十二月十八日、二〇〇五年の結党五十周年に向け、安倍は、幹事長の諮問機関として「立党五十年プロジェクト基本理念委員会」を設立した。委員長には、「四季の会」を通じて親しくなっていたベテランの与謝野馨元通産大臣を据えたが、事務局長には四回生の小野晋也を起用した。参加メンバーも、若手議員が中心である。平成十六年夏の参院選前の五月までに中間報告として目指すべき国家像と党の針路を示した「自民党宣言」を策定する方針を決定した。

与謝野は、国政にカムバックしたばかりなので法務委員会などに所属し、現場で汗を流す仕事をしようと思っていた。そこへ、安倍幹事長から頼まれた。

「結党五十周年に向けて党の新しい基本理念をつくりたいので、その委員長になってほしい」

与謝野は思った。

〈安倍幹事長には、新しい世紀に入ったし、世界的にイデオロギーの対立があった時代と、そういうものがなくなった時代の政治はおのずと違うという考えがあるのだろう。自民党の支持層のウイングも広げなければいけないし、国の背骨もきちんとしたものにしなければいけないという思いも強いのだろう〉

与謝野は、事務局長の小野晋也にもいった。

「われわれの仕事は、基本的な案をまとめて『このような案でどうでしょうか』と安倍幹事長に提示することだ。党内には、国家基本戦略会議などいろいろな機関があるから、そこでの調整や最終的な基本理念をどうするかは、幹事長である安倍さんのもとで取りまとめてもらったほうがいい。これまでいろいろな機関がいい案を出してきたが、ついに党是とはならなかった。今回、安倍幹事長は、ある種の党是をつくりたいと思っているわけだから、安倍幹事長に案を届けて、それを料理してもらったほうがいい」

与謝野は、学生時代にはじめて憲法九条を読んだとき、その文から自衛隊は違憲だと思った。しかし、国際法の理論とか、国は捨てることのできない自衛権を持っているとか、難しい議論がいっぱいあり、ようやく九条が解釈できる。そんな法律の条文は、駄目だと思っている。

〈国民が条文を読んで、その意味を同じように解釈できないのはおかしい〉

与謝野は、集団的自衛権の行使については、安倍幹事長と同じく肯定的に考えている。たとえば「おれが喧嘩でやられているときには助けにこい」といいながら「おまえがやられているときには、おれは助けには行かないよ」というわがままな約束は、常識としてありえない。今後、集団的自衛権については、行使できる、と明確にする必要があると思っている。行使できるということだけをはっきりしておけばいいだけの話である。

憲法改正については、自民党は、ついこの間まで三つの世代に分かれていた。まず、実際に戦争を体験したグループ、たとえば、中曽根康弘、後藤田正晴、宮沢喜一、野中広務、竹下登、梶山静六たちの世代。与謝野と親しい梶山は、よく与謝野にいっていた。

「戦争の悲惨さというのを、おまえは知らないだろう」

それから、次のグループは、戦争体験こそないが、小学校のときにひもじい思いをしたとか、コメの飯を腹一杯食べられたら幸せだと思ったとか、アメリカ軍が日本を占領していた時代を知る世代。一九六〇年の安保闘争について反対の学生運動に加わったり、加わらないまでも共感なり、反発をしていた世代。与謝野らの世代である。

その次のグループは、まったく戦争を知らない世代。与謝野らが子供のころは、バナナやアイスクリームは、大贅沢品だった。しかし、そういった飢餓感のまったくない新しい世代。安倍幹事長らの世代である。

マスコミが実施するアンケート調査では、多くの議員が憲法改正に賛成である。読売新聞も、平成十六年五月ごろに憲法草案を出すのではないかという噂もあるし、秋には中曽根康弘元首相が憲法草案を書く。自民党も憲法草案を、来年出すといっている。それゆえ、与謝野は、自分たちの委員会でも早く出したほうがいいと思っている。いろいろな案が机の上に乗ってはじめて、きちんとした議論がおこなわれるわけである。

憲法改正については、自民党だけでなく、民主党も、公明党も反応している。与謝野は、憲法改正を中心にして大きく政界は動くと思うし、政界再編までいってもいいと思っている。

民主党は、自民党が「立党五十年プロジェクト基本理念委員会」のプロジェクトをふくめて、憲法改正問題をテコに民主党に揺さぶりをかけているのではないかと見ている。民主党の執行部は、警戒していると、与謝野も思っている。

「立党五十年プロジェクト基本理念委員会」では、憲法をこのように改正すべきだと具体的に踏み込むのか否か。与謝野には、じつは、そこがいま悩ましいところである。しかし、そこまで踏み込むと、憲法調査会も怒るだろう。さらに、長い文章ではだれも読まないだろうから、二、三ページのもので五分で読めるようにしようと思っている。

ベテランも若手もへだてなく

政府与党は、平成十六年一月三十一日未明、衆議院本会議でイラク復興支援のための自衛隊の派遣承認案を単独で採決に踏み切った。

加藤紘一、古賀誠両元幹事長は採決を棄権、亀井静香元政調会長は欠席した。

安倍幹事長は、その処分について頭を悩ませた。なにしろ、三人とも大先輩だ。が、処罰しないわけにはいかない。

亀井は、安倍の事情聴取でいっていた。

「打ち首、獄門、何でも好きにやってくれ」

派閥の会合では、声が上がっていた。

「大物だから処分されないとしたら、おかしい」

処分には「除名」や「離党勧告」などの重いものもあった。が、安倍は、三人ともそれらより軽い「戒告処分」と決めた。

安倍幹事長は、電話で加藤、古賀、亀井の三人に「戒告処分」を伝えた。安倍は、特に「加藤の乱」のとき、森内閣不信任決議案の採択を欠席し、党の役職停止処分を受けたことのある加藤に対し、口頭で付け加えた。

「党内には厳しい処分を求める声もある。今後、さらに党紀に触れる行為があれば、厳重な処分をおこなわざるをえない」

　三人とも、安倍の電話に答えた。

「申し訳ない。迷惑をかけました」

　下村博文副幹事長は、二月十二日、安倍幹事長の代わりに、三人の議員会館の事務所にその書類を届ける役目を買って出た。

　仮に下村のような立場の人物が幹事長として同じことをすれば、癪《しゃく》にさわる部分があると思う。しかし、三人とも、安倍幹事長に「申し訳ない。迷惑をかけました」という謝罪の言葉がごく自然に出てくる。それは、政界サラブレッドの安倍の存在感に対する理屈を超えた部分での評価なのだと下村は思う。

　町村信孝総務局長は、この戒告処分をめぐって、怯《ひる》んだり逃げたりしない安倍の姿勢について思う。

〈これがもうちょっとベテランの幹事長であれば、正面攻撃以外の方法で手練手管を使うこともあるが、若い幹事長だから、当たって砕けろという姿勢でいいのではないか〉

　ただし、正面突破だけではなかなかうまくいかないこともある。そこは、町村らが懸命にサポートしていくつもりだ。

　安倍は、幹事長として先輩たちに礼儀を尽くしながら、その能力をフルに活かしてもらえるよう心掛けるいっぽうで、若手議員にも「新しい時代が到来した」「新しい息吹が自民党に吹き込んでいる」という思いをもってもらえるように努めている。

そのために、若手たちが仕事をする場所をつくっている。安倍の肝煎《きもい》りで発足し、自ら委員長に就任した「党改革検証・推進委員会」は、まさにその場所である。

安倍は、平成十五年十二月二日の初会合であいさつし、決意を表明した。

「小泉総裁は、自民党を改革し、国民に信頼される政治を実現するという方針を示している。われわれはオープンでスピード感あふれる国民の広い支持を得ることのできる新しい自由民主党を作るために党改革に全力を挙げていきたい」

そのうえで、方針を示した。

「先の総選挙の結果を踏まえ、来る参議院選挙を見据えて、これまで弛《たゆ》みなく推進してきた党改革の検証をし、実行していきたい」

新時代到来！　候補者公募制で臨んだ補選での勝利

平成十六年一月十七日、前年十一月の総選挙をめぐる公職選挙法違反の罪で起訴された埼玉八区選出の自民党の新井正則は、議員辞職を提出し、一月十九日に許可された。これにより、埼玉八区も、四月二十五日に統一補選をおこなうことになった。

ただし、新井派の所沢市議が十人も逮捕されるなど埼玉八区の自民党支部は潰滅状態であった。残った人たちも、もう選挙はコリゴリだという感じで縮み上がってしまっていた。

自民党埼玉県連は、「不戦敗にするしかない」という空気が強かった。党内も、今回は見送ろうという雰囲気にあった。

しかし、安倍幹事長は決断した。

〈みすみす民主党に議席を与えるという敗北主義はよくない。不戦敗は許されない。むしろ、ピンチをチャンスに変えたほうがいいのではないか〉

町村信孝総務局長は、安倍の決断に内心思った。

〈いやぁ、これは参ったな〉

しかし、安倍幹事長の方針に従わざるをえない。

安倍幹事長は、自民党の埼玉県の国会議員を招集し、公募による候補者の予備選を実施することを了解してもらった。その後、増田敏男県連会長、大野松茂会長代理に、ただちに自民党埼玉県議を招集してもらい、了解を取りつけた。

一月二十二日、「党改革検証・推進委員会」が開かれた。安倍幹事長は、「党改革検証・推進委員会」がまとめた公募制を柱とする党改革案を各委員に提示し、補選の候補者選定で党改革案を初めて適用する考えを表明した。

「埼玉八区補選で、この改革案をしっかり生かしていきたい」

公募による候補者の予備選を実施する方針で一致し、埼玉県連と調整したうえで安倍幹事長と町村総務局長が予備選の具体的な方法を決定することになった。

二月三日、自民党本部は、候補者を公募するための実施要項を決めた。申請書や戸籍謄本などのほかに「政治に対する考え方および理念」を四百字詰め原稿用紙五枚以内にまとめて提出してもらい、第一次審査、第二次審査、最終審査をおこなって候補者を決めることになった。

党内も、埼玉県連も、お手並み拝見的な雰囲気のなか、安倍幹事長は、大手新聞社の埼玉県版に候補者公募の広告を載せたり、自民党のホームページで呼びかけた。さらに、ラジオＣＭでは、安倍幹事長自ら出演し、広く公募を呼びかけた。

なお、最終的に候補者に決まった柴山昌彦は、このラジオＣＭで公募を知り、応募したという。

これまで選挙区支部、あるいは、県連単位での純粋公募はあった。たとえば、平成十五年十一月の総選挙で神奈川県十八区から立候補した山際大志郎は、神奈川県連の純粋公募である。何人か候補を絞って、最終的には党員投票で山際に決めた。が、今回の埼玉八区のように党本部が前面に出て主導したケースははじめてである。

甘利明筆頭副幹事長は思った。

〈わたしも二世議員であるし、二世議員が一概に悪いとはいえない。が、二世議員を多く出していると、硬直化する。それに、政治を志す有能な人材が、みんな民主党に行きかねない。いまの民主党の若手議員の多くは、本当は自民党から出たかったが、自民党から出馬する余地がないので、とりあえず議席を取ろうというので民主党から出ている。思想信条で民主党を選んでいるわけではないケースが多い〉

埼玉八区の公募は、前任者が逮捕されたわけだから、内心、応募者が集まるのかどうか、安倍や甘利はそれが心配であった。ところが、最終的には二十五歳から六十四歳までの八十一人が応募してきた。しかも、優秀な人材が多かった。いい方はおかしいが、その世界で大成できるのに、それを放り投げて、こんな通るか通らないかわからない政治の世界に来るのはもったいないと思う人も多かった。

二月十六日、応募が締め切られた。安倍は、この日記者会見し、八十一人の応募があったことを明らかにした。

選考方法は、まず、第一次選考では予断を挟まないように、名前も、経歴も、現住所もすべて伏せ、純粋に「政治に対する考え方および理念」をテーマとした八十一本の論文を審査した。選考にあたったのは、安倍幹事長の肝煎りで発足した「党改革検証・推進委員会」の前年十一月の総選挙で初当選したばかりの菅原一秀ら四人の若手議員である。甘利ら幹部は、いっさい口を挟まなかった。

その第一次選考で、八十一人から二十数人に絞り込んだ。

第二次選考では、四人の有識者に協力してもらい、最終選考に進む五人に絞り込むことになった。ところが、「この六人は、甲乙つけがたい。五人に絞り込めない」というので、六人となった。その時点ではじめて、名前、経歴、住所を開けた。純粋に論文の中身だけで絞り込むのではリスクもある。論文はいいが、人間性に問題がある場合もある。したがって、甘利には、ドキドキする思いもあった。

が、いざ蓋を開けてみると、優秀な人ばかりあった。

「やはり、優秀な論文を書く人は、人間も立派だな」

最終選考で、はじめて安倍や甘利らが個別に面接をした。青年会議所で責任者だった者、アメリカで学位という学位はすべて取っている女性、日本をいい方向に変えていこうと意欲に燃えている青年など、どの人が立候補しても、どの選挙区でもひけをとらない人ばかりであった。この六人から一人に絞るのは、けっこう大変な作業であった。その一人が、今回選ばれた所沢市在中の三十八歳の弁護士柴山昌彦だった。

甘利ら幹部は、安倍幹事長と話し合った。

「予想を覆し、八十一人が応募してきたということは、それだけ政治への関心が強いということだ。それと自民党に対する期待だ。やはり自民党でなければ駄目だ、という思いをみなさん強く持っている」

安倍には心強かった。

〈これだけ厳しい状況にもかかわらず、自民党から出たいという人がこんなに多く、しかも、これだけ優秀な人たちが集まった〉

柴山以外の最終選考に残った五人については、国政選挙の候補者をあらかじめ登録しておく「人材プール制」も検討しているので、安倍は彼らに訊いた。

「また声をかけますけど、いいですか」

彼らに了解してもらった。

安倍や甘利らは、埼玉八区での戦いは、勝っても負けても接戦と見ていた。いい勝負ができる。柴山は、東大卒の弁護士で優秀な人物だが、体育会の空手部出身でもある。面接のとき、「得意なことは、何ですか」と訊いたら「宴会芸です。カラオケも好きで、学生時代は歌手を目指しました」というほど明るい。政治家としての資質があると見ていた。

平成十六年四月二十五日に衆議院の埼玉八区、広島五区、鹿児島五区の三選挙区で衆参統一補欠選挙がおこなわれた。自民党執行部は、三勝を目指していた。甘利明は、三勝しないと勝ちにはならないし、二勝一敗でいいなどとはまったく思っていなかった。しかし、亡くなった山中貞則元通産大臣の地盤であった鹿児島五区は強いが、広島五区、埼玉八区は、そう簡単ではなかった。

池田行彦元外務大臣の死去にともなう広島五区補選は、自民党公認で元内閣府参事官の寺田稔と、宮沢喜一元首相の大蔵大臣時代に秘書官をつとめた民主党公認の三谷光男が、池田勇人元首相以来の自民党の地盤を二分する選挙戦を展開。選挙戦最中の世論調査では、寺田が優勢であったが、世代別にバラツキがあり、当選確実という情勢ではなかった。

安倍幹事長は、安心してはいなかった。

〈これは、ちょっと要注意だな〉

が、開票の結果、寺田は、七万八千七百六十九票を獲得し、約七千五百票差で三谷を振り切った。

埼玉八区補選は、安倍幹事長主導のもと公募を実施して公認した弁護士の柴山昌彦と、比例代表からくら替え立候補した民主党公認の木下厚が激突した。

知名度不足、出遅れ、事件による逆風があり、告示までの約四十日間では、巻き返しは難しいとされた。が、柴山は、三十八歳の若さを前面に出し、清新なイメージで無党派層の取り込みを図った。

安倍幹事長は、選挙戦がはじまってからは手応えを感じていた。が、何度かおこなわれた世論調査では、いつも木下に一〇ポイント以上、離されていた。安倍幹事長は、気を引き締めた。

〈これは、相当力を入れないと勝てない〉

開票の結果、柴山は、五万二千五百四十三票を獲得し、五千五百票あまりの差で木下に競り勝った。

午後十時半過ぎ、安倍幹事長は、自民党本部で会見した。埼玉八区での勝利に触れ、切り出した。

「マイナス面を克服して、接戦を制した」

さらに、自ら主導した公募制について触れた。

「候補者公募という新たな試みが成功したことは、自民党の新しい時代の到来を予感させる」

会見に同席した公明党の冬柴鐵三幹事長が、安倍に右手を差し出した。

「おめでとう」

安倍幹事長は、満面の笑みでがっちりと握手した。

「ありがとうございます」

なお、安倍幹事長は、訪米中の五月一日午後（日本時間二日未明）、ワシントン市内で同行記者団と懇談し、国政選挙での候補者の公募制度を本格的に導入する方針を明らかにした。

「候補者空白区と補欠選挙は、原則的に公募を実施する」

帰国後、「党改革検証・推進委員会」で詰めの議論をおこない、この七月の参院選の補選から実施することを決めた。

拉致問題、新たな進展

小泉首相は、平成十六年の三月の段階で、盟友の山崎拓前副総裁に、対北朝鮮外交について福田官房長官や田中均外務審議官らいわゆる対話派と安倍幹事長ら強硬派との間で綱引きがあると認めたうえで、相談をもちかけた。

「参院選までに、北朝鮮に残っている家族を帰したい」

三月中に事態を打開しないと、安倍幹事長らのすすめている対北朝鮮圧力の第二弾である特定船舶入港法案の成立をめぐる声が強まる。帰国がいっそう困難になるとの判断があったのか。長期政権への関門になる参議院選前に成果を得たいという思惑もうかがえる。

山崎は、小泉首相の意を受けて、四月一、二日には拉致議連の事務局長平沢勝栄といっしょに中国の大連市で、北朝鮮側の鄭泰和日朝交渉担当大使と接触した。山崎は、この会談で小泉首相の再訪朝・出迎え案を打診したといわれている。平沢の感触では、強硬だった北朝鮮の態度も「何とか拉致問題を解決したい」という変化が見られる。アメリカも、同じ見方をしており、中国は「このタイミングを逃すな」といっている。

しかし、一部では「平沢は、北朝鮮のスパイだ」「取り込まれたのではないか」と批判する声もある。平沢は、あらためて拉致問題というのは難しいと痛感した。いろいろな意見があってもいいはずだが、別の意見を許さないようなところが一部にある。

だが、平沢は、政治家である以上、敵ができようが、なにをいわれようが、自分の信念で行動していくつもりでいる。いまのような膠着状態を二年も、三年も放っておくわけにはいかない。

〈批判するのは、だれでもできる。しかし、それなら、自分たちでもっと行動に移したらどうか。外務省は、何もやらず、ただボールを投げてくるのを待っているだけ。こんなことは、馬鹿でもできる。何か動きがあり、確実に進展が見られるのであれば、安倍幹事長が、政府のしかるべき立場に立って出てきたほうがいい。かつての金丸訪朝団のような馬鹿なことは、絶対にしない。そして、早く見通しをつける。そのときには、わたしがその地ならし役を買って出てもいい〉

「家族会」の有本明弘には、小泉首相は、五人の拉致被害者が帰国して以後、北朝鮮拉致問題をそのまま放っておいているとしか思えなかった。

有本明弘は、妻の嘉代子とともに、平成十五年十二月七日、よみうりテレビの「たかじんのそこまで言って委員会」に出演した。

司会である歌手のやしきたかじんに、訊かれた。

「安倍さんに取材にいきますけど、なんか伝えたいことありますか」

有本明弘はいった。

「できたら、自民党のなかをまとめてもらいたい。そう伝えてほしい」

安倍は、どんなときにでも、拉致被害者の家族の立場に立ってくれていた。安倍が、おかしいことをおかしいと発言する。その情報が、有本ら拉致被害者の家族の耳にも入る。それらの情報をもとに「家族会」が政府に迫っていくこともあった。

十年前にくらべれば、北朝鮮拉致問題は、安倍らの努力で経済制裁法案を成立させるまでに、国民の認識を得てきた。だが、この十数年、北朝鮮外交にかかわった外交官をふくめ日本は、北朝鮮に騙されつづけてきたとしか思えない。小泉首相、福田官房長官、外務省の田中均らでは信頼できない。有本夫妻が信頼しているのは、安倍晋三と、民主党の西村眞悟だけである。

有本夫妻にとって、自民党の平沢勝栄も信頼するひとりだった。ところが、平沢は、山崎拓とともに中国の大連市で、北朝鮮関係者と接触した。膠着状態にある北朝鮮による拉致問題の打開を図るためというが、この判断は、有本夫妻には理解できない。

〈なんで、山崎さんをあんなところまで連れていったのか〉

平沢は、これまで、悪いものは悪い、おかしいならおかしいとなんでも遠慮なくいっていた。それが、なぜか、山崎拓のことは、所属する山崎派の領袖だからだろう、まったく悪くいわない。いいなりになってしまっている。おそらく北朝鮮は、日本のことを熟知していて、秘密会談をもちかければ、だれかが引っかかってくると踏んでいたにちがいない。平沢は、もののみごとにはめられたとしか、有本夫婦には思えなかった。

安倍晋三は、一貫して強硬策でいくべきだとの立場を貫いている。有本夫妻は思う。

〈安倍晋三という政治家がいなければ、北朝鮮への動きも、ここまでになっていたかどうか疑わしい〉

西新潟港と北朝鮮を結ぶ貨客船「万景峰《マンギョンボン》」号の入港を拒否することをはじめ、経済制裁を加えるべきだと、有本夫妻は思っている。徹底してやらずに、拉致した日本人、その家族を返せといっても通じない。

北朝鮮は、日本がアメリカと歩調を並べて迫ってくる図式を断ち切りたい。だから、現在確認されている帰国者の子供だけを返して拉致問題を打ち切りたいと思っている。帰国者の家族を返すことばかり頼むだけでは、子供たちをエサに北朝鮮のいいようにされてしまう。

日本は、北朝鮮の策略に乗ってはいけない。日本政府が、北朝鮮政府に要求しなければならないのは帰国者の子供の返還要求ではない。アメリカと共同歩調をとって、拉致被害者、死者、行方不明者をふくめてすべての返還を求めていくべきなのである。

日本は、徹底した経済制裁を加えて、なんでも、はいはいといっているだけの国ではないということを、北朝鮮に知らしめねばならない。しかも、核心部分をもっと抉《えぐ》り出さねばならない。だが、「家族会」でそこまで徹底したことを求めているのは、有本夫妻だけである。

いっぽう、横田滋は、山崎、平沢の活動を評価する。山崎、平沢のラインを継続するのではなく、あとは、政府に引き継いだ。そのおかげで、五月四日、五日にかけて、北朝鮮による日本人拉致問題をめぐる日朝協議が中国・北京でおこなわれた。

安倍幹事長は、帰国した平沢から連絡を受けた。平沢と親しい安倍も、この件について は事後承諾で、まったく知らなかった。

安倍は思っている。

〈山崎前副総裁は、これまで拉致問題についてまったくタッチしてこなかった。それだけに、「家族会」も心配しているのだろう〉

安倍は、一日も早く拉致問題を解決するためには、みんなの総合力を活かしていくべきだと考えている。ただし、交渉窓口は、あくまでも外務省の藪中三十二アジア大洋州局長だ。が、そこで煮詰まっているのであれば、政府以外の人間がその煮詰まりを取る仕事を手伝うということはありえる。しかし、それは政府と緊密に連携を取りながら、おたがいの連携プレーのなかでやらなければいけない。

また、政府以外の人たちのほうが情報収集しやすいかもしれない。が、そのとき、相手と交渉してはいけない。日本側の主張も、もっともハードルの高いことをいうべきである。そこでハードルを下げてしまえば、それが相手国の既得権となってしまう。ハードルを下げることができるのは、実際の交渉者だけで一人に絞らないといけない。

安倍は、この時期に行く必要があったのか、と疑問すら覚えている。

〈北朝鮮側が山崎さんたちに接触してきたのは、わたしたちの進めている北朝鮮船舶の入港を制限できる「特定船舶入港禁止法案」の成立をなんとか阻止しようというロビー活動

の一環ではないか。しかし、そんなこととは関係なく、淡々と議論し、今国会で成立させたい〉

ところが、小泉首相が五月二十二日に、北朝鮮を再訪問し、金正日と会談することに決まった。

が、この案は、被害者家族八人の帰国を最優先にするもので、「死亡・不明」とされた被害者十人の真相解明や、六ヵ国協議の対象になっている核開発の問題の解決に直結するものではない。

「家族会」の横田滋は、小泉首相の北朝鮮再訪問の噂が流れていたときから、はっきりいっていた。

「めぐみら生存が確認されていない十人について、北朝鮮がはっきりさせるまでは、小泉首相には再訪はしてほしくない」

しかし、再訪が決まった以上、強く望んでいる。

「金正日から解決の確約を取りつけてほしい」

安倍幹事長は、小泉訪朝が噂された段階では思っていた。

〈小泉首相の再度の訪朝は、最強のカードではあるが、本当にすべて解決できるめどがないと、なかなか決断できない。人質を取られたような状況のなかでいくのかどうかは、極めて慎重に考える必要がある。総理自身がいくと、世界にオーソライズされることになる。

すべてが解決するときでないと、いくべきではない〉

残された八人は全員日本に返してもらい、死亡・行方不明とされた横田めぐみら拉致被害者十人の安否確認など、日朝間の懸案が大筋決着する見通しがなければ、首相訪朝は控えるべきだ、との考えを示した。が、小泉首相の再訪朝は決まった。安倍幹事長は、五月十四日の政府・与党連絡会議で、小泉首相に指摘した。

「十人の真相究明のため日朝で調査委員会を作る形は、お茶を濁す結果になる」

安倍は、いいつづけている。

「死亡・行方不明とされている人たちのことを決して見捨ててはいけない。そのためにも『特定船舶入港禁止法案』は成立させる。使うか使わないかは、政府が外交安全保障上の状況を判断して考えればいい」

北朝鮮がいまさまざまな動きを見せているのは、この法案の成立を恐れているからであろう。その意味では、安倍らの動きは、効を奏しているといえよう。

イラク人質事件――自衛隊撤退拒否の方針

平成十六年四月八日午後六時四十一分、小泉首相は、千代田区紀尾井町にある赤坂プリンス内にある部屋で、毎日新聞で「近聞遠見」のコラムを連載している岩見隆夫、読売新聞編集委員の橋本五郎ら新聞数社の論説委員の四人との会食の席についた。安倍自民党幹事長も、同席していた。

小泉首相はまずビールに口をつけるや、上機嫌で語った。

「人の悪口はいわない。約束は守る。酒は控えめにする。これが最近のわたしの三原則なんです」

そのわずか四分後の午後六時四十五分、経済産業省から出向している首相秘書官の岡田秀一が部屋に入ってきて、小泉首相にメモを手渡した。小泉首相は、そのメモをちらりと見た。しかし、あくまで大変なことが起こったと表情を変えることもなく、ふたたび話の輪にもどった。

まわりの新聞社幹部たちには、その時点でそのメモの内容を知らされなかったが、じつは、カタールの衛星テレビ「アルジャジーラ」から、「日本人三人が、拘束」との報が外務省に入ったとの第一報だった。アルジャジーラと日本の外務省との間にはパイプがあり、放送する前に、アルジャジーラから情報が入ってきたのである。

小泉首相は、好きな赤ワインに切りかえ、話しつづけた。その後、小泉首相にはふたたびメモが手渡された。しかし、小泉首相は、岩見ら勘の鋭いジャーナリストにも気づかれることなく、ワインを飲みつづけ、ステーキを平らげた。

安倍幹事長の携帯電話は、しきりに鳴った。安倍幹事長は、そのたびに席を外した。

安倍は、午後八時二十分、小泉首相をうながした。

「そろそろ……」

小泉は、ようやく切り上げた。

会食の出席者四人に、アルジャジーラからの第一報が報されたのは、小泉首相が席を立ったあとのことだった。同席していた安倍幹事長からだった。さすがに新聞社のベテランたちに、このような重大事を隠したまま帰しては彼らの顔を潰すことになるとの配慮があったのか。

日本人三人が拉致されたとの情報が、官邸記者たちに入ったのは午後八時二十分過ぎだった。小泉首相と会食した新聞社の論説委員たちが得た情報が、各マスコミにさざめくように流れたのである。

三人を誘拐した武装勢力は、日本政府に「自衛隊撤退」を要求していた。

安倍幹事長は、午後九時十九分、自民党本部に入った。午後九時二十五分、公明党の神崎武法代表と冬柴鐵三幹事長が自民党本部に到着。安倍幹事長ら自民党幹部と、四階の幹事長室の隣の総裁室で協議に入った。

公明党は、自衛隊のイラク派遣に慎重だっただけに「人命優先」「撤退も視野に」といいだすのではないか、と覚悟していた自民党幹部もいた。が、安倍幹事長は、心配していなかった。

〈公明党は、すでにサマワに自衛隊を派遣するという大きな決断をしている。それは、大

丈夫だろう〉
一時間の協議の末、公明党は、撤退拒否の政府方針を支持したのであった。
が、安倍は、何が何でも自衛隊をイラクに派遣しつづけるべきだ、との考えではなかった。
自衛隊は、イラク特措法に則ってイラクのサマワに派遣している。国際状況的には、けしていいことではないが、法律の想定する範囲を超える情況になれば撤退しなければいけない。が、サマワは、現在のところその範囲を超えてはいない、と判断している。

"He is tough"と、アメリカ政府要人たちも評価

自民党の安倍晋三幹事長は、公明党の冬柴鐵三幹事長と平成十六年四月二十九日から五月三日までの日程で米国ワシントンを訪問し、パウエル国務長官、ラムズフェルド国防長官、アーミテージ国務副長官、ライス大統領補佐官、パターソン国務次官代理、グリーン大統領補佐官、ケリー国務次官補ら米政府の主要メンバーと会談することになった。

この訪米は、米政府の主要メンバーが会談に応じるなど、ブッシュ政権の厚遇ぶりが目立った。じつは、安倍幹事長は、だれと会談できるかは、はじめからわかっていた。が、米側から「前もってあまりいわないでくれ」と釘を刺されていたので口にしなかった。これだけのメンバーが会うということは、安倍幹事長への信頼の高さと見ていいだろう。テ

ロ特措法でも、イラク特措法でも、当時、官房副長官であった安倍幹事長が果たした役割を、米政府は、よく理解しているのだ。

これまでも、与党の幹事長はゴールデンウイーク期間に外遊してきた。むろん、単独で外遊する選択肢もないことはない。が、おたがいによく理解をしあうためにも、冬柴幹事長といっしょに外遊するのは有益だと安倍幹事長は判断した。

公明党の冬柴幹事長は、野中広務、古賀誠、山崎拓とつづく近年の自民党幹事長と親しかった。が、それらの幹事長と比べ、安倍幹事長とはシックリいっていないのでは、との説があった。

また、幹事長就任後、初の外遊に赴く安倍幹事長にとって、官房副長官時代や、それ以前から培ってきた独自の米国人脈を冬柴幹事長に披露し、紹介する場になればいいと思った。

安倍の訪米目的は、主に三点あった。イラク暫定政権からイラク人に権限を移譲するにあたり、日米の情勢の認識をひとつにするため。北朝鮮の問題を解決するためにはどういう問題を解決すれば、北朝鮮が国際社会に入って来られるかの確認をするため。北朝鮮の拉致問題で米国の支持をしっかり取りつけるためであった。

四月二十九日、安倍幹事長は、アメリカを代表するシンクタンクであるワシントンのアメリカン・エンタープライズ研究所（ＡＥＩ）で「進化する日米関係」をテーマに英語で講演し、集団的自衛権の行使を可能とするため政府解釈の見直しや憲法改正が必要だとする持論を展開した。

安倍は、集団的自衛権についてふれた。

「わたしの祖父、岸信介は、日米両国が『対等な立場』に立ち、安定的な同盟関係を構築することこそが、戦後日本の平和と繁栄を希求するうえで欠くことのできないものである、という強い信念を持っておりました」

「日米安保をより持続可能なものとし、双務性を高めるということは、具体的には、集団的自衛権の行使の問題と非常に密接に関わり合ってくるものと考えます。そもそも集団的自衛権については、国連憲章第五十一条に『国連加盟国には、個別的・集団的自衛権がある』ということが明記してあります。日本は国連に加盟していますし、また、日米安全保障条約の前文にも『個別的または、集団的自衛の固有の権利を有していることを確認し』と書いてあります。それでも、わが国政府は、国際法的集団的自衛権を有しているが、わが国の憲法上、これを行使できないとの解釈をとってきたのです。そんな国内向けの理由で『集団的自衛権は行使できない』という理屈をいっても、世界には通用しません。これまでの日本政府の解釈では、色々な面で限界にきていることは確かです」

憲法改正についてもふれた。

「わたしはずっと一貫して改憲論者であります。その理由は大きく分けて三つあります。

第一点は、現行憲法の制定過程に問題があったと考えているからです。周知の如く、現在の憲法は、占領下にGHQのニューディーラーと呼ばれた人達が数日間で起草したという歴史的事実があります。国家の基本法ですから歴史的正当性が付与されていなければなりません。そのために憲法の成立過程にこだわらざるをえないのです。

第二点は、制定から半世紀以上経過して、いくつかの条文が、時代にそぐわなくなっていることです。その典型的なものが九条だと思います。現在の憲法では、国家の安全を保てないことが明確となりました。

第三点は、新しい時代、新しい世紀を迎えて『われわれの手で新しい憲法をつくっていこう』という精神が、国民の中に芽生え始めていることです。わたしは、こういう精神こそが新しい時代を切り開いていくと思います。

憲法を改正することによって、国家としての枠組をもう一度しっかりとつくりあげ、新しい日本政治の構造と価値観を構築しなければなりません。これらの点が解決されれば、経済や福祉をはじめ今の日本が直面している様々な改革問題も解決に向けて大きく前進すると確信しております」

のちに、この講演録を読んだベーカー駐日米大使は、こう感想を口にしたという。

「あれは、非常にいい演説だ。ワシントンでも評価している」

四月二十九日、安倍幹事長と冬柴幹事長は、ファイス国防次官と会談した。ファイス国防次官は、日本の自衛隊派遣について評価した。

「日本人人質事件でも、スペインが撤退を表明した際にも、日本政府はぶれなかった」

四月三十日午前（日本時間夜）、安倍幹事長と冬柴幹事長は、ケリー国務次官補と会談した。

ケリー次官補は、安倍が中心になって進めている北朝鮮の貨客船「万景峰号」を想定した「特定船舶入港禁止法案」についての法整備の意義を評価した。

「北朝鮮に核開発問題や日本人拉致問題をより慎重に考えさせる効果がある。北朝鮮は圧力を感じる必要がある」

安倍幹事長は、懸念を示した。

「十一月の米大統領選挙が終わるまで、北朝鮮は六ヵ国協議をふくめ外交交渉を進展させるつもりがないのではないか」

ケリー次官補は、強調した。

「政権が交代しても、米国の対北朝鮮政策は変わらない」

安倍幹事長は、ケリー次官補がこのことを公明党の冬柴幹事長の前で発言したことに意義を感じている。

四月三十日午後（日本時間五月一日午前）、安倍幹事長と冬柴幹事長は、ホワイトハウスでライス大統領補佐官（国家安全保障問題担当）と会談した。

ライス大統領補佐官は、大統領や外務大臣以外では、外国人とはめったに会談しない。しかも、会談時間は長くて十分から十五分だ。ところが、安倍幹事長をホワイトハウスに迎え入れたばかりでなく、会談時間は四十五分にもおよんだ。これには、米政府要人も、びっくりしていた。

安倍幹事長は、官房副長官時代、日米首脳会談に同行し、キャンプデービッドでも、クロフォードでも、何度もライス大統領補佐官と会っている。ライス大統領補佐官は、無駄話をしない。頭の切れる人物ゆえ話をしていて楽しい。ライス大統領補佐官自身もタフゆえ、安倍幹事長と気が合うのであろう。

安倍は、ライスに訴えた。

「イラク人への権限移譲をスムーズにおこなうため、新たな国連の安保理事決議が必要だ」

日本の政府・与党は、イラク復興でスペインなどにつづく駐留軍の撤退に歯止めをかけるためには、国連の関与強化が不可欠だと判断していた。

ライス補佐官は、イラク暫定政府について語った。

「五月三十日までに人選を終え政府を立ち上げ、試運転をおこない、六月三十日までに主権移譲する」

ブラヒミ国連事務総長特別顧問の計画案に沿う形で、イラク人に主権移譲する方針を示した。ライス補佐官は、イラク安定に向けた国連安全保障理事会の新決議についても採択に意欲を表明した。

安倍幹事長らはライス大統領補佐官のはからいでホワイトハウスで記者会見を開いた。ホワイトハウスでの記者会見は、普通首脳でないかぎり許されない。これまた異例のことであった。

会談後、ライス大統領補佐官は、加藤良三駐米大使に、安倍についてこう話したという。

「わたしは、彼が好きだ。ヒー・イズ・タフ（背骨の通った人だ）」

安倍幹事長らは、次にパウエル国務長官と会談した。パウエル国務長官はいった。

「日米関係は、きわめてうまくいっている。情報交換しながら、同盟関係のために努力したい」

夕方、国務省内でアーミテージ国務副長官主催の夕食会に招かれた。

夕食会終了後、冬柴幹事長は、記者団に感想を洩らした。

「安倍幹事長に対する米国の信頼というものが、すごく厚いということを実感しながら、こういう日米関係を大事にしていかなければいけないと感じましたね」

五月三日午後、安倍幹事長と冬柴幹事長は成田着の全日空機で帰国した。

なお、平成十六年五月六日、ブッシュ大統領は米軍によるイラク人虐待事件について「恥辱を与えて申し訳ない」と述べ、事件発覚後、初めて謝罪した。

安倍幹事長は、思った。

〈米軍は、相当、軍規を建て直さないといけない〉

安倍幹事長は、五月十一日午前の記者会見で、イラク駐留米軍によるイラク人虐待について厳しく批判した。

「国際社会は人権侵害・突然の拘禁、拷問のない、自由で民主的なイラクをつくる目的もふくめ、旧フセイン政権を倒した。こうしたことがあってはならない。何のために政権を倒したのかわからなくなる。米国は真相を究明して責任者を処罰し、ふたたび起こらないようにすると同時に、イラク国民に真相をきっちり説明してほしい」

日本興業銀行元頭取の西村正雄は、この記事を読んで思った。

〈アメリカに対しても、悪いことは悪いときちんと批判している〉

二、三位はいない。安倍晋三がダントツの一位だ

政界だけでなく、安倍を高く評価する政治評論家、財界人も多い。京都大学の中西輝政教授の評価は、特に高い。

「与野党を問わず、いまの日本の政界でもっとも評価するのは安倍晋三だ。順位をつければ、ダントツの一位である。二、三位はいない。四、五位あたりにようやく次の名があがってくる」

中西教授によると、戦後、日本は、経済専念でやってきた。国の安全に関しては、対米依存一辺倒で、いわゆる「軽武装の経済重視路線」、つまり「町人国家」などという、本来ありえない国家像でやってゆけるという妄想に生きてきた。カッコつきでない本当の保守本流というのは、いかなるものか。独立国家としての日本は、経済、安全保障だけでなく、教育や国民の価値意識の保全についても、つねに心を配るべきであった。この失われた戦後半世紀を取り戻し、政治家として、それについていま、何をなすべきかを考え、実行していく人々のことだと考えている。

その流れを中西なりに整理すると、鳩山一郎、重光葵、岸信介、中曽根康弘、さらに今日では石原慎太郎、安倍晋三、西村眞悟とつづいているといえる。

中西が本当の保守本流の流れを汲む人物だと見ている中曽根康弘、石原慎太郎、安倍晋三を比べたとき、安倍晋三が断トツに際立っているのは誠実さ、「誠」の一字だ。これまで多くの政治家に会ってきたが、人間として、政治家として、最後のカギは「誠」であり、この点で安倍には自信を持って太鼓判を押せるという。

安倍晋三には、なにより裏表がない。妙な駆け引きもしない。ある意味では、日本人の典型ともいえる。

「それで政治家がつとまるのか」

と危惧する声もあるが、それは、精神の核と、戦略のちがいを混同している。中西は、日本の政治家は、誠実さがなければ国民の共感を得ることもできないし、この国の創り替えはできないと思う。歴史を見ても、本当に大きな役割を果たしたリーダーは、裏表のない人物であった。

かつての自民党幹事長は、「寝技師」でなければつとまらなかった。が、今日のような大転換期には、寝技師というのは国家・国民にとってむしろ大きなマイナスとなる。その意味でも、安倍晋三は、時代にぴったり合っている。中西は、どこか不思議な歴史的符合を感じてならない、という。

安倍晋三は、訴えつづけてきた。

「日本人がしっかりとした国家観、国家意識を持ち、日本という国家が自分の足で立つという時代がきている」

父親の安倍晋太郎が外務大臣のとき、外務大臣秘書官であった安倍は、早くからそのような持論を持ち「平和ボケ」の中にあった官僚や政治家ともいろいろ論争してきた。そして、冷戦時代が終焉を迎え、二十一世紀に入った今日、多くの国民がようやく憲法改正の必要性や日本の国のあり方について議論をしはじめた。

それまでの安倍は「岸信介元首相の孫だから」「タカ派でとんでもない国家論を持っている」とネガティブに評価されてきた。しかし、それを撥ねのけて、いまやっと安倍の時代が到来したのである。官房副長官時代に北朝鮮による拉致問題で脚光を浴び、今日、幹事長として日本の国家像を語るような立場で政治をリードしている。まさに、時代が、安倍を押し上げたのだ、と中西は思う。

自民党のなかにも、民主党のなかにも、現在の時代の転換点で最近になって大きく主張を変える政治家はいくらでもいる。が、安倍は政治家になる前から一貫して信念としてそういう考えを持っていた。

年齢は若い。が、年季の入った国家論、国家観、保守の哲学をしっかりもっている。その意味では、当選十回、年齢も六十代後半から七十代という世代の政治家とほとんど変わらないような信念の強さ、大きさを中西は感じる。

安倍が幼少期から戦後の日本の国の在り方はどこかおかしいという問題意識を持ちつづけてきたのは、やはり祖父の岸信介の影響を強く受けているからだろう。岸信介は、首相に就任した年の昭和三十二年、内閣に憲法調査会を設置し、八月十三日に第一回会合を開いた。「六〇年安保」を通して退陣した後も、憲法調査会で憲法改正の議論がつづけられ、昭和三十九年（一九六四）七月、最終報告書を池田勇人首相に提出した。が、池田首相は、それを見殺しにした。それから今日までの四十年間、「憲法改正」を口にすると閣僚のクビが飛ぶなど、日本という国は憲法改正から逃げ回ってきた。

岸信介の手がけた「六〇年安保改定」は、いってみれば枝葉の問題だった。岸信介によれば、その本来の目的は憲法改正にあった。その夢を四十年の空白をはさみ、いま孫の安倍晋三が見事につなぎつつあると中西は見ている。いま安倍晋三のもとで、いよいよ憲法改正の草案づくりが動きだしている。中西によれば、これは、「自民党の蘇生」でもある。

自民党という政党は、本来、憲法改正のために結党されたものだ。

この四十年間、日本は、経済大国をつくりあげ、そしていまそれも潰れかけている。その意味で戦後というものは、砂の山を作り、それを壊しているだけで、長期的には何の進歩もなかった。今日の財政状況の破綻を見れば明らかなように、経済大国の成果はほとんど残っていない。それどころか、日本人の心、精神、そして社会、治安、教育、安全保障、外交などもすべて崩れかけている。その意味でも、安倍晋三が憲法改正に真正面から向かっていくことは、岸の挫折を乗り越え、四十年の負債をここで取り戻すべく、その必然性を歴史的な状況が示しているといえる。安倍晋三総理誕生の可能性も、憲法改正の可能性も、順当に予測できるし、今はっきりとその射程圏に入ってきている。

その主張が今日とても新しく聞こえるのは、安倍が〝歴史的使命〟を語る新しさを持った人物だからだ、と中西には思える。憲法改正もふくめ、安倍晋三のような政治家が出てきたことは、日本の歴史にとっても何かただごとではないという感じすらしている。

国民、特に若い世代が保守のリーダーに関心を持たなければ日本の本当の再生はない。その意味で安倍晋三は、めずらしく若い世代を魅きつける力を持った保守のリーダーだ。安倍晋三は、いわば歴史によって引っ張りあげられているといえる。歴史的状況が、まさにぴったりだと中西が感じる所以《ゆえん》である。

中西は、安倍晋三に憲法改正を期待しているが、さらにいえば、日本の外交戦略にも期待している。安倍晋三には、外交的センスがある。国際的視野があり、世界というものをよく知っている。大学卒業後、アメリカ留学の経験があり、さらにアメリカでビジネスの経験もある。また、父親の安倍晋太郎外務大臣の秘書官を長くつとめ、各種のトップ会談にも同行している。

安倍晋三は、小泉純一郎よりも、首脳外交に適した人材だと中西は思う。また、日本の外交戦略はどこが足りないかを、深く摑んでいる。日本の外務官僚は、拉致問題の交渉の仕方にしても、あるいは、アメリカや中国との交渉にしても、相手に合わすだけだ。無原則で、しかも、小回りがきかず、それでいて足腰が弱い。外務官僚の役所内部の論理だけで動き、それ以外のことをまるっきり無視している。さらに悪いことに、戦前期よりもひどい情報不足のまま日本の外交はおこなわれている。これは、日本の国益を大きく損なっているといえる。安倍晋三は、外交における情報の大切さをよく理解している。活字になるような対談でも、はっきりと指摘している。

「日本も、国際社会で重要な役割を果たすうえで、あるいは、日本の安全を守っていくうえで、たとえば先進国にはどこの国にもあるような国家的な情報収集の機関などの制度をつくっていく必要がある。これは、自分の足で立つ外交に不可欠だ」

岸信介も、首相時代の昭和三十年代に、国家的な情報機関をつくろうと動いた。が、それは未完のまま終わった。安倍晋三は、そのことを幼少期から聞かされていたのかもしれない。いずれにしても、安倍晋三は、いまの日本のなかで情報機関の大切さ、それが国の命運にかかわる重要なものだと認識している数少ない政治家だ、と中西は見ている。

国際政治・文明評論家で、安倍晋三と対談集『この国を守る決意』を出している岡崎久彦も、安倍晋三を高く評価している。

「同じ世代の国会議員と比べたとき、安倍晋三が断然いい」

岡崎は、外務省で防衛庁参事官、駐米大使館勤務などを経て、外務省情報調査局長、駐サウジアラビア大使、駐タイ大使などを歴任し、平成四年九月に退官した。

岡崎と安倍の共著『この国を守る決意』を読むと、岡崎のリードもあって安倍晋三は四十九歳の若さにして、論客の岡崎と十分に論じ合っている。

岡崎は、論じ合いながら思った。

〈これだけの骨格をもって論じる論客は、なかなかいない。みんなどこかひよってしまう〉

戦後生まれの世代は、「七〇年安保」のとき二十歳であった昭和二十五年生まれ以前と、以後の世代に分けられると、岡崎は考えている。昭和二十五年生まれまでの日教組教育の影響を一番強く受けた全共闘世代は、団塊の世代と重なる。岡崎は、この世代が日本の政治社会の中心を占める時代になりつつあることを懸念していた。しかし、昭和二十九年生まれの安倍晋三が自民党幹事長、昭和二十八年生まれの中川昭一が経済産業大臣、昭和三十二年生まれの石破茂が防衛庁長官と、新しい世代が枢要なポストにつき、政界も世代交代が実現しつつある。彼らの子供たち、つまり、現在二十歳以下の子供たちが約三十年後に五十代になったとき、ようやく日本の戦後は終わるだろう。結局、戦後のマイナスを完全に払拭するために百年はかかると見ている。

憲法問題、集団的自衛権、靖国神社問題、台湾の李登輝前総統の訪日問題、日朝問題などで、安倍晋三の意見や態度はまったくぶれない。

岡崎と同じように安倍晋三を評価しているのは、政治評論家の屋山太郎、台湾総統府国策顧問の金美齢、財界人も安倍と与謝野馨との「四季の会」をつくっているJR東海社長の葛西敬之の他、三菱重工業会長の西岡喬、宇宙通信会長の相原宏徳らがいるという。

安倍晋三の背骨には、憲法改正という鋼鉄の芯が入っている

いっぽう中曽根康弘元首相も、岸信介のDNAを継ぐ安倍晋三に憲法改正をおこなってくれる期待を寄せている。

岸信介は、昭和五十四年十月の総選挙を機に国会議員を引退した。その際、中曽根に要請した。

「わたしの後の憲法調査会議員連盟の会長に、なってほしい」

しかし、中曽根は辞退した。憲法改正を推進するには、議員連盟の会長になるのも一つの方法だ。が、中曽根は、あまり拘束されたくなかった。それに、中曽根は、首相公選論を唱えている少数派である。そのような前歴もあり、辞退した。

岸は、それほど憲法改正に執念を燃やしていた。安倍晋三は、祖父岸信介の執念を受け継ごうとしている。

中曽根は、読んでいる。

〈岸さんやわたしの悲願である憲法改正問題は、この三、四年のうちにまちがいなく政治日程に入ってくる〉

だれが、その憲法改正のような国家的大問題の仲介役になれるのか。明治維新の立役者であり、薩長連合を実現した坂本竜馬の存在にだれがなるのか。中曽根は、外野席の応援団として大いに注目している。

いまの政治家に必要なのは、歴史観だ。日本は、明治三十七年の日露戦争に勝ち、驕《おご》ってしまった。それから、四十年後の昭和二十年の太平洋戦争に敗北した。しかし、その間、明治憲法をつくり、近代国家に発展した。

戦後、マッカーサー憲法と称せられる占領下の憲法を押しつけられ、ある意味において改革をおこない、過去も清算した。だが、まだ新しい大きなものは形成されていない。

現在、敗戦から五十年以上が経過し、いよいよ憲法改正という動きが出てきた。五十年、五十年という節目の改革は、歴史の一つの流れだ。今度は、日本人が自分たちの手で憲法をつくる。そのときにはじめて第三の維新が進行しはじめると中曽根は思う。

安倍晋三はそのときの中心人物の一人になる可能性も高いと、中曽根は見ている。

〈岸さんのＤＮＡを受け継いだ安倍晋三の背骨に入っている鋼鉄の芯は、憲法改正だ。憲法改正をするための準備行動である大連立や政界再編は、安倍晋三にとってもっとも大事な働き場所となる。幹事長は、そのための練習時代であり、準備であると考えればいい〉

安倍幹事長は、自分がリーダーになり、どのような国にしたいと思っているかを強調する。

「わたしは、日本人として生まれたことに誇りを持てる国にしたいと思っている。日本人であることに自然と自信が漲《みなぎ》ってくる。そして、それに伴う責任も感じることができる。世界でいろいろな役割を果たしていく。世界の人たちが、そういう日本に尊敬の眼を向ける。世界のなかでしっかりと輝き、存在感のある日本をつくっていきたい」

教育基本法の改正問題も、そこに関わってくるという。子供たちが、この国に生まれたことに誇りが持てるような教育を進めていく。また、公の大切さを教え、自分たちを育んできたこの国を愛することのできる教育をしなければいけない。

戦争中に、すでに指導的な立場にあった世代の人は、それなりの目的を持ってアジアのなかで日本の役割を果たそうと悪戦苦闘してきた。そのことは間違っていなかったと多くの人たちは思っている。日本は戦争に負けたが、誇りのある国をふたたび作りたいと思っている。しかし、指導的な立場ではなく、一兵卒として戦争に関わってきた人たちは、大変悲惨な目にあい、こんなことは二度と嫌だと体験的に嫌悪を示している。これは、もう理屈ではない。アレルギーに近いものがある。アレルギーというものは体質として遺伝していく。それにあたって教育の面で大きな役割を担ったのが日教組だ。日教組は、たとえば青い色を見たらすぐに涙が出るように反応するような教育をしてきた。「安全保障」、「軍事」、「愛国心」という言葉が出てきた瞬間に、耳を塞ぎ、眼をつぶる。

しかし、国民の間にも、だんだん免疫が出てきた。しだいにそれが正常化されてくるだろう。安倍は自分の世代以降は、GHQ(連合国軍総司令部)やアメリカによる魔法が、やや解けはじめてきたのではないか、という感じがしている。

これは、憲法改正にもつながっていく。民主党のなかにも、憲法改正に前向きなグループがある。憲法改正は、国の根幹に関わる大命題だ。それにより、政界再編の可能性すら出てくるだろうと安倍は読んでいる。

〈そのための政界再編なら、大いに結構だ……〉

第八章　湧き上がる総理待望論

　平成十六年九月、小泉首相は、内閣改造・党役員人事をおこなった。安倍晋三幹事長は、異例のことではあるが、小泉首相の要請で幹事長代理に降格した。

　安倍は、七月の参院選後、自民党が敗北した結果を受けて自ら責任を取り、幹事長を辞任することを表明した。が、結果論から言えば、自民党は大敗したわけではなかった。

　森派の下村博文は思った。

〈安倍さんが、あのとき潔く辞任を表明しなければ、小泉総理は、幹事長留任か、場合によっては主要閣僚に起用するつもりでいたのではないだろうか。が、安倍さんも、まさか幹事長代理になるとは思ってもみなかっただろう〉

　安倍幹事長代理は、党改革実行本部の本部長に就任し、テーマごとに十四の部会を設置。各部会の部会長には、中堅・若手議員を積極的に登用し、党改革に取り組んだ。

　たとえば、「公募制度導入など候補者選考プロセスの改善」を検討する部会で議論し、正式制度化した「候補者公募制度」は、平成十七年九月のいわゆる「郵政解散選挙」で自民党が大勝する要因の一つとなる。

それまで自民党の新人候補は、二世、三世の世襲か、あるいは、長く地方議員をつとめている地方のボスが多かった。が、実績はあるかもしれないが、一般の有権者から見れば、旧態依然たる自民党の手法によって選ばれた候補者であり、新鮮味がなかった。そこで、新たな人材を確保するために制度化したのが「候補者公募制度」である。

小泉執行部が郵政民営化関連法案に反対した議員を非公認とし、いわゆる刺客候補を立てることができたのも、「候補者公募制度」で人材を確保することができたからである。「小泉劇場」が大団円を迎えたのも、安倍率いる改革実行本部の功績といえるだろう。

公募制度は、民主党も導入していた。が、民主党の公募は、人材が見つからず、だれも手を挙げる人がいないので仕方なく外部から集めるというイメージがあった。

しかし、自民党の場合は、立候補の条件とされる「地盤・看板・カバン」がなくとも、志と情熱があれば政治家になれるという若い人たちの意欲を喚起させるようなプラス効果があったと下村は評価している。

また、党改革実行本部では、無党派層対策にも取り組んだ。自民党は、これまで既存の各種団体をバックに選挙を戦ってきた。が、党員の数は、年々、減少している。このままでは、ジリ貧となるだろう。そこで、「無党派層対策の強化部会」を設置し、無党派層や既存の組織に属していない人たちとの接点をはかるための手立てや対策を練った。

たとえば、これまで東京にしかなかった自民党学生部を全国十数ヵ所で展開した。自民党学生部は、右翼系の団体の集まりのようなイメージで見られていたが、いまは清新なイメージが定着しつつある。これまでは、学生部の全国展開など考えられないことであった。

いっぽう、下村自身は、「シンクタンク創設部会」の部会長をつとめた。党から四、五千万円ほどの予算を得、平成十七年四月に「自民党シンクタンク設立準備室」を立ち上げた。準備室長には、大阪大学の特任教授であった鈴木崇弘を据えた。

シンクタンクの創設は、官僚に頼らずに政策を立案するのが目的である。いわゆる霞が関は、いくつか政策のなかで限界がある。

たとえば、「小さな政府」は、霞が関の役人からは出てこないテーマだ。なぜなら、自分たちのクビを自らカットするような政策を霞が関の役人が作るはずがない。

それに、一省庁の枠を超えるような政策も難しい。たとえば、厚生労働省が年金や医療について政策をまとめたところで、そのために不可欠な消費税の増税議論は、厚生労働省の枠を超えてしまう。

外交問題も、たとえば東アジアについて政府がどう戦略的に対応していくか、外務省が勝手に対応策を作れるはずがない。

ことほどさように、霞が関依存型で省庁を超えるような国家戦略は作れない。また、それらは官の判断ではなく、まさに政治家が自ら判断しなくてはいけない。そのようなテーマの叩き台をシンクタンクでまとめるのだ。

ただし、シンクタンクといっても、鈴木室長は自ら政策を作るわけではなく、コーディネーター役でもある。テーマごとに、その分野におけるトップレベルの人たちを人選し、半年から一年かけて論文をまとめてもらうようなシンクタンクを下村は考えている。

このシンクタンク創設構想は、党内に抵抗もあった。シンクタンクには、年間四千万円から五千万円の資金がかかる。下村らの案では、とりあえずは党が丸抱えし、三、四年後には独立、中間法人にしようと考えている。

そうであっても、やはり三、四年は、数千万円単位の金がかかる。古いタイプの議員、とくに参議院側は、拒否反応をしめした。

「そのお金をどうするのか。これまでタダで霞が関から政策をもらったのだから、民間に出してもらえばいいじゃないか」

しかし、政策は金をかけるものではないという発想が、魅力的な国家像を提唱できなかったことにもつながっている。

いまひとつ、古いタイプの議員の反発が多かったのは、「安倍派の立ち上げになるのではないか」という警戒感からであった。

シンクタンク創設部会は、経団連に協力を要請し、献金を受けることで話もついていた。経団連としても、献金の使い道が不透明で、議員の飲み食いに使われるよりも、政策立案に一〇〇％使われるほうがいい、と判断してくれた。

しかし、参議院側から待ったがかかった。参議院は、独自の経団連と勉強会をおこなっている。それに、党の執行部も、献金の総額は変わらなくて、シンクタンク創設に金が流れることによって額が減ってしまうのではないかという危惧もあり、この案は頓挫した。

アメリカの保守系シンクタンク・ヘリテージは、共和党と一体ではないが、結果的には共和党にいろいろな意味でプラスになった。たとえば、「草の根民主主義」、つまり、それまで組織化されていなかった宗教関係団体などを政策的に組織化することで上院、下院、そして大統領選挙においてはじめて共和党が制した。

イギリスのサッチャー政権も、シンクタンクの存在が大きい。労働党政権が長くつづき、保守党が政権を取れるような状況になかったが、サッチャーは保守党らしい政策理念をシンクタンクに作らせ、自ら関わることによって保守党が政権を奪った。そして、その政策を打ち出すことによってサッチャー改革を一気に進めたという成功事例がある。

しかし、日本には、民間のシンクタンクはあるが、政党が国家戦略としてこれからどうするかということについて提供をしてくれるようなシンクタンクはない。下村は、そのようなシンクタンクを作りたいと考えている。

ＩＴ関係やベンチャー関係の若手経営者の人たちは、政治家との接点はあまりない。下村としては、シンクタンクという形のなかで彼らと交流し、新しいセンス、提言などを政策に取り入れていきたいと考えている。

実際、経済産業省出身で森派二回生の西村康稔《やすとし》が、党改革実行本部のＩＴ関係の部会を担当し、数百人のＩＴ関係者を集めてシンポジウムを開いている。

郵政解散

自民党の安倍晋三幹事長代理は、参議院本会議での郵政民営化関連法案の採決を前にして、模索しつづけていた。

〈なんとか、解散を回避する方法はないものか〉

小泉首相は、法案が否決されれば、本気で衆議院を解散するつもりでいる。が、事前に、小泉首相に解散を思い止めようとは思わなかった。一度言い出したら、どんなに説得しようとも断固として考えを変えない小泉首相の性格を知りぬいていた。

もし解散を回避するとすれば、郵政民営化関連法案を継続審議にし、臨時国会で修正して通す道筋をつけるしかなかった。

だが、参議院での否決は、八月五日の中曽根弘文参議院議員の反対表明で決定的となった。

平成十七年八月八日、小泉首相は、参議院での否決を受けて衆議院の解散に踏み切った。

安倍は、覚悟を決めた。

〈こうなった以上、走るしかない〉

安倍は、自民党と公明党を合わせても過半数を超えることはなかなか大変だと思った。ひとつまちがえれば、下野しかねなかった。

小泉首相が解散して泡を食ったのはあろうことか、解散のきっかけをつくった亀井静香ら反対派の議員であった。彼らは、解散前、一様に口にしていた。

「解散はすべきではない」

「解散できるはずがない」

彼らは、小泉内閣を総辞職に追い込むことができると信じていたのかもしれない。

安倍から見ると、彼らの論理は、政治を外から見ている人たちの論理だろう。解散をすべきではないという論理から、選挙はないと断定するのはあきらかにまちがっている。いってみれば、消費者が買うか買わないか、リサーチしていないにもかかわらず、売る側が、「これは買うべきものだから、消費者は買う」と勝手に生産したものの、思惑よりも売れずに倒産してしまった会社と同じである。

解散の原因を仕掛けた亀井らは、法案に賛成した議員たちの感情はまったく考えていない。賛成に踏み切った議員のなかには、有力な支持組織である特定郵便局長会との関係が悪くなるという犠牲を払っている議員もいるのである。

さらに、小泉首相に解散させたことで、失敗する可能性も高かった。自民党が惨敗する可能性も充分にあった。そのあたりをなぜ考えなかったのか。安倍は不思議でならない。

だが、安倍は、さすがにそれらの反対派議員に対して刺客を送ることに抵抗を感じた。

十月三十一日、小泉首相は、内閣を改造し、入閣候補の一人であった安倍晋三を官房長官に抜擢した。

自民党の中川秀直政調会長は、推測した。

〈各省の担当大臣では、全体が見えない。官邸のなかから内政・外交の帝王学を学ばせようという狙いだろう〉

官房長官は、政府のスポークスマン役だけでなく、各省庁の政策運営、政策課題、人事、さらには、国会対策にいたるまですべて把握できる立場にある。まさに、政策の十字路に位置している。

また、調整がつかないような政策課題や重要政策については、たいてい首相と官房長官の判断に委ねられる。

しかも、平成十二年四月以降、組閣時などに総理大臣臨時代理の予定者を第五順位まで指定・官報掲載するように方針があらためられ、原則として官房長官が第一順位となった。官房長官は、いわば事実上の副総理大臣ともいえる重い役である。

官房長官をこなすことができれば、その視野は、自然と大局的、戦略的になっていく。小泉首相は、安倍にそうなってほしいと期待しているのであろう。

安倍は、外務大臣か経済産業大臣ではないかと思っていた森派の下村博文は、おどろきを隠せなかった。

〈官房長官にするというのは、事実上、後継指名をしたようなものだ。ここまでストレートにするとは思わなかった〉

安倍は、他のポスト小泉の有力候補と比べて国会議員としてのキャリアが短いにもかかわらず、与えられたポストできちんと成長していると下村は思う。ただの〝親の七光り〟で注目を集めているわけではない。

森派参議院議員の山本一太は、内閣の顔ぶれを見て思った。

〈二つのことが、明確になった〉

まず、小泉首相は、安倍晋三を高く評価していること。具体的にいえば、ポスト小泉レースのフロント・ランナーに位置づけていることが明らかになった。

小泉首相と安倍の間には、外交政策や政治手法に微妙な温度差がある。今回、安倍を閣僚に起用するにあたり、小泉首相には、二つの選択肢があったと山本は思う。

一つは、もし小泉首相が安倍を自分の後継者と考えているならば、官房長官、外務大臣、経済産業大臣といった自分と考えがぶつかる可能性の高いポストに抜擢し、自分との政策の違いを解消させる。

もっといえば、「官房長官として最後まで小泉改革を支え、引き継いでもらいたい。外交政策については、もう少し視野を広げ、自分の後継にふさわしいリーダーになってほしい」という気持ちで、いわば「踏み絵」を迫るのだ。

しかし、ポスト小泉ではなく、その次に備えなさいということであれば、外交政策や政治手法の違いを表面化させることを避け、厚生労働大臣のようなポストで修行させる。

はたして、小泉首相は、前者を選び、安倍を官房長官に据えた。ということは、安倍をフロント・ランナーに位置づけていることにほかならない。

安倍と同じタカ派の麻生太郎を外務大臣に起用したのは、安倍が突出してしまうことを牽制した、小泉首相の戦国武将的発想である。麻生を官房長官よりもさらに目立つ外務大臣にもってくることでバランスをとったのだ。

小泉首相は、派閥の合従連衡で選ばれた総裁ではない。小泉首相は、平成十三年四月の総裁選で平成研（橋本派）会長の橋本龍太郎と激突した。〝無敵の平成研〟は、いつもと同じように強固な布陣を組み、平成研の影響力が強い職域団体の支持を取り付け、平成研系の県議を使って党員に働きかけた。そのころ、小泉首相は、渋谷駅前で一般国民に向かって街頭演説をおこなっていた。

小泉首相には、世論が党員を動かし、党員が派閥の枠を超えて国会議員を動かすというメカニズムがわかっていた。それゆえ、安倍を官房長官にしたのは別の意味もある。

官房長官は、毎日、定例の記者会見をおこなう。その模様は、テレビニュースで取り上げられることが多い。コンスタントにマスコミに露出すれば、さらに知名度が上がる。

それに、官房長官は、首相が外遊などで不在のときは、首相代行をつとめる。何か問題が起こったとき、「自分なら、こうする」ということを常に考えておかなければならない。これ以上の帝王学はないだろう。

いっぽう、ポスト小泉の有力候補の一人、福田康夫は、今回の改造で入閣しなかった。山本一太は、小泉首相と福田の仲は、それほど悪くないと思っている。ふたりは、おたがいに尊敬しあっている。福田は、官房長官になる以前から何かあると小泉に相談していた。そもそも森内閣時代、辞任した中川秀直官房長官の後任に福田を推薦したのは小泉である。

ただし、小泉と福田は、外交政策にやや温度差が出てきたのも事実だ。福田は、国民年金未納を理由に官房長官を辞任したが、今回の改造も、はじめから入閣するつもりはなかったように山本には思える。

もう一つは、「人事でオモチャにされてたまるか」という福田のプライドもある。そのような思いが一致し、今回、福田は、入閣しなかったのであろう。

しかし、これでポスト小泉の資格を失ったとは山本は思わない。小泉内閣に何かあったときは、内閣の一員ではなく、連帯責任を問われない立場の福田が担がれる可能性もある。

ポスト小泉に名の挙がっている顔ぶれのなかで、知名度が圧倒的に高いのは安倍だ。国民の支持率でいけば、ポスト小泉は安倍となる。山本も、個人的には後継総裁は安倍しかいないと思っている。そうでなければ、自民党は政権を維持できない。

ただし、安倍だけが突出した状態で総裁選を迎えるのがいいのかどうか。もっと総裁選をメイクドラマ化し、群雄割拠の総裁選にしたほうがいいのではないか。そのなかで安倍が勝ち抜いていくというパターンが一番いい。

山本は、そのような仕掛けを作るための勉強会を立ち上げるつもりでいた。規制改革をおこない、総裁選のルールを変えれば、新しいスターが出てくる可能性もある。安倍を脅かすほどにはならないまでも、小さな台風の目が出てくれば国民も注目するはずだ。

たとえば、アメリカの大統領選挙は、二月にはじまる予備選挙と党集会から十一月の本選挙まで、じつに九ヵ月も続く。最終的に一般の有権者が投票するのは、十一月の第一月曜日の次の火曜日におこなわれる本選挙だが、それまでに共和党と民主党は、それぞれ複数の候補者から一人の大統領候補者を選ぶ。その過程で、候補者たちは試され、脱落し、進化していく。一九九二年の大統領選挙も、選挙戦がはじまった当初は、アーカンソーという小さな州の知事をつとめていた民主党のクリントンが、まさか勝利をおさめるとはだれも思わなかった。

山本は、総裁選に予備選挙を導入したらどうかと考えていた。立候補の要件を緩和し、多くの人が挑戦できるようにする。半年くらいかけて最終的に四、五人に絞り込めばいい。

予備選をおこなうことでメイクドラマは長引き、国民も注目する。これ以上、自民党にとって有利なことはない。

いま一つ、そのプロセスのなかで次世代のスター候補も出てくるだろう。「自民党は、開かれた政党だ」ということを国民にアピールすると同時に、党の活性化にもつながる。

さらに、従来の派閥主体の総裁選を完璧にぶっ壊すことにもつながる。ただし、このプロジェクトは、安倍に誤解される可能性もある。

山本は、安倍内閣が実現すれば、首相補佐官は自分が適任だと自負している。安倍と同じ世代のなかには、塩崎恭久、世耕弘成《せこうひろしげ》、根本匠ら政策的、メディア戦略的に安倍を支えられる人材は多い。が、安倍がいろいろなプレッシャーと戦うとき、体を張って守る人物も必要となる。その役は、おそらく自分しかできないだろう。なぜなら、山本は、議員バッジを懸けて安倍を支えるつもりでいる。それゆえ、安倍内閣が発足すれば、政治家になってはじめて猟官運動をおこなうつもりでいた。

しかし、そのようなケチな考えは、捨て去った。多少、安倍に誤解されてもいい。群雄割拠のなかから安倍が進化し、総理になるプロセスを作りたいと考えていた。

安倍政権が、思い切った改革に取り組むためには、派閥中心の総裁選にしてはいけない。そうなると、かならず派閥のしがらみで制約を受けてしまう。

では、派閥中心の総裁選をぶっ壊すには、どうすればいいのか。それが、予備選挙の導入である。たとえば、予備選に若手が何人か出たら派閥の介在はなくなってしまう。

それだけに、派閥の幹部は、山本の動きを警戒するだろう。なかなか実現はむずかしいかもしれない。が、この動きを起こすことによって党内に波紋が広がり、民主党に「二百九十六議席を取ったあとでも、自民党は安穏としていない」というプレッシャーをかけることになる。

安倍には、二つの迷いがあると山本は見ていた。

まず、九月の総裁選で勝負すべきかどうかという迷いだ。次の内閣は、増税問題がひかえている。それに、次期総選挙は、前年九月の総選挙で大勝したことで絶対に議席は増えない。今回は、他の人に譲り、自分の力を温存しようと考えても不思議ではない。

しかし、山本は、そのような迷いを捨ててもらいたいと思う。ここで勝負しなければ、二度とチャンスはめぐってこないかもしれない。自民党政権でなくなる可能性もある。火中の栗を拾うのは、安倍でなければいけない。

二つ目は、戦略の迷いだ。森派は、八十人を超える議員を抱える党内最大派閥である。派閥を主体に行動するのはいいが、そこにとらわれてしまったら、総理になったときに思い切ったことができない。安倍には、現在の派閥幹部の影響力をできるだけ排除するかたちで総理になってもらわないといけない。

むろん、安倍も、派閥中心ではいけないという意識を持っている。ただ、派閥に足を置きすぎている部分もある。あまりにも、上の人たちに気を遣いすぎている。

もし派閥に重きを置くならば、思い切って派閥を奪い取ってもらいたいと山本は思う。多数派工作をおこない、森派を安倍派に衣替えしてしまうのだ。そうすることで、森派会長の森喜朗前首相がポスト小泉を福田康夫にしようとする流れを止めることができる。安倍内閣になれば、世代交代が一気に進む。森会長は、それを嫌がっていると山本は見ている。

それができないのなら、自分を支援する森派の議員を引き連れて派閥を飛び出してもらいたい。そうすれば、他派や無派閥の議員も応援しやすくなる。

しかし、安倍は、そこまで覚悟を決めているとは思えない。派閥全体をまとめていこうと考えている。山本は、そこは突き抜けてもらいたいと思っている。安倍に決断を促す意味で、もし安倍が出なければ、「新世代総理を創る会」のなかから候補者が出てしまいますよ、という状況を作らないといけない。安倍の尻に火を点けるのだ。

山本は、福田はアンチ小泉勢力に乗せられ、小泉シンパと戦うという状況なら、勝負をかけない可能性もあると見ている。福田は、人を押しのけて権力を握るというタイプではないように見える。コンセンサスがあれば、というタイプである。

もはやコップの中の争いで物事が決まる時代は終わった。コップと外界は、窓がなく、つながっている。が、ベテラン議員は、いまだにその文化から抜けきれていない。口では、

「党内の事情で物事が動く時代ではない」といいつつも、頭では動かない。

福田には、バランス感覚がある。立派な政治家だ。が、ポスト小泉になることは少ないと山本は見る。安倍以外の総理では、平成十九年夏の参院選は勝てないからだ。

麻生太郎は、チャーミングな人物だと山本は思っている。人と壁をつくらない。麻生が橋本内閣の経済企画庁長官のとき、突然、山本の事務所に電話をかけてきてジャズに誘ってくれたこともあった。若手に人気があり、平成十三年四月の総裁選に担がれた。能力もあり、決断力もある。

ただ、山本の「中二階発言」以来、麻生はほとんど口をきいてくれなくなった。そのせいかどうかは定かではないが、心の中では怒っているようである。

谷垣禎一には、バランス感覚がある。政策にも明るい。人柄もいい。国対や議運でも汗をかいており、人望もある。乱世でなければ、おそらくポスト小泉のトップランナーだろう。山本は、新世代の総理をつくるための最大のライバルは、谷垣だとずっと思ってきた。谷垣なら若手も集まる。

ただし、山本が国家戦略本部で谷垣と議論したとき、若手がいろいろな改革案を出そうとすると、「制度というものには、理由がある。だから、このくらいにしておこう」といつもブレーキをかけた。谷垣にはバランス感覚がありすぎる。それでは、小泉改革を引き継ぎ、思い切った改革はできないだろう。谷垣は、平時のリーダーである。

与謝野馨は、政策通だ。理念や哲学も、はっきりしていると山本は評価している。国家ビジョンにも、説得力がある。ただし、自分の選挙に弱いのが致命的だ。もし平成十二年六月の総選挙で落選しなければ、ポスト森を決める平成十三年四月の総裁選に担がれていたかもしれない。しかし、与謝野は、総裁候補になることはあっても、総裁になることはないかもしれない。残念ながら、与謝野では参院選は勝てない。

従来の総裁候補は、政策通で人柄がよく、バランス感覚があるというのが条件であった。だが、小泉首相の登場により、国民へのアピール能力が新しい条件に加わった。それが、これまでの既存の候補者の条件を乗り越えてしまったのだと山本は思う。

ポスト小泉は安倍しかいない！

平成十七年十一月二十四日の昼過ぎ、山本一太は、首相官邸で飯島勲秘書官に会った。いつものように広い秘書官室の奥にあるドアのない応接室、名づけて「飯島談話室」で二十分ほど話をした。

話題が「ポスト小泉」におよんだところで、飯島が目線を遠くに移しながらいった。

「あッ、官房長官だ」

山本らに気付いた安倍官房長官がニコニコしながら談話室に入ってきた。

三人は、五、六分間、談笑した。

飯島はいった。

「官房長官、いまちょうど山本先生と長官の話をしていたんですよ」

「え、何のこと?」

山本は、苦笑しながらいった。

「先日のテレビ番組(テレビ朝日・TVタックル)で『ポスト小泉は安倍官房長官しかいない』って発言したら、地元でちょっとばかり叱られたんです」

安倍は、相槌を打った。

「そりゃあ、そうだろうね」

飯島が、冗談めかしていった。

「最近、山本先生の存在は、いよいよ参院自民党幹部にも認知されたようですよ」

安倍は、ニヤリとした。

「山本さん、発信力あるからね」

山本は、ここぞとばかりにいった。

「安倍長官にはご迷惑をかけると思いますが、これからあちこちで意識的に『ポスト小泉は安倍しかいない』という発言を繰り返していくつもりです。今後一年間、永田町では総裁レースで頭一つ抜け出した安倍長官の頭を押さえよう、安倍政権を防ごうという動きが、どんどん大きくなっていくのは間違いありません。わたしが右に急旋回してバランスを取らないとまずいので……」

安倍は、何も答えず、半分困ったような表情で笑った。

「ハハハ」

小泉首相は、十二月九日昼、首相官邸に安倍官房長官の紹介で歴史小説家の古川薫を招き、昼食をともにした。

古川は安倍の地元、山口県下関市在住。話は、自然と幕末の長州へおよんだ。

「明治維新を招き寄せる原動力になったのは、吉田松陰の行動だ。松陰がいたから、高杉晋作も生まれたんだ」

安倍の「晋」の字は高杉晋作から取られたものだ。

古川は語っている。

「首相は自らを松陰、安倍さんを松陰の愛弟子の晋作になぞらえ、改革の後継者としての期待を込めたのではないか」

この日夕方、自民党の森喜朗前首相は、ＴＢＳ番組の収録で平成十九年夏の参院選で自民党が改選議席の過半数を獲得できないとの見通しを示した。そのうえで、平成十八年秋の党総裁選には安倍晋三官房長官を立候補させず、次の衆院選まで温存すべきだとの考えを示唆した。

「わたしは、安倍さんを大事にしておきたい。あまり乱暴に使って袋だたきになるようなことは、しないほうがいい。一番かわいい弟分だと思っている」

いっぽう、マレーシア訪問中の小泉首相は、十二月十二日夜、来るべき総裁選への安倍官房長官の出馬を強くうながした。首相は安倍温存論について「人によるがチャンスはそう来ない。準備のない人はチャンスが来てもつかめない。困難に直面して逃げたらだめではないか」と反論し、軌道修正を図った。

さらに「国民の支持がない人が選ばれる可能性はない」とも述べ、国民的な人気の高い安倍への期待感をにじませた。

小泉首相は、そのうえで語った。

「わたしも（投票権の）一票を行使しなければならないから、（だれに投票するか）その時に判断せざるをえない。だれかを応援するでしょう」

小泉首相はこれまで総裁選に向けて中立の姿勢を表明していたが、自らの投票行動に言及する形で一歩踏み込んだ。

森前首相は、十二月十三日夜、東京都内でのパーティーで、次期総裁候補として、他派閥の有力者の名前を次々と挙げた。

「（次期総裁として）福田がいい、安倍がいいとか、マスコミは面白おかしく書くが、谷垣禎一財務相もいるし、与謝野馨経済財政担当相もいる。竹中平蔵総務相、麻生太郎外相もいる」

山本一太は、思った。

〈森さんらしい、したたかな計算だ〉

山本が推察するに、森の本心は、八、九割、福田であろう。まず年長者の福田、その次に安倍が総裁になれば、森、小泉、福田、安倍と四代つづけて森派から総裁が誕生し、それだけ自分の影響力を長く維持できるというシナリオを描いているのではないか。

森の発言は、残念ながら一般国民にはあまり影響力はない。が、森は、首相までつとめた練達の政治家であり、いまや党内最大派閥の長である。やはり、国会議員やメディア関係者には影響力がある。

しかし、「温存論」という言葉は、聞こえはいいが、結局は、安倍を押さえつけるということだ。それに、状況がどう変わっても、きちんと説明がつく。それが、森世代の政治家のしたたかさであり、ズルさでもあった。

森の「安倍温存論」に数人のベテラン議員が呼応した。

「若けりゃいいってもんじゃない。世代交代というけど、そういう必要はないんじゃないか」

山本は、数日間、様子見をしていた。が、だれも、森の「安倍温存論」に異論を唱えなかった。

山本は、腹を決めた。

〈このままじゃ、いけない〉

　山本は、ポストもない単なる一議員だ。その影響力は、森前首相とは比べようもないほど弱い。が、その急所にチクチク針を打ち込んでいく、いわば「氷山の一角作戦」を展開し、メディアに出るたびに発言しつづけた。

「ポスト小泉は、安倍さんしかいません」

　それが、森前首相の逆鱗《げきりん》に触れる……。

　安倍官房長官は、年の明けた平成十八年一月五日、TBSの報道番組に出演し、九月の自民党総裁選への対応について、父親の故安倍晋太郎外相が病に倒れ、首相の座を逃したことを引き合いに心境を語った。

「人生にそうチャンスがないのは確かにそうだ。何人かの方がおやじに（そう）いっていたことをしっかりと胸に刻みながら頑張りたい」

　総裁選に出馬するかどうか判断する時期に関しては、こう述べた。

「国会が終わらないと、物事は動き出しにくい。国会が終わってからだろう」

　一月十九日、山本一太のもとに森派の事務局から連絡が入った。

「今日の総会は、最後まで席を立たないようにしてください」

　この日午後五時から森派の新年総会がひらかれる。山本は、年末にもこの新年総会に「かならず出るように」という指示を受けていた。それに、その総会にはマスコミはもちろん、議員秘書も「入るべからず！」ということらしい。

山本は、少しだけワクワクした。

〈森会長から何か「重大発表」でもあるのだろうか〉

午後五時、赤坂プリンスホテル一階のホールで森派の新年総会がおこなわれた。会場に置かれた丸テーブルに夕食がセットされており、八、九人ずつ分かれて座った。

派閥の役員と新たに派閥入会が決まった新人議員がステージに近い指定席に陣取り、残りは自由席であった。

山本は、ステージから見て二列目の右から二番目のテーブル席を確保した。左は小林温《ゆたか》参院議員、右は山谷えり子参院議員であった。

新年総会がはじまる前に、マスコミ各社の「頭撮り」があった。カメラマンと記者が退出したあと、森会長があいさつに立った。

山本は、座っていた椅子の向きを変え、森会長がまっすぐ見える位置にリセットした。

森会長はいった。

「小泉首相は、わがグループから出ている総理だ。派閥が一致結束して小泉改革を最後まで支えていかなければならない。ポスト小泉などという前に、それぞれがまず国会を乗り切ることに全力を尽くすべきだ。ポスト小泉では、わが派に二人の有力候補がいる。今の時点から、自分は『××を支持する』などと発言することは、厳に慎まなければならない。

いままでは党内融和を考えて優しくやってきた。が、これからは厳しくやる。自分は怒ると怖い！」

森会長は、やや厳しい口調に変わった。

「このグループのメンバーのなかにも、ポスト小泉は××がいい、などと発言したり、『派閥が割れても仕方がない』などといっている人間がいる」

森会長は、山本を見ながらつづけた。

「今までは我慢してきたが、ハッキリいう。特に、山本一太君、きみだ。きみは、あちこちでずっと『安倍さんがいい』と言いつづけてきた。今後もそんな発言をつづける人には、この派閥を出ていってもらう！」

山本は、条件反射のように言葉を発した。

「今の会長のお話は……」

しかし、「もし反論があるなら、後でいってくればいい！」という言葉に遮られた。

山本は思った。

〈こんなところで「いい争い」になってもみっともない〉

大人しく最後までスピーチに耳を傾けることにした。予想よりはソフトな表現であった。

山本は、森会長のことは、けっして嫌いではない。十年前、亡くなった父親の後継候補として参院選に立候補した際には、三塚派の最高幹部として、わざわざ群馬県まで応援に来てくれた。政界に入った後も、義理人情に厚く、気配りの細かい森会長には、いろいろな場面で世話になった。

山本は、この年の元旦の「朝まで生テレビ」に出演したとき、司会の田原総一朗から訊かれた。

「森さんのこと、どう見ているの、山本さん」

山本は答えた。

「いや、チャーミングな人です！」

それは、皮肉でも、冗談でもなかった。

ただし、森会長の考え方は「座標軸が古い」と感じることもある。「どうしてこんなに細かいことで怒るんだろう」と思うこともある。だが、少なくとも公の場で森会長の「悪口」をいったことは一度もなかった。

新年総会が終わり、会場を出たところで、山本はテレビカメラに囲まれた。気の弱い議員であれば、シュンとしてしまうだろう。が、山本はちがった。森会長の発言について訊かれ、きっぱりと答えた。

「森会長も、いろいろなことを考えておっしゃっているんだと思います。でも、今日の発言を踏まえたうえで（それでも）安倍総理がいいといいつづけるつもりです。安倍内閣の実現のために努力したいと思います。派閥も、退会しません！」

それからまもなく、森会長が会場から出てきた。番記者たちが、森会長を囲んだ。

「山本さんは、これからも（安倍総理がいいと）いいつづけるとおっしゃってますが……」

森会長は、眉間に皺を寄せた。

「彼は、いい過ぎでけしからん。だいたい、きみたちが山本なんか取り上げるからいけないんだ！」

そう捨て台詞を吐いて立ち去った。

この出来事は、翌日の新聞に「派内に有力候補2人… 勝手に支持表明の議員に『森派クビだぞ』」（朝日新聞）、「ポスト小泉候補『福田だ、安倍だとか言うな』派閥総会で自民・森氏が苦言」（読売新聞）、「自民党総裁選：安倍晋三氏支持明言を注意――森喜朗氏、山本一太議員に」（毎日新聞）という見出しとともに報じられた。

山本は、紙面を読み、「氷山の一角作戦」が成功しつつあることを実感した。

〈森会長の怒りを買ってしまったが、森派のなかにも「安倍温存論」に異論があることが世間に伝わった。これで、いいんだ。だれかがやらなければ、いけないことなんだ〉

安倍を支援する山本の行動に対して、快く思わない議員もいる。

「安倍さんは、さぞかし迷惑だろう」

しかし、山本が突出し、追いつめられれば追い詰められるほど、皮肉なことに安倍の価値が上がっていく。

山本は、地元の支持者にこういわれる。

「派閥の長（森喜朗）からはクビにするぞといわれ、地元だってみんなけっこう怒っているのに、それでもあなたはまったくひるまず、安倍さんを応援するというのだから、やっぱり安倍晋三はたいしたもんだな。よっぽど人間的魅力のある人なんだね」

山本は、安倍支持を明確にしている森派の中川秀直政調会長を評価している。

〈ここ一年間、永田町のなかで一番カッコいい政治家だ〉

中川は、筋金入りの改革者だ。安倍を推すのは、改革を進めるためには、国民の五〇％以上の支持を得られる安倍しかいないと思っているからだろう。

中川は、福田を推す森会長の側近である。だが、人間的な繋がりはともかく、政治的にはかけ離れる可能性があるかもしれない。

小泉首相は、総裁選挙で立候補者がそろえばだれに入れるかを明言すると口にしている。

山本は、小泉首相の意中の人物は、安倍だと見ている。なぜなら、小泉首相は、この五年間の任期中、去ろうとする者を止めたのは、安倍だけだ。安倍が参院選敗北の責任をとって幹事長辞任を表明したとき、小泉首相は懸命に止めた。山本は、そのとき初めて戦国武将小泉純一郎が焦った姿を見た。ということは、小泉首相は安倍しか意識していないということではないだろうか。

山本は、安倍に頼まれて行動しているわけではない。安倍の人望、安倍の魅力に惹かれて自発的に行動している。

ただし、山本は、たとえば派閥を超えて安倍を支持する仲間を増やす、いわゆる多数派工作をやるつもりはない。それは、安倍の近くで動ける議員に任せておけばいい。そうでなくとも、すでに安倍を囲む勉強会や会合はいろいろ存在している。それが一体化し、自然に立ち上がってくれればいい。

また、これから動き出すであろう安倍のマニフェスト作りのグループに加わり、安倍の側近だとアピールするつもりもない。

山本は、自分の役割を二つに絞っている。

一つは、なぜ安倍総理でなければいけないのかを国民と党員に説明することだ。

山本は、自分のことを「安倍側近だ」などと自惚れてはいない。が、熱烈なサポーターであり、「安倍総理実現のために、どのくらいのリスクをかけて行動する覚悟があるか」「安倍に対してどれだけの個人的思い入れがあるか」「これまで安倍に対してどんな言動や行動を取ってきたか」などを総合的に判断すれば、安倍を応援する本気度は、ほかのだれにも負けないと自負している。

安倍の一番の武器である国民の支持が翳《かげ》らないようにするため、山本は、安倍晋三のテーマを作詞・作曲した。

「チャレンジャーに捧げる詩」

いつの頃からだったのだろう
すっかり自信を無くしていた
求めた夢を見失って
ひとりで迷い続けていた。

そんな時　君を見つけた　溢れる情熱に出会った
ひたむきに進む勇気に　希望の光を感じた
時代が叫んでる　新しいジェネレーション
言い訳は聞きたくない　もう立ち止まれやしない

You should take it　チャンスを逃すな！
You should make it　オレたちがついてる！
You should take it　チャレンジ受け止めろ！
You should make it　愛するもののために　迷わず！

気持ち動かすのは肩書きじゃない
ウソでごまかせるほど軽はずみじゃない
信じた言葉に裏切られて
変わらぬ瞳探していた。

引き出しの中の決意　出さなければ使えない
自分の心まっすぐに　ぶつけるのが答えになる

希望をつなぎ止める　最後のトップランナー
しなやかにしたたかに　古い殻を打ち破れ

You should take it　チャンスを逃すな！
You should make it　オレたちがついてる！
You should take it　チャレンジ受け止めろ！
You should make it　愛するもののために　今すぐ！

山本は、この「チャレンジャーに捧げる詩」を引っさげ、ロックバンド「ＩＣＨＩＴ

Ａ」のメンバーとありとあらゆるところでライブ活動を展開していくつもりでいる。

いま一つは、安倍の根幹である外交政策をアピールすることだ。

山本は、「戦略的外交」の推進を掲げる「ニューリアリスト」には、大きくいって次の五つの特徴があると考えている。

「国際政治の現状を踏まえた現実的、戦略的な思考が出来ること」

「『対話と圧力』の意味を理解していること」

「外務官僚の作りあげた世界観、国家観に囚われていないこと」

「多様なルートからの情報に基づいて政策判断すること」

「民主主義の価値観を強調すること。いわゆる『タカ派』や『ネオコン』とは、明らかに一線を画している」

その条件を満たす政治家は与野党に存在するが、自民党の代表格は、安倍だ。

山本は、そのことを発信していくつもりでいる。

山積する問題への明確な方向性

安倍官房長官は、平成十八年一月十日の記者会見で、政府が通常国会に提出する女性・女系天皇容認のための皇室典範改正案について党議拘束が必要だとの考えを示した。

「自民党が決めることだが、基本的には議院内閣制の中で、内閣提出法案には今まですべて党議拘束がかかっていた」

自民党内では、女性・女系天皇の容認に対して慎重論が根強く、改正案の党議拘束を外すべきだとの意見が出ているため、これをけん制したものである。

寛仁《ともひと》親王殿下は、毎日新聞のインタビューで、女性・女系天皇容認とした有識者会議の報告について「腰を据えた議論をすべきだ」などと異を唱えていた。

一月二十六日、小泉首相が有識者会議の提案に沿って今国会の成立に意欲をしめす皇室典範改正案について議論する超党派の「日本会議国会議員懇談会」の総会がおこなわれた。自民・民主・無所属の四十四名が集まるなか、「拙速な国会提出」への反対を決議した。

「日本会議国会議員懇談会」の事務局長をつとめる下村博文は、女性・女系天皇を容認する皇室典範の改正には反対であった。

〈皇室は、神武天皇から百二十五代、過去に何度も断絶しそうになったが、男子男系が綿々と受け継がれてきている。それは、日本の歴史そのものだ。それを断絶して女性・女系天皇を容認する改正案は、この国の精神的、文化的な解体につながる。男系維持派は、旧皇族を復帰させるなどの案を提示しているが、旧皇族の十一宮家をすぐにすべて復活させるのは拙速だ。それよりも、まずは旧皇族の中から養子として皇室に入ってもらうなど、段階的なことも考えられるのではないか。国民の理解を得るため、時間をかけて議論すればいい〉

小泉首相は、二月一日、皇室典範改正案について首相官邸で記者団の質問に答え、今国会での成立に改めて強い意欲を示した。

「国会に提出して成立を期す。（国会審議は）ののしり合いなんかにならないだろう。そうしないのが国会議員の良識ではないか」

安倍は、夕方の記者会見で、「日本会議国会議員懇談会」で提出反対が決議されたことについて語った。

「有識者会議にはしっかり議論して頂いた。自民党でも議論してもらい、提出の状況に至ると思う」

二月三日、自民、民主両党などの計百七十三人から慎重審議を求める署名を集め、一日に反対集会を開いた「日本会議国会議員懇談会」の事務局長の下村は、国会内で安倍官房長官に会い、今国会提出の見送りを要請した。

下村は、安倍の心中を慮った。

〈安倍さんも、きついだろうなぁ〉

安倍は、心情的には慎重派に近かった。しかし、皇室典範改正の担当閣僚としての職務をおろそかにもできない。

世論調査によると、自民党の支持者であればあるほど安倍の支持率は高い。それは、対北朝鮮外交をふくめて安倍の国家観などを高く評価しているからだ。それなのに、強引に皇室典範改正を進めれば、「権力を握るためには、自分の魂も売ってしまうのか」と見られてしまうだろう。この難局をどう乗り切るか。安倍は、試練を迎えた。

しかし、ここで思わぬ神風が吹いた。

二月七日午後、「秋篠宮妃懐妊」が明らかになったのである。

河野グループの若手議員は、一時、女性・女系天皇を認める皇室典範改正法案に麻生太郎が署名拒否して閣僚を辞任し、総裁選に名乗りを上げる「三月十日決起作戦」を練り、本人にも進言したという。

下村が思うに、小泉首相が改正案を強行すれば、おそらく麻生は辞表を提出していたであろう。が、担当閣僚である官房長官の安倍は、そうはいかない。そうなると、安倍を支持する国民にとっては、結果的には裏切りとなり、主義主張がないのかと冷ややかな視線を送られることになったであろう。安倍にとっても、法案提出が見送られたことはプラスだったのではないかと下村は思う。

安倍は、ただちに小泉首相に進言した。

「今、改正すれば、お子さまが男の子だった場合、皇位継承権を奪ってしまいます」

一時は今国会での改正を支持した山崎拓前副総裁も、小泉首相を説得した。

小泉首相と安倍は、二月九日午後にも、改正問題を協議し、見送りが固まった。

中川政調会長は、安倍が小泉首相にこう進言したのではないかと見ている。

「改正案は党内にも反対意見が多く、もし強引に国会に提出すれば、国論を二分し、政局になるかもしれない。議論はまだつづけていきますけども、この国会で決めようとせず、ちょっと様子を見ていきましょう」

小泉首相が受け入れたのは、安倍の「この責任は、いつか自分が果たします」という覚悟を見てとったからではないだろうか。

小泉首相は、二月十日、首相官邸で記者団に皇室典範改正案の提出を見送る理由を、こう説明した。

「多くの国民が穏やかに、こういう改正が望ましいと思われるような状況で改正したほうがいい。（今は）いろいろ意見が分かれている」

安倍官房長官は、三月十三日夜、都内の料理屋で、自民党各派の衆院議員約十人と会談し、今後も定期的に会合を開くことで一致した。渡辺喜美（無派閥）、松島みどり（森派）、山口泰明（津島派）、宮沢洋一（丹羽・古賀派）、増原義剛（伊吹派）、井上信治（河野派）各氏ら当選二～五回の衆院議員が参加した。

渡辺らは、小泉首相が衆院を解散した昨年八月八日夜、「安倍氏を中心に若い自民党を作ろう」などとして自民党本部に集まった。

十三日の会談では、「８８（はちはち）会」として今後、定期的に会合を開くことを決めた。

このグループが総裁選に向けて、安倍を支援する可能性もある。

三月十四日、自民党の中川秀直政調会長は、訪問先のオーストラリア・ホバート市内で同行記者団と懇談し、総裁選に関し、触れた。

「いま『若さより経験』という議論が出ているが、年齢は対立軸ではない」

「小さな政府に転換するには、政治主導の体制強化が必要で、そのためにも総裁候補の周りには、『老壮青』のバランスの取れたチームが必要だ」

「改革路線をしっかり引き継いでいくかどうか、民意が見極めていくことになる」

メディアは、ポスト小泉の有力候補で、もっとも若い安倍官房長官をけん制する党内の動きに対抗して、安倍を擁護した発言ととらえた。が、中川は、ポスト小泉に関して、それまで一度も個人名を挙げたことはなかった。

〈メディアのみなさんが、決め打ちしているだけだ。ポスト小泉の議論は、七月のサミット後で、まだ時期尚早だ〉

いっぽうで、二月六日、衆議院予算委員会がひらかれた。小泉首相と全閣僚が出席して次年度予算案に関する基本的質疑がおこなわれた。

トップバッターで質問に立った自民党の中川秀直政調会長は、名目GDP（国内総生産）の年四％成長を目指す自民党の政策提言「上げ潮計画」に言及した。

安倍官房長官は、答弁した。

「経済成長率は、三％以上を目指す」

「ＦＴＡを推進する」

「多様性を重視して、排他的ではない国に作り直す」

中川は、格差社会についても安倍に質問した。

「努力した人も、しない人も同じということを国民は望んでいるわけではない。勝ち組、負け組を固定しないことが大事で、固定する社会も望んでいない。答えは、その中間にある。従って要は、失敗した人が再チャレンジできるようにする。それから、どうしても立ち行かなかった人にはセーフティネットがある。そういう中間のところだろう」

安倍長官は答えた。

「まったくそのとおりです」

それから二ヵ月後の三月三十日、安倍は、格差社会をめぐる国会論戦などを受けて自ら発案・設置し、議長になった「多様な機会のある社会推進会議」（再チャレンジ推進会議）の初会合を首相官邸でひらいた。

安倍は、あいさつに立った。

「仮に失敗しても、何度でも再挑戦し、成功することが可能となり、勝ち組、負け組を固定化しないことが重要だ」

具体的な検討課題として、①事業に失敗した人の再起業②受験に失敗した人の再勉強・

資格取得③ニートやフリーターの就職④出産した女性の再就職⑤リストラや病気で失職した人の社会復帰などを例示した。

再チャレンジ推進会議は、全省庁の局長級がメンバーとなり、アイデアを出し合う。五月中に中間報告をまとめ、六月に閣議決定する「骨太の方針」に反映させる方針である。

中川政調会長は思う。

〈建設的議論に点火する政治力を発揮したのではないだろうか〉

安倍が官房長官に就任してから半年以上が経過するが、森内閣、小泉内閣で官房副長官をつとめたことで、すでに人脈もあり、スムースに始動できたのではないかと中川は評価する。

安倍は、小泉改革を推進する政府側の大番頭である。政府系金融機関改革、ODA改革、三位一体改革、診療報酬の問題など難問は山積していたが、役人の抵抗を排除し、やはり小泉改革を推進する自民党側の責任者である政調会長の中川ともうまく連携しながら小泉改革を着実に実現してきた。

ポスト小泉の有力候補の一人である麻生太郎外相が、三月十八日夜、オーストラリアのシドニーで同行記者団に「安倍さんから経済の話を聞いたことがない。経済政策がよく見えない」と指摘し、自らの経済通をアピールした。

安倍官房長官は、三月二十日の記者会見で、麻生外相の発言に反論した。

「わたしは政府のスポークスマンなので、個人の経済政策を述べる立場にはないが、政府の経済政策は、ほぼ毎日二回、（記者会見で）話している」

安倍は、さらに語った。

「わたしの述べることはイコール小泉政権が進むべき道であり、経済政策だ」

三月十六日、中曽根康弘元首相と福田康夫元官房長官は、韓国の盧武鉉大統領と青瓦台（大統領官邸）で会談した。

盧大統領は会談で日本の指導者が正しい歴史認識を持つ重要性について強調し、「一方的な立場をとるのは良くない」と間接的に小泉首相の靖国神社参拝を批判した。

また、靖国神社境内に併設された展示館の遊就館について「行きたいといったら周囲に止められた」とエピソードを紹介し、「日本が承知するなら、実際に見てみたい」と述べた。

下村博文は、その発言を知り思った。

〈靖国神社参拝問題というよりは、遊就館にターゲットを絞ってきたな〉

下村は、ただちに遊就館について調べた。そうしたところ、中国の組織が靖国神社、遊就館で反日感情を煽るようなネットワークを作っていた。

その二日後、下村は、京都大学の中西輝政教授と会った。中西教授は、前日までオーストラリアに滞在していたのだが、やはり中国がインターネットを通じて世界中に反日キャンペーンを展開していることを知ったという。

下村は、推測した。

〈やはり靖国参拝だけではアメリカやオーストラリアなど他の国々の賛同は得られないということで、ターゲットを遊就館に絞ったな〉

下村は、安倍に伝えた。

「遊就館は、国家の施設ではないし、一宗教法人の一施設にすぎないけれども、他の国から批判されるような内容があったとしたら、どう理論武装するかを考えないといけません。ですから、一度、行ってみます」

下村が見た限り、他の国の戦争記念博物館と同じような形であり、反韓国や反中国的な展示内容なり、言葉は見当たらなかった。

下村は、安倍に報告する前に自分なりに理論武装をまとめるつもりでいた。が、その矢先の四月二日、安倍は、テレビ朝日の報道番組「サンデープロジェクト」に出演した。

下村は、不安になった。

〈大丈夫だろうか……〉

が、それも杞憂に終わった。安倍は、司会の田原総一朗や他のコメンテーターから靖国神社や遊就館、歴史認識の問題などでいろいろと質問されたが、すべてそつなく答えていた。

下村は、ややおどろいた。

〈よく勉強しているし、見識もある。〝親の七光り〟や、あるいは、小泉総理にうまく引き上げられたから注目を集めているのではなく、本当に実力が伴ってきている〉

求められる新しいリーダー像

三月三十一日、民主党の前原誠司代表は、いわゆる「ガセメール問題」の処理をめぐる責任を取って、代表辞任の意向を表明した。代表選は、四月七日におこなわれることになり、小沢一郎と菅直人が立候補に意欲をしめした。このころ、参議院議員の荒井広幸は、安倍のルーツ、山口県田布施町にある岸信介の記念館を訪れた。荒井は、郵政民営化法案に反対して自民党を離党、「新党日本」を結成し、幹事長のポストにありながらも安倍政権づくりに動いている。荒井にとって、二度目の訪問であった。安倍政権づくりのためには、原点を知りたかったからだ。

荒井は、早々と盟友の安倍官房長官に電話を入れた。

「代表は、小沢になります。わたしのところに相談にくる民主の人たちの空気で、間違いありません。小沢になれば、安倍しかない。前原は、危機管理で失敗した。だから、安倍さんは、いまから、総裁選の候補者になるまでと、そして総裁になってからの危機管理のマニュアルを作っておかなければいけない。側近の作り方をふくめ、シミュレーションする必要がありますね」

荒井の読みどおり、四月七日、民主党の新代表に小沢一郎が就任した。小沢代表は、訴えている。

「来年夏の参議院選挙で与党を過半数割れに追い込み、政権交代につなげる」

ポスト小泉は、小沢代表が参院選で仕掛ける反自公統一戦線に勝つことが、必要条件、必須条件になった。

産経新聞・FNNが、四月八、九日に実施した世論調査によると、ポスト小泉で有力といわれる安倍、福田と民主党の小沢では、だれが首相にもっともふさわしいかは、安倍四八・七%、福田一九・四%、小沢一四・一%、わからない一八・〇%であった。

中川政調会長は、この数値は、総裁選に微妙な影響を与えざるを得ないと見ている。なぜなら、ポスト小泉の最優先課題は、来年夏の参院選を勝ち抜くことにあるからだ。

小沢は、これまで新進党、自由党の党首をつとめてきた。が、民主党の代表をつとめるのははじめてのことである。山本一太は、国民は、その未知の部分に期待するだろうと見る。その期待値は、政党にとって追い風になる。

山本は、民主党が自滅・自壊するのは好ましいことではないと思っていた。なぜなら、自民党は慢心し、改革を忘れ、「本命の安倍を出さなくてもいい」となるからだ。民主党が政党としての体を取り戻したことで、いま自民党に緊張感、危機感が出てきている。

山本は、小沢が代表になったことは、安倍にとってむしろ追い風だと思っている。民主党の支持率が上がり、上げ潮ムードが出てくれば、本命を温存する余裕はなくなる。

民主党が世代を逆行させて古い顔を出してくるのなら、自民党は、むしろ安倍のような新しい顔を出していく。

民主党は、小沢代表となり、新しい武器もそろってくるだろう。が、逆にいえば、小沢、菅直人、鳩山由紀夫という布陣となり、「透明」「若い」「フレッシュ」という一番のエッジを失ったのではないか。

これまでは、「古い自民党」と「新しい民主党」という構図であったが、安倍を立てることによって「新しい自民党」と「古い民主党」という構図を作れるかもしれない千載一遇のチャンスだと山本は思う。

それに、小沢は「剛腕」といわれるが、古いドブ板選挙型を求めるだろう。小沢の「経世会的手法」に対し、小泉・安倍に象徴される「開かれた新しい自民党の手法」という構図も作れるのではないだろうか。

小泉首相には、これは大変だという気持ちもあるかもしれない。が、お手並み拝見だ、あとは次の総裁に任せた、という達観した心境でいるのではないか。

小沢は、話題性もあり、発信力もあるが、パブリックリレーションズは上手ではない。

それゆえ、自分は選挙に集中し、パブリックリレーションズは菅に任せるという作戦をとってくるだろう。が、この作戦は、あまりうまくいかないと山本は思う。

いっぽう、安倍のことを「他の有力候補と比べて経験が浅い」と指摘する人がいるが、事実に反する。安倍は、いわゆる「麻垣康三」と呼ばれる中で、麻生太郎、谷垣禎一、福田康夫より十歳以上若いが、政治家としてのキャリアはまったく遜色《そんしょく》はない。

安倍は、大臣ポスト三個分といわれる与党の幹事長、それに幹事長代理を歴任しており、少なくとも三回の国政選挙、そのうち二回は陣頭指揮に立っている。加えて、森・小泉内閣で官房副長官をつとめ、現在は、小泉政権ナンバー2の官房長官という重責をこなしている。

さらにいえば、これからの時代、総理に必要なキャリアは、一つひとつの事象を国民にうまく説明する能力とメディア対応だ。それは、小泉首相を見れば明らかである。

安倍は、これまで幹事長、幹事長代理、官房長官としてテレビ、新聞などにひんぱんに登場し、発信してきた。その意味では、他の総裁候補と比べてもっともキャリアが豊富である。

安倍は、官房長官になってから、より風格が出てきたように山本には思える。答弁も、落ち着いている。安倍のようなテレビ討論もでき、活字の質問にもきちんと答えられる人は、小沢民主党の対抗馬としてもっとも適任ではないだろうか。

小沢は、靖国神社の分祀問題など、さっそくアンチ小泉・安倍の対抗軸を打ち出してる。

そこは、小沢らしい。やはり、攻めどころをよく知っている。代表選挙の演説も、目標が具体的で菅よりも良かった。勝負師としての勘所が冴えている。

場合によっては、来年夏の参院選で民主党は議席を伸ばし、与党は過半数割れに追い込まれる可能性もある。

じつは、山本は、自分の気持ちの中にやや煮え切らないものがある。

小沢は、自民党時代、竹下派の秘蔵っ子であり、幹事長として経団連から多額の政治献金を集めた。山本からみれば、小沢は、古い政治文化の象徴である。小沢の強権的な手法には反発もあるし、いずれ馬脚を現し、民主党が崩壊するかもしれないとも思う。

しかし、民主党が政党としての体をなし、元気を取り戻してもらわないと政治に緊張感が生まれない。自民党が緊張感をもって改革を進めるためにも、頑張ってもらいたいと思う。

山本は、そんな二律背反な思いでいる。

いっぽう、森喜朗前首相は、「安倍温存論」を唱え、福田を推していると見られている。

しかし、福田は、党内の七、八割が「ここは福田さんしかない」という福田待望論が起こらないかぎり、総裁になるつもりはないと中川秀直政調会長は見ている。自ら手を挙げてまで総裁の座を奪おうとは考えていないのではないか。

中川は思う。

〈最終的には、党内情勢ではなく、民意の醸成で決まる。民意をどう判断するかが、自民党議員の道しるべになるだろう。自民党は、民意で決めていくという党でありつづけるべきだし、温存論など考えず、常に全力投球で対処していくべきでないだろうか〉

最初から安倍を推しつづけている下村博文は、最終的には福田は出ないと見ている。が、もし福田が総裁選に名乗りを挙げれば、森派は、安倍支持と福田支持で割れるだろう。

下村は、腹を括っている。

〈権力闘争だから仕方がない〉

そもそも派閥とは、同じ主義主張を持った人たちの集まりだ。主義主張が違うとしたら、割れるのは当然のことであり、その結果として派閥再編が起こるのは自然の流れである。

また、森派は安倍で一本化し、九月の総裁選で安倍が新総裁になるとすれば、森派は、森喜朗、小泉純一郎、安倍と三代つづけて総裁を送り込むことになる。

下村は、これは必然的な時代の流れだと思っている。

かつての自民党は、高度経済成長を優先してきた。その象徴的な派閥が、田中角栄率いる田中派、田中派の流れを汲む竹下派、小渕派、橋本派であった。が、いま経済優先は国民から評価されないし、受け入れられていない。

国民が求めているのは、理念型の政治だ。その象徴的な派閥が、岸信介、福田赳夫の流れを汲む森派（清和研）である。ＧＨＱ政策から脱却し、もう一度、日本の精神文化を再構築しなければならない。安倍の言葉を借りれば、〝草の根保守〟の理念を作っていかなければ、国民に対して責任が取れないし、世界に貢献できないというスタンスが、国民に評価されているのではないか。だからこそ、森派の総裁がつづいているのではないかと下村は思う。

同じ森派の参議院議員山本一太は、森派の若手は、みんな安倍を推していると見ている。が、世代交代を快く思わないベテランは、福田康夫でもいいと思っているのかもしれない。

山本は、森会長の「同じ派閥から二人の候補を出していいのか」という発想は受け入れられない。だれが小泉改革を引き継ぐのか、だれが日本のためになるのかという基準で総裁を決めなければいけないときに、派閥の秩序を守ろうとするのは、まさに派閥の談合で総理が決まっていた時代の発想だ。

それに、森会長は、いまは福田を推しているが、土壇場になって、安倍の国民的人気は侮れないから安倍でまとめようという気持ちになるかもしれない。

しかし、そのようなことをさせてはいけないと山本は思う。なぜなら、特定の派閥の支援で安倍が総裁になれば、その派閥に手足を縛られてしまう。小泉首相が総裁になる前のように派閥のリストで閣僚を選ぶという状況だけは避けなければいけない。そんなことをすれば、改革はできない。

いっぽう、参議院自民党は、青木幹雄会長が福田支持をほのめかしているせいか、福田シンパが多い。

参議院自民党幹事長の片山虎之助は、政策の知識が豊富だ。政局を読む力も鋭い。国対もうまくこなす。これだけ力のある人は、衆議院にもあまりいない。が、頭が良すぎるのか、短気で人気がない。

やはり、人気があるのは、参議院自民党会長の青木だ。青木は、人望があり、政治の勘も鋭い。たとえば、平成十五年九月の総裁選では橋本派の藤井孝男が立候補したにもかかわらず、世の中の動きを見て小泉を支持した。青木は、山本が自民党参議院議員のなかで恐れる唯一の人物だ。その青木が、次のように発言している。

「次の総裁は、森さんと小泉さんが相談してから決めればいい。人気中心の総裁選挙じゃ駄目だ。組織を作り直さなきゃいけない」

次の総裁は、森と小泉が相談して決めればいいなどというメッセージは、一部の政治の玄人には届くが、国民からしたら最悪である。

それに、参院選は、もはや組織を固めても勝てないことはわかりきっている。

山本は思う。

〈青木会長は、体の調子でも悪いのか、ちょっと感覚が鈍ってきたのではないだろうか〉

森会長が考えているように、派閥の長が候補者を一人にし、みんなを従わせるということはもはやできない。それゆえ、たとえ派閥の支持が二人に分かれても、じつは派閥が割れる必要はない。が、派閥のなかから二人が出て、森会長のような演出をすると、かえって派閥は割れてしまう。森会長は、皮肉にも、派閥を割るほうに動いているのだ。

そこは、森会長もジレンマを抱えているのではないか。

それに、新年総会後の「これ以上言ったら派閥を辞めさせるぞ」という警告は、メディアに出ることを計算して発している。群馬県の参議院の定数は、山本が改選を迎える平成十九年夏の参院選から二から一に減る。山本が、同郷の福田ではなく、安倍を推せば、群馬県の自民党支持者から反発が出るだろう。後援会長も、資金団体の会長も、公認に影響するので山本の行動を諫《いさ》めるにちがいない。そこまで計算しているのだ。

しかし、山本は、議員バッジを懸けて総裁選挙にのぞもうとしている。これでバッジを失うのなら仕方がないと腹を括っている。そのような覚悟でいる山本にブラフは効かない。森にすれば、計算外だったにちがいない。

自民党の津島、丹羽・古賀、伊吹、高村の四派の会長・代表が、四月十八日夜に会談した。会談では、アジア外交の立て直しの必要性や、森前首相、小泉首相につづき三代連続で森派出身の総裁が誕生することへの懸念が共有されたという。「ポスト小泉」候補の中で国民の支持率で先行している安倍官房長官に対する〝包囲網〟との見方もある。が、四派の足並みは必ずしもそろっていない。

森派会長の森前首相は、五月十一日午前の派閥総会で語った。

「わたしは、（福田と安倍を）一本化しようなんて気持ちはない。わたしは、安倍君は目の中に入れても痛くないほど可愛いし、福田さんは大事な友人だ。二人に（総裁選出馬の）お気持ちがあるなら、ぜひ二人とも夢を果たしてもらいたい。何ができるか、どんなことでもしてあげなければ、という思いは、一政治家、友人としてある」

森前首相は、福田支持をにじませた。

「（中川秀直）政調会長は、安倍君（を支持）と見られている。だから、少しこちら（福田）に傾いておかないといけないと思っている」

安倍官房長官は、その後の記者会見で森発言を歓迎した。

「森会長は、円満なかたちが望ましいのだろうが、派閥で一致結束して進む時代でもないという認識を持っている。かつてのように派閥会長が『カラスは白いといえば白いんだ』という時代ではない」

〝安倍総理〟に望まれること

山本一太は、小泉首相ほど運のいい人はいないと思っている。

小泉首相が有識者会議の提案に沿って今国会の成立に意欲をしめしていた女性・女系天皇を容認する皇室典範改正案は、二月七日に「秋篠宮妃懐妊」が明らかになったことで法案の提出は見送られた。皇室典範改正案は党内にも反対意見が多く、もし強引に国会に提出すれば、あるいは政局になったかもしれない。

民主党が政府・与党の責任を徹底追及すると意気込んだ耐震強度偽装問題、米国産輸入牛肉問題、ライブドア事件、官製談合事件の、いわゆる四点セットも、永田寿康の「偽メール」騒動で吹っ飛んでしまった。

山本は、あらためて思った。

〈小泉首相は、天運の人だ。戦国武将プラス天運の人だから、だれも敵《かな》わない〉

それに、小泉首相はディフェンスも強い。以前、飯島勲秘書官がいっていた。

「総理は、政局に影響を与えるような政治とカネのスキャンダルとか、有力政治家の女性問題とか、そういうニュースが飛び込んできても、基本的にあまり興味を示さないんですよ。そういうことにまったく関わってないので心配もしないし、不透明なことがあるなら調べてもらえばいいじゃないかみたいな感じで、ね」

なるほど、小泉首相には「スキャンダルの匂い」というものがない。これだけ長く永田町の政治文化に浸かってきた、小泉首相の世代の自民党政治家の中では「異色の存在」である。過去五年間、小泉首相が各方面からの反発をものともせず、前任者がだれもできなかった改革を進めて来られた理由のひとつは、この「ディフェンスの強さ」にある。これも、運気を呼び込んでいる要因ではないだろうか。

これは、ポスト小泉を目指す次世代にとっても重要な宿題になる。だからといって、安倍は小泉首相のようにはできないだろうし、真似る必要もない。メディアチームを作り、飯島秘書官が一人でやってきたことをシステム化すればいい。

俳人の中村汀女《ていじょ》は、夏の雲が持つ力強いエネルギーを感じとって自らの生き方を決していくという句を残している。

「夏雲の　湧きてさだまる　心あり」

安倍は、現段階では立候補をほのめかしてはいないが、新党日本幹事長でありながら安倍政権作りにつとめている荒井広幸は、安倍に会うたびなぜかこの句をつい思い出すという。直感だ。いまは、どれだけの人が支援してくれるのか、風向きを見ているのだろう。

安倍は、いまは小泉首相の補佐役に徹しているが、だれがぶれるのか、だれがわが身を捨てても国づくりのため安倍とチームを組もうと動いてくれるのかを、ぎりぎりまで見定めることも大切だと思っている。

ポスト小泉の有力候補の一人である福田康夫は、安倍が「夏雲の　湧きてさだまる　心あり」でいることを知れば、勝負しないと荒井は読んでいる。

そのとき、路線論争をふくめた電撃的和解だ。二人はおなじ清和会のメンバーである。福田の父親福田赳夫は初代会長、安倍の父親安倍晋太郎は、二代目の会長である。福田を閣内に入れると、先輩後輩でやりにくいし、粗《あら》が出るかもしれない。それなら、福田を立てて副総裁に据える。そして、日中・外交問題を担当してもらうのだ。森派に福田を推す議員が多い以上、そうやってバランスをとったほうがいいと森前首相は考えていると荒井はひそかに思っている。

〈それもありだ〉

安倍が総理になれば、自民党を離党した造反組は復党できる可能性はあるのか。

いわゆる、刺客候補は、いってみれば堀江バブル的な手法で、実態はないが、マスコミ世論を引き出して、業績がいいように、能力があるように見せた。

安倍が思うに、小泉首相は、この選挙を、政策を選ぶ選挙に純化していこうとしていた。その意味で、矛盾があってはならなかった。矛盾が残ると、小泉首相の統治能力を問われる選挙になる。そうなると、政策力以前の問題で統治能力がない自民党対、やらせてみなければわからない民主党という構図ができてしまう。つまり、民主党への期待感が高まり、民主党に風が吹きかねない。小泉首相は、そう読んでいたにちがいない。

小泉首相の手法は、まさに自民党の常識を超えていた。

安倍は唸った。

〈ここが、小泉総理の凄さだ〉

八月十三日、自民党は、一部の全国紙広告を打った。

「改革の同志よ、来たれ」

緊急に候補者を募ったのである。

自民党は、平成十六年四月の衆議院埼玉八区の補欠選挙で公募をおこなった。このとき、八十一名もの応募者がいた。候補者に選ばれた柴山昌彦は、みごとに当選した。

公募をすれば、政治を志す人たちが多く応募してくることを学んだ自民党は、その後も、候補者不在の空白区では、地元の県連と話し合って公募していた。二百九十六名が公募してきて、すでに十六人の擁立が決まっていた。

そのうえに、さらに緊急公募に打って出て人材を集めたのである。

広告を打った十三日から十六日までの四日間で、郵送三百八十七名、メール四百八十一名の計八百六十八名の政治家を志す人たちが応募してきた。

緊急公募で応募してきた人はまず、応募者の出身地域と空いている選挙区を見比べ、さらに論文などの提出書類を見て候補者候補を絞りこんだ。

残ったのが北海道十区から立候補した飯島夕雁らであった。

自民党は、緊急公募以前の公募により公認された候補者を九都道府県の選挙区で十六名、緊急公募により公認された候補者数は十都道府県で十一名を立てた。彼らは、いわゆる、地盤（後援会）、看板（知名度）、カバン（資金）という政治家になるための条件はないが、そのハンディに負けないほどの、候補者としてふさわしい意欲、能力があり、平均年齢三十歳代と若さにあふれる人材がそろった。

安倍は、思った。

〈自民党が公募制を導入していなければ、これほどの短期間の選挙で、全国の選挙区に候補者を立てられなかった〉

これまでの自民党は、個々の選挙区でも候補者はだいたい埋まっている。ふたりの候補が小選挙区と比例区を交代交代で出馬するコスタリカ方式を導入せざるをえない選挙区もあるくらいである。

候補者が明確になっていない選挙区でも、候補者は地元の県連などの意向で決められていた。そのことが、政治家を志す人たちの道筋を閉ざしてきた。公募制は、政治家を目指す人たちに門戸を開いた。

前回の選挙では、公募を実施した民主党は、政権担当能力のある党にふさわしい人材が集まっているとの印象を国民にあたえた。

安倍が見るに、政権党にふさわしい優秀な人材が民主党から立候補したのは、なにもその人材が民主党を選択したわけではなく、自民党では政治家となる道筋がないので民主党にまわっただけのことであった。それゆえに、自民党が公募をすれば、思った以上の人材が応募してきたにちがいない。

自民党は、選挙区で空白ができれば、公募によって擁立候補を決めていく。立候補者の公募は、自民党の体質をもかならず転換していく。

しかし、今回公募に応募して念願かなって政治家となる議員たちは、まさに小泉旋風によって当選できたといっても過言ではない。彼らの選挙戦はあまりにも短すぎ、政治家として鍛え上げられる選挙の苦しみを味わったとはいえない。彼らは、少ない時間で、できるだけ地元に密着していく努力をしていかなくてはならない。

八月二十三日ごろ、自民党独自の世論調査結果が上がってきた。自民党が単独で三百議席に迫る勢いであった。

安倍は、おどろいた。

〈こんなには獲れるわけがない〉

今回は、自民・公明で過半数を獲ることで必死だった。それゆえに、本来ならば、自民党の候補者は比例でも自民党をお願いするのが筋にもかかわらず、「比例区は公明党でお願いします」という議員もいた。ただ、連立で過半数をとるという目標を掲げていたので、今回の場合は、「比例は公明党」と自民党公認候補もいいやすかったのかもしれない。

九月十一日、衆議院選挙の投開票がおこなわれた。その結果は、自民党がおこなった世論調査で出たのと大して変わらぬ、圧勝であった。

自民党は、単独で安定多数となる二百九十六議席、公明党と合わせて定数の三分の二を超える三百二十七議席を獲得した。

安倍は、さすがに信じられなかった。

公募によって擁立した候補者二十七人のうち、埼玉十五区、神奈川九区、十四区、東京四区、二十区、愛知八区、京都四区、大阪二区、七区、兵庫三区、十一区の小選挙区で十一名、比例区で十一名が当選を果たした。

本来なら、自民党にとって選挙期間が短いことは不利になる。自民党の選挙は、日常活動をじっくりと積み重ねたうえに成り立っている。だからこそ、前回の選挙も前々回の選挙でも、風が民主党に吹いても、減った議席数は数えるばかりであった。ところが、今回の選挙では、じっくり積み重ねる選挙をする自民党に風が吹いた。

安倍は、この圧勝には、三つの理由があると見ている。

ひとつは、争点を郵政民営化に絞りこみ明確にして、有権者にわかりやすくした。その争点は、まさに自民党側が主導権をとって設定した。

二つ目は、ひとつ目と関連しているが、小選挙区制度という制度が有利に作用した。小選挙区制は、勝ち負けがはっきりと出やすい。有権者が、一気にどちらかに入れる可能性がある。その特徴が、今回の選挙で如実にあらわれた。

三つ目は、民主党の候補者が弱かった。特に、都市部には、前回の選挙でいきなり候補者として擁立した現役議員が多かった。その議員たちは、民主党に吹いた風で当選した。そのため、もともと地域との密着度が低かった。当選後に密着度を強めていけばいいのかもしれないが、現役の議員が選挙区の地元民とつながりを強くするのはかなりむずかしい。政治活動で忙しく、つながりを深くする時間はなかなかないのである。そのおかげで、八十三名もの新人議員が当選できた。彼らも、民主党の多くの議員と同じように選挙力は弱い。気を抜いていると、今回と同じことが自民党でも起こる危険性をはらんでいる。

連立与党にとって、全議席数の三分の二を超す議席は大切な資産である。この資産を活かして、自分たちの政策を実現させていくために前進しなくてはならない。ただし、姿勢はあくまでも謙虚でなくてはならない。

荒井は、安倍にいっている。

「総理になっても、(自民党を離党した造反組を)すぐには戻すべきでない」

戻すか、戻さないかのタイミングは、平成十九年夏の参院選の直前か、直後、そして次期総選挙で機が熟すときの三回しかないと見ている。

参院選前、野党に負けるとわかっていたら候補者調整をしないといけない。

参院選で与党が過半数を割ったら、他党と連立を組む以外にない。

連携の仕方はいくつかある。郵政解散で自民党から追った候補を、いっせいにコスタリカ方式で戻す。二つ目は、連立だ。もちろん、参議院の部分連立もあるが、やはり衆議院も入れてコスタリカ方式でもどせば問題は解決する。

ただ、外交をふくめ小泉政治の負の遺産を改めるため戦略的な舵取りが必要になる。これは信念を曲げたことでもなく政策転換でもない。ただ、国民益と国家、そして世界平和のためなのである。支持率が下がったときに反対派を戻せば、二重に足を引っ張られる。弱り目に祟《たた》り目で、昔の自民党に戻るといわれかねない。それは、時期をみて慎重に判断したほうがいいと荒井は思う。

安倍政権づくりの布石として荒井は、四月二十六日、参議院行政改革特別委員会で小泉首相と対決した。直接小泉首相と質疑議論をするのはなんと四年ぶりであった。二人が議論すれば郵政で対峙して党内大混乱で解散になるので自民党がそれをさせなかったからである。

「靖国神社参拝は心の問題だと総理はおっしゃっている。その小泉総理は、後継者に対してあなたも参拝せよ、というのですか」

小泉首相は「しない」と返答した。この模様は、テレビ中継で流された。気づく人は少ないが、このやりとりは今後の安倍の政権取りに大きな援軍となるにちがいない。

靖国神社の参拝については、森派の下村博文は、小泉首相と同じ立場である。少なくとも、個人の信条を外圧によって曲げるわけにはいかない。宗教法人である靖国神社が、「分祀は、宗教上あり得ない」といっているのだから形だけ分祀にしても意味はない。それに、戦後六十年を経過し、いまさら国立の追悼施設を作るというのも、いかがなものか。

ただし、仮に安倍が総理になっても、参拝するか、しないかをふくめて慎重に考えるべきだとは思っている。いまの時点で、あえて波風を立てる必要はない。下村も、「絶対に参拝すべきだ」と勧めるつもりはないし、安倍にも、まだそのようなことをいってほしくはない。

小泉首相は、希代の首相、選挙総理大臣だ。荒井広幸は、郵政民営化反対の急先鋒だが、その聖域なき見直しに取り組む姿勢を高く評価して、小泉が初めて総裁選に立候補したとき、選対事務局長をしたほどだ。が、解決していく選択肢をしめすべきなのに、説明をせず、議論をさせず、自分の決めたことには従えというスタイルをとる。敵を決め付けて、どう相手を潰すかで勝負を決めていく。

安倍には、小泉首相とちがうスタイルをとってほしいと思っている。安倍の持ち味である思いやりと強さで安倍らしくやればいいのだ。それが、これから社会が欲する政治手法なのだと思う。

問題をはっきりさせ、それについて説明責任を果たし、解決の選択肢を提示し、世論を喚起し、最終的には「いつまでも待てません。自分が英断してやります。そのときは、国民のみなさん、力を貸してください」という〝安倍スタイル〟をとってもらいたい。

いま、大小ふくめて内政、外交ともにだいたい問題点は明らかになっている。それらを、どう優先順位をつけるか。そして、それをどういうふうに解決するか。小沢のいう政権とりのための〝対立〟でなく、国民と将来のための〝解決〟、安倍解決プランを立てることが必要だ。総裁選でこれをもとに国民と対話を重ねるのだ。荒井は安倍が総裁選に出るか否かからどのような政策、プロセスで総理総裁の座につくかを考えている。小泉首相がやってきたことをご破算にして、安倍らしく、しかも、安倍自らも、自らに縛られることなく戦略的、大局的に外交・内政と手法を含めて整理する必要があると荒井は思う。

ここのところ、小泉改革の影の部分についていろいろと指摘されている。が、じつは、これは高度経済成長と失われた十二年の負の遺産であり、副産物ではないだろうかと中川秀直は思う。

個人の損得に偏りすぎる現在の風潮は、逆にいえば、戦後六十年の負の遺産、ある意味で影である。つまり、戦後の吉田茂、池田勇人、田中角栄、大平正芳らの保守本流の政治家は、個人に得を与え、損はなるべくさせないように財政をドンドン膨らませていくというやり方をとった。

小泉改革、そして、ポスト小泉改革でやろうとしているのは、そのような部分を是正することだ。つまり、権利と義務、あるいは、義務と負担の是正である。それから、官イコール公ではないし、公イコール官ではない。陪審員制度で国民まで裁判官となる時代が来ようとしている。

公というものは、民もいっしょに支えていくものだ。依存ではなく、自立しなければいけないという精神革命が必要である。

そのなかで、どうしても民にできないものや公のなかでできないものを、最初に官がやっていく。みんなでこれを支えていく。そういう発想に変えていく。

戦後、保守本流政治の土台があるが、また違う哲学をもってやっていかなければいけない。個人の損得だけではない。

そういうことについて、まさにいま憲法改正の問題、あるいは教育基本法の問題などの論議が出てきた。

これは、多少、DNAが関係しているのではないかと中川は思う。

安倍晋三の祖父の岸信介、小泉首相の父親の小泉純也、それに、中川の義父中川俊思もそうだが、みんな旧鳩山民主党系である。

彼らは、みな「すべきことをする」として憲法改正を訴えた。安倍も、そのような鳩山民主党系のDNAが理念的にあるのではないか。

たとえば、保守本流は、個人の損得を超える価値観の問題には介入する気はないということで器作り、あるいは箱もの作りで経済作りに専念してきた。が、戦後六十年が経ち、新たな展開を考えなければいけないし、反省もしなければいけない。そういう中で、そういうものに真っ正面から取り組むべき時期だということを安倍は意識している。

安倍を語るときは、五十年前のそういった鳩山内閣、岸内閣をどう見るかが重要となる。

鳩山内閣は、憲法改正、あるいは自主防衛を掲げたことで戦前回帰型の反動政権と見られたこともあった。が、これは、当時の左翼陣営と保守本流派の偏見ではないかと中川は思う。

鳩山も、岸も、戦時中、東条（軍閥）と戦い、進歩的な側面がある。鳩山内閣は、ソ連と国交を回復したり、あるいは、アジア・アフリカ会議に参加した。岸内閣の日米安保改定も、今日では日本を自立への自主性を増すものとして評価されている。

そのようなDNAを受け継いだ進歩的側面を正しく見る場合、鳩山内閣や岸内閣も評価する必要がある。特に靖国神社、日中関係、憲法改正、教育基本法改正は重要だ。

米国への依存、中央への依存心、政府、企業への依存心を払拭するというポスト戦後の日本というものを超えていく精神革命は、まだまだ始まったばかりだが、今後、長期につづいていくだろう。小泉改革路線の二十一世紀、また新しい保守の正流、新しい流れとして継承、発展されなければいけない。

安倍は、いずれは総理大臣になるだろう。そのとき、そのような路線の確立に邁進してもらいたいと中川は切に期待している。

三月二十三日、自民・民主・国民新党・新党日本・無所属合わせて三百七十八名で組織する教育基本法改正促進委員会の総会が開催された。前年十月の総会にて了承された条文骨子に基づき起草委員会が結成され、計十四回におよぶ委員会を開催し、補則をふくめた二十条にまとめ上げた。そして、この日、起草委員長をつとめる下村博文は、総会に新教育基本法案を発表し、了承を得た。

下村は、議論を通じて、日本の文明観、たとえば自然との共生、農耕民族としての精神文化は、二十一世紀、二十二世紀の世界のなかでもっとも求められるものを内包しているのではないかと思っている。

それには、憲法改正や教育基本法の改正が必要となる。安倍が総理になった暁には、日本人が潜在的に持っている精神的な理念や哲学を名実ともに打ち出し、継続していくような基盤を作ってもらいたいと思っている。

これまでの自民党のいわゆる田中派的な経済至上主義、市場主義的な部分から脱却し、理念を持った活力ある日本をどう作っていくのかということを手がけてほしい。それが、戦後六十年が経過したいま、日本に問われているものではないだろうか。安倍は、ほかのポスト小泉候補と比べて、だれよりもそのことを認識していると下村は思う。

憲法改正には、時間がかかる。が、安倍はまだ五十一歳だ。九月の総裁選で勝利し、仮に十年間、総理を続けるとしても六十一歳だ。いまの小泉首相よりも若い。また、いったん退陣したとしても、ふたたび総理総裁になるチャンスがめぐってくるだろう。安倍には、ぜひ、安倍の祖父岸信介の悲願であった憲法改正を実現してもらいたいと下村は願っている。

安倍晋三の、「昭和の妖怪」とまでいわれ、桁違いのスケールを持っていた祖父の岸信介に近づき、超えんとする戦いの第二幕が始まる……。

私の自民党改造計画（インタビュー）

冒頭では、この国のかたちをどうするかについて安倍官房長官にインタビューしたが、自民党をどう改造するかについて、少しさかのぼるが平成十六年の初めにインタビューした。

――安倍さんは、参議院選挙敗北の責任をとって幹事長を自ら辞し、「自民党改革実行本部長」に就任した。ところが、党役員人事を決める九月二十七日の臨時総務会五分前になって、党本部で小泉首相から突然、「幹事長代理を兼務したほうが実がある」といわれた。おそらく、小泉さんは安倍さんを、党再生を目指す党のシンボル的存在にしたかったのでしょうね。まず、党改革実行本部長としての活動について。

安倍　十月十九日に、党改革実行本部で衆議院の十四の選挙区について公募することを決めました。公募側は、今年（平成十六年）四月の埼玉八区の補欠選挙で成功しましたが、あれは、一つの選挙区でのことです。今回は、次期総選挙に向けて十四の選挙区で実施するわけですから、画期的なことだと思います。

――四月の埼玉八区の補選は、昨年（平成十五年）十一月の総選挙をめぐる公職選挙法違反の罪で起訴された党公認候補が議員辞職した後だった党内にも、今回は見送ろう、という雰囲気がありましたものね。

安倍　ええ。なにしろ、前議員派の所沢市議が十人も逮捕されて、埼玉八区の自民党支部は、壊滅状態でした。残った人たちも、もう選挙はコリゴリだという感じで縮み上がってしまっていた。自民党埼玉県連には「不戦敗にするしかない」という空気が強かった。しかし、わたしは、みすみす民主党に議席を与えるという敗北主義はよくないと思った。むしろ、ピンチをチャンスに変えた方がいいと。そこで、公募制を導入した。

――しかし、実際にいい人材が集まるかな、と心配だったのでは。

安倍　確かに「人材が集まらないだろう」と冷ややかな眼で見るむきもありました。でも、蓋を開けてみると、官僚、一流企業、マスコミなどから八十一人もの優秀な人材が応募してきました。優秀な人材は、これまでの制度では、自民党から出るチャンスがないから民主党に流れているだけだと思います。

新しい試みには常に反対が

――いまの民主党の若手議員には、本当は自民党から出たかったんだけど、自民党から出馬する余地がないので、とりあえず民主党から議席を取ろうという人もいますからね。

安倍　埼玉八区の補選では、予備選挙方式ではなく、候補者選考方式で決めました。それも、良かったのだと思います。なぜかといえば、予備選挙にした瞬間、名乗りを挙げたひとは、表に出なければならない。多くの人たちは、会社に勤めています。その人たちは、会社を辞めなければいけない。それでも、候補者になれればいいけれど、会社は辞めたものの、候補者になれなければ途方にくれてしまいます。だから、志はあっても、二の足を踏んでしまう。

しかし、候補者選考方式であれば名前は表に出ない。こちらも絶対に秘密を守りますから、安心して応募できるわけです。

――選考方法は、どんなものだったんですか。

安倍　「政治に対する考え方、および理念」という四百字詰め原稿用紙五枚以内にまとめた論文を提出させ、二十数人に絞り込みました。さらに絞った六人をわたしや甘利明筆頭副幹事長らで面接をし、三十八歳の弁護士柴山昌彦氏に決めた。柴山氏は、比例代表から鞍替え立候補した民主党公認の木下厚氏に、競り勝った。

――十四の選挙区で公募制にすることについては、反対があったでしょう。なにしろ、次は自分だと思い込んでいた候補者がいるわけですからね。

安倍　新しい試みには常に反対があるものです。しかし、多くの党員から「やるべきだ」という声があり、反対を押し切って決めました。近々、さらに五選挙区程度で上乗せできるだろうと思います。

――今回も、埼玉八区の補選と同じく、候補者選考方式にするわけですか。

安倍　いや、違います。予備選挙方式にするのか、候補者選考方式にするのか、それは公募制度管理委員会が、選挙区の事情によって判断するということにします。

――自民党のなかにほんとうに危機感はあるのですか。

安倍　危機感があるからこそ、十四もの選挙区で公募でおこなうことが決まったわけです。これまでは、その地域の既得権のような部分があり、密室で候補者が決まることが多かった。一部の人が自分の影響力を維持したいがために「この候補では、なかなか勝てないだろう」とみんなが疑問に思いながらも、候補者が決まることもあった。しかし、それでは絶対に勝てないということが、今年七月の参院選ではっきりしました。

――いっぽう、ここのところ自民党は、公明党、つまり創価学会に依存する形で選挙を戦っている部分がありますね。先日、七月の参院選である自民党候補が自分の後援会の会合であいさつし、「比例は公明党へ」といったとたん、会場が、一瞬、静まり返ったそうです。それまで固い自民党支持者であったひとたちにとってみれば、「比例は公明党」と候補者に言われることに抵抗感がある。公明党との選挙協力については、次の選挙で何か考えていますか。

安倍　わたしは、幹事長として候補者は「比例は公明党へ」というべきではないと通達してたんです。これは、公明党の了解も得ています。そうしたことは、次の選挙では、まったく姿を消すようにしなければいけないと思います。

——九月末の内閣改造では、閣僚が副大臣や政務官らの指名で参考にできるよう、官僚経験のない衆議院当選五回以下の議員を対象に、得意な政策分野などを記す「自己申告シート」を提出させましたね。その効果は、どうでしたか。

安倍　わたしは、これまで政府側の官房副長官として三年間、党側の幹事長として一回、今回、幹事長代理として一回、人事に関わってきました。これまでの人事は、各派閥から起用される副幹事長が集まり、ああでもない、こうでもないと協議し、派閥の貸し借りなどをふくめて人事を決めてきた。だから、だれがどういうポストを希望しているのか、あるいは、大臣はどういう人を副大臣に望んでいるのかということは、いっさいわからなかったんです。自分の派閥の人たちの希望だけを派閥の代表者である副幹事長のみが知っているという形で人事が決まってきたわけです。

しかし、今回は、各派の代表を入れての協議はおこないませんでした。どうしたかというと、武部勤幹事長、幹事長代理のわたし、佐田玄一郎筆頭副幹事長の三人だけで、大きな表にまとめた希望リストを見ながら本人の希望と大臣の希望、そして、党内のいろいろなバランスを考えて適材適所と思われる人事をおこないました。

――「自己申告シート」には、第三希望まで出してもらったそうですね。

安倍　はい。「それでは、サラリーマンじゃないか」という人もいたのですが、希望を出してもらわないと、わからないですからね。バックデータをしっかりと整えたうえで近代的な人事をおこなうという基礎を作ったということでは、まちがいなく大きな一歩だと思いますよ。

――一つのポストに多いところでは五人の議員名が並んだそうですね。希望しながら望みをかなえられなかった人から、不満は出なかったのですか。

安倍　「自分の希望通りのポストにつけなかった」という人もいますが、それは当たり前のことです。人気ポストは、何人も希望を出しますから。一般の会社でも「××の部署に入りたいといったのに、所属できないのはおかしい」と上司に文句をいう人はいないでしょう（笑）。これも画期的なことだと思います。候補者公募制とおなじで、新しいことをやろうとすると批判を受けるのは覚悟のうえでやったことですよ。

老・壮・青のバランスを

――党の役職も、大胆な若返りをやってほしいですね。

安倍　わたしが幹事長になったとき、党の中枢の役割を担う経理局長に、当時三回生で四十六歳の岸田（文雄）さんを起用した。今回の人事でも、これまでずっと閣僚経験者が務めてきた広報本部長に、四回生で閣僚未経験の根本（匠）さんを起用しました。これも、今までにない人事だったと思います。「広報本部長は、閣僚経験者でないと」という人もいたのですが、「わたしだって、閣僚経験者ではありませんよ。でも、幹事長も、幹事長代理も、やっているじゃないですか」ということで、了解を得ました。

ただし、かならずしも若ければいいということではありません。老・壮・青のバランスが必要なんです。これまでは、老・壮が中心になって青がほとんどいなかった。そこを、とりあえず老・壮・青のバランスをとりはじめた。これから、壮・青が中心になっていくと思います。

――今回、政治資金規正法の改正のきっかけとなった、日歯連（日本歯科医師連盟）から平成研（旧橋本派）への一億円の小切手による裏献金事件は、どこが問題だと思いますか。

安倍　何が問題かは、極めてはっきりしています。記載をしなかったということが法律に反しているわけです。

――記載をしておけば、問題はなかったと。

安倍　政治献金は、現在の法律で許されていますから、記載をしていれば、何も問題はありません。記載すれば有権者が知るところになりますから、それを判断基準の一つにして選挙で投票すればいいわけです。

たとえば、日本看護連盟であれば、看護職員の業務内容や生活環境をよく理解している人を応援するのは当然のことです。そして、そう給料が多くない看護師さんたちからも、全国規模で寄付を集める。そうなると、日本看護連盟の支持を受けて当選した南野《のおの》知恵子法務大臣や、清水嘉与子参議院議員は、常識的に考えてそれ以外の団体から寄付を受けることはできない。でも、多くの看護議員の共感を得ることによって献金額は多くなる。それは、民主主義の原則でしょう。

日歯連も、より歯科行政に理解があるだろうということで旧橋本派に寄付をしたわけですから、届け出さえしておけば、何も問題はなかった。しかし、それを怠った。ということは、その寄付は裏に回ったということであり、これは大きな問題だと思います。

――あくまで、党の問題でなく、橋本派の問題というわけですね。

安倍　今回の日歯連の献金は、自民党という「政党」に入れたわけでもない。自民党が「政治資金団体」として指定している「国民政治協会」に入れたわけでもない。

みなさん、政治資金規正法を決めたときの経緯を忘れてしまっているようなのですが、政治団体を法律的に「政党」「政治資金団体」「資金管理団体」「その他の政治団体」に分けています。企業や労働組合は、その中の「政党」と政党が指定する「政治資金団体」にだけ寄付できます。

——企業側の献金には、上限がありますね。

安倍　企業の規模によって、一億円だったり、七百五十万円だったり、その上限は違います。なぜ、企業と労働組合に上限をつけているかといえば、企業や労働組合は、本来、政治資金を出すための団体ではありません。企業は、株主に対して株主配当したり、従業員に給料を払っていくのが目的です。労働組合は、労働者の福利厚生をはかっていくのが目的であって、プラスアルファで政策に共鳴できる政党を支持していく。でも、経営そのものを圧迫したり、あるいは組合の財政を圧迫するようなことはやってはいけないということで上限が決まっている。

いっぽう、受け取る側の「政党」や「政治資金団体」は、政党のために資金上の援助をすることを目的とする団体ですから、上限は設けられていません。

他方、「その他の政治団体」、つまり旧橋本派などの派閥は、個人の献金、あるいは個人の献金の集合体である日歯連のような「政治団体」からは、寄付をもらえる仕組みになっている。しかし、そのかわりに記載が義務づけられているんです。だから、記載をしなかったのは、旧橋本派の問題であり、法律によって裁かれていくということだと思います。

上限五千万円で決着

――政治資金規正法改正案ですが、「政党」と「政治資金団体」をのぞく政治団体間の寄付の上限を自民党は一億円と主張した。いっぽう、公明党は、五千万円と主張していた。

安倍　政治団体によっては、支持する人たちの数がもの凄く多いところもあれば、そうでないところもある。それなのに上限を設けるのは、本質論としておかしいではないか、という意見もあります。しかし、いまの橋本派の日歯連献金問題に端を発した政治不信に対して、答えを出さないといけない。あくまで政治論として、上限規制を設けざるをえないと判断したわけです。結局、五千万円の上限で決着しました。

――業界が特定の自民党議員に渡るようあらかじめ指定し、「国民政治協会」を通して迂《う》回《かい》献金のかたちで政治家に渡すと、だれが、どの業界から献金を受けたのか、政治資金収支報告書には記載されないですむ。一種のマネーロンダリングとも受け取れる。本当は迂回献金の禁止までやるべきじゃないですかね。

「政治団体」への献金には五千万円の上限を設けましたが、民主党は、上限を三千万円と主張、「政治資金団体」へも一億円の上限を設けるべきだと迫っていますが。

安倍　政党への寄付に、十人しか国会議員がいない政党と同じ上限を設けるというのは、ナンセンスな話だと思います。

たとえば、彫り絵師が彫り絵という文化を守ってくれる政党に寄付をしたいと考えたとする。個人の寄付の上限は、百五十万円です。でも、賛同する仲間と政治団体を立ち上げ、その政党に寄付することによって自分たちの意見を反映させようと思うのは当然のことです。それは民主主義の一つの形です。

しかし、支持できる政党が一つしかないのに、たとえば上限が一億五千万円と決められたら、百人×百五十万円、つまり百人の限定会員ということになる。上限を決めることによって、賛成するものが多かろうが少なかろうが、同じになってしまうというのは極めて馬鹿げた話だと思いませんか？　それは政治団体間でもいえることですが、旧橋本派という政治団体が問題を起こしたということで、五千万円という上限をつけざるをえなかった。でも、法律で認められている政治資金団体について上限を設けるのはおかしい、と考えるのは当然のことだと思います。

――民主党は、「迂回献金の禁止」を明確に打ち出している。さらに、違反者への罰則も改正案へ盛り込む方針ですが。

安倍　民主党は、ほとんど政治献金が集まっていません。税金だけで運営されている政党ですからそういうことがいえるんです。

大切なのは透明性

――結局、民主党の要求する迂回献金禁止規定は、改正案に盛り込まないということですね。

安倍　ですから、そこの何が問題なのかを考えないといけない。それが最初から悪いとかではなくて、何が問題なんだろうかと考えていかずに法を作っては駄目だと思うし、また作ることはできません。

では、何が問題かということです。たとえば、ある大臣が企業に対して「大臣在任中は職務権限があるので、献金はもらえない。だから、党に一回入れてから、わたしのところに流してください」といったとする。それは、贈収賄で罰せられます。法務省も、そういっています。いまの法律でも罰せられる。

そうではなくて、職務権限のないBという政治家が普通にA社から献金を受ければいいのにもかかわらず、それを自分の選挙区支部に直接入れずに、一回党に入れて、それから自分のところに来たと。それは、迂回献金ではありますが、法律は犯してはいない。

――しかしA社がBという政治家に献金をしたということが、国民にわからないという問題がありますね。

安倍　そうなんです。あくまで献金は透明にして、選挙民に理解してもらったうえで「みなさん、投票してください」ということにすべきですね。

法律をつくるときに難しいのは、たとえば、わたしが「安倍晋三の政治活動を支える会」という政治団体をつくり、政治資金パーティーを開いて献金を募ったとする。そういう政治団体を経由しては駄目だ、と網をかけてしまえば、そのパーティーもアウトですね。それをアウトにするのは、あきらかにおかしい。

本来自由であるべき政治活動を制限しないということを大前提として、何が悪いのか、何が問題なのかということをまずきちんと議論する。そして法律にするのが適切であれば法律にし、それが難しければ、党の内規にしていけばいいと思います。

――透明性を確保するために、新たに規制と罰則を設けたわけですね。

安倍　「政治資金団体」に献金するときは、千円以上は銀行振り込みか、郵便振替によらずにしてはならないことに決めました。いっぽう、「政治資金団体」は、銀行振り込みか、郵便振替によらずに、政治家に献金をしてはならないことにしました。

――それを怠った場合は。

安倍　国が、献金を没取することにしました。

――民主党は、さらに政治資金収支報告書の提出の際、外部による監査報告書の提出義務づけも改正案に盛り込むそうですが。

安倍　民主党は、そもそも過半数を持っていませんから、法律として成立する見込みはありません。そういうなかにあって、「どんなに厳しいことを主張しても、どうせ通らないだろう」ということで厳しい案を出してくるんだと思いますよ。

さきほどの話に戻るのですが、たとえば、額をもって問題にするということになると、より裏に回りやすくなるんですよ。額が問題ではなく、透明になっていないことを問題にしないといけない。「金額が多いといわれて騒がれるのなら、裏に回してしまおう」ということにならないようにしなければ。

――透明性といえば、安倍さんは、幹事長時代、盆、暮れに幹事長から現金で手渡される、いわゆる「氷代」「餅代」を廃止しましたね。

安倍 ええ。その代わり、各議員の管理する政党支部など交付金として直接、銀行に振り込むよう改め、今年の夏の「氷代」から実施しました。

――金額は、いっしょなのですか。

安倍 ええ。しかし、お金の性質は全然違います。政党支部での使い方は法律で決まっており、五万円以上の支出については、すべて報告しないといけない。非常に厳しく決まっているんです。

――さらに、政治献金は原則として銀行振り込みにするということが、すでに内規で決まったそうですね。

安倍 小額であったり、どうしてもという場合は、ただちにその場で領収書を発行して銀行口座に入れるということになっている。これは、来年の一月から実現することになると思います。

――これをホームページに出したらどうかという声もありますけど。

安倍　「自民党」「自民党の指定する政治資金団体の国民政治協会」「資金管理団体」「選挙区支部」は、すべて自民党のホームページで一括公開するということを決めています。余談ですが、民主党は、ホームページでの公開に「資金管理団体」を入れていません。新聞は、われわれ自民党のいいところを書きませんからね（笑）。

――これから特に取り組んでいこうとする党改革は。

安倍　自民党は、政策立案機能をこれまでもっぱら霞が関（役人）に頼ってきました。これは、ずっと与党でありつづけるということが前提ですが、やはり政治主導という観点からいくと、問題があります。ですから、シンクタンクを設立したい。それも、完全に自民党のシンクタンクというよりも、ちょっと距離をおいたものです。たとえば、アメリカの民主党とブルッキングス研究所、あるいは、アメリカの共和党とＡＥＩ（米国公共政策研究所）の関係のように、保守系のシンクタンクを作る。これは、お金を集めることができるかという問題がありますが、ぜひやりたい。

さらに、県連をはじめ地方組織を再生するということですね。

――最後に、自民党は安倍総裁でなければ次期総選挙で民主党に勝てないのではないかといわれていますが。

安倍　わたし自身は、いまはまだその資格はないと思っています。これから、政策をふくめて、自分自身を鍛えていかなければいけないでしょう。次期総選挙は、仮に三年後だとすると、小泉政権は終わっていることになりますが、自民党には、多くの有為な人材がいます。その人たちがいま目立たないのは、スポットライトが当たっているか、当たっていないかということなんです。そのなかで「次の総選挙は、自分がやる」という志を持つ人たちが総裁選に出て、競い合うという形がいいと思います。

――「安倍さんでないと選挙に勝てない」とみんなが担いだときは、拒みはしないでしょうね。

安倍　三年後のことは、いまはだれもわかりませんよ（笑）。

あとがき

この作品は、二〇〇四年五月、徳間書店より刊行された『安倍家三代　安倍晋三』を文庫化したものです。文庫化にあたり大幅に加筆・再編集し、巻頭・巻末に『月刊ＷｉＬＬ』でおこなったインタビューを加えました。

執筆にあたって安倍晋三、甘利明、荒井広幸、石原伸晃、上田清司、衛藤晟一、塩川正十郎、下村博文、中川昭一、中川秀直、中曽根康弘、平沢勝栄、町村信孝、森喜朗、山本一太、与謝野馨諸氏、ウシオ電機会長の牛尾治朗、国際政治・文明評論家の岡崎久彦、東海旅客鉄道会長の葛西敬之、京都大学教授の中西輝政、元日本興業銀行頭取の西村正雄、「北朝鮮による拉致被害者家族連絡会」（家族会）の有本明弘・嘉代子夫妻、横田滋・早紀江夫妻、「北朝鮮に拉致された日本人を救出するための全国協議会」（救う会）の西岡力、平田隆太郎、安倍代議士の神戸製鋼所時代の上司であった現コベルコマテリアル鋼管社長の矢野信治、同僚であった須田健、岩田雅延、近藤治、恩師の野村純三、学友の谷井洋二郎、秋保浩次、盛田淳夫諸氏、さらに、安倍代議士の母親の安倍洋子、兄の安倍寛信、妻の安倍昭恵、弟の岸信夫、元安倍晋太郎秘書の奥田斉、久保ウメ、秘書の松永隆、配川博之、飯塚洋、天川幾法諸氏の取材協力を得ました。お忙しいなか、感謝いたします。

なお、安倍晋太郎氏ら故人の取材は、わたしの著書『小説・安倍晋太郎　爽快なり、立ち技』（徳間書店）のときのものです。本文中の肩書は、その当時のもの、敬称は、略させていただきました。

今回、この作品の上梓に協力してくださった徳間書店の磯谷励氏に感謝いたします。最後に、この長期取材にときに休日返上で協力してくれたわたしの右腕である小菅尚氏、鶴見知也氏、込山弥生氏に、心からご苦労さん、といいたい。

二〇〇六年五月

大下英治

参考文献

『岸信介回顧録　保守合同と安保改定』（岸信介　廣済堂）
『岸政権・一二四一日』（大日向一郎　行研）
『安倍晋太郎　輝かしき政治生涯』（安倍晋太郎伝記編集委員会）
『わたしの安倍晋太郎　岸信介の娘として』（安倍洋子　ネスコ）
『「保守革命」宣言　アンチ・リベラルへの選択』（栗本慎一郎・安倍晋三・衛藤晟一　現代書林）
『気骨　安倍晋三のＤＮＡ』（野上忠興　講談社）
『安倍晋三物語』（山際澄夫　恒文社21）
『歴史教科書への疑問』（日本の前途と歴史教育を考える若手議員の会編　展転社）
『この国を守る決意』（安倍晋三・岡崎久彦　扶桑社）
『平沢勝栄・全人像』（仮野忠男　行研）
『金正日が仕掛けた「対日大謀略」拉致の真実』（西岡力　徳間書店）
『恵子は必ず生きています』（有本嘉代子　神戸新聞総合出版センター）
『めぐみ、お母さんがきっと助けてあげる』（横田早紀江　草思社）
『国民の文明史』（中西輝政　産経新聞社）
『読める年表　79年版・付録』（現代用語の基礎知識）
『フロンティア』（あべ晋三後援会会報紙）
『追悼秘話　安倍晋太郎　兄は今、生涯捜し求めていた母のもとへ帰った』（西村正雄　月刊Ａｓａｈｉ　91年7月号）

『見えない「日韓大戦争」』（SAPIO　94年2月24日号）
『特集　安倍晋三総理待望論』（Voice　平成十五年十二月号）
『安倍晋三と母・洋子さん　独占ダブルインタビュー』（週刊ポスト　03年10月24日号）
『安倍晋三49歳の夜』（週刊現代　03年10月11日号）
『安倍晋三秘録　前編　後編』（週刊新潮　03年10月9日号・10月16日号）
『世継ぎはまだか？を救ってくれた夫の自然体』（女性セブン　03年9月18日号）
『息子・安倍晋三　自民党幹事長の娘、妻、そして母として』（安倍洋子　文藝春秋　03年11月号）
『小泉総理を支える陰の男　安倍晋三官房副長官―名門に溺れぬ若手の将来』（THEMIS　01年8月号）
『現代の肖像　岸信介のDNA、いま再び。内閣官房副長官　安倍晋三』（AERA　02年12月30―03年1月6日合併号）
『妻が語る政界のサラブレッドの素顔！　安倍晋三官房副長官』（女性自身　02年12月3日号）
『私の肖像　安倍晋三』（新潮45　03年8月号）

このほか、朝日新聞、産経新聞、日本経済新聞、毎日新聞、読売新聞の各紙、「文藝春秋」をはじめ月刊誌、週刊誌を参考にさせていただきました。

本書は二〇〇六年六月に徳間文庫より刊行された『安倍家三代　安倍晋三』を改訂し、『安倍晋三の真実　安倍家三代』と改題いたしました。

徳間文庫

安《あ》倍《べ》晋《しん》三《ぞう》の真《しん》実《じつ》

安倍家三代

2022年9月15日 初刷

著者 大《おお》下《した》英《えい》治《じ》

発行者 小宮英行

発行所 株式会社徳間書店

東京都品川区上大崎三－一－一
目黒セントラルスクエア 〒141－8202

電話 編集〇三(五四〇三)四三四九
販売〇四九(二九三)五五二一

振替 〇〇一四〇－〇－四四三九二

印刷 製本 大日本印刷株式会社

ISBN978-4-19-894792-7 (乱丁、落丁本はお取りかえいたします)